普通高等教育经管类专业"十三五"规划教材·用友 ERP 实训互动系列

场景式企业财务核算应用教程

(用友 ERP-U8 V10.1)

李吉梅　丛书主编

侯乐鹏　李吉梅　王　琼　主　编

刘　洋　罗国兴　汪　肖　副主编

清华大学出版社

北　京

内 容 简 介

本书是一本以工业企业的日常经济业务为原型设计的、适用于移动学习的互动图书，其教辅网站支持微学习和无缝学习。它突出“利用碎片时间学习、在场景中理解业务、利用虚拟机掌握操作”的理念，基于用友 ERP-U8 V10.1 软件，以“强化实践实训、突出技能培养”为目标，力争使读者在虚拟场景中可视化地学会使用信息化手段处理企业日常的经济业务的技能，以场景式为背景，更好地将学生带入模拟职场，能更深入地理解企业的业务流、资金流和信息流的集成性、实时性和共享性的内涵。在毕业后更好、更快地融入职场，实现零距离就业。

本书可用作高等院校(含高职)会计、管理、物流、电子商务、信息管理与信息系统等相关专业的企业财务会计应用类课程的教学用书，也可用作用友 ERP 认证系列和相关技能竞赛的实验用书，还可用作企业财务人员、业务人员、管理人员了解企业信息系统实务的参考读本和参与微学习的图书资料。

图书在版编目(CIP)数据

场景式企业财务核算应用教程：用友 ERP-U8 V10.1 / 李吉梅 丛书主编；侯乐鹃，李吉梅，王琼 主编. —北京：清华大学出版社，2018（2021.9重印）

(普通高等教育经管类专业“十三五”规划教材 • 用友 ERP 实训互动系列)

ISBN 978-7-302-49825-4

I. ①场… II. ①李… ②侯… ③李… ④王… III. ①财务软件－高等学校－教材 IV. ①F232-39

中国版本图书馆 CIP 数据核字(2018)第 037604 号

责任编辑：刘金喜
封面设计：周晓亮
版式设计：孔祥峰
责任校对：曹 阳
责任印制：朱雨萌

出版发行：清华大学出版社

网 址：http://www.tup.com.cn，http://www.wqbook.com
地 址：北京清华大学学研大厦 A 座 邮 编：100084
社 总 机：010-62770175 邮 购：010-62786544
投稿与读者服务：010-62776969，c-service@tup.tsinghua.edu.cn
质 量 反 馈：010-62772015，zhiliang@tup.tsinghua.edu.cn

印 装 者：三河市铭诚印务有限公司
经 销：全国新华书店
开 本：185mm×260mm **印 张**：19.5 **字 数**：463 千字
版 次：2018 年 4 月第 1 版 **印 次**：2021年 9月第 2 次印刷
印 数：3001～4000
定 价：59.00 元

产品编号：075832-02

本教材出版得到以下项目资助和支持

北京语言大学校级科研项目(中央高校基本科研业务专项资金)
面向自适应学习的大数据分析算法与智能决策研究，项目编号【17PT01】

北京语言大学院级科研项目(中央高校基本科研业务专项资金)
不确定性问题的智能决策理论与方法研究，项目编号【16YJ030001】

北京语言大学“教学名师支持计划”项目，项目编号【OTP201607】

编写委员会

序　　言

ERP(Enterprise Resources Planning，企业资源规划)是一种企业信息系统(Enterprise Information Systems，EIS)，它将企业的物流、资金流和信息流统一起来进行管理，对企业所拥有的人力、资金、材料、设备、方法(生产技术)、信息和时间等各项资源进行综合平衡和充分考虑，最大限度地利用企业现有的资源以取得更大的经济效益，科学有效地管理企业人、财、物、产、供、销等各项具体工作。目前绝大多数跨国企业、国内大中型企业都在使用或实施 ERP。

本系列图书是根据教育部高等教育司组织、由高等学校文科计算机基础教学指导委员会编写的《高等学校文科类专业大学计算机基本要求(第 6 版，2011 年版)》有关企业信息系统(EIS)的基本要求，以及教育部高等学校管理科学与工程类学科专业教学指导委员会与国际信息系统协会中国分会课题组编制的《中国信息系统学科课程体系 2011》(2011 年版)有关 EIS 原理及应用的教学要求编写而成的。

在高等教育中，实践教学是巩固理论知识和加深对理论认识的有效途径，是培养具有创新意识的高素质工程技术人员的重要环节；是理论联系实际、培养学生掌握科学方法和提高动手能力的重要平台。我国在"国家中长期人才发展规划纲要(2010—2020 年)""国家中长期教育改革和发展规划纲要(2010—2020 年)"，以及"关于实施高等学校本科教学质量与教学改革工程的意见(教高〔2011〕6 号)"中，明确指出要"大力加强实验、实践教学改革""以强化实践教学为重点，整合各类实验实践教学资源"，所以本系列图书强调实践性，基于用友 ERP 产品进行企业业务的信息化处理。

同时，为帮助学生理解企业业务，以及业务与软件操作之间的关系，本系列图书模拟现代商业社会环境中企业的经营与管理，对典型业务进行了虚拟场景设计。

另外，随着移动互联网的发展和泛在学习的普及，碎片化、可视化学习越来越受到大家的关注，所以本系列图书实现了互动性，将企业业务在用友 ERP 产品中的应用操作，按知识点和业务场景录制了微视频。

总之，本系列图书突出"利用碎片时间学习、在场景中理解业务、利用虚拟机掌握操作"的理念，以"强化实践实训、突出技能培养"为目标，将企业经营活动的业务，先以情景剧的形式体现，然后在业务分析和知识点讲解的基础上，以用友 ERP-U8 V10.1 软件为工具，进行处理方法和操作流程的讲解，并给出了相应的操作录屏(10 分钟以内的微视频)，使读者可以在虚拟现实中可视化地学会使用信息化手段处理企业业务的技能，更深入地理解企业的业务流、资金流和信息流的集成性、实时性和共享性的内涵。

本系列图书的教辅网站，支持学员的微学习、无缝学习和自适应学习等，支持教师的在线开课和学习管理等。

系列图书编委会
2017 年 4 月于北京

前言

前　言

本书是以工业企业的日常经济业务为原型设计的，重点讲解在信息化管理环境下(以用友 ERP U8 V10.1 为例)企业典型的日常经济业务的财务处理方法和处理流程，涉及总账(含 UFO 报表)、应收、应付、固定资产、薪资管理等 5 个功能模块。

由于用友 ERP 软件体现了业务流程的思想，在进行各项任务的信息化处理时，会涉及多个模块和多项功能命令的使用，而且融入了权限管理和岗位分工，所以本书模拟现代商业社会环境中企业的经营与管理，对典型业务进行了虚拟场景设计，并将企业业务在用友 ERP 产品中的应用操作，按知识点和业务场景录制了微视频，以分解业务处理流程和降低学习难度。

本书的微视频全部按业务流程和虚拟场景的顺序存放在本书的教辅网站上。教辅网站支持无缝学习和微学习，学员可在网站上自主地选择学习、通过搜索知识点进行精准学习，以及参加教师的课程进行系统学习等；教师可基于本书的在线资料和微视频，进行在线开课、课程管理和学员的学习管理等。

为了更好地支持教与学活动和移动学习，本书还提供了配套的可在计算机上运行的实验环境和按章存放的账套备份文件，以提高读者的实验环境搭建效率和业务操作的效率与效果。

本书由 7 章组成，是按照软件模块来进行讲解的，每个模块既可以单独学习，也可以作为一个整体来进行学习。第一部分是实验准备，包括第 1 和第 2 章，主要讲解实验环境的搭建、案例企业的管理体系与制度、案例企业的基础档案。第 3 章是总账系统，总账系统可以自成一体也可以与后面章节中模块联系使用。如果企业只启用总账系统，该模块将包括所有业务的处理并生成报表。第 4 章是薪资管理系统，第 5 章是固定资产管理系统，第 6 章是应付款管理系统，第 7 章是应收款管理系统。

本书中的业务操作任务按岗位分工进行，共设计了 5 个岗位 6 个操作员，包括账套主管、财务主管、会计、出纳以及人力资源主管，以仿真企业实际。

本书的主体写作模式为业务描述与分析、虚拟业务场景、预备知识，以及操作指导。

以第 3.3.1 节(报销费用)为例，其业务描述为：

4 月 1 日，销售部李华购买办公用品 1170 元，财务部以现金付讫。需要通过“填制凭证”进行费用报销的凭证填制。发票如图 3-7 所示。报销单如图 3-8 所示。

3.3 节的虚拟业务场景中包括：

- 人物设计(如曾志伟——财务部主管，张兰——财务部会计，罗迪——财务部出纳)、场景事件(如“场景一：李华请财务主管签字”)。
- 对话设计(如“李华：曾总，今天我部门购买了打印纸，领导都签好字了，麻烦你审核报销。曾志伟：好。我马上办理。”)。

3.3 节的操作指导中，首先给出本笔业务的操作步骤，然后按场景给出微视频所在的网页地址及其二维码、操作任务说明，以及按岗位切分的操作任务和操作步骤。

以 3.3.1 节业务一的场景二为例，其相关内容如下。

场景二的操作步骤

视频地址：http://mdwx.mdmuke.com/mod/page/view.php?id=4617

任务说明：财务部张兰填制报销费用的凭证，无辅助项目业务。

(请以张兰的身份，登录进入“企业应用平台”，下同，从略)

请确认系统日期和业务日期为 2017 年 4 月 1 日。

(1) 打开“填制凭证”窗口。在“企业应用平台”的“业务工作”页签中，依次单击“财务会计”/“总账”/“凭证”/“填制凭证”菜单项，系统打开“填制凭证”窗口，如图 3-9 所示。

(2) 填制凭证。单击“填制凭证”窗口中的“增加”按钮(“+”标志)，系统打开一张空白的记账凭证，然后做如下编辑：

① 编辑摘要。在其“摘要”栏中参照生成或填入“销售部李华购买办公用品”。

② 编辑第 1 笔分录。在第 1 行的“科目名称”栏中参照生成或录入 660106，在“借方金额”中输入 1000，然后按 Enter 键。

……

由上述可知，本书的每个步骤都提炼了主要功能或目标(如打开“……”窗口、保存、审核、退出)，以利于读者快速了解本步骤的目标。

总之，本书突出“利用碎片时间学习、在场景中理解业务、利用虚拟机掌握操作”的理念，以“强化实践实训、突出技能培养”为目标，注重提高读者的使用效率与效果。

本书的授课时间建议 48～72 课时，业余时间与课堂的学时比例至少为 2:1，建议进行混合模式教学，即学生业余时间通过微视频学习操作，课堂进行理论讲解、实操经验交流和完成作业与测验。

本书由衡阳财经工业职业技术学院的侯乐鹃副教授、北京语言大学信息科学学院的李吉梅教授和武汉职业技术学院的王琼副教授任主编，刘洋、罗国兴、汪肖任副主编，参与本书编写的人员还有赵慧周、杜美杰、黄金丽、王若慧、支雨阳、王代红、任凯、张忠伟、李康等(排名不分前后)。本书的微视频后期制作与相关网页编辑由北京神州明灯教育科技有限公司完成。全书最后由李吉梅教授统稿和审定。

本书在编写过程中，得到了北京神州明灯教育科技有限公司的微视频播放与在线学习支持，以及合一集团(优酷土豆股份有限公司)的微视频存放与播放支持，并获北京语言大学院级科研项目(中央高校基本科研业务专项资金资助，项目编号 17PT01、16YJ030001)和教学名师支持计划(项目编号 OTP201607)的资助，在此一并表示感谢！

书中难免会有不妥和错误之处，敬请同行与读者不吝指正。联系方式：

E-mail：ljm@blcu.edu.cn 或 290105757@qq.com

QQ 群：190665520(ERP 微学习之用友 U8)

李吉梅

2017 年 8 月于北京

教辅资料与网站说明

欢迎使用《场景式企业财务核算应用教程(用友 ERP-U8 V10.1)》(以下简称“本教程”)！

本教程的作者在百度网盘空间中存放并共享了实验环境——用友 ERP-U8 V10.1 新道教学版的虚拟机软件和数据文件(网盘地址：http://pan.baidu.com/s/1miczJ7M，密码：l4gr)，案例企业的按章保存的账套备份文件和业务操作的微视频访问说明等资料(网盘地址：http://pan.baidu.com/s/1ctoTCa，密码：wiea)。

另外，本教程的教辅网站(网站地址：http://www.mdmuke.com/mdmk/course/view.php?id=45)，支持无缝学习和微学习，支持教师在网站上开课和教师间的资料共享，可支持学员的多终端在线个性化学习和学员间的讨论与分享。

1. 用友 ERP-U8 V10.1 实验环境

本教程是在用友 ERP-U8 V10.1 新道教学版软件中操作的，您必须要有实验环境才能进行实验操作。该实验环境可以由以下两种方式搭建：

- 安装用友 ERP-U8 V10.1 新道教学版软件。
- 安装虚拟机软件，然后在虚拟机中导入用友 ERP-U8 V10.1 新道教学版的数据文件。

一般学校的用友 ERP 实验室中教学用机上都安装有此软件，其安装方法不再赘述。若需要在个人计算机上使用，因用友 ERP-U8 V10.1 的安装步骤和所需要的组件较多，而且对计算机上的其他软件限制较多，所以本教程给出了利用虚拟机软件搭建实验环境的方法(详见第 1 章)，百度网盘空间中的“seentao101 虚拟机”文件夹中包括以下 3 个文件：

- VirtualBox.exe　虚拟机软件，V5.0.16 绿色版。
- VirtualBoxHelp.pdf　虚拟机软件的安装说明和帮助手册。
- seentao101.ova　用友 ERP-U8 V10.1 新道教学版的虚拟机数据文件。

2. 数据账套使用方法

百度网盘空间中的“实验账套数据”文件夹中，账套备份文件均为压缩文件。

使用前，需要首先将相应的压缩文件从网盘中下载到本地硬盘上，再用解压缩工具进行解压(建议用 WinRAR 3.42 或以上版本)，得到相应可以引用的账套数据文件。

您可以在做实验前引入相应的账套，然后在引入的账套上进行业务操作；或者将您实验的结果与备份账套核对，以验证实验的正确性。

3. 微视频观看方法

本教程配套的微视频均存放在北京神州明灯教育科技有限公司和合一集团(优酷土豆股份有限公司)网站上，相应的访问说明请参见百度网盘中的“微视频访问说明.doc”和“如何获取与管理账号.doc”。

目　　录

第 1 章

实验环境搭建与建账

本教程是在用友 ERP-U8 V10.1 软件中操作的，所以必须要有实验环境才能完成本教程中的实验任务。该实验环境可以由两种方式搭建：一是安装用友 ERP-U8 V10.1 新道教学版软件；二是安装虚拟机软件，然后在虚拟机软件中导入用友 ERP-U8 V10.1 新道教学版的数据文件，以虚拟电脑的方式运行。

由于一般学校的用友 ERP 实验室中的教学用机上都安装有用友 ERP-U8 V10.1 软件，其安装方法不再赘述。若需要在个人计算机上使用，因用友 ERP-U8 V10.1 的安装步骤和所需要的组件较多，而且对计算机上的其他软件限制较多，所以第 1.1 节将给出利用虚拟机软件 VirtualBox 搭建实验环境的方法，相应的软件和数据文件存放在百度网盘空间(网盘地址：http://pan.baidu.com/s/1miczJ7M，密码：l4gr)，用户可随时使用。

用友 ERP-U8 软件是由多个产品组成，各个产品之间相互联系、数据共享，共同实现财务业务一体化的管理。对于企业资金流、物流、信息流的统一管理提供了有效的方法和工具。由于用友 ERP-U8 软件所含的各个产品是为同一个主体(如企业、事业单位或独立核算部门)的不同层面服务的，因此就要求这些产品具备如下特点：①具备公用的基础信息；②操作员和操作权限集中管理，并且进行角色的集中管理；③业务数据共用一个数据库。

第 1.2 节将简单介绍本教程案例公司(北京亮康眼镜有限公司)的基本情况、公司所采用的内部会计制度，以及企业员工的岗位分工情况。

第 1.3 节的主要任务是建立企业账套的公用基本信息以及对账套信息进行管理，并在“系统管理”功能模块中进行相关操作。系统管理的主要功能包括新建账套、新建年度账、账套修改和删除、账套备份，根据企业经营管理中的不同岗位职能建立不同角色、新建操作员，以及权限的控制与分配等功能。第 1.3 节的主要内容包括：

(1) 账套建立。账套指的是一组相互关联的数据，每个企业或每个独立核算部门的数据在 ERP-U8 中都表现为一个账套。一个账套的基本信息包括账套信息、单位信息、核算类型、基础信息、编码方案、数据精度 6 个方面。可以根据企业的基本情况、内部会计制度及企业员工信息建立账套。

(2) 用户及权限设置。为了保证系统数据的安全与保密，系统管理提供了用户及其功能权限的集中管理功能。但在进行权限设置之前，首先要添加系统用户信息，然后企业管理者可以根据用户的不同岗位分工来设置其操作权限。这样一方面可以避免与业务无关的人员进入系统进行非法操作，另一方面可以按照企业需求对各个用户进行管理授权，以保证各负其责，使得工作流程清晰顺畅。

(3) 账套管理。账套建立后，可以根据实际情况进行修改完善，灵活地对账套进行引入、输出等备份操作。

本章实验操作完成的基本账套备份压缩文件(01 新建账套.rar)存放在百度网盘空间的“实验账套数据”文件夹中(网盘地址：http://pan.baidu.com/s/1ctoTCa，密码：wiea)，用户可随时下载使用。

1.1 实验环境搭建

1.1.1 VirtualBox 虚拟机软件

VirtualBox 是一款开源的虚拟机软件，由德国 Innotek 公司开发、由 Sun Microsystems 公司出品，在 Sun 被 Oracle 收购后正式更名为 Oracle VM VirtualBox。使用者可以在 VirtualBox 上安装并执行 Solaris、Windows、DOS、Linux、OS/2 Warp、BSD 等系统作为客户端操作系统。

1. VirtualBox 的特点

VirtualBox 简单易用，可虚拟的系统包括 Windows(从 Windows 3.1 到 Windows 10、Windows Server 2012，所有的 Windows 系统都支持)、Mac OS X、Linux、OpenBSD、Solaris、IBM OS2，甚至 Android 等操作系统，使用者可以在 VirtualBox 上安装并且运行上述操作系统。

与同类的 VMware 及 Virtual PC 相比，VirtualBox 还包括对远端桌面协定(RDP)、iSCSI 及 USB 的支持，其主要特点如下：

- 在主机端与客户端间建立分享文件夹(需安装客户端驱动)；
- 能够在主机端与客户端共享剪贴簿(需安装客户端驱动)；
- 无缝视窗模式(需安装客户端驱动)；
- 支持 64 位客户端操作系统，即使主机使用 32 位操作系统；
- 支持 SATA 硬盘 NCQ 技术；
- 虚拟硬盘快照；
- 内建远程桌面服务器，实现单机多用户；
- 支持 VMware VMDK 磁盘文档及 Virtual PC VHD 磁盘文档格式；

- 3D 虚拟化技术支持 OpenGL(2.1 版后支持)、Direct3D(3.0 版后支持)、WDDM(4.1 版后支持);
- 最多虚拟 32 颗 CPU(3.0 版后支持);
- 支持 VT-x 与 AMD-V 硬件虚拟化技术;
- iSCSI 支持;
- USB 与 USB 2.0 支持。

目前 VirtualBox 软件已更新到 5.0.6 正式版，本次更新后支持配置 HTTP 代理及快捷键重新分配，增强对各种 Linux 发行版的支持，支持 Linux kernel 4.3 内核。

2. VirtualBox 的安装

VirtualBox的安装文件，可以从其官方网站(https://www.virtualbox.org/)下载与您的计算机(以下简称“主机”)的操作系统对应的安装文件。本教程的配套资料存放于百度网盘空间中，其中也存放有VirtualBox的安装文件，可以将其复制到主机运行。

运行 VirtualBox 的安装文件，将开启一个简单的安装向导，允许用户定制 VirtualBox 特性，选择任意快捷方式并指定安装目录。

安装成功之后，桌面上会增加 Oracle VM VirtualBox 图标，双击该图标，系统将打开“Oracle VM VirtualBox 管理器”窗口，如图 1-1 所示。

1.1.2 导入虚拟电脑

在 VirtualBox 中创建虚拟电脑，可以按照用户个人的应用情况选择配置。由于篇幅的限制，虚拟电脑的创建步骤，请您参阅本教程配套资料中的帮助文件，在此仅讲解虚拟电脑的导入和设置。

在导入 seentao101 虚拟电脑前，请首先将百度网盘空间(网盘地址：http://pan.baidu.com/s/1miczJ7M，密码：l4gr)中“seentao101 虚拟机”文件夹下的 seentao101.ova 下载到您的计算机。seentao101.ova 数据文件是编者通过 Oracle VM VirtualBox 管理器的“导出虚拟电脑”功能导出的已安装了用友 ERP-U8 V10.1 新道教学版的虚拟电脑数据文件，它本身不可直接运行，但将其导入 VirtualBox 软件成功之后，便可直接使用用友 ERP-U8 V10.1 软件。

导入虚拟电脑的操作步骤如下：

(1) 打开“Oracle VM VirtualBox 管理器”窗口。双击桌面上的 Oracle VM VirtualBox 图标，系统打开“Oracle VM VirtualBox 管理器”窗口，如图 1-1 所示。

(2) 单击“管理”/“导入虚拟电脑”菜单项，系统弹出“要导入的虚拟电脑”对话框，请浏览找到计算机上的 seentao101.ova 数据文件。

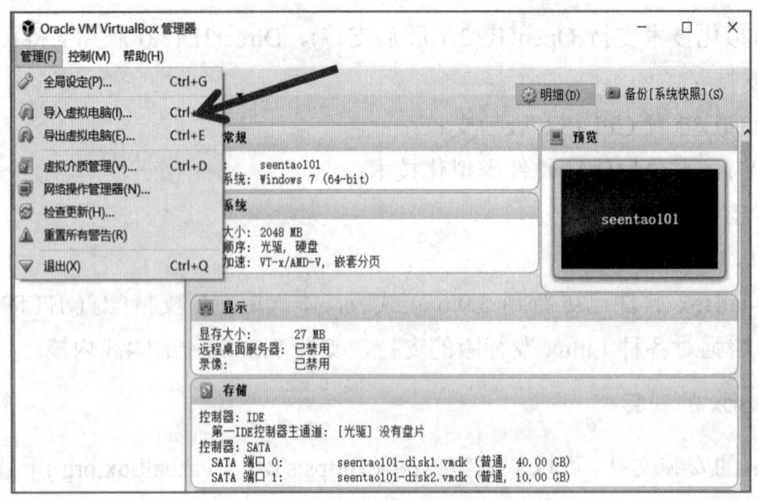

图 1-1 “Oracle VM VirtualBox 管理器”窗口

(3) 单击“下一步”按钮，系统弹出“虚拟电脑导入设置”对话框，如图 1-2 所示，其中默认虚拟电脑的“名称”为 seentao101，“内存”为 2048MB，“虚拟硬盘”有 2 个，其默认的路径为 C:\Users\lijimeiBlcu\VirtualBoxVMs\seentao101\seentao101-disk1.vmdk 和 C:\Users\lijimeiBlcu\ VirtualBox VMs\seentao101\seentao101-disk2.vmdk。

图 1-2 “虚拟电脑导入设置”对话框

(4) 设置虚拟电脑的内存。在“虚拟电脑导入设置”对话框中，双击“内存”所在行，可录入拟建的虚拟电脑的内存大小。因为 VirtualBox 不支持内存过量使用，所以不能给一个虚拟电脑分配超过主机内存大小的内存值，建议分配给虚拟电脑的内存不超过计算机内存的一半，但至少有 1024MB，否则用友 ERP-U8 V10.1 软件无法运行。

(5) 设置“虚拟硬盘”的位置。在“虚拟电脑导入设置”对话框中，双击“虚拟硬盘”所在行，可修改系统默认的虚拟电脑文件存放的位置，可以根据计算机存储空间分布情况设置该路径。

(6) 开始导入。单击“虚拟电脑导入设置”对话框中的“导入”按钮，系统弹出如图 1-3 所示的导入进度条，开始导入 seentao101 虚拟电脑。

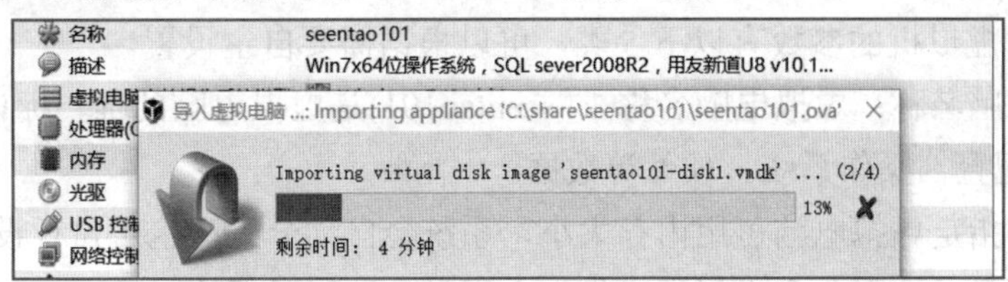

图 1-3 虚拟机导入进度条

(7) 完成。导入成功后，系统将返回“Oracle VM VirtualBox 管理器”窗口，结果可参见图 1-4。

1.1.3 设置虚拟电脑

虚拟电脑关闭时，可以编辑虚拟电脑的设置。虚拟电脑与主机的数据交换最便捷的方式是通过“共享文件夹”。

设置共享文件夹的操作步骤如下：

(1) 在“Oracle VM VirtualBox 管理器”窗口中，在 seentao101 虚拟电脑关闭的情况下，先单击左侧的 seentao101 虚拟机，再单击工具栏中的“设置”按钮，系统弹出“seentao101-设置”对话框，如图 1-4 所示。

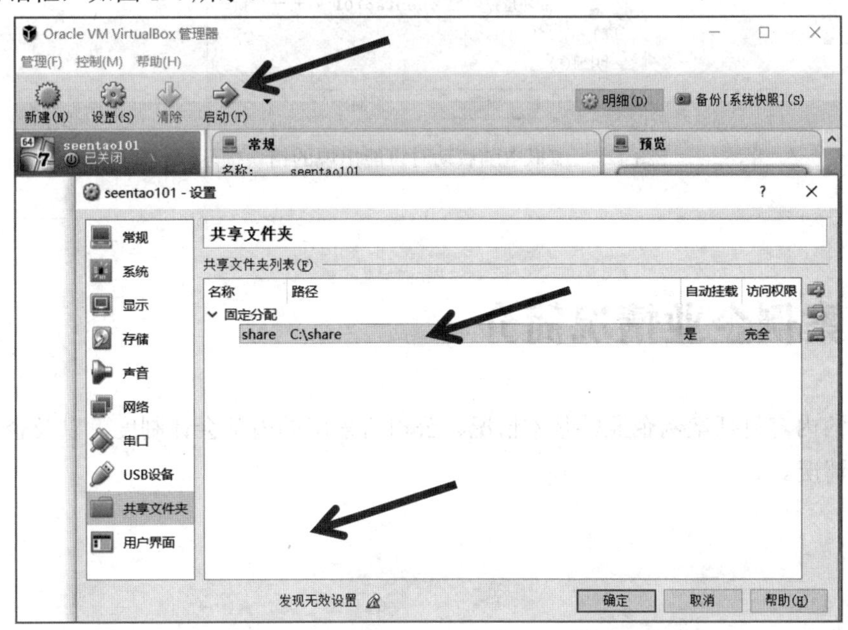

图 1-4 “seentao101-设置”对话框

(2) 在“seentao101-设置”对话框中，单击其左侧的“共享文件夹”，右侧显示已有的共享文件夹，在此可单击已有的文件夹进行修改，也可单击右上角的“+”按钮，以增加一个共享文件夹。

(3) 单击“确定”按钮，退出该对话框，系统返回“Oracle VM VirtualBox 管理器”窗口，设置完成。

VirtualBox 虚拟机的参数有以下 5 类，可以根据需要自主设置。

(1) 虚拟电脑名称：虚拟电脑名称(如 seentao101)是虚拟电脑的唯一标识，用来区分虚拟电脑的硬件配置、操作系统、软件等数据。

(2) 内存：指定虚拟电脑可用内存大小，系统会自动分配，也可自行设置。

(3) 虚拟硬盘：选择一个虚拟硬盘作为主硬盘，也可以新建一个。

(4) 硬盘存储类型：分为动态扩展和固定大小两种，其中动态扩展类型最初只需占用非常小的物理硬盘空间，然后根据虚拟电脑的实际需求动态分配；固定大小类型就是建立时就分配指定的大小给虚拟电脑使用。后者在性能上有一定优势，但建立时间较长。

(5) 摘要：显示虚拟电脑的各项数据情况。

小贴士：

在 Windows 10 系统中，在 VirtualBox 管理器中运行虚拟电脑时，若出现如图 1-5 所示的错误提示，可单击“明细”前的箭头以展开其错误说明，然后根据说明修改主机或虚拟机的相关设置，或直接单击其“确定”按钮返回，再次打开一般就能正常开机了。若一直出现问题，则可以“删除”后再次“导入虚拟电脑”。

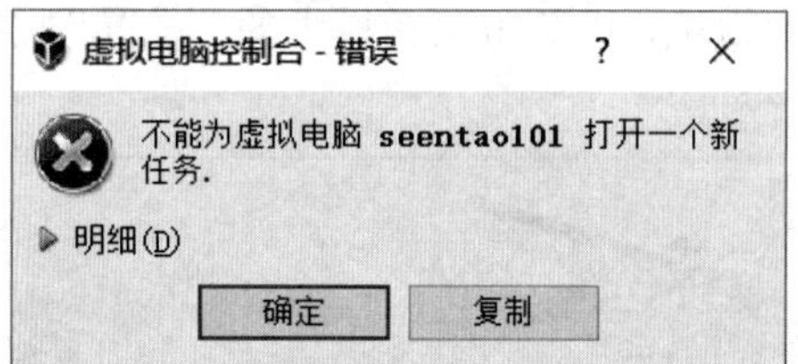

图 1-5 虚拟电脑启动时可能出现的错误提示

1.2 案例企业情况简介

本节的内容包括案例企业的基本情况、公司所采用的内部会计制度，以及企业员工的岗位分工情况。

1.2.1 基本情况

1. 公司简介

北京亮康眼镜有限公司(简称亮康公司)是专门从事眼镜生产、批发和零售的制造企业，位于北京市昌平区。该公司开户银行为中国工商银行北京市昌平支行，账号为110202052678298790 8，该公司为一般纳税人，纳税登记号为1101082121202，电话为400812345678，邮箱为liangkang@163.com。

2. 组织结构

公司的注册类型为有限责任公司，股东由三个自然人组成。其中，李吉棕出资额占70%，由其出任公司董事长兼总经理，是公司的法人代表；赵飞和刘静各占15%，均为董事会成员。总经理下设四位部门主管，其中赵飞担任销售主管，刘静担任采购主管，曾志伟担任财务主管，陈虹担任行政主管，组织结构图如图1-6所示。

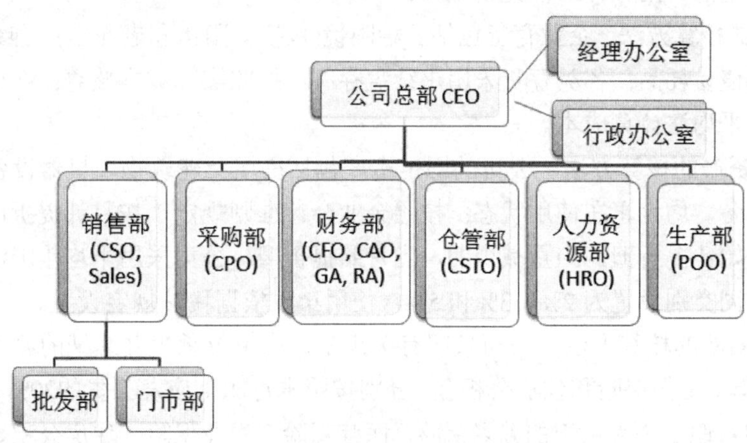

图1-6　案例企业组织结构图

1.2.2 企业会计制度

1. 会计科目设置规定

(1) 会计科目编码。会计科目编码采用4-2-2方式，即一级科目4位字长，二级科目2位字长，三级科目2位字长。

(2) 会计科目设置要求。“库存现金”科目是现金日记账科目；“应付账款”科目下设“暂估应付账款”和“一般应付账款”两个二级科目，其中一般应付账款设置为受控于应付款系统，暂估应付账款科目设置为不受控于应付款系统。类似地，其他一级科目的辅助账类型设置要求、二级科目的增加和辅助账类型设置要求，以及三级科目的增加和辅助账类型设置要求请参见第2章2.8节的表2-20。

(3) 项目核算。设置在途物资、库存商品、主营业务收入和主营业务成本 4 个项目核算科目。项目的大类名称为“商品项目管理”，项目分类定义为太阳镜和老花镜，项目目录分为男士高端、女士高端等(详见第 2 章 2.9 节的表 2-21)，该项目由上述 4 个科目进行核算。

2. 内部会计政策

(1) 会计核算的基本规定。企业采用科目汇总表账务处理程序，每月月末编制科目汇总表并登记一次总账；公司采用复式记账，按单一格式填制凭证。会计凭证按月连续编号；公司开设总分类账、明细分类账、现金和银行存款日记账及银行结算票据备查簿；公司按规定编制资产负债表、利润表、现金流量表和所有者权益变动表。

(2) 货币资金的核算方法。每日终了，对库存现金进行实地盘点，确保现金账面余额与实际库存相符。银行存款每月根据银行对账单进行核对清查。若发现不符，及时查明原因，做出处理。公司采用的结算方式包括现金、现金支票、转账支票、银行承兑汇票、商业承兑汇票、电汇、同城特约委托收款等。

(3) 存货的核算方法。企业存货包括各种眼镜(包括太阳镜和老花镜)、包装物，以及办公用品类的低值易耗品；各类存货采用永续盘存制，按照实际成本核算；在核算过程中，存货采用移动平均法计算成本。

(4) 固定资产的核算方法。公司的固定资产包括房屋及建筑物、机器设备、交通运输设备和电子设备，均为正在使用状态；按照企业会计准则规定，按月计提折旧，当月增加的，自下月开始计提折旧，当月减少的，当月照提折旧；公司采用平均年限法计提折旧，净残值率按不同类别设置为 2%、3%和 5%，使用年限依据税法规定设置。

(5) 职工薪酬的核算方法。公司按照有关规定，由单位承担并缴纳的养老保险、医疗保险、失业保险、工伤保险和住房公积金，分别按照本月职工应发工资的20%、9.55%、1%、1%和12%计算；职工个人承担的养老保险、医疗保险、失业保险、住房公积金分别按照本人本月应发工资的8%、2%、0.2%、12%计算；按照国家有关规定，单位代扣个人所得税，单位按本月职工应发工资总额的2%计提工会经费，按2.5%计提职工教育经费。

(6) 税务的会计处理。本公司为增值税一般纳税人，购销货物税率为17%，运费税率为11%，手续费税率为6%，按月缴纳；企业所得税采用资产负债表债务法，除应收账款外，假设资产、负债的账面价值与其计税基础一致，未产生暂时性差异。企业所得税的计税依据为应纳税所得额，税率为25%，按月预计，按季预缴，全年汇总清缴。按当期应交增值税的7%、3%和2%，计算城市维护建设税、教育费附加和地方教育费附加。

(7) 利润分配规定。根据公司章程，公司税后利润按以下顺序及规定分配：弥补亏损→按 10%提取法定盈余公积→提取任意盈余公积→向投资者分配利润。

(8) 财产清查的要求。公司每月上旬对存货进行清查，年末对固定资产进行清查，根据盘点结果编制“盘点表”，并与账面情况进行比较，报经主管领导审批后进行处理。

(9) 坏账损失的核算方法。除应收账款外，其他的应收款项不计提坏账准备。每年年末，按应收账款余额百分比法计提坏账准备，提取比例为期末余额的 0.5%。对于可能成为坏账的应收账款应当报告有关决策机构，由其进行审查和确认；发生的各种坏账应查明原因，及时做出会计处理；注销的坏账应当进行备查登记，做到账销案存，已注销的坏账又收回时应当及时入账。

(10) 月末将各损益类账户余额转入本年利润账户，收入和支出分别制单。

3. 会计岗位职责

(1) 主管会计，在董事会和总经理的领导下，总管公司会计、报表和预算工作，负责对各项财务、会计工作的布置检查；组织初始建账工作，各种原始凭证、记账凭证和会计报表的审核；负责编制资产负债表、利润表、现金流量表和所有者权益变动表等会计报表的工作；负责财务分析工作；负责总账的编制和档案管理。

(2) 出纳，保管库存现金、有价证券，并保管财务专用章；负责空白支票和支票、银行结算票据备查簿、有价证券、借款的备查簿的编写和管理；负责登记现金、银行存款日记账。

(3) 记账会计，负责往来账款的管理，各种明细表的登记工作；负责财务资产的清查、银行对账工作；负责编制各种税收申报表和养老保险申报表，并缴纳各种税费；负责开具发票，固定资产、无形资产的卡片账记录和保管。

1.2.3 操作员及权限

账套使用人员岗位分工与权限设置详见表1-1。

表1-1 软件应用人员分工及权限分配

编号	人员姓名	隶属部门	职务	操作权限	所属角色	功能权限修改
0100	李吉棕	经理办公室	总经理	系统初始设置、所有业务单据审核与批复	账套主管	
0200	曾志伟	财务部	财务主管 会计主管	会计业务主管签字，审核凭证、发票与收付款单，对账，结账，编制会计报表、财务指标分析		公共单据、总账、应收、应付、UFO报表
0201	张兰	财务部	记账会计	编制记账凭证、记账、固定资产折旧及增减变动业务、工资分摊、银行对账，缴纳各种税费		公共单据、公共目录设置、总账、应收、应付、固定资产、薪资管理
0202	罗迪	财务部	出纳	填制收款单和付款单、出纳签字		总账、应收、应付
0600	王军	人力资源部	人力资源主管	人员增减变动、工资变动、辅助系统初始设置		薪资管理

备注：

(1) 操作员的初始密码均为空，用户类型均为“普通用户”。

(2) 操作员的数据权限：

- 在“数据权限控制设置”窗口，在“记录级”选项卡中不勾选“是否控制”栏的“用户”复选框，单击“确定”按钮，则单据不按用户控制，操作步骤详见1.3.3节。
- 在“数据权限分配”窗口，设置王军和张兰为“工资类别主管”，则王军和张兰若登录“企业应用平台”即可操作薪资模块。此设置在薪资账套建立后才可设置成功，操作步骤详见4.2.2节。

1.3 建账与账套备份

本账套建立时间为2017年4月1日，各子系统启用时间为2017年4月1日。本案例企业发生业务活动的时间均为2017年4月。

需要说明的是：

(1) 本教程的所有业务实验操作都有配套的微视频，您可以通过扫描二维码或者到指定的网页去观看。

(2) 本节的实验操作因其是基础数据且比较简单，没有做相应的视频录制，已经完成的基本账套数据(01 新建账套.rar)存放在百度网盘空间的“实验账套数据”文件夹中(网盘地址：http://pan.baidu.com/s/1ctoTCa，密码：wiea)。

(3) 实验操作前，需要将系统时间调整为2017年4月1日。如果没有调整系统时间，则在建账过程中和启用子系统时，注意修改时间为2017年4月1日。

1.3.1 添加用户

本案例企业的操作员详见表1-1。本任务是按照表1-1的资料，在系统管理中添加操作员。在操作之前，请确认系统日期为2017-04-01。

操作步骤：

视频地址：http://mdwx.mdmuke.com/mod/page/view.php?id=4596

(1) 启动系统管理，以系统管理员(admin)身份注册。

① 双击桌面中的“系统管理”快捷方式，系统打开“系统管理”窗口，结果可参见图1-7。

② 在“系统管理”窗口中，单击“系统”/“注册”菜单项，打开系统管理的“登录”对话框，结果如图1-8所示。

③ 以系统管理员(admin)身份注册：编辑或确认“操作员”为admin，密码为空，然后

单击“登录”按钮，系统退出对话框返回“系统管理”窗口。

图 1-7　系统管理窗口示意图

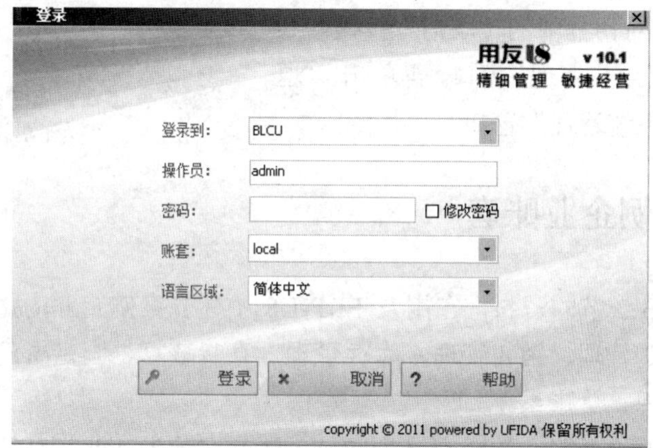

图 1-8　系统管理登录对话框

提示：

- “系统管理”窗口的使用者为企业的信息管理人员，包括系统管理员 admin、安全管理员 Sadmin、管理员用户和账套主管。
- 系统管理员 admin 的密码默认为空，若需要修改，则在登录时，在密码栏中先输入正确的密码，然后在“修改密码”栏中选中“√”，单击“确定”按钮，在提示窗口输入并确定新密码。

(2) 增加用户。注意，由于还未建账套，所以无法录入功能权限，此步骤只增加相应操作员(增加的用户即为账套的操作员)并设置角色。

① 在“系统管理”窗口中，单击“权限”/“用户”菜单项(参见图 1-7)，系统打开“用户管理”窗口。

② 在“用户管理”窗口中，单击“增加”按钮，系统打开“操作员详细情况”对话框。

③ 在对话框中增加“李吉棕”用户：根据表1-1，输入“李吉棕”的编号、姓名、用户类型(已默认为普通用户)、口令(即密码，初始密码设置为空)和所属角色等信息(结果可参见图1-9)，然后单击“增加”按钮。

提示：

只有“账套主管”需要此时设置角色，其他操作员将在1.3.3节中设置。

④ 重复步骤③，按照表1-1，完成其他操作员(即用户)的编辑工作，其“所属角色”为空。

⑤ 退出。单击对话框中的“取消”按钮，系统退出对话框返回“用户管理”窗口，再单击“退出”按钮，返回“系统管理”窗口。

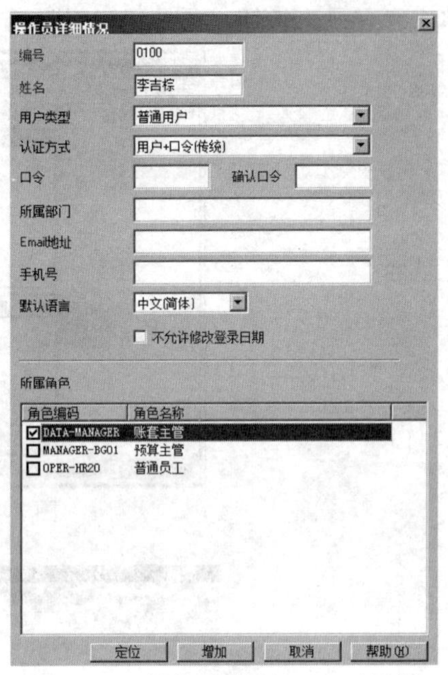

图1-9 “操作员详细情况”对话框

1.3.2 建立案例企业账套

本任务是依据1.2节的资料，在用友ERP-U8中建立案例企业的账套，并启用相应的功能模块，包括采购管理、销售管理、库存管理、存货核算、固定资产、薪资管理、应收款管理、应付款管理、总账系统。

具体地，本案例企业账套的账套号为717，账套名称为“北京亮康眼镜有限公司”，账套路径默认为“C:\u8soft\admin\”，启用会计期为2017-04。

操作步骤：

视频地址：http://mdwx.mdmuke.com/mod/page/view.php?id=4597

(1) 打开“创建账套”向导。在“系统管理”窗口(参见图1-7)中，单击“账套”/“建立”菜单项，系统打开“创建账套”对话框，然后根据向导操作完成账套资料的录入。

(2) 在打开的“创建账套”对话框之“建账方式”中，默认为“新建空白账套”并单击“下一步”按钮，然后在系统打开的“创建账套”对话框之“账套信息”中，编辑“账套号”为717，“账套名称”为“北京亮康眼镜有限公司”，确认“启用会计期”为2017-04，其他项默认。

(3) 单击“下一步”按钮，在“创建账套”对话框之“单位信息”中，编辑“单位名称”为“北京亮康眼镜有限公司”(在此应录入企业的全称，以便打印发票时使用)，“机构代码”为168306659，“单位简称”为“亮康公司”，“单位地址”为“北京市昌平区”，“法人代表”为“李吉棕”，“邮政编码”为100022，“联系电话”为400812345678，“电子邮箱”为 liangkang@163.com，“税号”为 1101082121202，“备注一”为“眼镜生产”，“备注二”为“眼镜批发与零售”。

(4) 单击“下一步”按钮，在“创建账套”对话框之“核算类型”中，编辑“本位币”为 RMB(人民币)，“企业类型”为“工业”；“行业性质”为“2007 年新会计制度科目”，“账套主管”为 0100，并勾选“按行业性质预置会计科目”复选框。

(5) 单击“下一步”按钮，在“创建账套”对话框之“基础信息”中，增加勾选“有无外币核算”，确认选中“存货是否分类”“客户是否分类”和“供应商是否分类”，然后单击“下一步”按钮，系统打开“创建账套”对话框之“开始”页面。

(6) 单击“完成”按钮，系统弹出“可以创建账套了吗？”提示框，单击“是”按钮，系统开始创建账套，初始创建完成之后打开“编码方案”对话框。

(7) 在“编码方案”对话框中，对“科目编码级次”进行设置，第 2、3、4 级的位长为 2，其他的编码分类采用系统默认值。

(8) 单击“确定”按钮，系统保存编码设置，再单击“取消”按钮，系统打开“数据精度”对话框。

(9) 数据精度全部采用默认值，所以直接单击“取消”按钮，系统退出“数据精度”对话框，此时系统创建账套成功，并弹出“现在进行子系统启用的设置吗？”信息提示框。

(10) 单击“是”按钮，系统打开“系统启用”对话框。在该对话框中依次启用总账、报账中心，启用时间均为 2017-04-01。

(11) 单击“系统启用”和“创建账套”对话框中的“退出”按钮，系统返回“系统管理”窗口。

提示：

若在系统弹出“现在进行子系统启用的设置吗？”信息提示框时，单击“否”按钮，则系统直接返回“系统管理”窗口。如果需要启用或修改启用结果，请以账套主管李吉棕的身份登录“企业应用平台”，然后依次单击“基础设置”/“基本信息”/“系统启用”菜单项，在系统打开的“系统启用”窗口进行编辑。

1.3.3 设置用户权限

本任务是依据表 1-1 的资料，设置操作员的功能权限和数据权限。用友 ERP-U8 中可做三个层次的权限管理，即功能级权限管理、数据级权限管理和金额级权限管理。

- 功能级权限管理，提供了划分更为细致的功能级的权限管理功能，包括各功能模块相关业务的查看和分配权限。
- 数据级权限管理，可以通过两个方面进行权限控制与分配，即字段级和记录级。

- 金额级权限管理，主要用于完善内部金额控制，实现对具体金额数量划分级别，对不同岗位和职位的操作员进行金额级别控制，限制他们制单时可以使用的金额数量。

1. 设置操作员的功能权限

操作步骤：

视频地址：http://mdwx.mdmuke.com/mod/page/view.php?id=4598

(1) 打开“操作员权限”窗口。在“系统管理”窗口中，单击“权限”/“权限”菜单项，系统打开“操作员权限”窗口。

(2) 在打开的“操作员权限”窗口中，在左窗格选择操作员“曾志伟”，单击窗口工具栏中的“修改”按钮，然后在窗口右侧先选择或确认账套为“[717]......”和年度“2017—2017”，然后依据表 1-1 中的“功能权限修改”列，增加选中需要的功能模块名称。曾志伟的功能权限设置结果如图 1-10 所示。

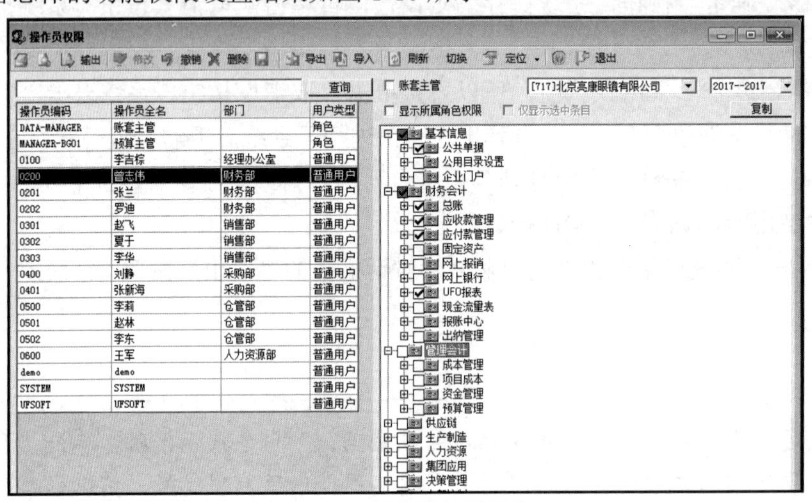

图 1-10 “操作员权限”窗口

(3) 单击“保存”按钮，然后重复步骤(2)，依据表 1-1，完成其他操作员的功能权限修改。

(4) 退出。单击“操作员权限”窗口工具栏中的“退出”按钮，退出该窗口返回“系统管理”窗口。

提示：

- 账套主管拥有所有模块的权限。由于在建立账套时已经指定“李吉棕”为账套主管，所以无须再设置。
- 功能级权限分配，在“系统管理”窗口中完成。在为用户赋予权限时，一次性勾选大的模块即可实现所有的下属模块权限的赋予。

- 数据权限和金额权限在“企业应用平台”的“系统服务”页签下的“数据权限”中进行分配。对于数据级权限和金额级的设置，必须是在系统管理的功能权限分配之后才能进行。

2. 操作员的数据权限控制设置

操作步骤：

(1) 打开“企业应用平台”窗口。双击桌面中的“企业应用平台”快捷方式，在系统打开的“登录”对话框中，设置“操作员”为0100，密码为空，“账套”为“[717...]”，然后单击“登录”按钮，系统打开“企业应用平台”窗口。

(2) 在“企业应用平台”的“系统服务”页签下，依次单击“权限”/“数据权限控制设置”菜单项，系统打开“数据权限控制设置”窗口。

(3) 在“记录级”选项卡中，不勾选“是否控制”栏的“用户”复选框，结果如图1-11所示。

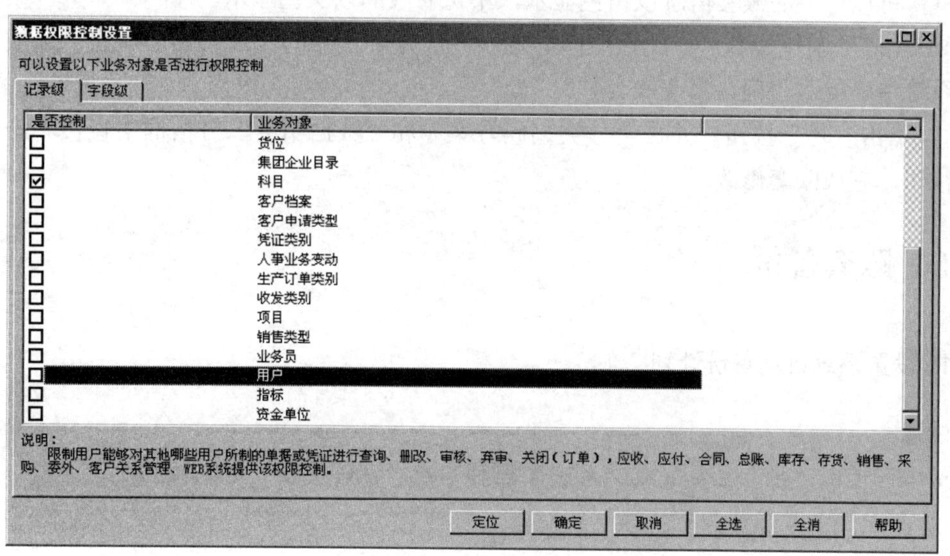

图1-11 操作员“数据权限控制设置”对话框

(4) 单击“确定”按钮，则数据不做用户控制，例如：财务部会计张兰在登录到企业应用平台后，就可以查阅和审核张新海填制的销售发票。

 **提示：**

数据权限控制设置，是设置“业务对象”(如用户、业务员、货位)是否被控制；而数据权限分配，是分配一个操作员对另一个操作员的数据(如填制的单据)的操作权限(如查看、审核、编辑)，账套主管不参加数据权限分配。

1.3.4 修改账套信息

修改账套信息的工作，应由“账套主管”在“系统管理”中完成。操作步骤如下：

(1) 以账套主管“李吉棕”的身份注册系统管理

① 在“系统管理”窗口中，单击“系统”/“注销”菜单项以注销系统管理员身份的注册。

② 单击“系统”/“注册”菜单项，系统打开“系统管理”的登录界面。

③ 编辑“操作员”为0100或“李吉棕”，密码为空，选择“账套”为“[717]...”，“操作日期”为当前系统日期2017-04-01。

④ 单击“登录”按钮，系统退出对话框返回“系统管理”窗口，窗口菜单中显示为黑色字体的部分为账套主管可以操作的功能。

(2) 修改账套信息

① 在“系统管理”窗口中，单击“账套”/“修改”菜单项，系统打开“修改账套”对话框，可以修改的账套信息以白色显示，不可修改的以灰色显示。

② 类似于创建账套，在此按照向导逐步完成账套信息的修改，然后单击“完成”按钮，系统弹出提示“确认修改账套了？”。

③ 单击“是”按钮，并在“分类编码方案”和“数据精度”对话框中直接单击“取消”按钮，完成账套修改。

1.3.5 账套备份

1. 设置系统自动备份计划

注意：

该工作可由“账套主管”或“系统管理员”在“系统管理”中完成。

操作步骤：

视频地址： http://mdwx.mdmuke.com/mod/page/view.php?id=4599

(1) 在E盘上新建“账套备份”文件夹。

(2) 打开“备份计划详细情况”对话框。在“系统管理”窗口中，单击“系统”/“设置备份计划”，打开“备份计划设置”对话框，再单击工具栏中的“增加”按钮，打开“备份计划详细情况”对话框。

(3) 编辑备份计划。编辑“计划编号”为2017-717，“计划名称”为“717亮康眼镜”，选择“发生频率”为“每周”，录入“开始时间”为00:00:00，“发生天数”为1(表示每周日0点开始备份)。

(4) 选择保存路径。单击对话框中间的“增加”按钮，系统弹出“请选择账套备份路径”对话框，选择“E:\账套备份”文件夹为备份路径，然后单击“确定”按钮返回，此时在“请选择备份路径”区中增加了一行，其右侧出现“浏览”按钮(单击它可打开“请选择账套备份路径”对话框)。

(5) 选择备份账套。在“请选择账套和年度”区，选中717账套，结果如图1-12所示。

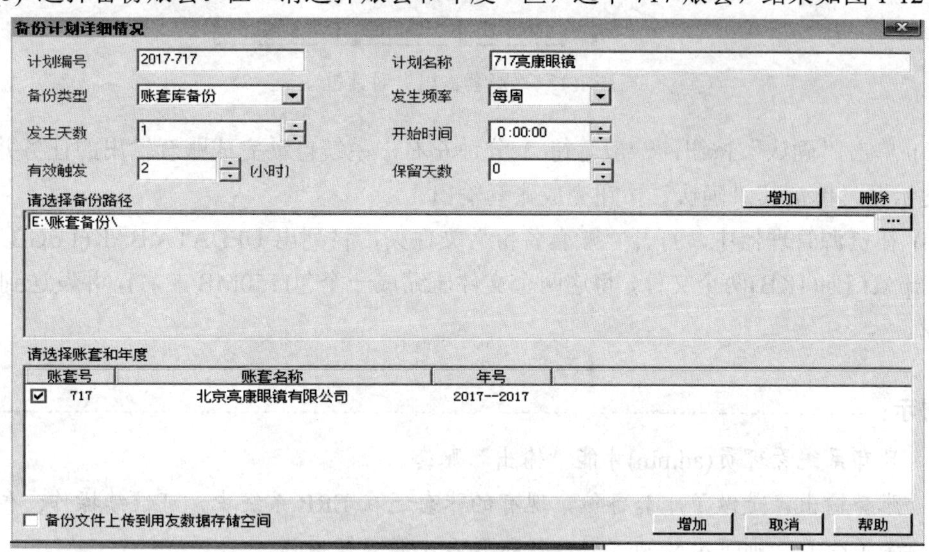

图1-12 “备份计划详细情况”对话框

(6) 确认并保存备份计划。单击对话框底部的“增加”按钮，完成该备份计划的设置。

(7) 退出。单击“取消”按钮退出“备份计划详细情况”对话框，返回“备份计划设置”窗口；再单击“退出”按钮返回“系统管理”窗口。

2. 账套输出

为能让每次实验具有连续性，以完成完整的流程操作，建议每完成一节或一章的实验之后，将实验结果备份保存在虚拟机的E盘，然后复制到自己的U盘或上传到网盘。

为此，需要在每次实验之后，先进行企业账套的输出，并将输出的结果压缩后保存。然后在下次实验前，再将上次的操作结果引入系统。

操作步骤：

(1) 以系统管理员身份注册并打开“系统管理”窗口。若“系统管理”窗口没有打开，请双击桌面上的“系统管理”图标打开该窗口；若已经打开，则单击“系统管理”中的“系统”/“注销”菜单项；然后单击“系统”/“注册”菜单项，打开“登录”对话框，最后以系统管理员(admin)身份注册(注册信息编辑结果，可参见图1-7)并打开“系统管理”窗口。

(2) 在“系统管理”窗口中，单击“账套”/“输出”菜单项，打开“账套输出”对话框；选定“账套号”和“输出文件位置”后，确认没有勾选“删除当前输出账套”复选框，结果如图1-13所示。

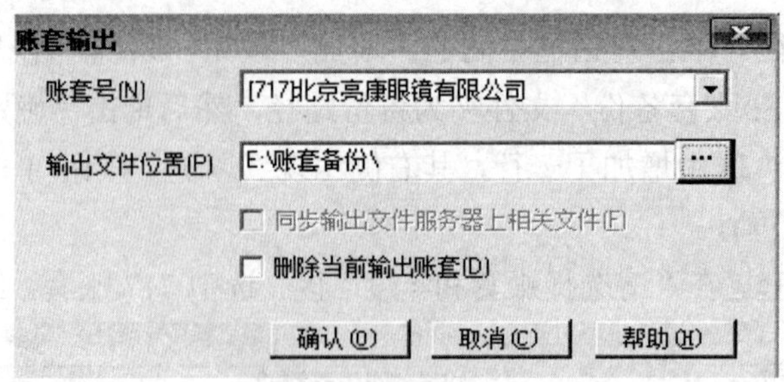

图 1-13 “账套输出”对话框

(3) 单击“确认”按钮，一般等待 3 分钟左右，系统自动完成账套输出的任务并弹出信息提示框，单击其“确认”按钮完成账套输出。

(4) 在资源管理器中，打开“账套备份”文件夹，将列出 UFDATA.BAK(1.5GB 左右)和 UfErpAct.Lst(1KB)两个文件，将这两个文件压缩成一个包(150MB 左右)，并发送到 U 盘或网盘。

提示：

- 只有系统管理员(admin)才能“输出”账套。
- 账套输出只是做了账套备份，现有的账套还在 ERP 系统中，可继续操作；但若删除了账套，则下次必须“引入”账套后才能继续操作。
- 账套删除和账套输出的操作基本一样，区别只是在“账套输出”对话框中，需要勾选“删除当前输出账套”复选框，且在系统提示：“真要删除该账套吗？”时，“确认”即可，若“取消”则不删除当前输出的账套，下次可继续使用该账套。
- 正在使用的账套，系统的“删除当前输出账套”是置灰的，即不允许选中。

3. 引入(恢复)账套

操作步骤：

(1) 启动系统管理，以系统管理员(admin)身份注册。

(2) 引入账套。

① 在“系统管理”窗口中，单击“账套”/“引入”菜单项，系统弹出“请选择账套备份文件”对话框。

② 在该对话框中，选择“E:\账套备份\UfErpAct.Lst”，然后单击“确定”按钮，系统弹出“系统管理”信息提示框，提示账套引入的默认路径。

③ 直接单击“确定”按钮，系统弹出“请选择账套引入的目录”对话框，选择 C :\U8SOFT 文件夹，结果如图 1-14 所示。

④ 单击“确定”按钮，系统弹出“账套引入”信息提示框。

⑤ 一般等待 3 分钟左右，系统弹出信息提示框，提示账套“引入成功”。

⑥ 直接单击“确定”按钮，退出该信息提示框，返回“系统管理”窗口。

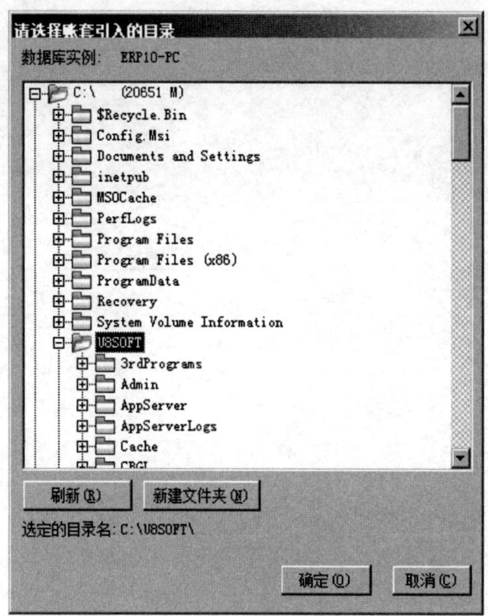

图 1-14　账套引入目录选择对话框

提示：

只有系统管理员(admin)才能“引入”账套。

第2章

企业基础档案编辑

企业基础档案是在“企业应用平台”中进行操作的。“企业应用平台”是用友 ERP-U8 系统的集成应用平台，它是进行企业账套管理的唯一入口，可以实现企业基础档案和基础数据的设置与维护、信息的及时沟通和传输、信息的统计分析等。

本章的主要内容是设置企业的基础档案信息。

企业的基础档案设置，是设置用友 ERP-U8 各个子系统公用的基础档案信息，主要包括企业部门及人员档案、客商信息、存货档案、财务信息、收付结算信息等。

会计科目设置，是编辑一级科目的科目属性(如辅助账类型、受控系统)，以及新增二级、三级科目，如在应付账款科目下，增加一般应付账款和暂估应付账款。

本章的操作是在第 1 章的操作基础上，由账套主管“李吉棕”登录到“企业应用平台”，登录时需要修改“操作日期”(即业务时间)为 2017 年 4 月 1 日；如果业务日期与账套建账时间之间的跨度超过 3 个月，则该账套在演示版状态下不能执行任何操作。

如果没有完成第1章的建账和设置权限的任务，可以到百度网盘空间(网盘地址：http://pan.baidu.com/s/1ctoTCa，密码：wiea)的“实验账套数据”文件夹中，将“01新建账套.rar”下载到实验用机上，然后引入(操作步骤详见第1章1.3.5节)ERP-U8系统中。此外，本章完成的账套其输出压缩的文件名为“02基础档案.rar”。

需要说明的是：

(1) 因网盘中的账套备份文件均为压缩文件，所以在下载完成后引入之前，需要用解压缩工具进行解压(建议用 WinRAR 3.42 或以上版本)，得到相应可以引入的账套数据文件。

(2) 本教程的所有业务实验操作都有配套的微视频，您可以通过扫描二维码或者到指定的网页去观看。但本章的实验操作，因是基础档案且比较简单，没有做相应的视频录制。

2.1 部门与人员档案设置

企业一般对其人员类别进行分类设置和管理，本案例企业是按树形层次结构分类的(详见表 2-1)。根据企业各部门的实际情况，案例企业已经设置了各职位具体人员的职责(详见

表 2-2)。

1. 人员类别设置

表 2-1 列示的是本案例企业的人员类别设置情况。本任务是按照表 2-1 完成案例企业在用友 ERP-U8 中“正式工”人员类别的子类设置(新建账套时，系统已预置“正式工”“合同工”和“实习生”3 个人员类别)。

表 2-1　人员类别

人员类别	档案编码	档案名称
101 正式工	1011	企管人员
	1012	采购人员
	1013	销售人员
	1014	生产人员
102 合同工		
103 实习生		

操作步骤：

(1) 打开“企业应用平台”窗口。双击桌面中的“企业应用平台”快捷方式，在系统打开的“登录”对话框中，设置“操作员”为 0100，密码为空，“账套”为“[717]…”，然后单击“登录”按钮，系统打开“企业应用平台”窗口。

(2) 打开“人员类别”窗口。在“企业应用平台”的“基础设置”页签下，依次单击“基础档案”/“机构人员”/“人员类别”菜单项，系统打开“人员类别”窗口。

(3) 打开“增加档案项”对话框。先单击左窗格中的“正式工”，然后单击工具栏中的“增加”按钮，系统弹出“增加档案项”对话框。

(4) 编辑“企管人员”类别。编辑“档案编码”为 1011、“档案名称”为“企管人员”，再单击“确定”按钮。

(5) 完成人员类别设置。重复步骤(4)，录入完成表 2-1 中的 1012、1013 和 1014 后，单击“取消”按钮，返回“人员类别”窗口。

(6) 退出。先单击“增加档案项”对话框中的“取消”按钮，再单击工具栏中的“退出”按钮，返回企业应用平台窗口。

2. 部门档案与人员档案设置

ERP-U8 中的“部门”，是指账套主体(如案例企业)下辖的需要进行独立的财务核算或业务管理要求的单元体，可以是实际中的部门机构，也可以是虚拟的核算单元。

ERP-U8 中的“人员”，是指企业各职能部门中需要进行独立财务核算和业务管理的职员信息，必须先设置好部门档案才能在这些部门下设置相应的职员档案。除了固定资产和成本管理产品外，其他产品均需使用职员档案。如果企业不需要对职员进行核算和管理要求，则可以不设置职员档案。

表 2-2 列示的是本案例企业的部门档案和人员档案。本任务是按照表 2-2 完成案例企业的部门档案和人员档案在用友 ERP-U8 中的设置。

表 2-2 部门档案与人员档案

一级部门	二级部门	人员类别	人员编码及姓名	性别	雇佣状态	银行及银行账号	是否操作员	是否业务员
1 公司总部	101 经理办公室	企管人员	0100 李吉棕	女	在职	工行 6222020220332016001	是	是
	102 行政办公室	企管人员	0101 陈虹	女	在职	工行 6222020220332016002		
2 财务部		企管人员	0200 曾志伟	男	在职	工行 6222020220332016003	是	
		企管人员	0201 张兰	女	在职	工行 6222020220332016004	是	
		企管人员	0202 罗迪	女	在职	工行 6222020220332016005	是	
3 销售部	301 批发部	销售人员	0300 赵飞	男	在职	工行 6222020220332016006	是	是
		销售人员	0301 夏于	男	在职	工行 6222020220332016007	是	是
	302 门市部	销售人员	0302 李华	男	在职	工行 6222020220332016008	是	是
4 采购部		采购人员	0400 刘静	女	在职	工行 6222020220332016009	是	是
		采购人员	0401 张新海	男	在职	工行 6222020220332016010	是	是
5 仓管部		企管人员	0500 李莉	女	在职	工行 6222020220332016011	是	
		企管人员	0501 赵林	男	在职	工行 6222020220332016012	是	
		企管人员	0502 李东	男	在职	工行 6222020220332016013	是	
6 人力资源部		企管人员	0600 王军	男	在职	工行 6222020220332016014	是	
		企管人员	0601 梁京	女	在职	工行 6222020220332016015		
7 生产部		生产人员	0700 刘正	男	在职	工行 6222020220332016016		
		生产人员	0701 李江	男	在职	工行 6222020220332016017		是

操作步骤：

(1) 打开“部门档案”窗口。在“企业应用平台”的“基础设置”页签下，依次单击“基础档案”/“机构人员”/“部门档案”菜单项，系统打开“部门档案”窗口。

(2) 编辑“公司总部”。单击工具栏中的“增加”按钮，录入部门编码为1、部门名称为“公司总部”，然后单击“保存”按钮。

(3) 完成部门编辑。重复步骤(2)，按照表2-2的第1列和第2列，将部门档案全部录入，完成后单击“部门档案”窗口右上角的“关闭”按钮，退出该窗口并返回企业应用平台。

(4) 打开“人员档案”窗口。双击“人员档案”菜单项，系统打开“人员档案”窗口。

(5) 新增一张人员档案单据。单击“增加”按钮，系统进入新增状态，并新增一张人员档案表。

(6) 编辑人员档案。编辑“人员编码”为0100、“人员姓名”为“李吉棕”、“性别”为“女”、“行政部门”为“101 经理办公室”、“雇佣状态”为“在职”、“人员类别”为“企管人员”、“银行”为“中国工商银行”、“账号”为6222020220332016001，同时勾选“是否操作员”“是否业务员”复选框，结果如图2-1所示。

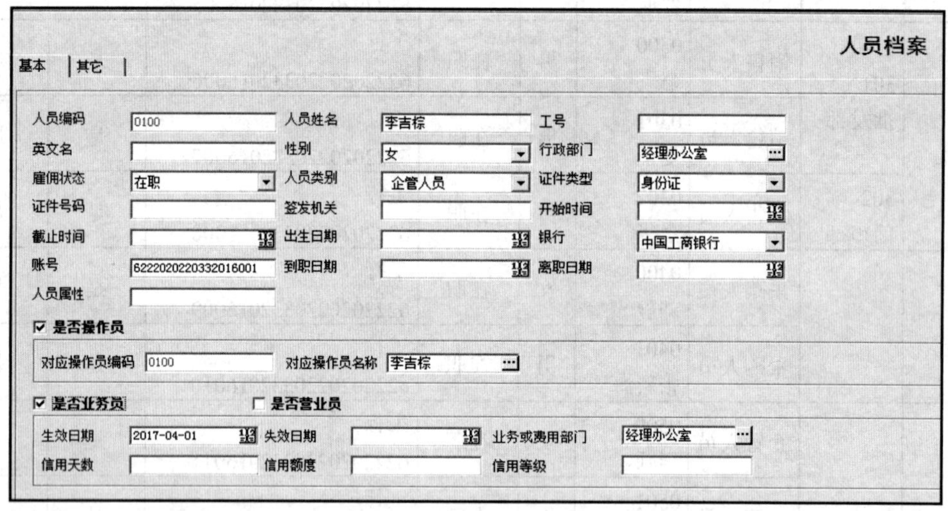

图2-1 “人员档案”窗口

(7) 保存。单击“保存”按钮，若该人员已经是用友ERP软件的操作员，则系统弹出提示框“人员信息已改，是否同步修改操作员的相关信息？”，单击“是”按钮，系统保存人员信息并新增一张人员档案表。

(8) 完成人员档案编辑。重复步骤(6)和(7)，依据表2-2将人员档案全部录入完成后，单击工具栏中的“退出”按钮，返回“人员档案”窗口。

(9) 退出。单击“人员档案”窗口右上角的“关闭”按钮，关闭并退出该窗口。

提示：

- 保存成功后，人员编码不能修改，人员的名称可随时修改。
- 如果新增的人员设置为操作员，则对于关联的操作员或修改人员时，系统将提示：人员信息已改，是否同步修改操作员的相关信息？如果您选择“是”，则将操作员的所属行政部门、E-mail 地址、手机号带入用户档案中(可在“系统管理”窗口的用户列表中查看)。
- 如果部门人员“是”操作员，则同时保存到操作员表中，其密码默认为操作员编码，角色默认为“普通用户”角色。
- 如果修改人员为“业务员”，则需要添加“业务或费用部门”；若在增加时设置为“业务员”，则有与其“行政部门”相同的默认部门。如果该人员有出差等业务一般都要勾选为业务员。
- 业务及费用归属部门：指此人员作为业务员时所属的业务部门，或当他不是业务员但其费用需要归集到的业务部门。该栏目参照部门档案生成，只能输入末级部门。

2.2 地区分类及供应商、客户档案设置

本节是按照表 2-3～表 2-7 完成案例企业在用友 ERP-U8 中的地区分类、供应商分类、供应商档案、客户分类和客户档案的设置。

视频地址：http://mdwx.mdmuke.com/mod/page/view.php?id=4604

1. 地区分类

企业可以根据自身管理需求对客户、供应商的所属地区进行相应的分类，建立地区分类体系，以便对业务数据的统计、分析。使用用友 ERP-U8 产品中的采购管理、销售管理、库存管理和应收应付款管理系统都会用地区分类。地区分类最多有五级，企业可以根据实际需要进行分类。例如，可以按区、省、市进行分类，也可以按省、市、县进行分类。

表2-3列示的是本案例企业的地区分类。本任务是按照表2-3完成案例企业在用友ERP-U8中的地区分类的设置。

表 2-3　地区分类

分类编码	分类名称
01	华北地区
02	华东地区
03	西北地区

操作步骤：

(1) 打开“地区分类”窗口。在“企业应用平台”的“基础设置”页签下，依次单击“基础档案”/“客商信息”/“地区分类”菜单项，打开“地区分类”窗口。

(2) 新增一个地区类别。单击工具栏中的“增加”按钮，录入分类编码为“01”、分类名称为“华北地区”，并单击“保存”按钮。

(3) 完成地区分类编辑。重复步骤(2)，依据表 2-3，完成地区分类信息的录入工作。

(4) 退出。单击“地区分类”窗口中的“退出”按钮。

2. 客户分类与供应商分类

企业可以根据自身管理的需要对供应商进行分类管理，建立供应商分类体系。可将供应商按行业、地区等进行划分，设置供应商分类后，根据不同的分类建立供应商档案。

同理，企业可以根据自身管理的需要对客户进行分类管理，建立客户分类体系。可将客户按行业、地区等进行划分，设置客户分类后，根据不同的分类建立客户档案。

表 2-4 列示的是本案例企业的客户和供应商分类。本任务是按照表 2-4 完成案例企业在用友 ERP-U8 中的客户和供应商分类的设置。

表 2-4 客户分类与供应商分类

<table>
<tr><th>类别名称</th><th>一级分类编码与名称</th><th>二级分类编码与名称</th></tr>
<tr><td rowspan="5">供应商</td><td rowspan="2">01 主要供应商</td><td>01001 商品供应商</td></tr>
<tr><td>01002 材料供应商</td></tr>
<tr><td>02 委外商</td><td></td></tr>
<tr><td>03 固定资产</td><td></td></tr>
<tr><td>04 其他供应商</td><td></td></tr>
<tr><td rowspan="6">客户</td><td>01 代销商</td><td></td></tr>
<tr><td rowspan="3">02 批发商</td><td>02001 山西省批发商</td></tr>
<tr><td>02002 北京市批发商</td></tr>
<tr><td>02003 上海市批发商</td></tr>
<tr><td>03 零售商</td><td></td></tr>
<tr><td>04 其他客户</td><td></td></tr>
</table>

操作步骤：

(1) 打开“供应商分类”窗口。在“基础档案”的“客商信息”菜单下，双击“供应商分类”菜单项，系统打开“供应商分类”窗口。

(2) 新增一个供应商分类。单击工具栏中的“增加”按钮，录入分类编码为 01、分类名称为“供应商”，并单击“保存”按钮。

(3) 完成供应商分类编辑。重复步骤(2)，依据表 2-4 录入供应商分类信息，完成后单击“退出”按钮。

(4) 打开“客户分类”窗口。双击“客户分类”菜单项，系统打开“客户分类”窗口。

(5) 新增一个客户分类。单击工具栏中的“增加”按钮，录入分类编码为 01、分类名称为“代销商”，并单击“保存”按钮。

(6) 完成客户分类编辑。重复步骤(5)，依据表 2-4 录入客户分类信息，完成后单击“退出”按钮。

3. 供应商档案

企业设置往来供应商的档案信息，有利于对供应商资料管理和业务数据的统计与分析。在 ERP-U8 中建立供应商档案，主要是为企业的采购管理、委外管理、库存管理、应付账管理服务的。在填制采购入库单、采购发票和进行采购结算、应付款结算和有关供货单位统计时都会用到供货单位档案，因此必须先设立供应商档案。在输入单据时，如果单据上的供货单位不在供应商档案中，则必须在此建立该供应商的档案。如果在建立账套时选择了供应商分类，则必须在设置完成供应商分类档案的情况下才能编辑供应商档案。

表 2-5 列示的是本案例企业的供应商档案。本任务是按照表 2-5 完成案例企业在用友 ERP-U8 中的供应商档案的设置。

表 2-5 供应商档案

供应商编码与名称	供应商简称	所属地区	所属分类	税号	开户银行与账号	邮编与地址	电话
001 北京大运眼镜公司	大运公司	01	01001	200106653865211	工行朝阳支行 1102020526782987123	100045 北京朝阳十里堡 8 号	010-82282263
002 上海吉祥眼镜公司	吉祥公司	02	02	310115549876477	工行浦东支行 1102020526782987135	200332 上海浦东新区东方路 1 号	021-62338258
003 北京塑料二厂	塑料二厂	01	01002	200106756865001	招行昌平支行 6225880126782987908	100046 北京昌平区大新路 33 号	010-80228229
004 宁夏螺钉厂	螺钉厂	03	01002	100106539465724	工行银川支行 1102020526782985703	333571 宁夏银川市和信区富民路 23 号	0951-5122822
005 河北硅胶三厂	硅胶三厂	01	01002	300106224160365	工行燕郊支行 1102020526782987351	100050 河北省燕郊经济开发区 20 号	010-61598220
006 河北极速商贸公司	极速公司	01	03	300106224160389	工行燕郊支行 1102020526782987379	100050 河北省燕郊经济开发区 25 号	010-61598228
007 北京光明眼镜公司	光明公司	01	01001	200106653865885	工行海淀支行 6227000526782987908	100077 北京海淀学院路 1 号	010-62338229
008 上海顺风速递有限公司	上海顺风速递	02	04	310125549876478	工行浦东支行 1102020526782987155	200332 上海浦东新区东方路 11 号	021-54658233

备注：

- 所有供应商的结算币种均为“人民币”。
- 供应商属性(采购/委外/服务/国外)均为“采购”。
- 在录入“开户银行”时，其“所属银行”为“开户银行”所在银行，如“工行海淀支行”的“所属银行”为“中国工商银行”。

操作步骤：

(1) 打开“供应商档案”窗口。在“企业应用平台”的“基础设置”页签下，依次单击“基础档案”/“客商信息”/“供应商档案”菜单项，打开“供应商档案”窗口。

(2) 新增一个供应商。单击“增加”按钮，增加一张供应商档案，编辑供应商档案的“基本”和“联系”信息，包括编码、名称、简称、分类、币种、所属地区等。以表 2-5 第 1 行为例，其“基本”选项卡的结果参见图 2-2。

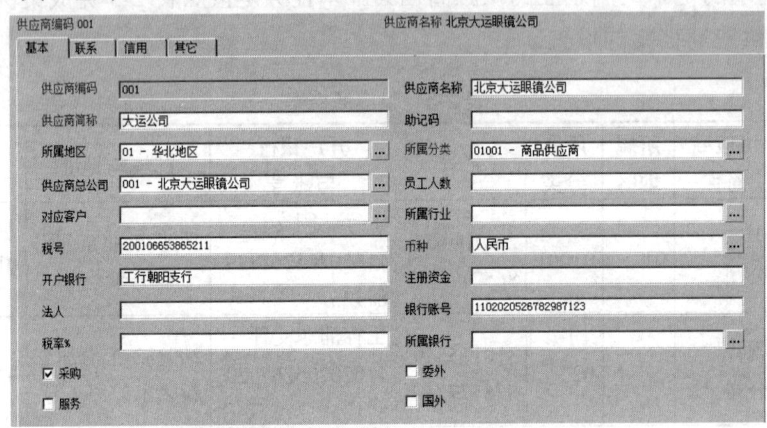

图 2-2 供应商档案“基本”选项卡示意图

(3) 保存并新增。单击“保存并新增”按钮，系统保存该供应商信息并增加一张供应商档案。

(4) 完成编辑。重复步骤(2)和(3)，将表 2-5 中所有供应商档案全部录入后，单击“退出”按钮退出该窗口。

提示：

已停用的供应商(即供应商档案的停用日期小于当前单据日期的供应商)，输入单据时不能再参照，否则系统提示“此供应商已停用，请选择其他供应商”。在进行单据或账表查询时，已停用的供应商仍可继续查询。

4. 客户级别及档案

建立客户档案主要是为企业的销售管理、库存管理、应收账管理服务的。ERP-U8 中，客户档案功能用于设置往来客户的档案信息，以便于对客户资料管理和业务数据的录入、统计、分析，例如在填制销售发货单、销售发票和进行应收款结算时，都会用到客户档案。在输入单据时，如果单据上的采购单位不在客户档案中，则必须在此建立该客户的档案。

如果在建立账套时选择了客户分类，则必须在设置完成客户分类档案的情况下才能编辑客户档案。表 2-6 列示的是本案例企业的客户级别，表 2-7 列示的是客户档案。本任务是按照表 2-6 和表 2-7 完成案例企业在用友 ERP-U8 中的客户级别及档案的设置。

表 2-6　客户级别

客户级别编码	名称
01	VIP 客户
02	重要客户
03	一般客户

表 2-7　客户档案

客户编码与名称	客户简称	所属地区	所属分类	客户级别编码	税号	开户银行与账号	邮编与地址	电话	信用额度
001 北京光明眼镜公司	光明公司	01	02002	01	200106653865885	工行海淀支行 6227000526782987908	100077 北京海淀学院路 1 号	010-62338229	250 万元
002 上海雪亮眼镜公司	雪亮公司	02	02003	03	310104712121774	工行徐汇支行 1102020526782987158	200032 上海徐汇天平路 8 号	021-84658236	50 万元
003 北京同方眼镜公司	同方公司	01	02002	02	200121554863995	光大银行海淀支行 6227000526782987973	100088 北京海淀成府路 3 号	010-82338278	170 万元
004 山西华飞眼镜公司	华飞公司	01	02001	03	411135871135557	光大银行太原支行 6227000526782987984	250001 山西太原天桥区成府路 3 号	0351-4019813	50 万元
006 山西明乐贸易公司	明乐公司	01	02001	03	411135871135687	工行晋城支行 6227000526030287586	250001 山西晋城汉王路 8 号	0351-7019816	50 万元
900 零散客户	零散客户		04						

备注：

- 所有客户的结算币种均为“人民币”；属性均为“国内”。
- 表 2-7 中的“开户银行”均是默认的结算银行。
- 在录入“开户银行”时，需要在“增加客户档案”对话框中，单击工具栏中的“银行”按钮，然后在打开的对话框中录入相关信息，其“所属银行”为“开户银行”所在银行，如“工行海淀支行”的“所属银行”为“中国工商银行”。

操作步骤：

(1) 打开“客户级别分类”窗口。在“企业应用平台”的“基础设置”页签下，依次单击“基础档案”/“客商信息”/“客户级别”菜单项，系统打开“客户级别分类”窗口。

(2) 新增 VIP 客户类别。单击工具栏中的“增加”按钮，编辑客户级别的相关信息，以表 2-6 第 1 行为例，在表体中录入客户级别编码为 01、客户级别名称为“VIP 客户”，并单击“保存”按钮。

(3) 完成客户类别编辑。重复步骤(2)，客户级别全部录入完成后，单击“退出”按钮退出该窗口。

(4) 打开“客户档案”窗口。单击“客户档案”菜单项，打开“客户档案”窗口。此时左窗口中显示已经设置的客户分类，选中某一客户分类，右窗口中显示该分类下的所有客户列表。

(5) 新增一个客户并编辑基本信息。单击“增加”按钮，打开“增加客户档案”对话框，在“基本”选项卡中编辑客户档案相关信息，包括客户编码、客户名称、客户简称等。表 2-7 第 1 行的客户基本信息编辑结果如图 2-3 所示。

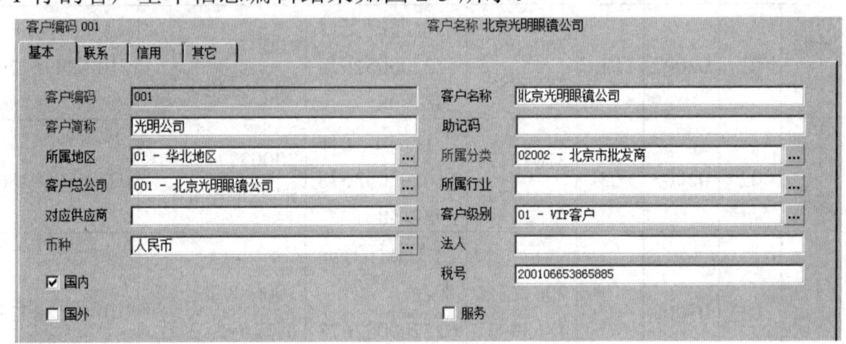

图 2-3　客户档案“基本”选项卡

(6) 编辑客户的信用信息。在“增加客户档案”对话框的“联系”选项卡中编辑邮政编码和地址，在“信用”选项卡中编辑信用额度。

(7) 编辑客户的银行信息。在“增加客户档案”对话框中，单击工具栏中的“银行”按钮，系统弹出“客户银行档案”对话框，单击“增加”按钮，以表 2-7 第 1 行为例，选择所属银行为“中国工商银行”并录入开户银行为“工行海淀支行”、银行账号为 6227000526782987908、“默认值”为“是”，然后“保存”并“退出”该对话框。

(8) 保存并新增。单击工具栏中的“保存并新增”按钮，保存该客户信息并新增一张客户档案单据。

(9) 完成客户信息编辑。重复步骤(5)～(8)，依据表 2-7，完成客户档案的录入。

(10) 退出。单击“关闭”按钮，关闭并退出“客户档案”窗口。

提示：

- 已停用的客户(即客户档案的停用日期小于当前单据日期的客户)，输入单据时不能再参照，否则系统提示“此客户已停用，请选择其他客户”。但在进行单据或账表查询时，已停用的客户仍可继续查询。
- 档案增加指定默认的币种，将在销售订单等单据中直接带出。
- 当客户的基本信息编辑完成并保存后，方可使用“银行”的编辑功能来编辑此客户的银行信息。

2.3 存货与仓库档案设置

ERP-U8中的存货功能主要用于设置企业在生产经营中使用到的各种存货信息，以便对这些存货进行资料管理、实物管理和业务数据的统计、分析。企业的存货需要有计量单位和存放的仓库，而且多数会有存货分类。

需要指出的是，在编辑计量单位时，应先通过“分组”定义计量单位组，即先增加计量单位组，再增加组下的具体计量单位内容。

视频地址：http://mdwx.mdmuke.com/mod/page/view.php?id=4605

1. 存货计量单位组

计量单位组分无换算、浮动换算、固定换算三种类别，每个计量单位组中有至少一个主计量单位、一个或多个辅助计量单位，可以设置主辅计量单位之间的换算率。

- 无换算计量单位组：在该组下的所有计量单位都以单独形式存在，各计量单位之间不需要输入换算率，系统默认为主计量单位。
- 浮动换算计量单位组：设置为浮动换算率时，可以选择的计量单位组中只能包含两个计量单位。此时需要将该计量单位组中的主计量单位、辅计量单位显示在存货卡片界面上。
- 固定换算计量单位组：设置为固定换算率时，可以选择的计量单位组中可包含两个及以上的计量单位，且每一个辅计量单位对主计量单位的换算率不为空。此时需要将该计量单位组中的主计量单位显示在存货卡片界面上。

存货档案中每一种存货只能选择一个计量单位组，表2-8列示的是本案例企业使用的存货计量单位组。

表2-8 存货计量单位组

计量单位组编码	计量单位组名称	计量单位组类别
01	副	固定换算率
02	无固定换算率	无换算率

操作步骤：

(1) 打开“计量单位”窗口。在“企业应用平台”的“基础设置”页签下，单击“基础档案”/“存货”/“计量单位”菜单项，打开“计量单位”窗口。

(2) 打开“计量单位组”对话框。单击工具栏中的“分组”按钮，系统弹出“计量单位组”对话框。

(3) 新增计量单位组“副”。单击“增加”按钮，录入“计量单位组编码”为01、“计量单位组名称”为“副”，选择“计量单位组类别”为“固定换算率”，然后单击“保存”按钮。

(4) 完成计量单位组编辑。重复步骤(3)，录入表2-8中的第2行，保存后单击“退出”按钮，系统返回“计量单位”窗口。

提示：

- 计量单位组保存后，只可对计量单位组的名称和类别进行修改。
- 已经使用过的计量单位组，不能修改其已经存在的计量单位信息。
- 已经有数据的存货，不允许修改该存货的计量单位组。

2. 存货计量单位

表2-9列示的是案例企业的存货计量单位，其中“换算率”是辅计量单位和主计量单位之间的换算比，如一箱啤酒为24听，则24就是辅计量单位“箱”和主计量单位“听”之间的换算比。

- 主计量单位的换算率自动置为1。
- 无换算计量单位组中不可输入换算率。
- 固定换算的计量单位组，辅单位的换算率必须录入。
- 浮动换算的计量单位组，可以录入，也可以为空。
- 数量(按主计量单位计量)＝件数(按辅计量单位计量)×换算率，例如1盒眼镜10副，则10是辅计量单位“盒”和主计量单位“副”之间的换算比。

本任务是按照表2-9完成案例企业的存货计量单位在用友ERP-U8中的设置。

表2-9　存货计量单位

计量单位编码	计量单位名称	计量单位组	主计量单位标志	换算率
01	副	01 副	是	1
02	盒	01 副	否	10
03	对	02 无固定换算率		
04	颗	02 无固定换算率		
05	个	02 无固定换算率		
06	千克	02 无固定换算率		
07	次	02 无固定换算率		
08	台	02 无固定换算率		

操作步骤：

(1) 打开“计量单位”窗口。

(2) 打开计量单位组“副”的“计量单位”对话框。首先选中左窗格的“计量单位组”为“副”，然后单击工具栏中的“单位”按钮，系统弹出“计量单位”对话框。

(3) 编辑计量单位组“副”的主计量单位。单击“增加”按钮，新增一张表单，此时“计量单位组编码”默认为01(不可修改)；然后在表头录入“计量单位编码”为01、“计量单位名称”为“副”，确认勾选“主计量单位标志”复选框；最后单击“保存”按钮。

(4) 编辑计量单位组“副”的副计量单位。在“计量单位”对话框中，单击“增加”按钮，然后在表头录入“计量单位编码”为02、“计量单位名称”为“盒”，确认没有勾选“主计量单位标志”复选框，换算率为10，然后单击“保存”按钮，再单击“退出”按钮，返回“计量单位”窗口。

(5) 编辑计量单位组“无固定换算率”的所有计量单位。重复步骤(2)～(4)，依据表2-9录入第3～8行的计量单位后，单击“计量单位”对话框中的“退出”按钮，返回“计量单位”窗口。

(6) 退出。单击“计量单位”窗口中的“退出”按钮，退出该窗口。

3. 仓库档案设置

存货一般是用仓库来保管的，对存货进行核算管理，首先应对仓库进行管理，因此进行仓库设置是供销链管理系统的重要基础准备工作之一。

视频地址：http://mdwx.mdmuke.com/mod/page/view.php?id=4606

表2-10列示的是案例企业的仓库档案。用友ERP系统提供了6种计价方式，工业企业的有计划价法、全月平均法、移动平均法、先进先出法、后进先出法、个别计价法，每个仓库必须选择一种计价方式。

- 计划价法：期末处理计算差异率时，要根据此仓库的同种存货的差异、金额计算的差异率计算出库成本。
- 全月平均法：期末处理计算出库成本时，要根据该仓库同种存货的金额和数量计算的平均单价计算出库成本。
- 移动平均法：计算出库成本时要根据该仓库的同种存货按最新结存金额和结存数量计算的单价计算出库成本。
- 先进先出、后进先出法：出库单记账时(包括红字出库单)，计算出库成本，只按此仓库的同种存货的入库记录进行先进先出或后进先出选择成本，只要存货相同、仓库相同则将入库记录全部大排队进行先进先出或后进先出选择成本。
- 个别计价法：计算成本的方法不变。

“仓库属性”可选择普通仓、现场仓、委外仓，默认为普通仓。普通仓用于正常的材料、产品、商品的出入库、盘点的管理；现场仓用于生产过程的材料、半成品、成品的管理；委外仓用于发给委外商的材料的管理。

表 2-10　仓库档案

仓库编码	仓库名称	部门	计价方式	仓库属性	参与 MRP 运算 参与 ROP 计算	计入成本	资产仓
0010	大运仓库	5 仓管部	移动平均法	普通仓	否、否	是	否
0020	原材料仓库	5 仓管部	移动平均法	普通仓	是、是	是	否
0030	半成品仓库	5 仓管部	移动平均法	普通仓	是、是	是	否
0040	产成品仓库	5 仓管部	移动平均法	普通仓	是、是	是	否
0050	固定资产仓库		个别计价法	普通仓	否、否	否	是

备注：

MRP 运算是指物料需求规划计算，ROP 计算是指再订货点计算，详见本系列教程之《企业生产制造应用——基于用友 ERP 产品微课教程》。

操作步骤：

(1) 打开“仓库档案”窗口。在“基础档案”菜单下，依次单击“业务”/“仓库档案”菜单项，打开“仓库档案”窗口。

(2) 新增一个仓库。单击工具栏中的“增加”按钮，在弹出的“增加仓库档案”窗口中，录入“仓库编码”为 0010、“仓库名称”为“大运仓库”，选择“部门编码”为“5 仓管部”、“计价方式”为“移动平均法”、“仓库属性”为“普通仓”，不勾选“参与 MRP 运算”“参与 ROP 计算”“资产仓”复选框，然后单击“保存”按钮。

(3) 完成仓库编辑。重复步骤(2)，完成表 2-10 中所有仓库档案的录入，然后单击“增加仓库档案”窗口右上角的“关闭”按钮，返回“仓库档案”窗口。

(4) 退出。单击“仓库档案”窗口右上角的“关闭”按钮，关闭并退出该窗口。

4. 存货分类设置

存货分类用于设置存货分类编码、名称及所属经济分类，以便于对业务数据的统计和分析。表 2-11 列示的是案例企业的存货分类。本任务是按照表 2-11 完成案例企业在用友 ERP-U8 中存货分类的设置。

表 2-11　存货分类

一级分类编码与名称	二级分类编码与名称
01 商品	0101 太阳镜
	0102 亮康眼镜
02 生产	0201 原材料
	0202 半成品
03 劳务	
04 固定资产	

操作步骤：

(1) 打开“存货分类”窗口。在“基础档案”功能模块，依次单击“存货”/“存货分类”菜单项，打开“存货分类”窗口。

(2) 新增一个存货分类。单击“增加”按钮，在其右窗格中输入“分类编码”为 01、“分类名称”为“商品”，然后单击“保存”按钮。

(3) 完成存货分类的编辑。重复步骤(2)，录入并保存表 2-11 中所有的存货分类。

(4) 退出。单击“存货分类”窗口中的“退出”按钮，退出该窗口。

5. 存货档案设置

表 2-12 列示的是案例企业的存货档案。在用友 ERP-U8 中，存货属性有 18 种。如“内销”，具有该属性的存货可用于销售，发货单、发票、销售出库单等与销售有关的单据在参照存货时，参照的都是具有销售属性的存货。类似地，具有“外购”属性的存货，可用于采购，到货单、采购发票、采购入库单等与采购有关的单据在参照存货时，参照的都是具有外购属性的存货；开在采购专用发票、普通发票、运费发票等票据上的采购费用，也应设置为“外购”属性，否则开具采购发票时无法参照。

同一存货可以设置多个属性，但当一个存货同时被设置为“自制”“委外”和(或)“外购”时，MPS/MRP系统默认自制为其最高优先属性而自动建议计划生产订单；而当一个存货同时被设置为委外和外购时，MPS/MRP系统默认委外为其最高优先属性而自动建议计划委外订单。

需要说明的是，MPS/MRP系统是指主生产计划和物料需求规划系统，详见本系列教程《企业生产制造应用——基于用友ERP产品微课教程》。

另外，随同发货单或发票一起开具的应税劳务，也应设置在存货档案中。

表 2-12　存货档案

基本						成本			
存货编码	存货名称	主计量组/单位	税率/%	存货分类	存货属性	参考成本	参考售价	主要供货单位	默认仓库
00001	男士高端太阳镜	01/副	17	0101	内销、外购	350	420	大运公司	大运仓库
00002	女士高端太阳镜	01/副	17	0101	内销、外购	300	360	大运公司	大运仓库
00003	男士普通太阳镜	01/副	17	0101	内销、外购	90	108	大运公司	大运仓库
00004	女士普通太阳镜	01/副	17	0101	内销、外购	80	96	大运公司	大运仓库
00005	运输费	02/次	11	03	应税劳务				
00006	联想电脑	02/台	17	04	外购、资产	6000		极速公司	固定资产仓库
10000	亮康眼镜	01/副	17	0102	内销、自制	160	200		产成品仓库
11000	镜片	02/对	17	0202	生产耗用、委外	80		吉祥公司	半成品仓库

(续表)

基本						成本			
存货编码	存货名称	主计量组/单位	税率/%	存货分类	存货属性	参考成本	参考售价	主要供货单位	默认仓库
12000	镜架	02/个	17	0202	生产耗用、自制	50			半成品仓库
12100	镜框	02/对	17	0202	生产耗用、自制	12			半成品仓库
12200	镜腿	02/对	17	0202	生产耗用、自制	12			半成品仓库
12210	塑料	02/千克	17	0201	外购，生产耗用	1000		塑料二厂	原材料仓库
12220	镜片树脂	02/千克	17	0201	外购，生产耗用	6000		塑料二厂	原材料仓库
12300	鼻托	02/对	17	0202	生产耗用、自制	20			半成品仓库
12310	硅胶	02/千克	17	0201	外购，生产耗用	1600		硅胶三厂	原材料仓库
13000	螺钉	02/颗	17	0201	外购、生产耗用	1		螺钉厂	半成品仓库

备注：

联想电脑的规格型号为“天逸 5050 台式机”。

操作步骤：

(1) 打开“存货档案”窗口。在“存货”菜单项下，双击“存货档案”菜单项，打开“存货档案”窗口。

(2) 新增一张存货档案。单击工具栏中的“增加”按钮，系统打开“增加存货档案”窗口，新增一张存货档案单据。

(3) 编辑存货档案。在新增的单据中，做如下编辑。

① 在“基本”选项卡中，根据表 2-12 编辑存货档案相关信息，包括存货编码、存货代码、存货名称、主计量单位组、主计量单位、存货分类和存货属性，其他值默认。

② 单击“成本”页签，在打开的选项卡中录入参考成本、参考售价、主要供货单位和默认仓库，其他值默认。

(4) 保存并新增。单击工具栏中的“保存并新增”按钮，系统保存该存货信息，并新增一张表单。

(5) 完成存货档案编辑。重复步骤(3)和(4)，依据表 2-12 将存货档案全部录入并保存。

(6) 退出。单击“存货档案”窗口右上角的“关闭”按钮，关闭并退出该窗口。

注意，太阳镜的主计量单位默认为“01-副”，其采购、库存等的默认单位为辅助计量单位“02-盒”。

2.4 收发类别与发运方式设置

1. 收发类别设置

收发类别设置，是为了对材料的出入库情况进行分类汇总统计而设置的，表示材料的出入库类型。用友 ERP-U8 规定：收发类型只有两种，即收和发，编辑时单选确定。请注意入库的“收发类别标志”为“收”，出库的“收发类别标志”为“发”。

视频地址：http://mdwx.mdmuke.com/mod/page/view.php?id=4607

本任务是按照表 2-13 完成在用友 ERP-U8 中设置案例企业的仓库收发类别。

表 2-13　收发类别

收发类别编码	收发类别名称	收发类别标志	收发类别编码	收发类别名称	收发类别标志
1	正常入库	收	3	正常出库	发
11	商品采购入库		31	销售出库	
12	材料采购入库		32	赠品出库	
13	采购退货		33	销售退货	
14	调拨入库		34	调拨出库	
15	产成品入库		35	领料出库	
2	非正常入库		4	非正常出库	
21	盘盈入库		41	盘亏出库	
22	其他入库		42	其他出库	

操作步骤：

(1) 打开“收发类别”窗口。在“企业应用平台”的“基础设置”页签下，依次单击“基础档案”/“业务”/“收发类别”菜单项，打开“收发类别”窗口。

(2) 新增一个收发类别。单击“增加”按钮，在右窗格中编辑收发类别相关信息。以表 2-13 第 1 行为例，录入“收发类别编码”为 1、“收发类别名称”为“正常入库”，并选择“收”单选按钮，然后单击“保存”按钮。

(3) 完成收发类别的编辑。重复步骤(2)，将表 2-13 中所有的收发类别录入并保存。

(4) 退出。单击“收发类别”窗口中的“退出”按钮，退出该窗口。

2. 发运方式设置

用户在处理采购业务或销售业务中的运输方式时，应先设定这些运输方式。表 2-14 列示的是本案例企业的发运方式。本任务是按照表 2-14 完成案例企业在用友 ERP-U8 中的发运方式的设置。

表 2-14　发运方式

发运方式编码	发运方式名称
01	公路
02	铁路
03	航空
04	水运

操作步骤：

(1) 打开“发运方式”窗口。在“业务”菜单下，双击“发运方式”菜单项，打开“发运方式”窗口。

(2) 新增一个发运方式。单击工具栏中的“增加”按钮，录入发运方式编码 01、发运方式名称“公路”，然后单击“保存”按钮。

(3) 完成发运方式编辑。重复步骤(2)，将表 2-14 中的发运方式全部录入并保存。

(4) 退出。单击“发运方式”窗口中的“退出”按钮，退出该窗口。

2.5 费用项目设置

用户若需处理销售业务中的代垫费用、销售支出费用，则应先设定这些费用项目。费用项目分类是将同一类属性的费用归集成一类，以便统计和分析。

视频地址：http://mdwx.mdmuke.com/mod/page/view.php?id=4608

表 2-15 列示的是本案例企业的费用项目分类和费用项目。本任务是按照表 2-15 在用友 ERP-U8 中设置案例企业的费用项目分类和费用项目。

表 2-15 费用分类及其项目

分类编码	分类名称	费用项目编码	费用项目名称
1	购销	01	运输费
		02	装卸费
		03	包装费
2	管理	04	业务招待费

1. 费用项目分类设置

操作步骤：

(1) 打开“费用项目分类”窗口。在“企业应用平台”的“基础设置”页签下，依次单击“基础档案”/“业务”/“费用项目分类”菜单项，打开“费用项目分类”窗口。

(2) 新增一个费用项目分类。单击“增加”按钮，然后编辑费用项目分类相关信息，包括分类编码和名称。以表 2-15 第 1 行为例，在右窗格中输入“分类编码”为 1、“分类名称”为“购销”，单击“保存”按钮。

(3) 完成费用项目分类编辑。重复步骤(2)，完成表 2-15 中“管理”分类的录入与保存。

(4) 退出。单击“费用项目分类”窗口中的“退出”按钮，退出该窗口。

2. 费用项目设置

操作步骤：

(1) 打开“费用项目”窗口。在“业务”菜单下，双击“费用项目”菜单项，打开“费用项目”窗口。

(2) 新增一个费用项目。单击“增加”按钮，然后编辑费用项目相关信息，包括费用项目编码、名称及分类名称。以表 2-15 第 1 行为例，在右窗格的费用项目表体中输入“费用项目编码”为 01、“费用项目名称”为“运输费”，选择费用项目“分类名称”为“购销”，再单击“保存”按钮。

(3) 完成费用项目的编辑。重复步骤(2)，依据表 2-15 将费用项目全部录入并保存。

(4) 退出。单击“费用项目”窗口中的“退出”按钮，退出该窗口。

2.6 凭证类别与外币设置

许多单位为了便于管理或登账，会对记账凭证进行分类编制，但各单位的分类方法不尽相同，所以用友 ERP-U8 中提供了“凭证类别”功能。

汇率管理是专为外币核算服务的，用友 ERP-U8 中提供了“外币设置”功能。

1. 凭证类别设置

视频地址： http://mdwx.mdmuke.com/mod/page/view.php?id=4609

如果是第一次进行凭证类别设置，可以按以下几种常用分类方式进行定义：

- 记账凭证
- 收款、付款、转账凭证
- 现金、银行、转账凭证
- 现金收款、现金付款、银行收款、银行付款、转账凭证
- 自定义凭证类别

“限制科目”(参见表 2-16)是指某些类别的凭证在制单时，对科目有一定的限制。用友 ERP-U8 系统有 7 种限制类型供选择，具体的类型及相关操作可参见本系列教程之《企业供应链高级应用——基于用友 ERP 产品微课教程》的 2.7 节和第 4～8 章的相关业务。

表 2-16 列示的是本案例企业的凭证类别信息。由表 2-16 可知，本案例账套中只使用一种凭证类别(即记账凭证)，每张凭证上没有科目的限制。

表 2-16　凭证类别

类别字	类别名称	限制类型	限制科目
记	记账凭证	无限制	无

操作步骤：

(1) 打开“凭证类别”选择对话框。在“企业应用平台”的“基础设置”页签下，依次单击“基础档案”/“财务”/“凭证类别”菜单项，系统弹出“凭证类别”选择对话框。

(2) 打开“凭证类别”编辑对话框。选择该对话框中的“分类方式”为“记账凭证”，

然后单击“确定”按钮，系统打开“凭证类别”编辑对话框。

(3) 确认并退出。确认该对话框表体中的“类别字”为“记”，“类别名称”为“记账凭证”，“限制类型”为“无限制”，最后单击“退出”按钮，退出该对话框。

2. 外币设置

在用友 ERP-U8 的“外币设置”功能中，可以对本账套所使用的外币进行定义(设置界面可参见图 2-4)，其中主要参数含义如下：

- 外币折算方式分为直接汇率与间接汇率两种，直接汇率即“外币*汇率=本位币”，间接汇率即“外币/汇率=本位币”。
- 汇率分为固定汇率与浮动汇率，选择“固定汇率”即可录入各月的月初汇率，选择“浮动汇率”即可录入所选月份的各日汇率。
- 记账汇率是在平时制单时，系统自动显示的。如果用户使用固定汇率(月初汇率)，则记账汇率必须输入，否则制单时汇率为 0。制单时，汇率可以根据需要进行修改。
- 调整汇率即月末汇率，在期末计算汇兑损益时用，平时可不输入，等到期末可输入期末汇率，用于计算汇兑损益，本汇率不作其他用途。

在用友 ERP-U8 中，在“填制凭证”中所用的汇率应先在此进行定义，以便制单时调用，减少录入汇率的次数和差错。当汇率变化时，应预先在此进行定义，否则制单时不能正确录入汇率。对于使用固定汇率(即使用月初或年初汇率)作为记账汇率的用户，在填制每月的凭证前，应预先在此录入该月的记账汇率，否则在填制该月外币凭证时，将会出现汇率为零的错误。对于使用浮动汇率(即使用当日汇率)作为记账汇率的用户，在填制当天的凭证前，应预先在此录入该天的记账汇率。

本案例企业需要增加美元($)外币，按固定汇率设置 2017.04 的记账汇率为 6.5。

操作步骤：

视频地址： http://mdwx.mdmuke.com/mod/page/view.php?id=4610

(1) 打开“外币设置”对话框。在“财务”菜单项下，双击“外币设置”菜单项，打开“外币设置”对话框，结果可参见图 2-4。

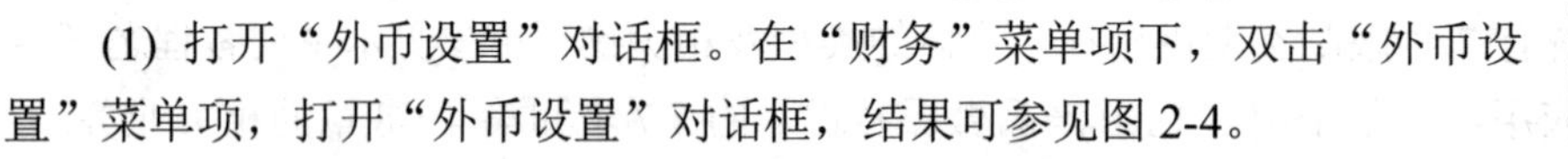

(2) 设置外币的币符和币名。将“币符”设置为“$”，“币名”设置为“美元”，单击对话框右下角的“确认”按钮。

(3) 设置汇率。选中窗体中部的“固定汇率”单选按钮，然后在“2017.04”的“记账汇率”栏中录入 6.50000，并单击其他区域以保存汇率设置，结果如图 2-4 所示。

(4) 退出。单击“退出”按钮退出该对话框。

提示：

此处仅供用户录入固定汇率与浮动汇率，并不决定在制单时是使用固定汇率还是浮动汇率，在“选项”中的“汇率方式”的设置决定了制单是使用固定汇率还是浮动汇率。

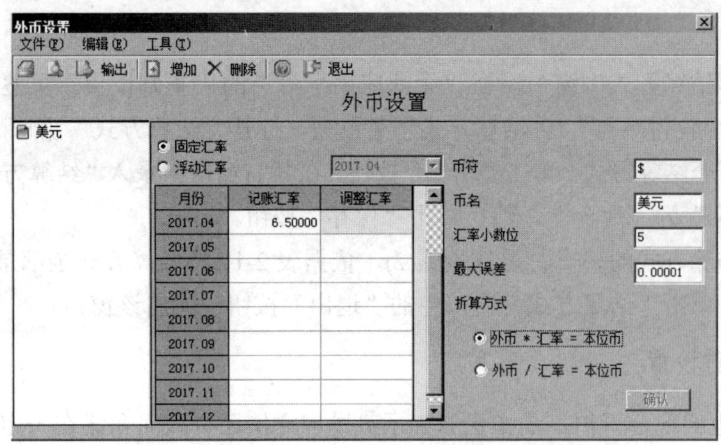

图 2-4　“外币设置”对话框

2.7　收付结算设置

收付结算设置包括结算方式、开户银行、银行档案和付款条件设置。

视频地址：http://mdwx.mdmuke.com/mod/page/view.php?id=4611

1. 结算方式设置

结算方式，即财务结算方式，如现金结算、支票结算等。在用友 ERP-U8 中，结算方式最多可以分为 2 级。表 2-17 列示的是本案例企业的结算方式。本任务是按照表 2-17 完成在用友 ERP-U8 中设置本案例企业的结算方式。

表 2-17　结算方式

结算方式编码	结算方式名称
1	现金
2	支票
201	现金支票
202	转账支票
3	商业汇票
301	银行承兑汇票
302	商业承兑汇票
4	电汇
5	委托收款
6	其他

操作步骤：

(1) 打开“结算方式”窗口。在“企业应用平台”的“基础设置”页签下，依次单击“基础档案”/“收付结算”/“结算方式”菜单项，打开“结算方式”窗口。

(2) 新增一个结算方式。单击“增加”按钮，在其右窗格中录入“结算方式编码”为 1、“结算方式名称”为“现金”，然后单击“保存”按钮。

(3) 完成结算方式的编辑。重复步骤(2)，依据表 2-17 将结算方式全部录入并保存。

(4) 退出。单击“结算方式”窗口中的“退出”按钮，退出该窗口。

2. 付款条件设置

付款条件也叫现金折扣，是指企业为了鼓励客户偿还贷款而允诺在一定期限内给予的规定的折扣优待。这种折扣条件通常可表示为“4/10,2/20,n/30”，它的意思是客户在 10 天内偿还贷款，可得到 4%的折扣，只付原价的 96%的货款；在 20 天内偿还贷款，可得到 2%的折扣，只要付原价的 98%的货款；在 30 天内偿还贷款，则须按照全额支付货款；在 30 天以后偿还贷款，则不仅要按全额支付贷款，还可能要支付延期付款利息或违约金。付款条件将主要在采购订单、销售订单、采购结算、销售结算、客户目录、供应商目录中引用。

表 2-18 列示的是本案例企业的付款方式。本任务是按照表 2-18 完成案例企业在用友 ERP-U8 中的付款方式的设置。

表 2-18　付款条件

付款条件编码	付款条件名称	信用天数	优惠天数 1	优惠率 1	优惠天数 2	优惠率 2	优惠天数 3	优惠率 3
01	4/10,2/20,n/30	30	10	4	20	2	30	0
02	n/60	60						

操作步骤：

(1) 打开“付款条件”窗口。在“收付结算”菜单下，双击“付款条件”菜单项，打开“付款条件”窗口。

(2) 新增一个付款条件。单击工具栏中的“增加”按钮，在表体中填制付款条件编码为 01、信用天数为 30、优惠天数 1 为 10、优惠率 1 为 4、优惠天数 2 为 20、优惠率 2 为 2、优惠天数 3 为 30、优惠率 3 为 0，单击“保存”按钮，此时付款条件名称自动填写为“4/10,2/20,n/30”。

(3) 完成付款条件编辑。重复步骤(2)，完成表 2-18 中第 2 行的录入并保存。

(4) 退出。单击“付款条件”窗口中的“退出”按钮，退出该窗口。

3. 银行档案设置

本案例企业的开户银行是中国工商银行，设置其个人账号的定长为 19 位，录入时自动带出账号 17 位。

操作步骤：

(1) 打开“修改银行档案”窗口。在“企业应用平台”的“基础设置”页签下，依次单击“基础档案”/“收付结算”/“银行档案”菜单项，进入“银行档案”窗口；双击“中国工商银行”所在行，系统打开“修改银行档案”窗口。

(2) 编辑信息。选中“个人账户规则”区域的“定长”复选框，并修改“账号长度”为 19，“自动带出账号长度”为 17。

(3) 保存并退出。单击“退出”按钮，系统提示“是否保存对当前档案的编辑？”，单击“是”按钮完成设置，退出“修改银行档案”窗口；在“银行档案”窗口中，单击“退出”按钮退出。

4. 本单位开户银行设置

ERP-U8 支持企业具有多个开户行及账号。“本单位开户银行”功能用于维护及查询使用单位的开户银行信息。开户银行一旦被引用，便不能进行修改和删除操作。表 2-19 列示的是本案例企业的开户银行信息。本任务是按照表 2-19 完成案例企业的单位开户银行在用友 ERP-U8 中的设置。

表 2-19　本单位开户银行

编码	银行账号	账户名称/币种	开户银行	所属银行编码	签约标志
01	1102020526782987908	人民币	中国工商银行昌平支行	01 中国工商银行	检查收付款账号
02	1102020526782987337	美元	中国工商银行昌平支行	01 中国工商银行	检查收付款账号

操作步骤：

(1) 打开“本单位开户银行”窗口。在“收付结算”菜单下，双击“本单位开户银行”菜单项，打开“本单位开户银行”窗口。

(2) 编辑本单位人民币开户行信息。单击“增加”按钮，系统弹出“增加本单位开户银行”窗口，录入“编码”为 01、“银行账户”为 1102020526782987908、“币种”为“人民币”、“开户银行”为“中国工商银行昌平支行”，并且选择“所属银行编码”为“01 中国工商银行”、“签约标志”为“检查收付款账号”，然后单击“保存”和“退出”按钮，系统返回“本单位开户银行”窗口。

(3) 编辑本单位美元开户行信息。

(4) 退出。单击“退出”按钮，退出“本单位开户银行”窗口。

2.8　会计科目设置

会计科目是填制会计凭证、登记会计账簿、编制会计报表的基础。会计科目是对会计对象的具体内容分门别类进行核算所规定的项目。会计科目是一个完整的体系，它是区别于流水账的标志，是复式记账和分类核算的基础。会计科目设置的完整性影响着会计过程的顺利实施，会计科目设置的层次深度直接影响会计核算的详细、准确程度。

表 2-20 列示的是本案例企业的会计科目，包括系统默认的部分一级科目、需要增加的二级和三级科目。

本任务是按照表 2-20 完成在用友 ERP-U8 中设置案例企业的会计科目，包括新增所有的二级和三级科目并设置相应的辅助账类型和受控系统，以及指定现金科目和银行科目。

视频地址：http://mdwx.mdmuke.com/mod/page/view.php?id=4612

提示：

若设置会计科目时，系统弹出“与某台电脑冲突，操作被锁定”的信息提示框，而且多次重注册企业应用平台均无效时，可以登录“系统管理”窗口，单击“视图”/“清除单据锁定”菜单项，并在弹出的窗口中单击“确定”按钮，再重新注册到企业应用平台，就可以进行会计科目的修改和增加。

表 2-20 会计科目设置

科目编码	科目名称	辅助核算	受控系统	计量单位	余额方向
1001	库存现金	日记账			借
1002	银行存款				借
100201	工行存款	银行账、日记账			借
100202	中行存款	银行账、日记账			借
1121	应收票据				借
112101	银行承兑汇票	客户往来	应收系统		借
112102	商业承兑汇票	客户往来	应收系统		借
1122	应收账款	客户往来	应收系统		借
1123	预付账款	供应商往来	应付系统		借
1221	其他应收款				借
122101	个人往来	个人往来			借
122102	单位往来	客户往来	应收系统		借
1231	坏账准备				贷
1402	在途物资				借
1403	原材料				借
140301	塑料	数量核算		千克	借
140302	镜片树脂	数量核算		千克	借
140303	硅胶	数量核算		千克	借
1405	库存商品	项目核算			借
1503	可供出售金融资产				借
150301	成本				借

(续表)

科目编码	科目名称	辅助核算	受控系统	计量单位	余额方向
150302	公允价值变动				借
1601	固定资产				借
1602	累计折旧				贷
1901	待处理财产损溢				借
190101	待处理流动资产损溢				借
190102	待处理固定资产损溢				借
2201	应付票据				贷
220101	银行承兑汇票	供应商往来	应付系统		贷
220102	商业承兑汇票	供应商往来	应付系统		贷
2202	应付账款				贷
220201	一般应付账款	供应商往来	应付系统		贷
220202	暂估应付账款	供应商往来			贷
2203	预收账款	客户往来	应收系统		贷
2211	应付职工薪酬				贷
221101	工资	部门核算			贷
221102	社会保险费	部门核算			贷
221103	住房公积金	部门核算			贷
221104	工会经费	部门核算			贷
221105	职工教育经费	部门核算			贷
221106	非货币性福利	部门核算			贷
2221	应交税费				贷
222101	应交增值税				贷
22210101	进项税额				贷
22210102	进项税额转出				贷
22210103	销项税额				贷
22210104	已交税金				贷
22210105	转出未交增值税				贷
222102	未交增值税				贷
222103	应交所得税				贷
222104	应交个人所得税				贷
222105	应交城市维护建设税				贷
222106	应交教育费附加				贷
222107	应交地方教育费附加				贷
222108	应交土地使用税				贷
222109	应交房产税				贷
222110	应交车船税				贷
2241	其他应付款				贷
224101	应付社会保险费				贷

(续表)

科目编码	科目名称	辅助核算	受控系统	计量单位	余额方向
224102	应付住房公积金				贷
224103	个人往来	个人往来			贷
224104	单位往来	供应商往来			贷
4001	实收资本				贷
4101	盈余公积				贷
4103	本年利润				贷
4104	利润分配				贷
410401	提取法定盈余公积				贷
410402	提取任意盈余公积				贷
410403	应付现金股利或利润				贷
410404	转作股本的股利				贷
410405	盈余公积补亏				贷
410406	未分配利润				贷
5001	生产成本				借
500101	直接材料				借
500102	直接人工				借
500103	制造费用				借
5101	制造费用				借
6001	主营业务收入	项目核算			贷
6301	营业外收入				贷
6401	主营业务成本	项目核算			借
6601	销售费用				借
660101	职工薪酬				借
660102	折旧费				借
660103	包装费				借
660104	广告促销费				借
660105	差旅费				借
660106	其他				借
6602	管理费用	部门核算			借
660201	职工薪酬	部门核算			借
660202	折旧费	部门核算			借
660203	办公费	部门核算			借
660204	业务招待费	部门核算			借
660205	差旅费	部门核算			借
660206	房租费	部门核算			借

2.8.1 指定科目

本任务是指定现金科目和银行科目，只有进行现金和银行科目的指定后，总账中的“凭证”/“出纳签字”功能才能查询到相应凭证。

操作步骤：

(1) 打开“会计科目”窗口。

(2) 指定科目。单击“编辑”/“指定科目”菜单项，然后设置“现金科目”为“库存现金”、“银行科目”为“银行存款”。

(3) 确定。单击“确定”按钮，完成指定科目并返回“会计科目”窗口。

(4) 退出。单击“会计科目”窗口中的“退出”按钮，退出该窗口。

提示：

- 在查询现金、银行存款日记账前，必须指定现金、银行存款总账科目，以供出纳管理使用。
- 如果本科目已被制过单或已录入期初余额，则不能删除、修改该科目。如果要修改该科目，则必须先删除有该科目的凭证，并将该科目及其下级科目余额清零，方可再行修改，修改完毕后要将余额及凭证补上。

2.8.2 编辑/修改与新增会计科目

本任务将编辑部分一级科目的辅助账类型和受控系统(详见表2-20)、新增表2-20中所有的二级和三级科目，同时设置科目的辅助账类型和受控系统(如果需要，具体的可参阅表2-20)。

1. 编辑/修改会计科目

操作步骤：

(1) 打开“会计科目”窗口。在“企业应用平台”的“基础设置”页签下，依次单击“基础档案”/“财务”/“会计科目”菜单项，系统打开“会计科目”窗口。

(2) 编辑应收账款的辅助账类型。首先双击预修改的会计科目，如1122(应收账款)；然后在系统弹出的“会计科目”对话框中，单击“修改”按钮，再编辑会计科目相关信息，如选中“客户往来”复选框，以设置“应收账款”的辅助核算类型为“客户往来”；并在下面选择受控于应收系统，最后单击“确定”按钮，保存退出。

(3) 编辑其他会计科目。重复步骤(2)，依据表2-20将预修改的会计科目全部编辑完成。

(4) 退出。单击“会计科目”窗口中的“退出”按钮，退出该窗口。

提示：

- 非末级科目和已使用的末级科目，不能再修改科目编码。
- 在科目设置中定义客户、供应商核算的科目时，系统将自动设置该科目为应收应付系统的受控科目，此时可根据需要修改其是否受控。

2. 新增会计科目

新增表 2-20 中所有的明细科目，同时设置有关科目的辅助核算和受控系统。具体的操作步骤如下：

(1) 打开“会计科目”窗口。

(2) 新增工行存款科目。单击“增加”按钮，弹出“新增会计科目”对话框，编辑会计科目相关信息。以“100201 工行存款”为例，录入科目编码 100201、科目名称“工行存款”，勾选“银行账”“日记账”，确认余额方向为“借”，然后单击“确定”按钮，保存并退出。

(3) 新增其他会计科目。重复步骤(2)，依据表 2-20 新增其他会计科目。

(4) 退出。单击“会计科目”窗口中的“退出”按钮，退出该窗口。

提示：

- 增加下级科目时，自动将原科目的所有账全部转移到新增的下级第一个科目中，此操作不可逆，同时要求新增加的下级科目所有科目属性与原上级科目一致。
- 已使用末级的会计科目不能再增加下级科目。

2.9 项目目录设置

企业在实际业务处理中会对多种类型的项目进行核算和管理，例如在建工程、对外投资、技术改造项目、项目成本管理、合同等。因此本产品提供项目核算管理的功能。可以将具有相同特性的一类项目定义成一个项目大类。一个项目大类可以核算多个项目，而为了便于管理，还可以对这些项目进行分类管理。可以将存货、成本对象、现金流量、项目成本等作为核算的项目分类。

使用项目核算与管理的首要步骤是设置项目档案。项目档案设置包括增加或修改项目大类，定义项目核算科目、项目分类、项目栏目结构，并进行项目目录的维护。表 2-21 列示的是本案例企业的项目目录设置。

本任务是按照表 2-21，完成在用友 ERP-U8 中设置案例企业的项目大类、项目分类和项目目录设置，以利于在编辑会计科目时对在途物资、库存商品、主营业务收入和主营业务成本进行项目核算设置。

表 2-21 项目目录

项目设置步骤	设置内容	所属项目分类
项目大类	商品项目管理	
核算科目	在途物资、库存商品、主营业务收入、主营业务成本	
项目分类	1 太阳镜 2 老花镜	
项目目录	101 男士高端	1. 太阳镜
	102 女士高端	1. 太阳镜
	103 男士普通	1. 太阳镜
	104 女士普通	1. 太阳镜
	201 亮康眼镜	2. 老花镜

操作步骤：

视频地址：http://mdwx.mdmuke.com/mod/page/view.php?id=4613

(1) 打开“项目档案”窗口。在“企业应用平台”的“基础设置”页签下，依次单击“基础档案”/“财务”/“项目目录”菜单项，系统打开“项目档案”窗口。

(2) 定义项目大类。在“项目档案”窗口中，单击工具栏中的“增加”按钮，系统打开“项目大类定义_增加”对话框，输入“新项目大类名称”为“商品项目管理”，单击“下一步”按钮，其他设置均采用系统默认值，最后单击“完成”按钮返回“项目档案”窗口。

(3) 指定核算科目。在“项目档案”窗口中选择“核算科目”选项卡，选择“项目大类”为“商品项目管理”，单击“>>”按钮将左边所有的科目转到右边，最后单击“确定”按钮。

(4) 定义项目分类。在“项目档案”窗口中选择“项目分类定义”选项卡，单击右下角的“增加”按钮，输入“分类编码”为1、“分类名称”为“太阳镜”，并单击“确定”按钮；继续定义参数为2、“老花镜”。

(5) 定义项目目录。在“项目档案”窗口中选择“项目目录”选项卡，单击右下角的“维护”按钮，进入“项目目录维护”窗口，单击“增加”按钮，输入“项目编号”为101、“项目名称”为“男士高端”，选择“所属分类码”为1；同理，录入其他的项目目录，结果如图2-5所示(注意，201 亮康眼镜的所属分类码为2)。

项目目录维护

设置 输出 增加 删除 查找 排序 过滤 全部

项目档案

项目编号	项目名称	是否结算	所属分类码	所属分类名称
101	男士高端		1	太阳镜
102	女士高端		1	太阳镜
103	男士普通		1	太阳镜
104	女士普通		1	太阳镜
201	亮康眼镜		2	老花镜

图 2-5 项目目录设置

(6) 退出。连续单击“退出”按钮，退出“项目目录维护”和“项目档案”窗口。

2.10 常用摘要

企业在处理日常业务数据时，在输入单据或凭证的过程中，因为业务的重复性发生，经常会有许多摘要完全相同或大部分相同，如果将这些常用摘要存储起来，在输入单据或凭证时随时调用，必将大大提高业务处理效率。调用常用摘要可以在输入摘要时直接输入摘要代码或按 F2 键或参照输入。

表 2-22 列示的是本案例企业的常用摘要。本任务是按照表 2-22 完成在用友 ERP-U8 中设置案例企业的常用摘要。

表 2-22 常用摘要

常用摘要编码	常用摘要正文	常用摘要编码	常用摘要正文
01	缴纳税费(地税)	11	结转销项税额
02	缴纳税费(国税)	12	结转进项税额
03	预支差旅费	13	结转进项税额转出
04	报销差旅费	14	结转转出未交增值税
05	预支房租费	15	盘盈转营业外收入
06	报销房租费	16	盘亏转营业外支出
07	缴纳社会保险费和住房公积金	17	计算城市维护建设税教育费附加
08	银行放贷	18	计算本月企业所得税
09	代发上月职工工资	19	固定资产清理转营业外支出
10	支付本月贷款利息	20	提取备用金

操作步骤：

视频地址：http://mdwx.mdmuke.com/mod/page/view.php?id=4614

(1) 打开“常用摘要”窗口。在“企业应用平台”的“基础设置”页签下，依次单击“基础档案”/“其他”/“常用摘要”菜单项，系统弹出“常用摘要”窗口。

(2) 编辑。依据表 2-22，录入摘要编码和摘要内容，共 20 条记录。

(3) 退出。单击“常用摘要”窗口中的“退出”按钮，退出该窗口。

第3章

总账系统

总账系统是在“企业应用平台”中进行操作的。

本章的操作应该是在系统日期为2017-04-01、由账套主管“李吉棕”登录到“企业应用平台”，并在第1、2章完成的账套中进行。所以在实验操作前，需要将系统时间调整为2017年4月1日。如果没有调整系统时间，则在登录“企业应用平台”时需要修改“操作日期”(即业务时间)为2017年4月1日；如果业务日期与账套建账时间之间的跨度超过3个月，则该账套在演示版状态下不能执行任何操作。

如果没有完成第1、2章的建账和基础档案编辑任务，则可以到百度网盘空间(网盘地址：http://pan.baidu.com/s/1ctoTCa，密码：wiea)的“实验账套数据”文件夹中，将“02基础档案.rar”下载到实验用机上，然后引入(操作步骤详见第1章1.3.5节)ERP-U8系统中。此外，本章完成的账套其输出压缩的文件名为“03总账系统.rar”。

需要说明的是：

(1) 因网盘中的账套备份文件均为压缩文件，所以在下载完成后引入之前，需要用解压缩工具进行解压(建议用WinRAR 3.42或以上版本)，得到相应可以引入的账套数据文件。

(2) 本教程的所有业务实验操作都有配套的微视频，可以通过扫描二维码，或者到指定的网页去观看。

3.1 总账系统概述

3.1.1 功能概述

总账系统是财务业务一体化管理软件的核心系统，占有绝对重要的地位。主要功能为输入和处理各种记账凭证；完成记账、对账以及结账工作；进行往来款项核算和管理、部门核算和管理、项目核算和管理、出纳管理等工作。总账管理系统适合于各行业进行账务核算及管理，既可以独立运行，也可以同其他系统协同运转。

总账系统的主要功能具体包括初始设置、凭证管理、出纳管理、账簿管理、辅助核算管理和月末处理等。

1. 初始设置

由用户根据本企业的需要建立账务应用环境，将系统处理变成适合本单位实际需要的专用系统。例如，设置会计科目、定义外币及汇率、设置凭证类别及结算方式、设置明细权限、期初余额的录入，以及各类辅助核算项目的定义等。

2. 凭证管理

通过严密的制单控制保证填制凭证的正确性。提供资金赤字控制、支票控制、预算控制、外币折算误差控制以及查看最新余额等功能，加强对发生业务的及时管理和控制。完成凭证的录入、审核、记账、查询、打印，以及出纳签字、常用凭证定义等。

3. 出纳管理

为出纳人员提供一个集成办公环境，加强对现金及银行存款的管理。可完成银行日记账、现金日记账，随时出最新资金日报表、余额调节表以及进行银行对账。

4. 账簿管理

强大的查询功能使整个系统实现总账、明细账、凭证联查，并可查询包含未记账凭证的最新数据。可随时提供如下标准账表。

(1) 总账、余额表。

(2) 序时账、明细账、多栏账，以及能够同时查询上级科目总账数据及末级科目明细数据的月份综合明细账。

(3) 日记账、日报表。

5. 辅助核算管理

(1) 个人往来管理。主要进行个人借款、还款管理工作，及时地控制个人借款，完成清欠工作。提供个人借款明细账、催款单、余额表、账龄分析报告及自动清理核销已清账等功能。

(2) 部门核算。主要为了考核部门费用收支的发生情况，及时地反映控制部门费用的支出，对各部门的收支情况加以比较，便于进行部门考核。提供各级部门总账、明细账的查询，并对部门收入与费用进行部门收支分析等功能。

(3) 项目管理。用于生产成本、在建工程等业务的核算，以项目为中心为使用者提供各项目的成本、费用、收入、往来等汇总与明细情况以及项目计划执行报告等，也可用于核算科研课题、专项工程、产成品成本、旅游团队、合同、订单等。提供项目总账、明细账及项目统计表的查询。

(4) 往来管理。主要进行客户和供应商往来款项的发生。清欠管理工作，及时掌握往来款项的最新情况。提供往来款的总账、明细账、催款单、往来账清理、账龄分析报告等功能。

6. 月末处理

自动完成月末分摊、计提、对应转账、销售成本、汇兑损益、期间损益结转等业务。进行试算平衡、对账、结账、生成月末工作报告。灵活的自定义转账功能、各种取数公式可满足各类业务的转账工作。

3.1.2 总账系统与其他系统的关系

总账系统是财务业务一体化管理软件的核心系统，任何一个财务数据都需要通过该系统来处理。总账系统不仅可以直接输入记账凭证，而且接收来自其他管理系统传递的凭证。总账系统汇集一个单位全面的经济活动数据，为会计报表和财务分析提供数据。总账系统与其他系统之间的关系如下。

1. 出纳管理

出纳管理系统中的所有凭证都传递到总账系统中，在出纳管理系统可根据凭证生成流水账，并对凭证进行出纳签字。

2. 应收款管理

应收款管理系统中的所有凭证都传递到总账系统中，总账系统可从应收款管理系统中引入期初余额，应收款管理系统与总账系统进行对账。

3. 应付款管理

应付款管理系统中的所有凭证都传递到总账系统中，总账系统可从应付款管理系统中引入期初余额，应付款管理系统与总账系统进行对账。

4. 固定资产管理

总账系统接收从固定资产管理系统传递的凭证，固定资产管理系统可与总账系统进行对账。

5. 网上报销

网上报销系统根据各种单据等记账依据生成凭证并传输到总账系统。

6. 网上银行

网上银行系统根据各种单据等记账依据生成凭证并传输到总账系统，并能导出银行对账单供总账系统导入，总账系统也可直接从网上银行系统导入银行对账单。

7. 成本管理

成本管理系统引用总账系统提供的应计入生产成本的间接费用(制造费用)或其他费用数据。成本管理系统将成本核算结果自动生成转账凭证，传递到总账系统。

8. 项目成本

项目成本系统可以从总账系统的凭证中取数据，同时可以将录入的各种费用原始单据、分配的费用及结转成本自动生成凭证到总账系统。

9. 存货核算

总账系统接收从存货核算系统传递的凭证，存货核算系统与总账系统进行对账。

10. 薪资管理

薪资管理系统将工资计提、分摊结果自动生成转账凭证，传递到总账系统。

11. UFO 报表、现金流量表、专家财务评估

总账系统为以上系统提供财务数据生成财务报表及其他报表。

3.2 初始设置

3.2.1 初始设置概述

对于购买通用软件的用户来说，通用软件的针对性不强，通常针对一般用户设计，难以适应企业具体的业务或流程。为了在系统中反映企业的具体核算要求，需要对总账系统控制功能做进一步的设置，这个工作就是总账系统的初始化。通过初始化设置，建立适合用户特点的应用环境，使通用的总账系统成为一个专用的系统。

在开始使用财务软件进行财务管理之前，应对会计资料进行整理，根据单位的具体情况，采用不同应用解决方案。

(1) 对于业务较小的小型企业：对于实际经济业务比较简单，业务数据量较小的小型企业，那么可以只使用总账系统，按照制单→审核→记账→查账→结账的业务流程进行日常业务处理。

(2) 对于业务较复杂的企业：如果企业核算业务较复杂，建议使用本系统提供的各种辅助核算进行管理，如个人往来借款的管理、部门管理、项目管理和客户及供应商管理。

(3) 对于机构设置较复杂的企业：如果企业机构设置较复杂，则应使用部门核算管理，多级部门的设置将更方便地管理企业各部门的收入和支出。

(4) 对于往来业务较多的企业：如果企业的往来业务较频繁，则会有较多的往来客户、供应商。可采用以下两种应用模式。

① 总账+往来模式。在这种模式时，在选项中，将客户(供应商)核算选择在总账，才能在总账中查询供应商往来和客户往来辅助账。科目可以设置为客户(供应商)往来核算科目；期初余额录入时，客户(供应商)辅助核算的科目可以录入期初辅助数据；制单时，可以使用客户(供应商)辅助核算科目；月末结账时，不必判断应收(应付)系统是否已经结账；应收(应付)系统只有科目设置、制单、凭证查询等功能。

② 总账+应收(应付)模式。在选项中，将客户(供应商)核算选择在应收(应付)核算。科目可以设置为客户(供应商)往来核算科目，该科目为应收(应付)受控科目。期初余额录入时，客户(供应商)辅助核算的科目只录入一个总数，不能录入期初辅助数据。制单时，不能使用客户(供应商)辅助核算科目。月末结账时，要判断应收(应付)系统是否已经结账。在这种模式下，总账系统中没有客户(供应商)往来辅助查询。应收(应付)系统可以执行单据录入、核销、制单、查询等功能。

本章采用总账+往来模式。

初始设置的主要内容包括设置总账参数、定义外币及汇率、设置辅助核算、建立会计科目、设置凭证类别及结算方式、设置明细权限、期初余额的录入。其中，定义外币及汇率、设置辅助核算、建立会计科目、设置凭证类别及结算方式、设置明细权限在第 2 章已经设置，本节讲述总账参数及期初余额。

3.2.2 总账业务参数设置

在录入期初余额前，应先设置运行所需要的账套参数，以便系统按设定的选项进行相应的处理。本案例企业，除系统默认设置之外，还需进行如下参数设置。

- 权限：勾选“出纳凭证必须经由出纳签字”“凭证必须经由主管会计签字”复选框。
- 凭证：勾选“可以使用应收受控科目”“可以使用应付受控科目”“可以使用存货受控科目”复选框。

操作步骤：

视频地址：http://mdwx.mdmuke.com/mod/page/view.php?id=4615

(1) 在“企业应用平台”的“业务工作”页签下，依次打开应收的“账套参数设置”对话框。依次单击“财务会计”/“总账”/“设置”/“选项”菜单项，打开“选项”对话框。

(2) 改变状态。单击“编辑”按钮，使所有参数处于可修改状态。再选中“出纳凭证必须经由出纳签字”“凭证必须经由主管会计签字”复选框。其他选项按系统默认设置。

(3) 单击“确定”按钮，保存系统参数的设置，关闭“选项”对话框，结果如图 3-1 所示。

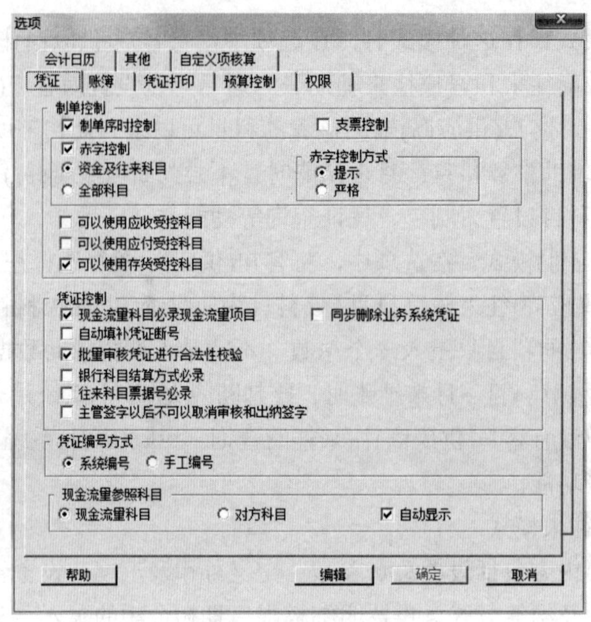

图 3-1　总账参数设置

操作说明：

这里主要对“凭证”和“权限”菜单的有关选项进行说明。

1. 凭证选项设置

(1) 制单控制

主要设置在填制凭证时，系统应对哪些操作进行控制。

- 制单序时控制：此项和“系统编号”选项联用，制单时凭证编号必须按日期顺序排列，例如，若 10 月 25 日编制 25 号凭证，则 10 月 26 日只能开始编制 26 号凭证，即制单序时，如果有特殊需要可以将其改为不序时制单。
- 支票控制：若选择此项，在制单时使用银行科目编制凭证时，系统针对票据管理的结算方式进行登记，如果录入的支票号在支票登记簿中已存在，系统提供登记支票报销的功能；否则，系统提供登记支票登记簿的功能。
- 赤字控制：若选择此项，在制单时，当“资金及往来科目”或“全部科目”的最新余额出现负数时，系统将予以提示。提供了提示、严格两种方式，可根据需要进行选择。
- 可以使用应收受控科目：若科目为应收款管理系统的受控科目，为了防止重复制单，只允许应收系统使用此科目进行制单，总账系统是不能使用此科目制单的。所以如果希望在总账系统中也能使用这些科目填制凭证，则应选择此项。注意，总账和其他业务系统使用了受控科目会引起应收系统与总账对账不平。
- 可以使用应付受控科目：若科目为应付款管理系统的受控科目，为了防止重复制单，只允许应付系统使用此科目进行制单，总账系统是不能使用此科目制单的。

所以如果希望在总账系统中也能使用这些科目填制凭证，则应选择此项。

注意：

总账和其他业务系统使用了受控科目会引起应付系统与总账对账不平。

- 可以使用存货受控科目：若科目为存货核算系统的受控科目，为了防止重复制单，只允许存货核算系统使用此科目进行制单，总账系统是不能使用此科目制单的。所以如果希望在总账系统中也能使用这些科目填制凭证，则应选择此项。

注意：

总账和其他业务系统使用了受控科目会引起存货系统与总账对账不平。

---

(2) 凭证控制

- 管理流程设置：若要求现金、银行科目凭证必须由出纳人员核对签字后才能记账，则选择“出纳凭证必须经由出纳签字”；如果要求所有凭证必须由主管签字后才能记账，则选择“凭证必须经主管签字”。如果要求出纳签字、审核后才可对凭证执行领导签字，则选择“主管签字以后不可以取消审核和出纳签字”。
- 现金流量科目必录现金流量项目：选择此项后，在录入凭证时，如果使用现金流量科目，则必须输入现金流量项目及金额。
- 自动填补凭证断号：如果选择凭证编号方式为系统编号，则在新增凭证时，系统按凭证类别自动查询本月的第一个断号默认为本次新增凭证的凭证号。如无断号则为新号，与原编号规则一致。
- 批量审核凭证进行合法性校验：批量审核凭证时针对凭证进行二次审核，提高凭证输入的正确率，合法性校验与保存凭证时的合法性校验相同。
- 银行科目结算方式必录：选中该选项，填制凭证时结算方式必须录入，录入的结算方式如果勾选“是否票据管理”，则票据号也控制为必录，录入的结算方式如果不勾选“是否票据管理”，则票据号不控制必录。不选中该选项，则结算方式和票据号都不控制必录。
- 往来科目票据号必录：选中该选项，填制凭证时往来科目必须录入票据号。
- 同步删除外部系统凭证：选中该选项，外部系统删除凭证时相应的将总账的凭证同步删除。否则，将总账凭证作废，不予删除。

(3) 凭证编号方式

系统在“填制凭证”功能中一般按照凭证类别按月自动编制凭证编号，即“系统编号”；但有的企业需要系统允许在制单时手工录入凭证编号，即“手工编号”。

(4) 现金流量参照科目

用来设置现金流量录入界面的参照内容和方式。“现金流量科目”选项选中时，系统只参照凭证中的现金流量科目；“对方科目”选项选中时，系统只显示凭证中的非现金流量科目。“自动显示”选项选中时，系统依据前两个选项将现金流量科目或对方科目自动显示在指定现金流量项目界面中，否则需要手工参照选择。

2. 权限选项设置

- 制单权限控制到科目：要在系统管理的“功能权限”中设置科目权限，再选择此项，权限设置有效。选择此项，则在制单时，操作员只能使用具有相应制单权限的科目制单。
- 允许修改、作废他人填制的凭证：若选择了此项，在制单时可修改或作废别人填制的凭证，否则不能修改。
- 制单权限控制到凭证类别：要在系统管理的“功能权限”中设置凭证类别权限，再选择此项，权限设置有效。选择此项，则在制单时，只显示此操作员有权限的凭证类别。同时在凭证类别参照中按人员的权限过滤出有权限的凭证类别。
- 操作员进行金额权限控制：选择此项，可以对不同级别的人员进行金额大小的控制，例如财务主管可以对 10 万元以上的经济业务制单，一般财务人员只能对 5 万元以下的经济业务制单，这样可以减少由于不必要的责任事故带来的经济损失。如为外部凭证或常用凭证调用生成，则处理与预算处理相同，不做金额控制。

提示：

请关注金额权限管理的用户注意：

- 结转凭证不受金额权限控制。
- 在调用常用凭证时，如果不修改直接保存凭证，此时由被调用的常用凭证生成的凭证不受任何权限的控制，例如包括金额权限控制、辅助核算及辅助项内容的限制等。
- 外部系统凭证是已生成的凭证，得到系统的认可，所以除非进行更改，否则不做金额等权限控制。

- 凭证审核控制到操作员：如只允许某操作员审核其本部门操作员填制的凭证，则应选择此选项。
- 出纳凭证必须经由出纳签字：若要求现金、银行科目凭证必须由出纳人员核对签字后才能记账，则选择“出纳凭证必须经由出纳签字”。
- 凭证必须经由主管会计签字：如要求所有凭证必须由主管签字后才能记账，则选择“凭证必须经主管签字”。
- 可查询他人凭证：如允许操作员查询他人凭证，则选择“可查询他人凭证”。
- 明细账查询权限控制到科目：这里是权限控制的开关，在系统管理中设置明细账查询权限，必须在总账系统选项中打开，才能起到控制作用。

- 制单、辅助账查询控制到辅助核算：设置此项权限，制单时才能使用有辅助核算属性的科目录入分录，辅助账查询时只能查询有权限的辅助项内容。
- 查询客户往来辅助账：由U850以前版本升级用户，如往来核算在应收系统时，系统无客户辅助账，只有选择此项后才能查询，并需补录期初客户往来明细数据。U850以后版本，默认在总账中查询客户往来辅助账。
- 查询供应商往来辅助账：由U850以前版本升级用户，如往来核算在应付系统时，系统无供应商辅助账，只有选择此项后才能查询，并需补录期初供应商往来明细数据。U850以后版本，默认在总账中查询供应商往来辅助账。

3.2.3 录入期初余额

在开始使用总账系统时，应将经过整理的手工账目的期初余额录入计算机。如果企业是在年初建账，则期初余额就是年初数；如果是年中启用总账管理系统，如本案例是4月开始使用，建账月份为4月，可以录入4月初的期初余额以及1～4月的借、贷方累计发生额，系统自动计算年初余额。

本任务是按照表3-1～表3-4录入会计科目的期初余额(分3类完成)，并进行试算平衡。

表3-1 会计科目的期初余额

科目编码	科目名称	余额方向	币别/计量	期初余额/元
1001	库存现金	借		22 665
1002	银行存款	借		348 661.44
100201	工行存款	借		348 661.44
100202	中行存款	借		
1122	应收账款	借		3 723 408
1123	预付账款	借		
1231	坏账准备	贷		5852.58
1402	在途物资	借		
1403	原材料	借		26 000
140301	塑料	借		10 000
		借	千克	10
140303	硅胶	借		16 000
		借	千克	10
1405	库存商品	借		3 252 000(详见表3-2)
1601	固定资产	借		770 000
1602	累计折旧	贷		185 652
1711	商誉	借		47 250
2202	应付账款	贷		2 841 000
220201	一般应付账款	贷		2 691 000
220202	暂估应付账款	贷		150 000(详见表3-3)

（续表）

科目编码	科目名称	余额方向	币别/计量	期初余额/元
2203	预收账款	贷		
2211	应付职工薪酬	贷		159 659.6
221101	工资	贷		详见表 3-4
221102	社会保险费	贷		详见表 3-4
221103	住房公积金	贷		详见表 3-4
221104	工会经费	贷		详见表 3-4
221105	职工教育经费	贷		详见表 3-4
221106	非货币性福利	贷		
2221	应交税费	贷		149 710.96
222102	未交增值税	贷		9000
222103	应交所得税	贷		137 500
222104	应交个人所得税	贷		2130.96
222105	应交城市维护建设税	贷		630
222106	应交教育费附加	贷		270
222107	应交地方教育费附加	贷		180
2241	其他应付款	贷		24 064.8
224101	应付社会保险费	贷		11 056.8
224102	应付住房公积金	贷		13 008
4001	实收资本	贷		4 240 000
4101	盈余公积	贷		59 857
4103	本年利润	贷		45 600
4104	利润分配	贷		550 000
410406	未分配利润	贷		550 000
5001	生产成本	借		71 412.5
500101	直接材料	借		52 750
500102	直接人工	借		18 662.5

表 3-2 “库存商品”的项目核算

项目编码	项目名称	期初余额/元
201	亮康眼镜	3 200 000
101	男士高端	35 000
103	男士普通	9000
104	女士普通	8000
总计		3 252 000

表 3-3 暂估应付账款的期初余额

日期	供应商	摘要	方向	金额/元
2017-03-15	大运公司	采购女士高端太阳镜 500 副，暂估入库	贷	150 000

表 3-4 “应付职工薪酬”的部门核算

单位：元

部门	工资	社会保险费	住房公积金	工会经费	职工教育经费
经理办公室	7796	2656.8	972	162	202.5
行政办公室	5992	2000.8	732	122	152.5
财务部	18 593.6	6215.6	2274	379	473.75
批发部	12 813.8	4296.8	1572	262	327.5
门市部	5899.8	1968	720	120	150
采购部	12 272.8	4100	1500	250	312.5
仓管部	17 948.2	5986	2190	365	456.25
人力资源部	12 629.4	4231.2	1548	258	322.5
生产部	12 272.8	4100	1500	250	312.5
总计	106 218.4	35 555.2	13 008	2168	2710

根据期初余额录入方式的不同，在此把会计科目分为 3 类：直接录入、参照录入，以及通过录入下级科目自动得出。一般而言，只有末级科目且辅助账类型不是项目核算和部门核算，而且不需要与其他子系统账簿对账的账户，其期初余额才能直接录入；是项目核算或部门核算的末级科目，以及需要与其他账簿对账的末级科目，其账户的期初余额需要参照录入；非末级科目的账户期初余额，是通过录入下级科目的账户期初余额后系统自动得出的。具体如图 3-2 所示。

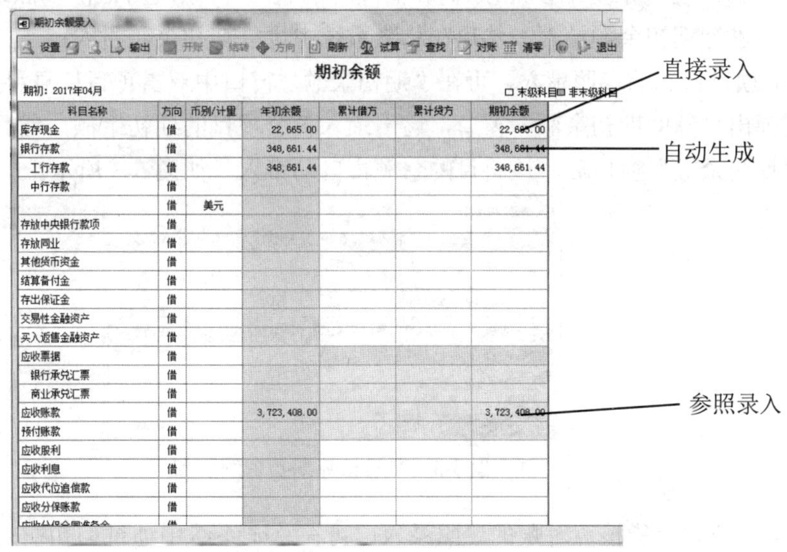

图 3-2 总账中期初余额的录入方式

1. 直接录入

可直接录入期初余额的科目，包括库存现金、工行存款、坏账准备、原材料、固定资产、累计折旧、应交税费、未交增值税、应交所得税、实收资本、盈余公积、本年利润、直接人工、直接材料、制造费用。这些科目是末级科目且辅助账类型不是项目核算和部门核算，而且也不需要与其他账簿对账。

操作步骤：

(1) 打开总账系统的“期初余额”窗口。在“企业应用平台”的“业务工作”页签下，依次单击“财务会计”/“总账”/“设置”/“期初余额”菜单项，打开“期初余额”窗口。

(2) 编辑科目期初余额。双击相应科目的“期初余额”栏，然后录入其期初余额值。

(3) 完成期初余额编辑。重复步骤(2)，依据表 3-1 编辑完成可直接录入的会计科目期初余额。

(4) 退出。单击“期初余额”窗口中的“退出”按钮，退出该窗口。

2. 通过录入下级科目自动得出

该类会计科目的期初余额不需要通过人工录入，系统会依据其下级科目的账户期初余额自动给出。因为有些会计科目之间存在钩稽关系，系统可以自行处理。例如原材料科目的账户期初余额，可以通过在录入原材料类的塑料、镜片树脂和硅胶的数量与单价后，系统自动计算给出其期初余额。

3. 参照录入

参照录入分为项目核算的参照录入(如库存商品)、需要与存货核算对账的参照录入(通过总账中的期初往来明细参照录入)和需要与应收/应付系统对账的参照录入(先在应收/应付系统中进行期初余额录入，然后在总账系统中进行期初余额引入)。

(1) 项目核算的参照录入，可在“期初余额”窗口中双击项目核算科目，如库存商品，系统将弹出“辅助期初余额”窗口，逐一录入各个项目的期初余额，然后“退出”该窗口返回“期初余额”窗口后，该科目的余额将自动带入，如图 3-3 所示。

辅助期初余额

科目名称 1405 库存商品

项目	方向	累计借方金额	累计贷方金额	金额
男士高端	借			35,000.00
男士普通	借			9,000.00
女士普通	借			8,000.00
高康眼镜	借			3,200,000.00

图 3-3　项目核算期初余额录入

(2) 需要与存货核算对账的参照录入，可在总账系统中通过期初往来明细参照录入，以“暂估应付账款”为例。

① 在总账系统的“期初余额”窗口中，双击“暂估应付账款”科目，然后在系统弹出的“辅助期初余额”窗口，单击其“往来明细”按钮，进入“期初往来明细”窗口，如图 3-4 所示。

② 单击“增行”按钮，录入“日期”为2017-03-15，“供应商”为“大运公司”、“摘要”为“采购女士高端太阳镜500副，暂估入库”，“方向”为“贷”，金额为150 000。

③ 单击“汇总”按钮，系统弹出信息提示框，单击“确定”按钮，完成往来明细的汇总，单击“退出”按钮，返回“期初余额”窗口后，该科目的余额自动带入。

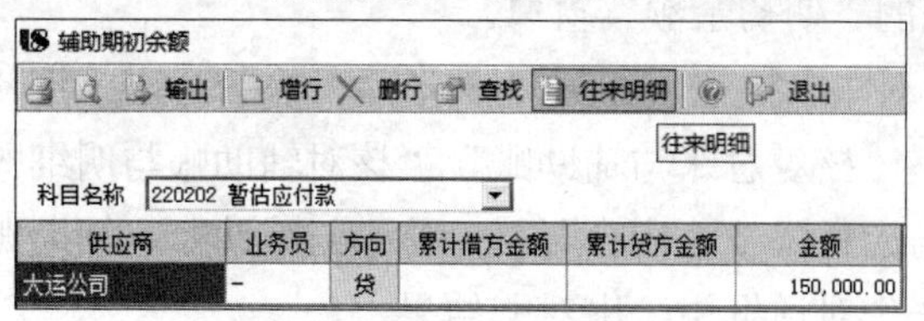

图3-4　暂估应付款录入

(3) 需要与应收/应付系统对账的参照录入，通过先在应收/应付系统中进行期初余额录入(相应的操作详见第6章6.1.2节和第7章7.1.7节)，然后在总账系统进行期初余额引入。

操作步骤(以应收账款为例)：

视频地址：http://mdwx.mdmuke.com/mod/page/view.php?id=4616

(1) 打开总账系统的“期初余额”窗口。在“企业应用平台”的“业务工作”页签中，依次单击“财务会计”/“总账”/“设置”/“期初余额”菜单项，系统打开总账系统的“期初余额”窗口。

(2) 双击“应收账款”科目所在行，系统打开“辅助期初余额”窗口。

(3) 单击工具栏中的“往来明细”按钮，系统打开“期初往来明细”窗口。

(4) 单击工具栏中的“引入”按钮，系统弹出信息提示框“确定要引入期初吗？”，单击“是”按钮，系统将应收款系统中录入的4张发票信息引入总账，并显示在“期初往来明细”窗口中。

(5) 单击工具栏中的“汇总”按钮，系统汇总客户往来明细辅助期初，在系统弹出的多个对话框中直接单击“是”和“确定”按钮，以返回“期初往来明细”窗口。

(6) 退出并返回总账系统的“期初余额”窗口。单击“期初往来明细”窗口和“辅助期初余额”窗口中的“退出”按钮。

可重复步骤(2)～(6)，完成“一般应付账款”科目的期初余额数据引入和汇总。

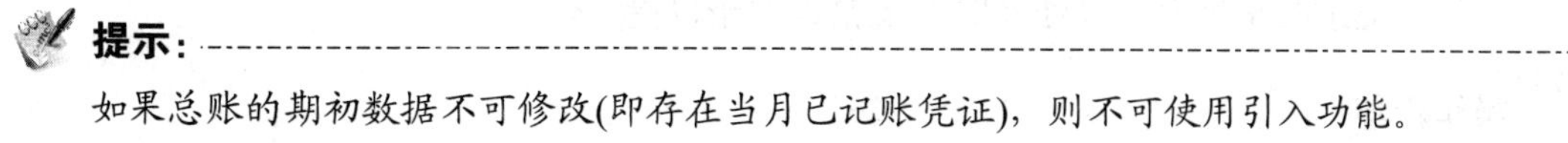

提示：

如果总账的期初数据不可修改(即存在当月已记账凭证)，则不可使用引入功能。

3.2.4　期初余额对账

在期初余额录入阶段，各种不经意的修改可能会导致总账与辅助账、总账与明细账核对有误。对期初余额进行对账，可以及时做到账账核对，并可尽快修正错误的账务数据。

核对内容为：核对总账上下级、核对总账与辅助账、核对辅助账与明细账、核对总账与多辅助账、核对辅助账与多辅助账、核对多辅助账与明细账。

操作步骤：

(1) 打开总账系统的“期初余额”窗口。

(2) 对账。单击“对账”按钮，如图 3-5 所示，系统弹出“期初对账”对话框，提示将“核对总账上下级”“核对总账与辅助账”“核对辅助账与明细账”，单击“开始”按钮，系统开始对总账与应付账款、应收账款，总账与辅助账、辅助账与明细账进行核对，完成之后在“期初对账”对话框中给出对账结果。

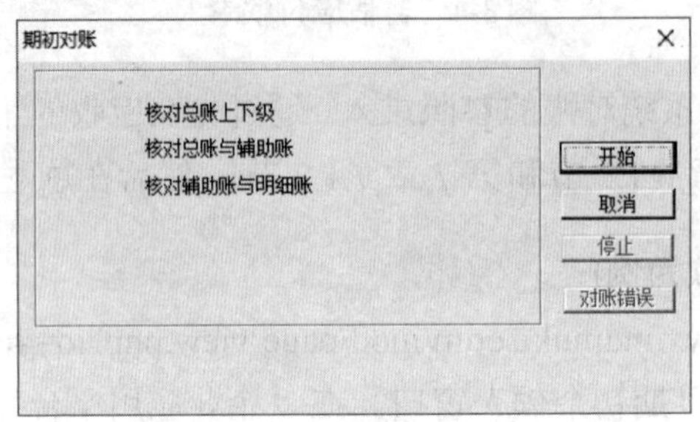

图 3-5　期初对账

(3) 退出。单击“取消”按钮，关闭“期初对账”对话框返回“期初余额”窗口。

提示：

如果对账后发现有错误，可单击“显示对账错误”按钮，系统将把对账中发现的问题列出来。

3.2.5　期初试算

试算平衡，是指在借贷记账法下，利用借贷发生额和期末余额(期初余额)的平衡原理，检查账户记录是否正确的一种方法。包括余额试算平衡和发生额试算平衡，其目的是检查和验证账户记录的正确性，以便及时发现错误并予以更正。

操作步骤：

(1) 打开总账系统的“期初余额”窗口。

(2) 试算。单击“试算”按钮，系统弹出“期初试算平衡表”对话框，并给出试算结果，如图 3-6 所示。

(3) 单击“确定”按钮，系统返回“期初余额”窗口。

(4) 单击工具栏中的“退出”按钮，退出“期初余额”窗口。

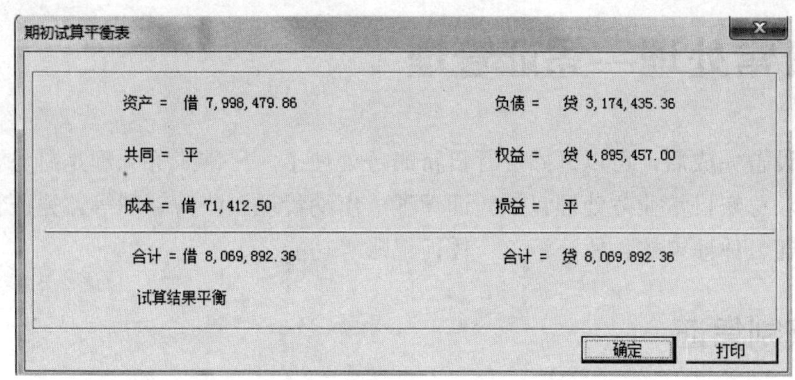

图 3-6 期初试算结果

操作说明：

(1) 如果是第一次使用账务处理系统，在开始使用总账系统时，必须使用此功能将经过整理的手工账目的期初余额录入总账系统。如果系统中已有上年的数据，在使用“结转上年余额”后，上年各账户余额将自动结转到本年。

① 无论往来核算在总账还是在应收/应付系统，有往来辅助核算的科目都要按明细录入数据。

② 只要求录入最末级科目的余额和累计发生数，上级科目的余额和累计发生数由系统自动计算。若年中启用，则只要录入末级科目的期初余额及累借、累贷，年初余额将自动计算出来。

③ 如果某科目为数量、外币核算，可以录入期初数量、外币余额。但必须先录入本币余额，再录入外币余额。若期初余额有外币、数量余额，则必须有本币余额。

④ 在录入辅助核算期初余额之前，必须先设置各科目辅助核算。

⑤ 若期初余额试算不平衡，那么将不能记账，但可以填制凭证。

⑥ 若已经使用本系统记过账，则不能再录入、修改期初余额，也不能执行“结转上年余额”的功能。

(2) 当某会计科目设置为辅助核算时，辅助核算科目必须按辅助项录入期初余额，往来科目(即含个人往来、客户往来、供应商往来账类的科目)应录入期初未达项，双击辅助核算科目的期初余额(年中启用)或年初余额(年初启用)。在输入客户、供应商、部门、个人、项目信息时，按相应按钮或 F2 键可参照输入。

(3) 功能按键操作说明。

①“试算”：显示期初试算平衡表，显示试算结果是否平衡，如果不平，重新调整至平衡后再进行下一步工作。

②“查找”：输入科目编码或名称，或通过科目参照输入要查找的科目，可快速显示此科目所在的记录行。如果在录入期初余额时使用查找功能，可以提高输入速度。

③“清零”：期初余额清零功能。当此科目的下级科目的期初数据互相抵消使本科目的期初余额为零时，清除此科目的所有下级科目的期初数据。

3.3 日常处理—凭证管理

初始化设置完成后，可以开始进行日常账务处理了。日常账务处理是财务人员的基础和核心工作，总账日常业务处理包括凭证管理、出纳管理、账簿管理等。凭证管理的内容包括填制凭证、凭证审核、凭证汇总、凭证记账等功能。

3.3.1 填制凭证

记账凭证是登记账簿的依据，是总账系统处理的起点，也是所有查询数据的最主要的一个来源。日常业务处理首先从填制凭证开始，填制凭证是日常工作中最基础和最频繁的工作，也是日常业务处理的重要工作内容。

1. 预备知识

一张完整的记账凭证包括两个部分：一是凭证头部分，包括凭证类别、凭证编号、凭证日期和附件张数等；一是凭证正文部分，包括摘要、会计分录和金额等。

(1) 凭证日期：即填制会计凭证的日期。凭证日期用于标示经济业务发生的时间。凭证日期是公历日期。系统自动取当前业务日期为记账凭证填制的日期，可修改。

(2) 凭证类别：凭证类别是在系统初始化时设定的，填制凭证时，只能按照初始设定选择凭证类别，输入或参照均可。

(3) 凭证号：如果在总账参数设置中选择“系统编号”，则由系统按时间顺序每月从1日开始自动编号。否则，手工编号，允许最大凭证号为32767。系统默认每页凭证有五笔分录，当某凭证不只一页，系统自动将在凭证号后标上几分之一。在系统编号时，凭证一旦保存，其凭证类别、凭证编号将不能再修改；在手工编号时，凭证一旦保存，其凭证类别不能再修改、凭证编号可修改。

(4) 摘要：摘要是对记账凭证所反映会计业务的文字说明。凭证每行必须有摘要内容，不能为空。不同行摘要内容可以不同，每行摘要将随其内容在明细账、日记账中出现。摘要可以输入也可按F2键或参照按钮输入常用摘要。

(5) 会计科目：必须输入末级科目，科目可以输入科目编码、中文科目名称、英文科目名称或助记码。科目名称不能有重名现象。①系统一般允许输入一借一贷、一借多贷、一贷多借甚至多借多贷的记账凭证，对一张凭证中分录笔数没有限制。但在使用时仍应按会计制度的规定，一张记账凭证记录一笔完整的会计业务，不应将不同的业务记录在同一张凭证上。②特定的凭证类型要求有符合初始设置的会计科目。③若科目为银行科目，且在结算方式设置中确定要进行票据管理，在总账参数设置中设置“支票控制”，那么这里会要求输入“结算方式”“票号”及“发生日期”。④如果科目设置了辅助核算属性，则在这里还要输入辅助信息，录入的辅助信息将在凭证下方的备注中显示。⑤如果科目设置了自定义项核算，则单击凭证右下角的扩展界面图标，系统将自定义项信息与录入的现金流量信息显示。⑥如果填制凭证使用的科目为现金流量科目，那么在凭证保存之前要求指定凭证分录的现金流量项目。⑦当输入的科目有外币核算要求时，要求输入外币数额和记账汇率。

(6) 金额：即该笔分录的借方或贷方发生额。金额输入可分为直接输入和计算产生两种情况。直接输入是指在凭证金额栏输入会计业务的发生额；计算产生则可以按键盘上的“=”自动计算金额。金额不能为零，但可以是红字，红字金额以负数形式输入。如果方向不符，可按空格键调整金额方向。

(7) 合计：指凭证上借方金额合计和贷方金额合计。每一张凭证都必须满足会计恒等式“有借必有贷，借贷必相等”的原则。

(8) 附件张数：指凭证所附的原始凭证张数，根据实际原始凭证填入即可。

2. 填制凭证

- **业务一：无辅助项目业务—报销费用**

1) 业务概述与分析

4 月 1 日，销售部李华购买办公用品 1170 元，财务部以现金付讫。需要通过“填制凭证”进行费用报销的凭证填制。发票如图 3-7 所示。报销单如图 3-8 所示。

北京增值税专用发票　　No61234505

开票日期：2017 年 4 月 1 日

税总函〔2016〕362 号北京市印钞有限公司

购买方	名　　称：北京亮康眼镜有限公司 纳税人识别号：1101082121202 地 址、电 话：北京市昌平区昌平路 78 号，电话：010-60228226 开户行及账号：中国工商银行北京市昌平支行 1102020526782987908	密码区	略

货物或应税劳务名称	规格型号	单位	数量 8	单价	金额 1000.00	税率	税额
打印纸	A4 70g	包		125.00		17%	170.00
合　　计					￥1000.00		￥170.00
价税合计(大写)	壹仟壹佰柒拾元整				(小写)￥1170.00		

销售方	名　　称：河北极速商贸公司 纳税人识别号：300106224160389 地 址、电 话：河北省燕郊经济开发区 25 号 开户行及账号：中国工商银行河北燕郊支行 1102020526782987379	备注	河北极速商贸公司 300106224160389 发票专用章

收款人：(略)　　复核：(略)　　开票人：(略)　　销售方：(章)

第三联：发票联　购买方记账凭证

图 3-7　业务一购买办公用品发票

费 用 报 销 单

部门：销售部　　　　2017 年 4 月 1 日　　　　编号：0001

开支内容	金额	结算方式	附单据1张
打印纸	¥1170.00		
合计(大写) 壹仟壹佰柒拾元整			

图 3-8　业务一购买办公用品费用报销单

2) 虚拟业务场景

人物：李华——销售人员

曾志伟——财务部主管

张兰——财务部会计

场景一：李华请财务主管签字

李华：曾总，今天我部门购买了打印纸，领导都签好字了，麻烦你审核报销。

曾志伟：好。我马上办理。

场景二：会计填制凭证

曾志伟：张会计，销售部今天购买办公用品，这是发票，你做一下凭证，通知罗迪付款。

张兰：好的。

3) 场景二的操作步骤

视频地址：http://mdwx.mdmuke.com/mod/page/view.php?id=4617

任务说明：财务部张兰填制报销费用的凭证，无辅助项目业务。

(请以张兰的身份，登录进入“企业应用平台”，下同，从略)

请确认系统日期和业务日期为 2017 年 4 月 1 日。

(1) 打开“填制凭证”窗口。在“企业应用平台”的“业务工作”页签中，依次单击“财务会计”/“总账”/“凭证”/“填制凭证”菜单项，系统打开“填制凭证”窗口，如图 3-9 所示。

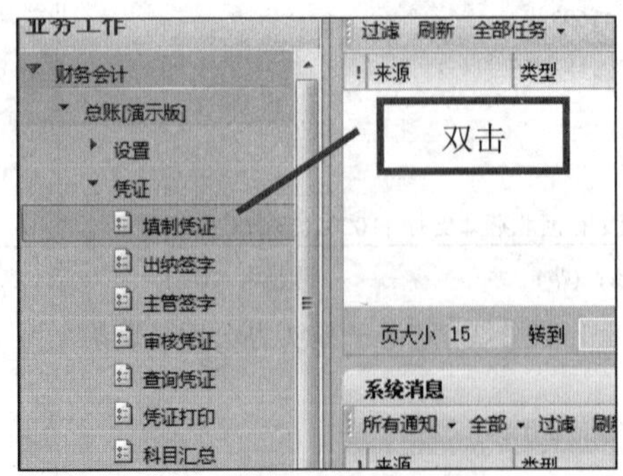

图 3-9　填制凭证

(2) 填制凭证。单击“填制凭证”窗口中的“增加”按钮(“+”标志)，系统打开一张空白的记账凭证，然后做如下编辑：

① 编辑摘要。在其“摘要”栏中参照生成或填入“销售部李华购买办公用品”。

② 编辑第 1 笔分录。在第 1 行的“科目名称”栏中参照生成或录入 660106，在“借方金额”栏中输入 1000，然后按 Enter 键。

③ 编辑第 2 笔分录。在第 2 行的“科目名称”栏中录入 22210101，在“借方金额”栏中输入 170，然后按 Enter 键。

④ 编辑第 3 笔分录。在第 3 行的“科目名称”栏中录入 1001(库存现金)，在“贷方金额”栏中输入“=”由系统自动填充金额(1170)。

(3) 保存凭证。单击工具栏中的“保存”按钮，完成凭证填制，如图 3-10 所示。

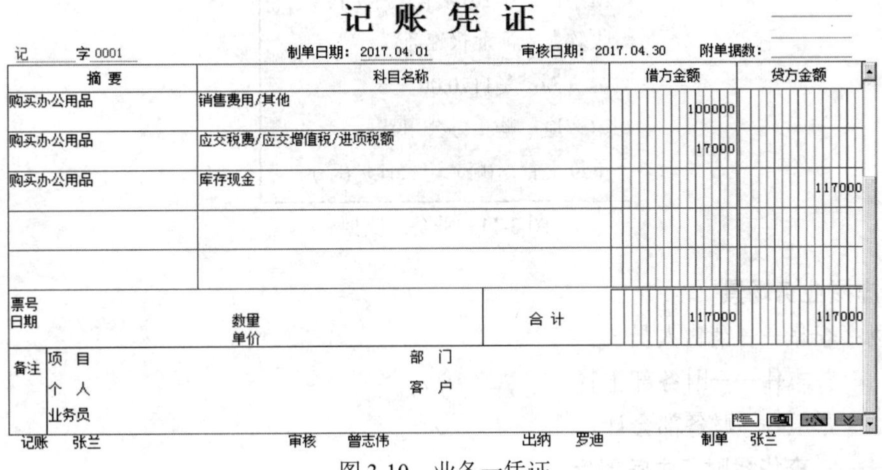

记账凭证

记 字 0001　制单日期：2017.04.01　审核日期：2017.04.30　附单据数：

摘要	科目名称	借方金额	贷方金额
购买办公用品	销售费用/其他	100000	
购买办公用品	应交税费/应交增值税/进项税额	17000	
购买办公用品	库存现金		117000
票号 日期	数量 单价	合计 117000	117000

备注　项目　部门　个人　客户　业务员

记账 张兰　审核 曾志伟　出纳 罗迪　制单 张兰

图 3-10　业务一凭证

提示：

- 输入科目名称的方法有摘要带出法、科目编号输入法、助记码输入法和参照输入法。
- “科目名称”一栏中，只能输入末级科目。
- 如果在“选项”中设置了“制单权限控制到科目”选项，那么在制单时不能使用无权限的科目进行制单。
- 采用制单序时控制时，凭证日期应大于等于启用日期，不能超过业务日期。
- 正文中不同行的摘要可以相同也可以不同，但不能为空。
- 在系统编号时，凭证一旦保存，其凭证类别、凭证编号将不能再修改；在手工编号时，凭证一旦保存，其凭证类别不能再修改、凭证编号可修改。
- 如果在“选项”中设置了“现金流量科目必录现金流量项目”选项，那么在制单时出现在“设置”/“基础档案”/“财务”/“会计科目”/“编辑”/“指定科目”/“现金流量科目”中已经选定的科目则需要填入现金流量。

- **业务二：辅助核算—银行科目**

1) 业务概述与分析

本笔业务是 4 月 1 日，销售部李华购买办公用品 1170 元，财务部以转账支票(票号 10123456)付讫。需要通过“填制凭证”进行费用报销的凭证填制，支票如图 3-11 所示，发票如图 3-7 所示。

中国工商银行

转账支票存根

支票号码：10123456

附加信息

出票日期：2017 年 4 月 1 日

收款人：河北极速商贸公司

金　额：￥1170.00

用　途：购买办公用品

单位主管：(略)　　会计：(略)

图 3-11　业务二支票

2) 虚拟业务场景

人物：李华——销售人员

曾志伟——财务部主管

张兰——财务部会计

场景一：李华找财务主管签字

李华：曾会计，今天我部门购买了打印纸，领导都签好字了，麻烦你审核报销。

曾志伟：好，我马上办理。

场景二：会计填制凭证

曾志伟：张会计，销售部今天购买办公用品，这是发票，你做一下凭证，通知罗迪付款。

张兰：好的。

3) 场景二的操作步骤

视频地址：http://mdwx.mdmuke.com/mod/page/view.php?id=4618

任务说明：财务部张兰填制报销费用的凭证，辅助核算。

请确认系统日期和业务日期为 2017 年 4 月 1 日。

(1) 打开“填制凭证”窗口。在“企业应用平台”的“业务工作”页签中，依次单击“财务会计”/“总账”/“凭证”/“填制凭证”菜单项，系统打开“填制凭证”窗口。

(2) 填制凭证。单击“填制凭证”窗口中的“增加”按钮(“+”标志)，系统打开一张空白的记账凭证，然后做如下编辑：

① 编辑摘要。在其“摘要”栏中参照生成或填入“销售部李华购买办公用品”。

② 编辑第 1 笔分录。在第 1 行的“科目名称”栏中参照生成或录入 660106，在“借方金额”栏中输入 1000，然后按 Enter 键。

③ 编辑第 2 笔分录。在第 2 行的“科目名称”栏中录入 22210101，在“借方金额”栏中输入 170，然后按 Enter 键。

④ 编辑第 3 笔分录。在第 3 行的“科目名称”栏中录入 100201(银行存款)，在“贷方金额”栏中输入“=”由系统自动填充金额(1170)，按 Enter 键，出现“辅助项”对话框，填写完毕即可，如图 3-12 所示。

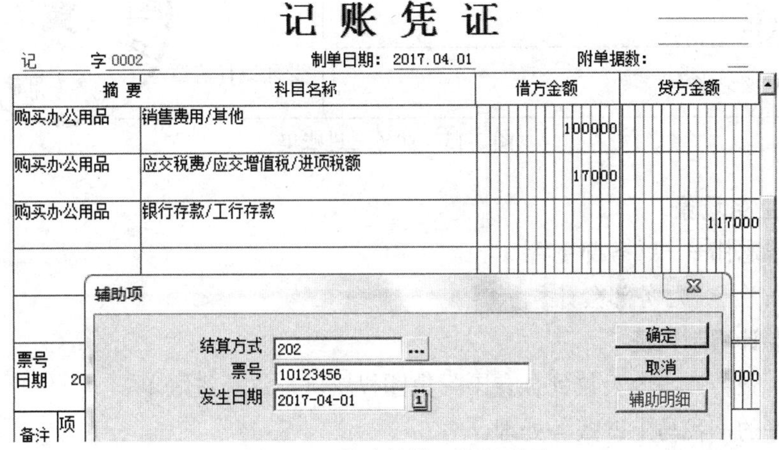

图 3-12 辅助核算—银行科目

(3) 保存凭证。单击工具栏中的“保存”按钮，完成凭证填制。

提示：

- 选择支票控制，即该结算方式设为支票管理，银行账辅助信息不能为空。
- 完成操作后，在填制凭证的下方可以看到输入的辅助信息。如果需要对辅助信息进行修改，可以把鼠标移到相应的辅助项目上，鼠标就会变成一支钢笔笔尖的形状，这时双击鼠标弹出“辅助项”对话框，就可以进行修改了。

- 业务三：辅助核算—外币科目

1) 业务概述与分析

本笔业务是签订投资协议，股权融资业务。4 月 3 日，收到金鑫国际集团按公司章程投入的资本金 100 000 美元(支票号 123789)，已办理进账手续。进账单如图 3-13 所示。

中国工商银行**进账单**(受理回单)

填制日期：2017 年 4 月 3 日第　　号

付款人	全　　称	金鑫国际集团	收款人	全　　称	北京亮康眼镜有限公司
	账　　号	1103070596982562311		账　　号	1102020526782987908
	开户银行	中国工商银行北京华新支行		开户银行	中国工商银行北京市昌平支行
美元(大写)	壹拾万元整		千 百 十 万 千 百 十 元 角 分 $ 1 0 0 0 0 0 0 0		
票据种类	转账支票		此联不作收款用		
票据张数	1 张				
单位主管会计复核记账			受理银行盖章		

是收款人开户行交给收款人的受理回单

中国工商银行华新支行 业务专用章

图 3-13　业务三进账单

2) 虚拟业务场景

人物：曾志伟——财务部主管

　　　张兰——财务部会计

场景：会计填制凭证

曾志伟：张会计，今天收到金鑫国际集团投资款，这是进账单。

张兰：好的，我马上做账务处理。

3) 操作步骤

视频地址：http://mdwx.mdmuke.com/mod/page/view.php?id=4619

任务说明：财务部张兰填制记账凭证，辅助核算。

请确认系统日期和业务日期为 2017 年 4 月 3 日。

(1) 打开“填制凭证”窗口。在“企业应用平台”的“业务工作”页签中，依次单击“财务会计”/“总账”/“凭证”/“填制凭证”菜单项，系统打开“填制凭证”窗口。

(2) 填制凭证。单击“填制凭证”窗口中的“增加”按钮(“+”标志)，系统打开一张空白的记账凭证，修改凭证日期，然后做如下编辑：

① 编辑摘要。在其“摘要”栏中参照生成或填入“收到金鑫国际集团投资款”。

② 编辑第 1 笔分录。在第 1 行的“科目名称”栏中参照生成或录入 100202，在“借方金额”栏中输入 100 000 美元，人民币自动计算，然后按 Enter 键，出现“辅助项”对话框，填写完毕。

③ 编辑第 2 笔分录。在第 2 行的“科目名称”栏中录入 4001，在“贷方金额”栏中输入“=”，然后按 Enter 键。

(4) 保存凭证。单击“保存”按钮或按 F6 键保存该张凭证，如图 3-14 所示。

记 账 凭 证

记 字 0003　　制单日期：2017.04.03　　审核日期　附单据数：

摘 要	科目名称	外 币	借方金额	贷方金额
收到投资款	银行存款/中行存款	10000000 $ 6.50000	65000000	
收到投资款	实收资本			65000000
票号 202 - 123789 日期 2017.04.03　数量 单价		合 计	65000000	65000000

备注　项 目　　部 门
个 人　　客 户
业务员

记账　　审核　　出纳　制单

图 3-14　业务三外币业务凭证

提示：

- 对于进行外币核算的科目，系统自动将凭证格式改为外币式，如果系统有其他辅助核算，则先输入其他辅助核算后，再输入外币信息。
- 注意修改凭证日期为 4 月 3 日。

- **业务四：辅助核算—数量科目**

1) 业务概述与分析

4 月 5 日，采购员张新海向河北硅胶三厂采购硅胶 5 千克，不含税单价 1600 元。5 号硅胶到货，验收入库。款项已通过转账支票支付(支票号 10356873)。发票如图 3-15 所示，支票如图 3-16 所示。

2) 虚拟业务场景

人物：张新海——采购人员
　　　曾志伟——财务部主管
　　　张兰——财务部会计

场景一：张新海找财务主管签字

张新海：曾主管，这是今天的采购发票，麻烦你审核付款。

曾志伟：好，我马上办理。

1300161130　　河北增值税专用发票　　No61233309

发票联

开票日期：2017 年 4 月 5 日

购买方	名　　称：北京亮康眼镜有限公司 纳税人识别号：1101082121202 地 址、电 话：北京市昌平区昌平路 78 号，电话：010-60228226 开户行及账号：中国工商银行北京市昌平支行 1102020526782987908				密码区	略	
货物或应税劳务名称	规格型号	单位	数量	单价	金额	税率	税额
硅胶		千克	5	1600.00	8000.00	17%	1360.00
合　计					￥8000.00		￥1360.00
价税合计(大写)	玖仟叁佰陆拾元整				(小写)￥9360.00		
销售方	名　　称：河北硅胶三厂 纳税人识别号：300106224160365 地 址、电 话：河北省燕郊经济开发区 20 号 开户行及账号：中国工商银行河北燕郊支行 1102020526782987351				备注	河北硅胶三厂 300106224160365 发票专用章	

第三联：发票联　购买方记账凭证

图 3-15　业务四采购发票

中国工商银行

转账支票存根

支票号码：10356873

附加信息

出票日期：2017 年 4 月 5 日

收款人：河北硅胶三厂

金　额：￥9360.00

用　途：硅胶款

单位主管：(略)　　会计：(略)

图 3-16　业务四支票

场景二：会计填制凭证

曾志伟：张会计，采购部采购硅胶，这是发票，你做一下凭证，通知罗迪付款。

张兰：好的。

3) 场景二的操作步骤

视频地址： http://mdwx.mdmuke.com/mod/page/view.php?id=4620

任务说明： 财务部张兰填制记账凭证，辅助核算。

请确认系统日期和业务日期为 2017 年 4 月 5 日。

(1) 打开“填制凭证”窗口。在“企业应用平台”的“业务工作”页签中，依次单击“财务会计”/“总账”/“凭证”/“填制凭证”菜单项，系统打开“填制凭证”窗口。

(2) 填制凭证。单击“填制凭证”窗口中的“增加”按钮(“+”标志)，系统打开一张空白的记账凭证，然后做如下编辑：

① 编辑摘要。在其“摘要”栏中参照生成或填入“采购硅胶 5 千克”。

② 编辑第 1 笔分录。在第 1 行的“科目名称”栏中参照生成或录入 140303，然后按 Enter 键，出现“辅助项”对话框，填写完毕，如图 3-17 所示。

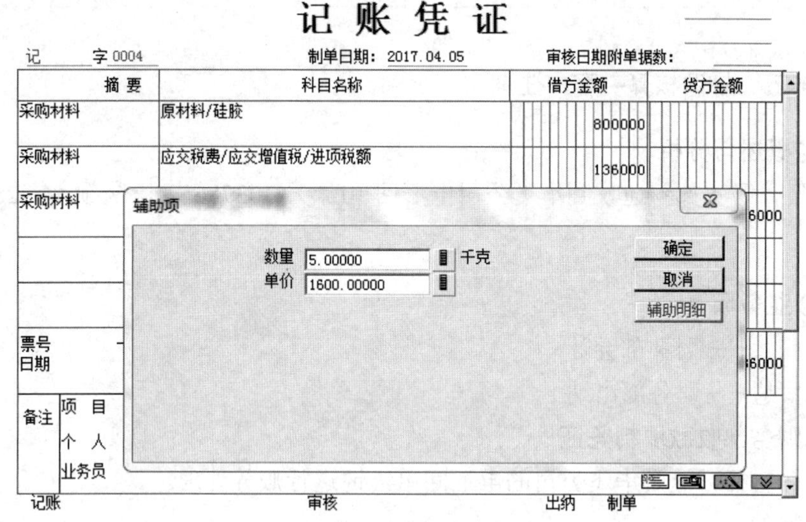

图 3-17 业务四数量核算

③ 编辑第 2 笔分录。在第 2 行的“科目名称”栏中录入 22210101，在“借方金额”栏中输入 1360，然后按 Enter 键。

④ 编辑第 3 笔分录。在第 3 行的“科目名称”栏中录入 100201，输入辅助项，在“贷方金额”栏中输入“=”，然后按 Enter 键。

(3) 单击“保存”按钮或按 F6 键保存这张凭证，如图 3-18 所示。

图 3-18 业务四数量核算凭证

提示：

- 如果输入的科目具有“数量核算”的属性，系统会要求输入数量和单价信息，系统会自动计算出金额填入凭证的金额栏。
- 在录入辅助明细时，当数量、单价、金额三项都有数据时，系统提供反算功能，改变数量或单价反算金额，改变金额反算单价。

- **业务五：辅助核算—客户往来**

1) 业务概述与分析

4 月 8 日，财务部罗迪收到华飞公司电汇回单(票号 10378652)，金额 44 928 元，归还前欠货款。

2) 虚拟业务场景

人物：张兰——财务部会计

罗迪——财务部出纳

场景：财务部收款填制凭证

罗迪：张会计，这是华飞公司的电汇回单，请进行账务处理。

张兰：好的。

3) 操作步骤

视频地址：http://mdwx.mdmuke.com/mod/page/view.php?id=4621

任务说明：财务部张兰填制记账凭证，辅助核算。

请确认系统日期和业务日期为 2017 年 4 月 8 日。

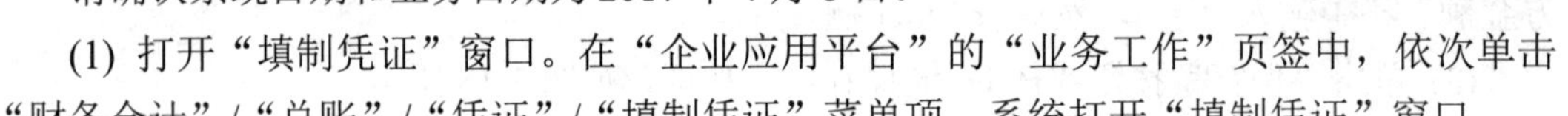

(1) 打开“填制凭证”窗口。在“企业应用平台”的“业务工作”页签中，依次单击“财务会计”/“总账”/“凭证”/“填制凭证”菜单项，系统打开“填制凭证”窗口。

(2) 填制凭证。单击“填制凭证”窗口中的“增加”按钮(“+”标志)，系统打开一张空白的记账凭证，然后做如下编辑：

① 编辑摘要。在其“摘要”栏中参照生成或填入“收到华飞公司货款”。

② 编辑第 1 笔分录。在第 1 行的“科目名称”栏中参照生成或录入 100201，然后按 Enter 键，出现“辅助项”对话框，填写完毕。

③ 编辑第 2 笔分录。在第 2 行的“科目名称”栏中录入 1122，然后按 Enter 键，出现“辅助项”对话框，选择“客户”为“华飞公司”、“业务员”为“赵飞”，并确定，在“贷方金额”栏中输入“=”，然后按 Enter 键。

(3) 保存凭证。单击“保存”按钮或按 F6 键保存这张凭证，如图 3-19 所示。

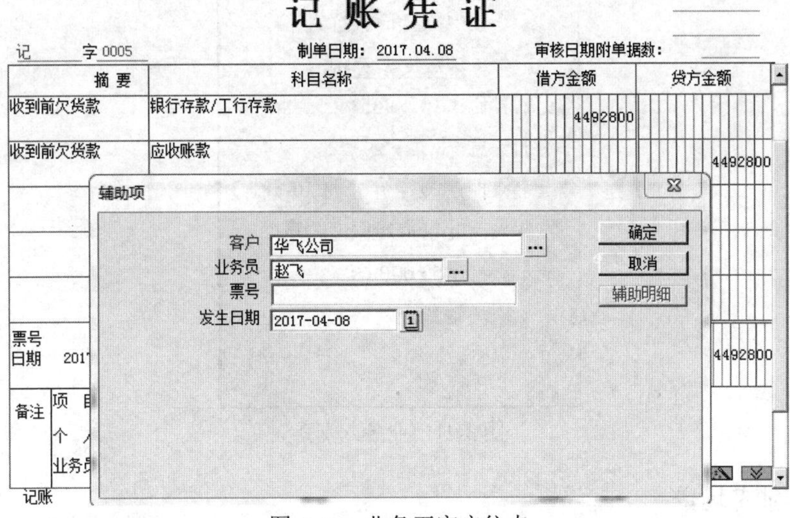

图 3-19　业务五客户往来

提示：

- 如果输入的科目具有“客户往来”的核算属性，系统会要求输入客户、业务员、票号等信息。
- 在录入辅助明细时，对于同一个往来单位来说，名称要前后一致，例如不能有时用“大运公司”，有时又用“大运眼镜公司”，像这样名称前后不一致的，系统会将其当成两个单位。

- **业务六：辅助核算—供应商往来**

1) 业务概述与分析

4 月 16 日，采购部刘静申请归还大运公司货款 50 000 元。出纳开出转账支票一张，票号为 10789653，金额为 50 000 元。本笔业务是归还前欠货款业务。付款申请书如图 3-20 所示，支票如图 3-21 所示。

付 款 申 请 书

部门：采购部　　　　2017 年 4 月 16 日　　　　编号：001

开支内容	金　额	结算方式
支付定金(合同编号 CG001)	¥50 000.00	转账支票
合计(大写)	人民币伍万元整	

会计主管：曾志伟　　单位负责人：李吉棕　　出纳：罗迪　　经办人：刘静

图 3-20　业务六付款申请书

中国工商银行
转账支票存根
支票号码：10789653
附加信息:
出票日期：2017 年 4 月 16 日
收款人：北京大运眼镜公司
金　额：￥50 000.00
用　途：货款
单位主管：(略)　　会计：(略)

图 3-21　业务六支票

2) 虚拟业务场景

人物：刘静——采购部主管
曾志伟——财务部主管
张兰——财务部会计
罗迪——财务部出纳

场景一：采购部申请付款

刘静：曾总，按合同规定，今天应付给大运公司货款 50 000 元，这是付款申请单，麻烦你审核付款。

曾志伟：好的，马上办理。

场景二：财务部付款填制凭证

曾志伟：张会计，这是销售部的申请付款，你做一下凭证，通知罗迪付款。

张兰：好的。

3) 场景二的操作步骤

视频地址：http://mdwx.mdmuke.com/mod/page/view.php?id=4621

任务说明：财务部张兰填制记账凭证，辅助核算。

请确认系统日期和业务日期为 2017 年 4 月 16 日。

(1) 打开“填制凭证”窗口。在“企业应用平台”的“业务工作”页签中，依次单击“财务会计”/“总账”/“凭证”/“填制凭证”菜单项，系统打开“填制凭证”窗口。

(2) 填制凭证。单击“填制凭证”窗口中的“增加”按钮(“+”标志)，系统打开一张空白的记账凭证，然后做如下编辑：

① 编辑摘要。在其“摘要”栏中参照生成或填入“归还大运公司货款”。

② 编辑第 1 笔分录。在第 1 行的“科目名称”栏中录入 220201，然后按 Enter 键，出现“辅助项”对话框，选择“供应商”为“大运公司”、“业务员”为“刘静”，并确定，在“借方金额”栏中输入 50 000，如图 3-22 所示。

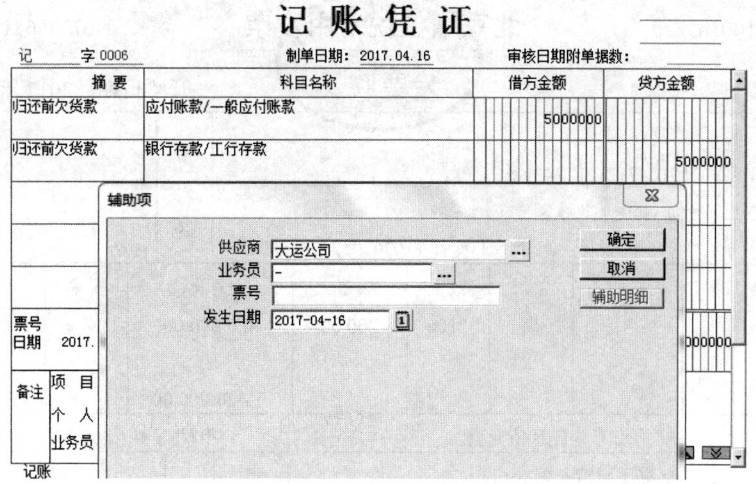

图 3-22　业务六供应商往来

③ 编辑第 2 笔分录。在第 2 行的“科目名称”栏中参照生成或录入 100201，然后按 Enter 键，出现“辅助项”对话框，填写完毕；然后按 Enter 键；在“贷方金额”栏中输入 50 000 或“=”。

(3) 保存凭证。单击“保存”按钮或按 F6 键保存这张凭证。

提示：

- 如果输入的科目具有“供应商”的核算属性，系统会要求输入供应商、业务员、票号等信息。
- 如果有往来单位不属于已定义的往来单位，则要输入新往来单位的辅助信息，系统会自动追加到往来单位目录中。

- **业务七：辅助核算—项目核算**

1) 业务概述与分析

4 月 20 日，销售批发部夏于向雪亮公司签订销售亮康眼镜 2100 副，无税单价 200 元，增值税税率 17%。开具全额增值税发票(票号为 71356811，原始单据可参见图 3-23)，款项未收。

2) 虚拟业务场景

人物：曾志伟——财务部主管

　　　张兰——财务部会计

场景：财务主管分配会计填制应收单

曾志伟：张会计，销售批发部今天发生了一笔销售，但对方公司未付款，这是销售发票，你做一下凭证。

张兰：好，我马上录入。

1100163320　　北京增值税专用发票　　No71356811

发票联

开票日期：2017 年 4 月 20 日

购买方	名　　称：上海雪亮眼镜公司 纳税人识别号：310104712121774 地 址、电 话：上海徐汇天平路 8 号 开户行及账号：中国工商银行上海市徐汇支行 1102020526782987158					密码区	略
货物或应税劳务名称	规格型号	单位	数量	单价	金额	税率	税额
亮康眼镜		副	2100	200.00	420 000.00	17%	71 400.00
合　　计					￥420 000.00		￥71 400.00
价税合计(大写)	肆拾玖万壹仟肆佰元整				(小写)￥491 400.00		
销售方	名　　称：北京亮康眼镜有限公司 纳税人识别号：1101082121202 地 址、电 话：北京市昌平区昌平路 78 号，电话：010-60228226 开户行及账号：中国工商银行北京市昌平支行 1102020526782987908					备注	

第一联：记账联　销货方记账凭证

图 3-23　业务七发票

3) 操作步骤

视频地址： http://mdwx.mdmuke.com/mod/page/view.php?id=4622

任务说明： 财务部张兰填制记账凭证，项目核算。

请确认系统日期和业务日期为 2017 年 4 月 20 日。

(1) 打开“填制凭证”窗口。在“企业应用平台”的“业务工作”页签中，依次单击“财务会计”/“总账”/“凭证”/“填制凭证”菜单项，系统打开“填制凭证”窗口。

(2) 填制凭证。单击“填制凭证”窗口中的“增加”按钮(“+”标志)，系统打开一张空白的记账凭证，然后做如下编辑：

① 编辑摘要。在其“摘要”栏中参照生成或填入“销售亮康眼镜”。

② 编辑第 1 笔分录。在第 1 行的“科目名称”栏中参照生成或录入 1122，按 Enter 键，输入辅助项，在“借方金额”栏中输入 491 400，然后按 Enter 键。

③ 编辑第 2 笔分录。在第 2 行的“科目名称”栏中录入 22210103，在“贷方金额”栏中输入 71 400，然后按 Enter 键。

④ 编辑第 3 笔分录。在第 3 行的“科目名称”栏中录入 6001，按 Enter 键，出现“辅助项”对话框，选择“男士高端”，在“贷方金额”栏输入“=”，按 Enter 键，由系统自动填充金额，如图 3-24 所示。

提示：

- 如果输入的科目具有“项目核算”的属性，系统会要求输入项目信息。
- 项目核算的科目必须先在项目定义中设置相应的项目大类，才能在制单中使用。
- 科目所属项目大类中必须已定义了项目，且此处只能输入项目，不能输入项目分类。

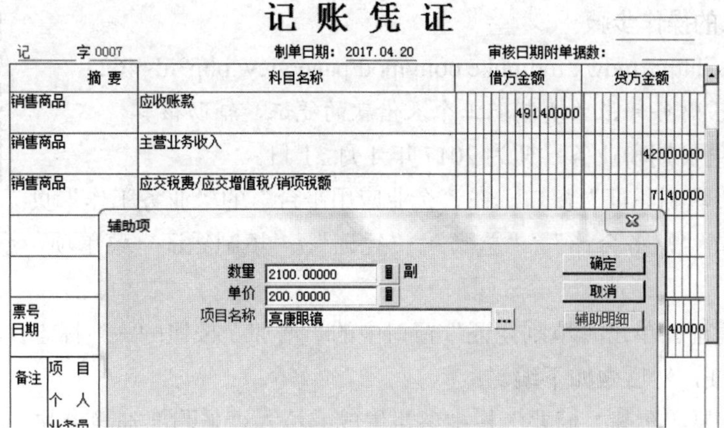

图 3-24 业务七项目核算凭证

- **业务八：辅助核算—个人往来**

1) 业务概述与分析

4 月 21 日，财务部向采购部刘静预支差旅费 3000 元(借款单据可参见图 3-25)，现金付讫。

借 款 单

2017 年 4 月 21 日

借款部门	采购部	姓名	刘静	事由	出差开会
借款金额	人民币(大写) 叁仟元整 小写 ￥3000.00				
部门负责人签署	略	借款人签章	略	注意事项	略
单位领导批示	略	财务经理审核意见	略		

图 3-25 业务八借款单

2) 虚拟业务场景

人物：曾志伟——财务部主管

刘静——采购主管

张兰——财务部会计

罗迪——财务部出纳

场景一：夏于请会计主管签字

夏于：曾总，我要去参加采购订货会议，需借支差旅费 3000 元，请审核。

曾志伟：好的。请罗迪付款。

场景二：罗迪以现金方式预支差旅费，张兰制单

罗迪：张会计，我已经以现金方式预支给采购部刘静 3000 元差旅费，麻烦你做一下账务处理。

张兰：好的，没问题，我现在来办理。

3) 场景二的操作步骤

视频地址：http://mdwx.mdmuke.com/mod/page/view.php?id=4623

任务说明：财务部张兰填制职工个人借款的凭证，辅助核算。

请确认系统日期和业务日期为2017年4月21日。

(1) 打开“填制凭证”窗口。在“企业应用平台”的“业务工作”页签中，依次单击“财务会计”/“总账”/“凭证”/“填制凭证”菜单项，系统打开“填制凭证”窗口。

(2) 填制凭证。单击“填制凭证”窗口中的“增加”按钮(“+”标志)，系统打开一张空白的记账凭证，然后做如下编辑：

① 编辑摘要。在其“摘要”栏中参照生成或填入“采购部刘静借款”。

② 编辑第1笔分录。在第1行的“科目名称”栏中参照生成或录入122101，按Enter键，输入辅助项，部门为“采购部”，个人为“刘静”，在第1行的“借方金额”栏中输入3000，然后按Enter键，如图3-26所示。

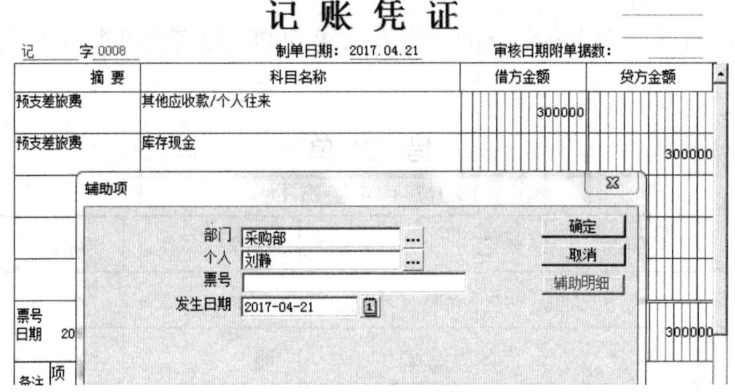

图3-26 业务八个人往来

③ 编辑第2笔分录。在第2行的“科目名称”栏中录入1001，按Enter键，在“贷方金额”栏中输入“=”，由系统自动填充金额。

(3) 保存凭证。单击工具栏中的“保存”按钮，完成凭证填制。

提示：

- 如果输入的科目具有“个人往来”的核算属性，系统会要求输入个人、部门、票号等信息。
- 在输入个人信息时，若不输入“部门名称”只输入“个人名称”，系统将根据所输入个人名称自动输入其所属的部门。

- **业务九：辅助核算—部门核算**

1) 业务描述与分析

4月25日，采购部刘静出差回来报销差旅费2800元，因月中预支了3000元，故退回现金 200 元。本笔业务是员工报销有借款的差旅费，需要凭证的会计填制。

2) 虚拟业务场景

人物：曾志伟——财务部主管
罗迪——财务部出纳
张兰——财务部会计
刘静——采购人员

场景：采购部刘静报销差旅费

刘静：您好，我是采购部刘静，请帮我做一下差旅报销(把报销单据递给张兰)。

张兰：好的。(接过报销单据查看，并在 ERP 软件中核算之后，打印出一张单据……)你预支过 3000 元，差旅报销总额为 2800 元，你还需要退还 200 元，请你核对并签字……

刘静：没问题。

罗迪：收款 200 元，开收据。

(张兰填制记账凭证)

3) 操作步骤

视频地址： http://mdwx.mdmuke.com/mod/page/view.php?id=4624

任务说明： 财务部张兰填制采购部刘静报销差旅费的凭证，辅助核算。

请确认系统日期和业务日期为 2017 年 4 月 25 日。

(1) 打开“填制凭证”窗口。在“企业应用平台”的“业务工作”页签中，依次单击“财务会计”/“总账”/“凭证”/“填制凭证”菜单项，系统打开“填制凭证”窗口。

(2) 填制凭证。单击“填制凭证”窗口中的“增加”按钮(“+”标志)，系统打开一张空白的记账凭证，然后做如下编辑：

① 编辑摘要。在其“摘要”栏中参照生成或填入“采购部刘静报销差旅费”。

② 编辑第 1 笔分录。在第 1 行的“科目名称”栏中参照生成或录入 660205，按 Enter 键，输入辅助项，部门“采购部”，在第 1 行的“借方金额”栏中输入 2800，然后按 Enter 键，如图 3-27 所示。

③ 编辑第 2 笔分录。在第 2 行的“科目名称”栏中录入 1001，在“借方金额”栏中输入 200，然后按 Enter 键。

④ 编辑第 3 笔分录。在第 3 行的“科目名称”栏中录入 122101，按 Enter 键，输入辅助项，部门为“采购部”，个人为“刘静”，在“贷方金额”栏中输入 3000。

(3) 保存凭证。单击工具栏中的“保存”按钮，完成凭证填制。

提示：

- 如果输入的科目具有“部门核算”的属性，系统会要求输入部门信息。
- 填制凭证的过程中如果需要输入部门，只能输入末级部门。

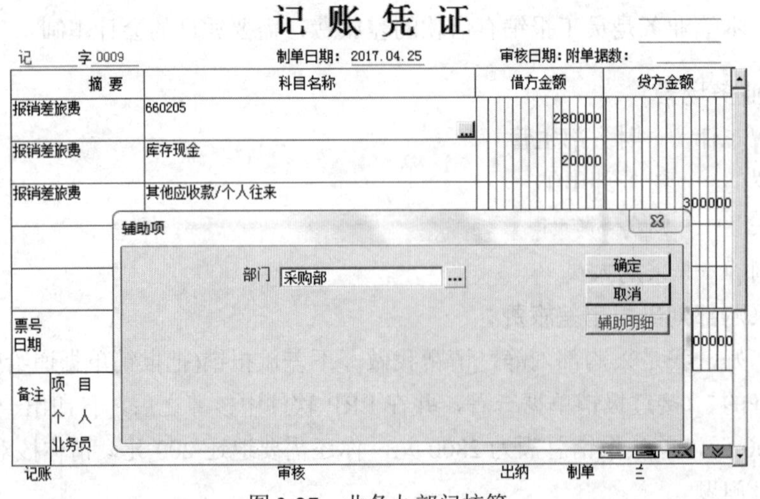

图 3-27　业务九部门核算

3.3.2　凭证审核

凭证输入完毕以后，必须经过审核才能记账。审核凭证是审核员按照财会制度，对制单员填制的记账凭证进行检查核对，即审核凭证的合法性，凭证审核的目的是防止错弊。审核员认为错误或有异议的凭证，应打上出错标记，同时可写入出错原因并交与填制人员修改后，再审核。只有具有审核凭证权限的人才能使用本功能。系统要求凭证的制单人和审核人不能是同一个人，即自己不能审核自己所填制的凭证。在记账前必须由审核员对制单员填制的记账凭证进行审核。审核凭证包括出纳签字和审核凭证两方面工作。凭证审核是必需的。出纳签字是由出纳对出纳凭证进行审核签字，这项操作是可选的。

1. 出纳签字

1) 业务概述与分析

4 月 30 日，出纳对北京亮康眼镜有限公司 2017 年 4 月的凭证进行审核签字。

2) 虚拟业务场景

人物：罗迪——财务部出纳

　　　张兰——财务部会计

场景：出纳审核凭证

张兰：罗会计，本月日常凭证已经完成，请你签字。

罗迪：好的。(凭证的审核)

3) 操作步骤

视频地址：http://mdwx.mdmuke.com/mod/page/view.php?id=4625

任务说明：财务部出纳罗迪对凭证进行出纳签字。

请确认系统日期和业务日期为 2017 年 4 月 30 日。

(1) 打开“出纳签字列表”窗口。在“总账”子系统，依次单击“凭证”/“出纳签字”菜单项，系统弹出“出纳签字”对话框，单击“确定”按钮，系统打开“出纳签字列表”窗口。

(2) 出纳签字。在“出纳签字列表”窗口中做如下编辑：

① 单张签字。双击需要签字的凭证所在的行，进入该凭证的“出纳签字”窗口，查阅信息无误后单击工具栏中的“签字”按钮，即在凭证下方“出纳”处显示“罗迪”的名字，表示该张凭证出纳签字完成。

② 成批签字。单击工具栏中的“下张凭证”或“上张凭证”按钮，查阅所有未由出纳签字的收付款凭证，审核信息无误后，单击工具栏中的“批处理”/“成批出纳签字”菜单项，如图 3-28 所示。以完成对所有未签字凭证的出纳签字工作，如图 3-29 所示。

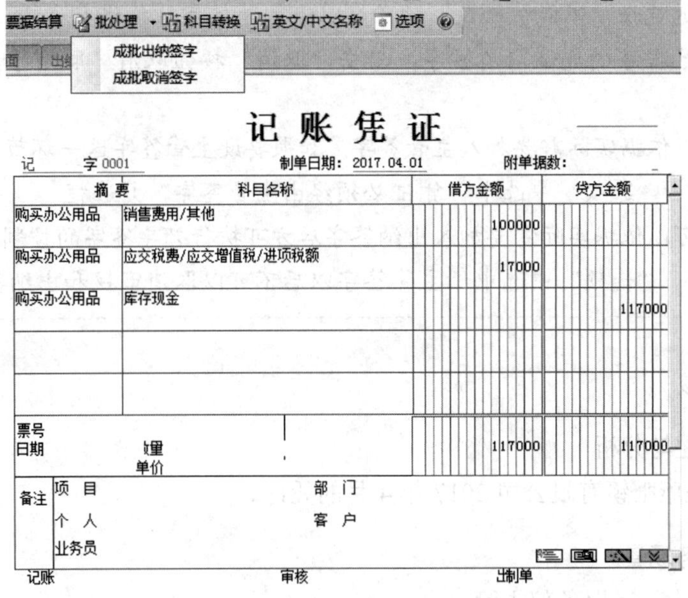

图 3-28　出纳成批签字

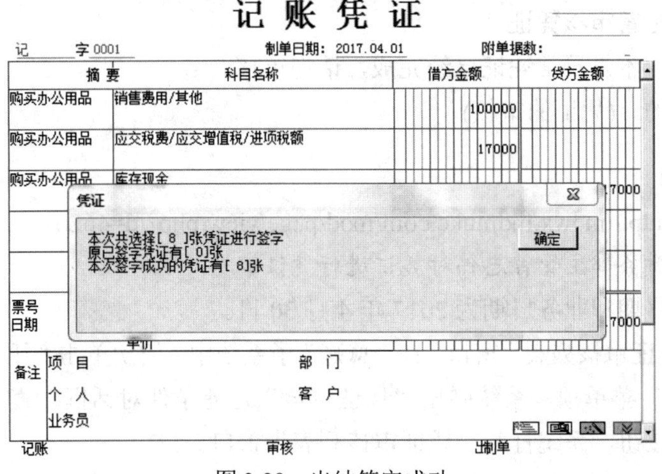

图 3-29　出纳签字成功

(3) 退出。单击“出纳签字”和“出纳签字列表”窗口中的“关闭”按钮，关闭并退出窗口。

提示：

- 出纳签字并非审核凭证的必要步骤。企业可根据实际需要决定是否要对出纳凭证进行出纳签字管理，如果要设出纳签字这一环节，需在“总账”/“设置”/“选项”中选中“出纳凭证必须经由出纳签字”复选框，并且在“基础设置”/“基础档案”/“财务”/“会计科目”窗口指定会计科目。
- 涉及指定为现金科目和银行科目的凭证才需要出纳签字。
- 凭证填制人和出纳签字人可以为同一人，也可以为不同人。
- 已签字的凭证，不能被修改、删除，只有取消签字才能进行。
- 若想对已签字的凭证取消签字，单击“取消”按钮取消。取消签字只能由出纳自己进行。
- 企业可以依据实际需要加入主管签字。如果要设主管签字这一环节，需在“总账”/“设置”/“选项”中选中“凭证必须经由主管签字”复选框。
- 企业还可以依据实际需要加入出纳签字后方可执行领导签字的控制，可在“总账”/“设置”/“选项”中选中“主管签字以后不可以取消审核和出纳签字”复选框。

2. 凭证审核

1) 业务描述与分析

审核北京亮康眼镜有限公司 2017 年 4 月的凭证。

2) 虚拟业务场景

人物：曾志伟——财务部主管

　　　张兰——财务部会计

场景：会计主管审核凭证

张兰：曾总，本月日常凭证已经完成，请您审核。

曾志伟：好的。(凭证的审核)

3) 操作步骤

视频地址：http://mdwx.mdmuke.com/mod/page/view.php?id=4626

任务说明：财务部主管曾志伟对凭证进行凭证审核。

请确认系统日期和业务日期为 2017 年 4 月 30 日。

(1) 打开“凭证审核列表”窗口。在“总账”子系统中，依次单击“凭证”/“审核凭证”菜单项，系统弹出“凭证审核”过滤条件对话框，直接单击“确定”按钮，系统打开“凭证审核列表”窗口。

(2) 会计主管审核。在“凭证审核列表”窗口中做如下编辑：

① 单张审核。若只对某一张凭证进行审核，则在该凭证栏目中双击。进入该凭证的“审核凭证”窗口，查阅信息无误后单击工具栏中的“审核”按钮，即在凭证下方“审核”处显示“曾志伟”的名字，表示该张凭证审核完成，并且自动打开下一张凭证。

② 成批审核。单击工具栏中的“下张凭证”或“上张凭证”按钮，查阅到所有需要审核的凭证，审核信息无误后，单击工具栏中的“批处理”/“成批审核凭证”菜单项，以完成对所有未审核凭证的审核工作。

(3) 退出。单击“审核凭证”和“凭证审核列表”窗口中的“关闭”按钮。

提示：

- 凭证审核后，就不能直接修改或者删除。要对凭证进行修改和删除，必须先取消审核。
- 若想对已审核的凭证取消审核，单击“取消”按钮取消审核。取消审核签字只能由审核人自己进行。
- 审核过程中如果发现凭证有错，应该单击“标错”按钮，在凭证上方打上红色“有错”标记。
- 作废凭证不能被审核，也不能被标错。已标错的凭证不能被审核，若想审核，需先单击“取消”按钮取消标错后才能审核。已审核的凭证不能标错。
- “凭证审核列表”界面上，黄底色表示凭证已经审核，白底色表示凭证还没有经过审核。

3.3.3 修改凭证

在输入记账凭证时，尽管账务系统提供了多种控制错误的措施，但错误凭证的出现是难免的，为此，系统提供对错误凭证修改的功能。

1. 预备知识

修改凭证有“无痕迹”修改(即不留下任何曾经修改的线索和痕迹)和“有痕迹”修改(即留下曾经修改的线索和痕迹)。

(1) “无痕迹”修改。所谓“无痕迹”，即不留下任何曾经修改的线索和痕迹。在总账系统中，以下四种情况下的错误凭证可实现无痕迹修改。

① 输入后还未审核或审核未通过的凭证。对于未经过“审核”功能操作的错误记账凭证，可以由凭证填制操作员，直接进行修改并保存。

② 已通过审核但未记账的凭证。对于已“审核”但未“记账”的错误记账凭证，不能直接在记账凭证上进行修改，而应首先由审核操作员在“总账系统”/“凭证”/“审核凭证”功能窗口中，进行“取消审核”(也称为“反审核”)操作后退出；然后由填制凭证

的操作员进入总账系统，在“填制凭证”功能中，调出该张错误凭证进行修改，修改完成后保存退出；最后由审核操作员再次进入总账系统，在“总账系统”/“凭证”/“审核凭证”功能窗口中，重新对该张已修改过的凭证进行“审核”操作。

③ 已记账但未结账的凭证。对于此情况，要实现无痕迹修改，可利用系统提供的“反记账、反审核”功能，即取消“记账”“审核”后直接修改。具体而言，首先在“总账系统”窗口中，单击“期末”/“对账”菜单项，打开“对账”操作窗口，此时按下 Ctrl＋H 键，即可激活“恢复记账前状态”功能，然后退出“对账”窗口；单击“凭证”/“恢复记账前状态”菜单项(此功能平时不显示，待退出“总账系统”后将隐蔽而不显示出来)，弹出“恢复记账前状态”操作窗口，在“恢复方式”中选择“月初状态”项，输入主管口令，然后单击“确定”按钮，系统将恢复为记账前状态；最后，按照上述第二种凭证的方法，调用错误凭证进行修改，再进行“审核凭证”和“记账”功能的操作。

④ 已结账的凭证。对于这种情况，可利用系统提供的“反记账、反审核”功能，在“结账”向导一的选择月份窗口中，首先单击要取消结账的月份，然后按 Ctrl＋Shift＋F6 键，系统弹出“确认口令”窗口，让拥有结转权限的用户在该窗口中输入口令，然后单击“确认”按钮，系统将快速地取消结账操作，使各种账簿记录恢复到未结账前的状态。最后按上述第三种凭证的方法，调用错误凭证进行修改，再进行“审核凭证”“记账”和“结账”功能的操作。

(2) “有痕迹”修改。对于已记账的错误凭证，在用友 U8 总账系统中只允许采用“红字冲销法”进行修改。所谓红字冲销法，即将错误凭证采用增加一张“红字”凭证全额冲回，若需要，再增加一张“蓝字”凭证补充的方法。已冲销的凭证仍需审核、出纳签字后记账。由于有更正错账的凭证，称为“有痕迹”修改。

2. 修改已审核凭证

1) 业务描述与分析

4 月 25 日，采购部刘静出差回来报销差旅费 2800 元，因月中预支了 3000 元，故退回现金 200 元。本笔业务是员工报销有借款的差旅费，会计张兰在填制凭证时误记入 660203 办公费中；该凭证出纳已签字，主管未审核。

2) 虚拟业务场景

人物：曾志伟——财务部主管

张兰——财务部会计

罗迪——财务部出纳

场景一：会计主管审核发现错误

曾志伟：小张，本月 25 日第九号凭证科目错误，应该记入管理费用—差旅费。

张兰：不好意思，我马上修改。

场景二：出纳取消签字

张兰：罗会计，第九号凭证错了，麻烦你取消签字。

罗迪：好的，我马上取消。

(张兰更正凭证)

场景三：出纳签字

张兰：罗会计，凭证我已更正，请你重新签字。

罗迪：好的。

(罗迪签字)

场景四：会计主管审核

张兰：曾总，凭证已经更正，请您审核。

曾志伟：好的。

(曾志伟审核)

3) 场景二的操作步骤

视频地址：http://mdwx.mdmuke.com/mod/page/view.php?id=4627

任务说明：出纳罗迪取消签字。

(1) 出纳罗迪登录企业应用平台。

(2) 在出纳签字界面中，找到要修改的凭证，单击取消签字。

任务说明：张兰更正凭证。

(1) 会计张兰登录企业应用平台。

(2) 在填制凭证界面中，找到凭证，直接将光标移到需修改的地方进行修改即可。修改完毕后，单击“保存”按钮保存当前修改，单击“放弃”按钮放弃当前凭证的修改。

4) 场景三的操作步骤

任务说明：财务部出纳罗迪对凭证进行出纳签字。

(1) 打开“出纳签字列表”窗口。在“总账”子系统中，依次单击“凭证”/“出纳签字”菜单项，系统弹出“出纳签字”对话框，单击“确定”按钮，系统打开“出纳签字列表”窗口。

(2) 出纳签字。在“出纳签字列表”窗口中，双击需要签字的凭证所在的行，进入该凭证的“出纳签字”窗口，查阅信息无误后单击工具栏中的“签字”按钮，即在凭证下方“出纳”处显示“罗迪”的名字，表示该张凭证出纳签字完成。

(3) 退出。单击“出纳签字”和“出纳签字列表”窗口中的“关闭”按钮，关闭并退出窗口。

5) 场景四的操作步骤

任务说明：财务部主管曾志伟对凭证进行凭证审核。

(1) 打开“凭证审核列表”窗口。在“总账”子系统中，依次单击“凭证”/“审核凭证”菜单项，系统弹出“凭证审核”过滤条件对话框，直接单击“确定”按钮，系统打开“凭证审核列表”窗口。双击需要审核的凭证所在的行，进入该凭证的“审核凭证”窗口，查阅信息无误后单击工具栏中的“审核”按钮。

(2) 退出。单击“审核凭证”和“凭证审核列表”窗口中的“关闭”按钮。

提示：

- 在会计信息化中，不能使用会计原理中学过的划线更正法。
- 用红字冲销法更正错账，制作红字冲销凭证把错误的凭证冲销以后，一定要记得制作一张正确的蓝字凭证，红蓝字凭证都要在审核及出纳签字后记账。

3.3.4 凭证的作废、整理和删除

对于还没有审核的凭证，如果发现错误，可以把它作废以后重新输入正确的凭证。作废凭证可以保留，也可以删除。如果要删除作废凭证，就需要对作废凭证进行整理操作。

1. 凭证的作废

1) 业务描述与分析

4 月 30 日发现 4 月 1 日销售部报销费用的业务属于重记并错记，把 1 号凭证进行删除处理并将凭证号进行断号整理。

当某张凭证出现重记或错记并不便修改的错误时，在未记账之前，可将其作废并删除。如果删除凭证时已经出纳签字、主管签字、审核凭证，请取消出纳签字、主管签字、审核凭证后再将其进行删除。

2) 操作步骤

视频地址：http://mdwx.mdmuke.com/mod/page/view.php?id=4628

(1) 在“企业应用平台”的“业务工作”页签下，依次单击“财务会计”/“总账”/“凭证”/“填制凭证”菜单项进入填制凭证界面后，通过单击“首页”“上页”“下页”“末页”按钮翻页查找，或单击“查询”按钮输入条件查找要作废的凭证。

(2) 单击“制单”/“作废/恢复”菜单项，凭证左上角显示“作废”字样，表示已将该凭证作废，如图 3-30 所示。

提示：

- 作废的凭证仍然保留凭证内容和凭证编号，只显示“作废”字样。
- 作废凭证不能修改，也不能审核。
- 在记账时，已作废凭证参与记账。但不对作废凭证做数据处理，相当于一张空凭证。
- 账簿查询时，查不到作废凭证数据。
- 如果将当前凭证恢复为有效凭证，可以在找出这张作废凭证后，单击“作废/恢复”菜单项，取消作废标志。
- 已经经过出纳签字和审核的凭证不能作废。

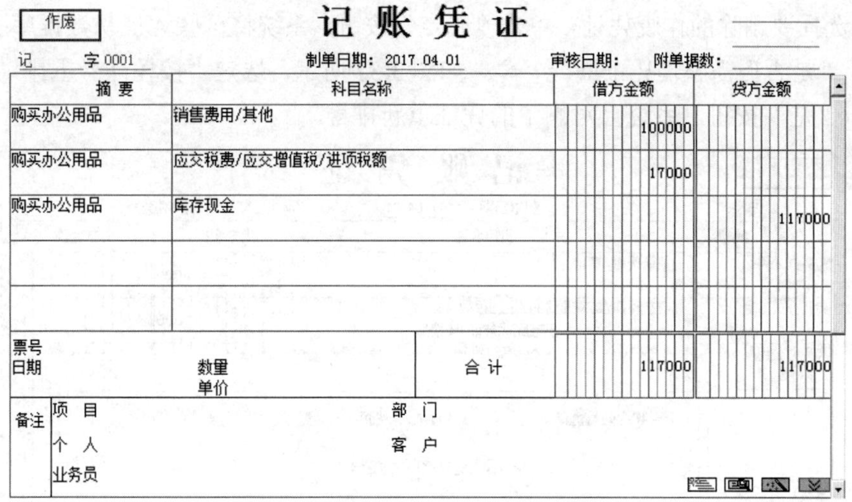

图 3-30 凭证的作废

2. 凭证的整理和删除

如果不想保留作废凭证，可以通过凭证整理的功能把作废凭证彻底删除。

操作步骤：

(1) 在“企业应用平台”的“业务工作”页签下，依次单击“财务会计”/“总账”/“凭证”/“填制凭证”菜单项进入填制凭证界面后，单击“整理凭证”菜单项，进入“整理凭证”界面，如图 3-31 所示。选择要整理的月份，单击“确定”按钮后，显示作废凭证整理列表。

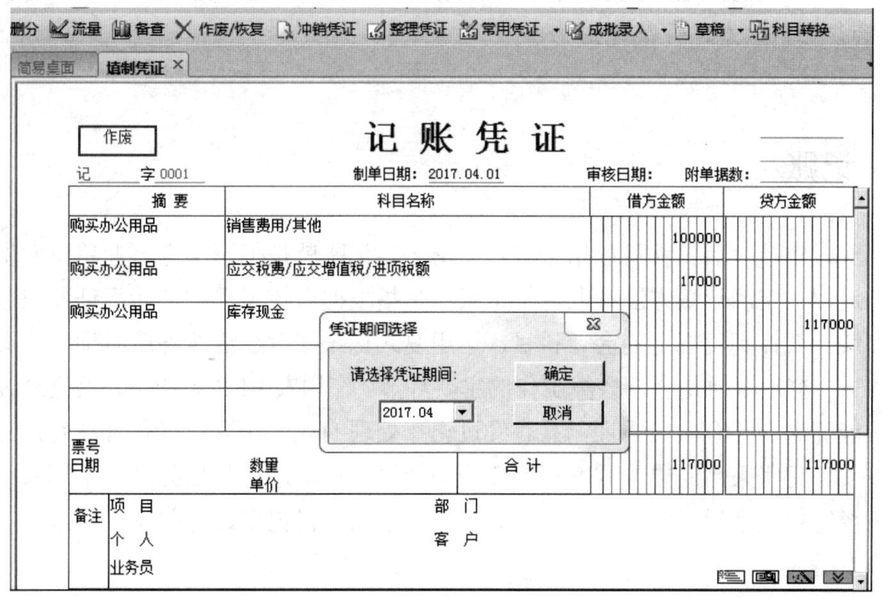

图 3-31 凭证整理

(2) 选择要删除的作废凭证，单击“确定”按钮，系统将这些凭证从数据库中删除掉，并且提示“是否还需整理凭证断号？”，如图 3-32 所示。选定“按凭证号重排”单选按钮后，单击“是”按钮，系统会对剩下的凭证重新排号。

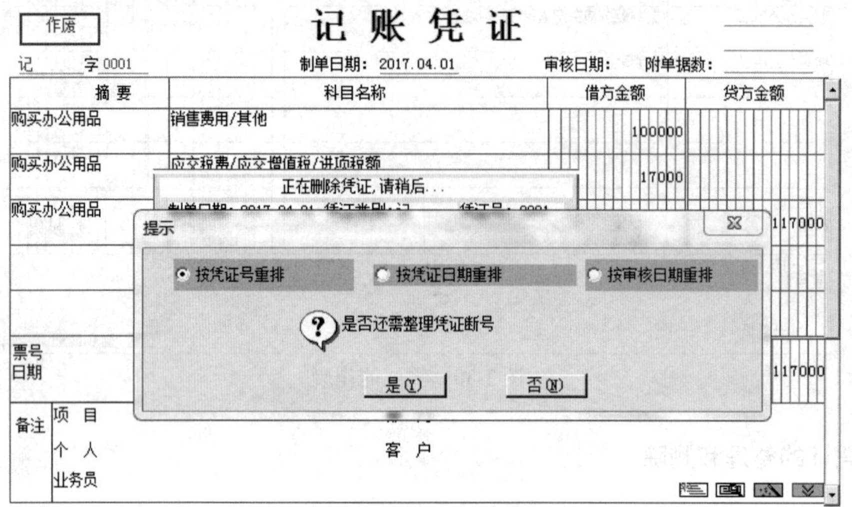

图 3-32　凭证整理

提示：

- 若本月有凭证已记账，本月最后一张已记账凭证之前的凭证将不能做凭证整理，只能对其后面的未记账凭证做凭证整理。
- 若想对已记账凭证做凭证整理，应先到“恢复记账前状态”功能中恢复本月月初的记账前状态，再做凭证整理。

3.3.5　记账

凭证经过审核以后，就可以用来登记账簿了。记账就是把一个企事业单位发生的所有经济业务运用一定的记账方法在账簿上记录；是指根据审核无误的原始凭证及记账凭证，按照国家统一会计制度规定的会计科目，运用复式记账法对经济业务序时地、分类地登记到账簿中去。登记账簿是会计核算工作的主要环节。在用友 ERP 系统中，仅仅经过审核的凭证还不能算做合法有效的凭证，只有经过记账处理的凭证才算是真正合法有效的凭证。

用友 U8 记账采用向导方式，记账工作由计算机自动进行数据处理，不用人工干预。记账凭证经审核签字后，即可用来登记总账和明细账、日记账、部门账、往来账、项目账以及备查账等。

1. 记账

1) 业务描述与分析

将北京亮康眼镜有限公司 2017 年 4 月凭证记账。

2) 虚拟业务场景

人物：曾志伟——财务部主管

　　　张兰——财务部会计

场景：凭证记账

曾志伟：小张，本月日常凭证我都审核了，你做一下凭证记账吧。

张兰：好的。(凭证记账完成)

3) 操作步骤

视频地址： http://mdwx.mdmuke.com/mod/page/view.php?id=4629

任务说明： 财务部会计张兰对凭证进行记账。

(1) 打开“记账”对话框。在“企业应用平台”的“业务工作”页签下，依次单击“财务会计”/“总账”/“凭证”/“记账”菜单项，系统打开“记账”对话框，列示各期间的未记账凭证和审核凭证编号，如图 3-33 所示。

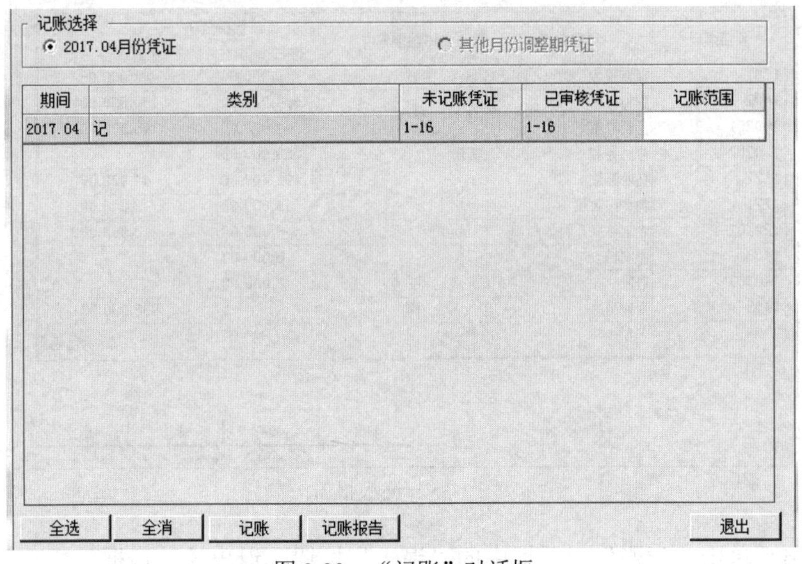

图 3-33　“记账”对话框

(2) 会计记账。输入记账范围：可输入连续编号范围，例如 1—4 表示 1 号至 4 号凭证；也可输入不连续编号，例如“5，6，9”，表示第 5 号、6 号、9 号凭证为此次要记账的凭证。本例单击“全选”按钮，然后单击“记账”按钮。系统自动完成记账工作，如图 3-34 所示，并显示记账报告，如图 3-35 所示。单击提示框中的“确定”按钮，系统返回“记账”对话框。

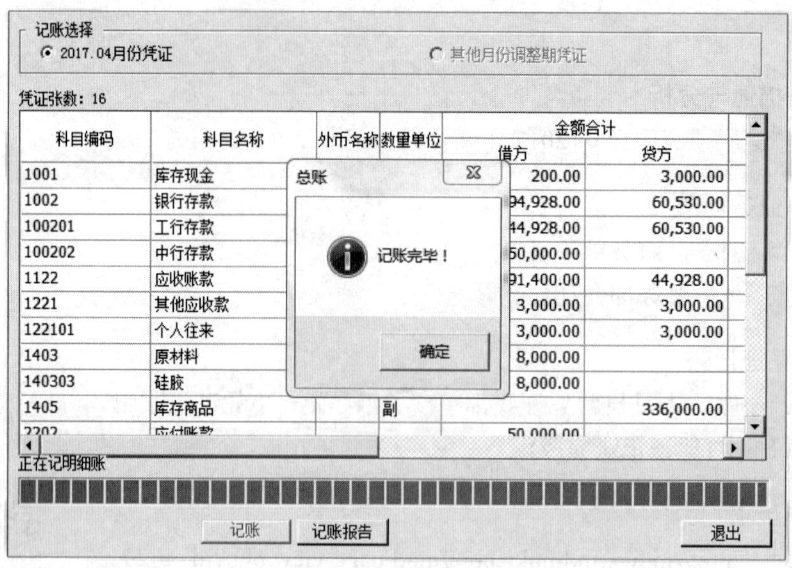

图 3-34　记账完成

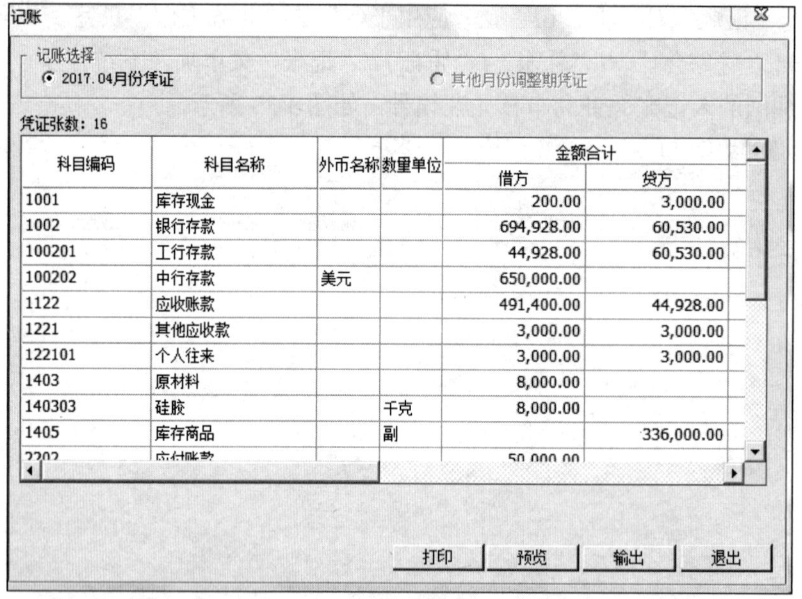

科目编码	科目名称	外币名称	数量单位	金额合计 借方	金额合计 贷方
1001	库存现金			200.00	3,000.00
1002	银行存款			694,928.00	60,530.00
100201	工行存款			44,928.00	60,530.00
100202	中行存款	美元		650,000.00	
1122	应收账款			491,400.00	44,928.00
1221	其他应收款			3,000.00	3,000.00
122101	个人往来			3,000.00	3,000.00
1403	原材料			8,000.00	
140303	硅胶		千克	8,000.00	
1405	库存商品		副		336,000.00

图 3-35　记账报告

(3) 退出。单击“记账”对话框中的“退出”按钮，退出该对话框。

提示：

- 手工会计中，记账是一项非常辛苦的工作，而在电算化账务处理系统中，记账工作由系统自动进行，不需要操作人员进行干预，也不存在手工意义上的账簿，所有的账簿数据均以电子数据的形式(数据库文件方式)在系统中保存。

- 同手工系统类似，记账处理只能对本月的记账凭证进行记账，记账过程中不得中断退出，一旦断电或其他原因造成中断后，系统将自动调用“恢复记账前状态”恢复数据，然后再重新记账。每月的记账次数是任意的。
- 在第一次记账时，若期初余额试算不平衡，系统将不允许记账；不平衡凭证不允许记账；未审核的凭证不允许记账；上月未结账，本月不允许记账。
- 未审核的凭证不能记账，记账范围应小于等于已审核范围。
- 作废凭证不需审核可直接记账。

2. 取消记账

操作步骤：

视频地址： http://mdwx.mdmuke.com/mod/page/view.php?id=4630

任务说明： 由账套主管进行反记账工作。

(1) 以账套主管的身份登录企业应用平台，在“业务工作”界面，选择“财务会计”/“总账”/“期末”/“对账”菜单项，系统弹出“期末对账”界面，如图 3-36 所示，按 Ctrl+H 键，激活恢复记账前状态功能。单击“确定”按钮，返回“对账”窗口，单击“退出”按钮，返回“业务工作”界面。

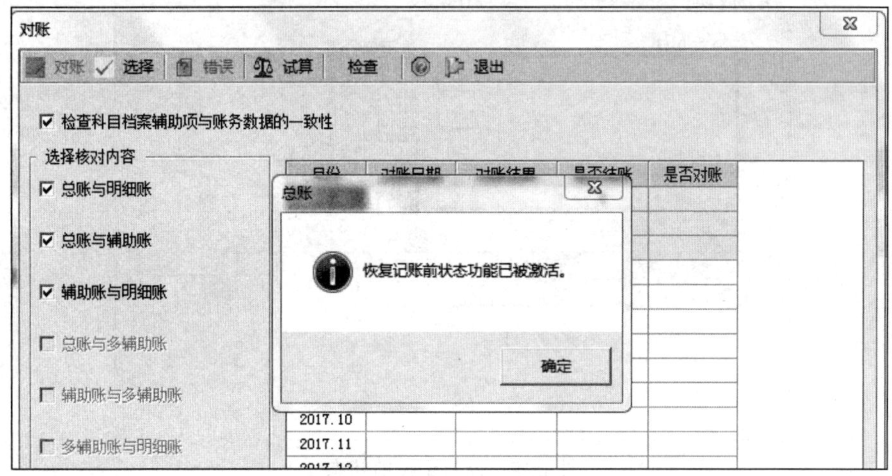

图 3-36　恢复记账前状态

(2) 在“业务工作”界面，选择“财务会计”/“总账”/“凭证”/“恢复记账前状态”菜单项，如图 3-37 所示。系统弹出“恢复记账前状态”对话框，本例选择“2017 年 04 月初状态”单选按钮，单击“确定”按钮，如图 3-38 所示，系统提示输入主管的口令，单击“确认”按钮，系统提示“恢复记账完毕”，单击“确定”按钮，系统返回“业务工作”界面。

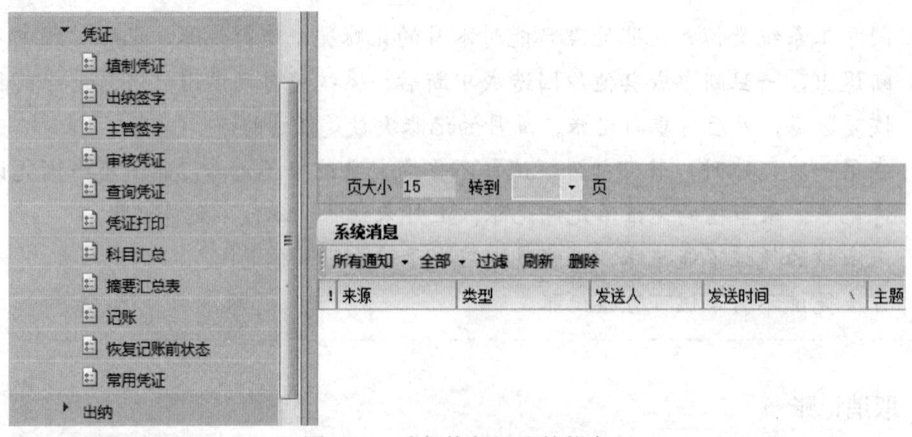

图 3-37 选择恢复记账前状态

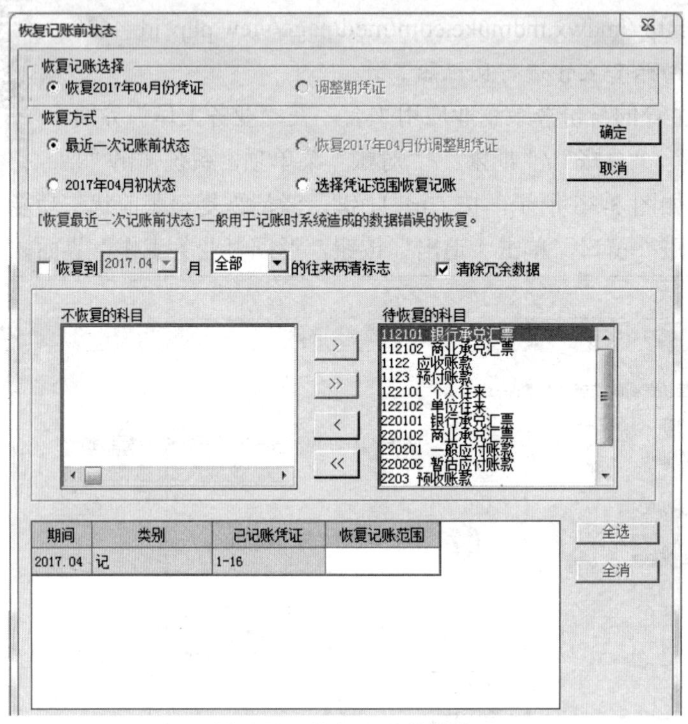

图 3-38 恢复记账前状态

提示：

- 系统提供两种恢复记账前状态方式：一是将系统恢复到最近一次记账前状态；二是将系统恢复到本月月初状态，只有账套主管才有权执行此功能。已结账的月份不能取消记账，只有在取消结账后，才能执行此功能。
- 取消记账后一定要重新记账。

3.4 日常处理—出纳管理

出纳管理是总账系统为出纳人员提供的一套管理工具和应用平台，包括出纳签字、现金和银行存款日记账的输出、支票登记簿的管理以及银行对账功能。其中在凭证管理中已经介绍过出纳签字功能，本节将不再介绍。

3.4.1 日记账

日记账是指现金日记账和银行存款日记账。“现金日记账”功能主要用于查询、输出现金日记账。现金日记账的登记是在相关凭证记账时由系统自动完成的。“银行存款现金日记账”功能主要用于查询、输出银行存款日记账。银行存款日记账的登记是在相关凭证记账时由系统自动完成的。

1. 查询现金日记账

请查询北京亮康眼镜有限公司 2017 年 4 月的现金日记账。

操作步骤：

视频地址： http://mdwx.mdmuke.com/mod/page/view.php?id=4631

任务说明： 出纳罗迪查询北京亮康眼镜有限公司 2017 年 4 月的现金日记账。

在“业务工作”界面，选择“财务会计”/“总账”/“出纳”/“现金日记账”菜单项，系统进入“现金日记账查询条件”窗口，选择条件并确定，就可以得到查询结果，如图 3-39 所示。

简易桌面 现金日记账

现金日记账

金额式

科目 1001 库存现金　　月份：2017.04-2017.04

2017年 月	日	凭证号数	摘要	对方科目	借方	贷方	方向	余额
			月初余额				借	22,665.00
04	21	记-0007	预支差旅费_采购部_刘静_2017.04.21	其他应收款(1221		3,000.00	借	19,665.00
04	21		本日合计			3,000.00	借	19,665.00
04	25	记-0008	报销差旅费	其他应收款(1221	200.00		借	19,865.00
04	25		本日合计		200.00		借	19,865.00
04			当前合计		200.00	3,000.00	借	19,865.00
04			当前累计		200.00	3,000.00	借	19,865.00
			结转下年				借	19,865.00

图 3-39　现金日记账

操作说明：

- 按月查：显示查询月的现金日记账。
- 按日查：显示查询日的现金日记账。

- 科目自定义类型：可选择自定义的科目类型，选择后系统按所选取内容进行过滤。
- 编码：现金日记账显示对方科目编码。
- 名称+编码：现金日记账可以显示对方科目编码及名称，可以选择显示一级科目或显示至末级。
- 是否按对方科目展开：选择此项，则必须选择显示对方科目“名称+编码”。
- 包含未记账凭证：由于未审核等原因，可能会有部分凭证尚未记账，所以如果要查询真实的现金收支情况时最好选择“包含未记账凭证”。

提示：

- 要使用“现金日记账”功能，必须预先指定“库存现金”科目。
- 修改“库存现金”会计科目时在“日记账”选项上打“✓”，即表明该科目要登记日记账。

2. 查询银行存款日记账

任务说明：出纳罗迪查询北京亮康眼镜有限公司 2017 年 4 月的银行存款日记账。

银行存款日记账查询与现金日记账查询操作基本相同，所不同的只是银行存款日记账设置了结算号栏，主要是对账用的。具体方法同“现金日记账”的查询，这里不再重复。

3. 查询资金日报

资金日报用于查询输出现金、银行存款科目某一天的发生额及余额情况，并且产生日报单。

查询北京亮康眼镜有限公司 2017 年 4 月 30 日的资金日报。

操作步骤：

任务说明：出纳罗迪查询北京亮康眼镜有限公司 2017 年 4 月 30 日资金日报。

在“业务工作”界面，选择“财务会计”/“总账”/“出纳”/“资金日报”菜单项，系统进入“资金日报表查询条件”窗口，选择条件并确定，如图 3-40 所示，就可以得到查询结果。

操作说明：

(1) 日期：可单击日历图标选择要查询的资金日报日期。

(2) 级次：选择查询科目的级次。如果选择多级查询，可以在一张资金日报表上看到所有资金发生的明细情况。

(3) 包含未记账凭证：由于企业内的制度规定或其他滞后原因，在查询时有些凭证尚未记账，如果想要查询资金发生的真实情况，可以选择“包含未记账凭证”；如果只想查询账面数据，可以不选。

(4) 有无余额发生也显示：选择此项后，即使现金或银行科目在查询日没有发生业务

(即没有制作凭证)，只要有余额则显示。

(5) 报表显示今日余额、今日共借、今日共贷、余额方向、借方发生凭证笔数、贷方发生凭证笔数。

图 3-40　亮康眼镜有限公司 4 月 30 日的资金日报表

3.4.2　支票登记簿

在手工记账时，银行出纳通常建立支票领用登记簿，用来登记支票领用情况，为此用友 U8 为出纳提供了“支票登记簿”功能，以供其详细登记支票领用人、领用日期、支票用途、是否报销等情况。当应收、应付系统或资金系统有支票领用时，自动填写。

1) 业务描述与分析

2017 年 4 月 30 日，采购部张新海借支票一张，金额为 30 000 元，票号为 796848。

2) 虚拟业务场景

人物：曾志伟——财务部主管
　　　罗迪——财务部出纳
　　　张新海——采购人员

场景一：采购部借支票

张新海：曾总，我们马上要采购镜片树脂，想借 30 000 元支票一张。

曾志伟：好的。我来安排。

场景二：财务部开出支票

曾志伟：小罗，采购部借支票，你来处理一下。

罗迪：好的。(开出转账支票，票号 796848)

3) 场景二的操作步骤

视频地址： http://mdwx.mdmuke.com/mod/page/view.php?id=4632

任务说明： 财务部出纳罗迪开出转账支票，登记支票登记簿。

(1) 以出纳“罗迪”的身份登录企业应用平台，在“业务工作”界面，选择“财务会计”/“总账”/“出纳”/“支票登记簿”菜单项，打开“银行科目选择”对话框。

(2) 选择科目“工行存款”，单击“确认”按钮，进入支票登记窗口。

(3) 单击“增加”按钮。输入领用日期“2017.04.30”，领用部门“采购部”，领用人“张新海”，支票票号 796848，用途“采购材料”，如图 3-41 所示。

(4) 单击“保存”按钮后退出。

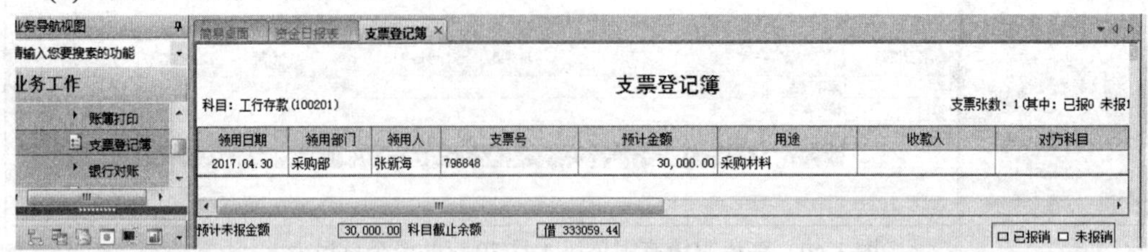

图 3-41　支票登记簿

提示：

- 只有在“会计科目”中设置银行账的科目才能使用支票登记簿。
- 只有在结算方式设置中选择票据控制，才能选择登记银行科目。
- 用友 U8 对于不同的银行账户分别登记支票登记簿，所以需先选择要登记的银行账户，才能进入支票登记簿界面。
- 领用支票时，领用日期、支票号必须输入。
- 支票支出后，经办人持原始单据报销，会计人员填制记账凭证，在录入凭证时，系统要求录入该支票的结算方式及票号，凭证完成后，系统自动在支票登记簿中将支票写上报销日期，该支票即为已报销。支票登记簿中报销日期为空时，表示该支票未报销，否则系统认为该支票已报销。
- 已报销的支票不能进行修改。若想取消报销标志，只要将光标移到报销日期处，按空格键后删掉报销日期即可。

3.4.3 银行对账

1. 预备知识

1) 银行对账的意义

银行对账即银行存款清查，是指将银行存款日记账的账面余额与开户银行转来的对账单的余额进行核对，以查明账实是否相符。银行存款日记账与开户银行转来的对账单不一致的原因有两个方面：一是双方或一方记账有错误；二是存在未达账项。银行对账是保证资金安全的最重要手段。银行对账的作用在于通过将企业银行存款日记账记录与开户银行提供的银行对账单记录进行核对，找出所有的未达账项，并通过编制余额调节表使得调节后的银行存款日记账余额与调节后的银行对账单余额相符。

2) 银行对账的步骤

(1) 输入银行对账期初余额。

为了保持银行对账的连续性，必须将对账启用日期时的银行对账期初余额输入系统中，以便日后银行对账的正确进行。在此，必须要注意以下两点：

① 正确理解银行对账启用日期的含义。银行对账的启用日期应该是最后一次手工对账的截止日期的次日。例如，北京亮康眼镜有限公司每月末与开户银行进行对账，如果从 2017 年 4 月启用账务子系统银行对账，因为最后一次手工对账的截止日期是 2017 年 3 月 31 日，所以银行对账的启用日期应该是 2017 年 4 月 1 日。

② 正确理解银行对账期初余额的含义。银行对账期初余额包括两个方面：一是最后一次手工对账截止日期当日的银行对账单调整前余额和银行日记账调整前余额；二是至最后一次手工对账截止日期所有的未达账项。在本书中，银行对账期初余额包括 2017 年 3 月 31 日银行对账单调整前余额、2017 年 3 月 31 日银行日记账调整前余额，以及至 2017 年 3 月 31 日所有的未达账项。应当确保调整后的银行对账单余额等于调整后的银行日记账余额。

(2) 从开户银行获取当月银行对账单并输入系统。

企业一般在每月末从开户银行取得银行对账单，取得银行对账单后应该将银行对账单记录逐条输入系统中，以便系统进行银行对账。对于银行业务很多的企业而言，对账单的录入速度将成为制约银行对账整体效率的瓶颈。

(3) 进行银行对账。

系统一般提供自动对账和手工对账两种对账方式。在进行银行对账时，应该遵循以下方法和顺序。

① 设置系统自动对账的依据及对账截止日期。自动对账一般可按金额方向相同、结算方式相同、票号相同等条件进行，只有设置好自动对账依据，才能够利用系统提供的自动对账功能进行自动对账。另外，当不能在银行对账单记录截止日及时进行银行对账的情况下，设置对账截止日期就显得格外重要了，如果设置不当，由于银行未达账截止日期和银行对账单截止日期不同，在进行自动对账时就可能会发生对账错误。假设企业每月月末与银行进行对账，银行对账单记录截止日期为每月月末。如果某月末未能及时对账，而转到下个月对账时，下个月月初至实际对账日企业发生的银行业务将全部被误认为是未达账项。因此，企业要对这一问题引起足够的重视，为了正确对账，必须要正确设置对账截止日期。

② 利用系统提供的自动对账功能进行自动对账。在信息化方式下，自动对账极大地减少了手工对账的工作量，是提高整体银行对账效率的关键环节，因此企业必须充分利用系统提供的自动对账功能。但是，自动对账并不意味着万事大吉了，这一点必须要格外注意。因为自动对账并不能解决一切对账问题，它只能对银行未达账文件和银行对账单文件中一对一的记录进行核对，而对于一对多、多对一或多对多的情况则显得无能为力。例如，由于某种原因，对于企业记录的两笔银行存款支出，开户行可能将其合并记录为一条记录。

如果这样的话，利用自动对账功能进行自动对账时，可能会将这 3 条记录全部作为未达账项看待。

2. 银行对账实操

4 月 30 日，由出纳进行银行对账，编制银行存款余额调节表。本公司银行账的启用日期为 2017 年 4 月 1 日，工行存款企业日记账调整前余额为 348 661.44 元，银行对账单调整前余额为 344 661.44 元，2017 年 03 月 25 日有一笔 4000 元的未达账项，系企业已收银行未记账。4 月份工行的银行对账单参见表 3-5。

表 3-5 4 月份工行的银行对账单

单位：元

月	日	摘要	结算方式与票号	借方	贷方
04	01	购买办公用品	转账支票 10123456		1170
04	01	收款	其他	4000	
04	05	缴纳社会保险费	其他		46 612
04	05	采购硅胶	转账支票 356873		9360
04	08	收到货款	电汇 378652	44 928	
04	16	付款	转账支票 798653		50 000

1) 业务描述与分析

本笔业务是出纳进行公司银行对账业务，需要进行银行对账期初设置、银行对账单录入，以及自动或手动地银行对账。

2) 虚拟业务场景

人物：曾志伟——财务部主管

罗迪——财务部出纳

场景：银行对账

曾志伟：小罗，4 月份银行对账单到了，你把账对一下。

罗迪：好的，曾总。

(罗迪录入银行对账单进行银行对账)

3) 操作步骤

视频地址：http://mdwx.mdmuke.com/mod/page/view.php?id=4633

请确认系统日期和业务日期为 2017 年 4 月 30 日。

(1) 财务部出纳罗迪进行银行对账期初录入。

① 打开“银行对账期初”对话框。在“企业应用平台”的“业务工作”页签中，依次单击“财务会计”/“总账”/“出纳”/“银行对账”/“银行对账期初录入”菜单项，系统弹出“银行科目选择”对话框，默认“科目”为“工行存款(100201)”，单击“确定”按钮，系统打开“银行对账期初”对话框。

② 设置余额。在“银行对账期初”对话框中，确认“启用日期”为 2017.04.01，录入单位日记账的“调整前余额”为 348 661.44 元，银行对账单的“调整前余额”为 344 661.44 元，结果如图 3-42 所示。

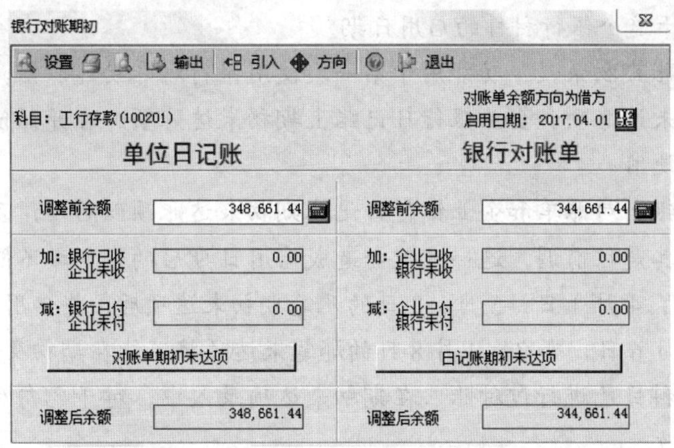

图 3-42　“银行对账期初”对话框

③ 设置日记账期初未达项。在“银行对账期初”对话框中，单击“日记账期初未达项”按钮，系统打开“企业方期初”窗口；单击其工具栏中的“增加”按钮，输入“凭证日期”为 2017.03.25，“借方金额”为 4000，然后单击“保存”按钮，结果如图 3-43 所示。

企业方期初

科目：工行存款(100201)　　调整前余额：348,661.44

凭证日期	凭证类别	凭证号	结算方式	票号	借方金额	贷方金额	票据日期	摘　要
2017.03.25					4,000.00			

图 3-43　“企业方期初”窗口

④ 退出。单击“企业方期初”窗口工具栏中的“退出”按钮，系统返回“银行对账期初”对话框；单击对话框中的“退出”按钮，退出该对话框，结果如图 3-44 所示。

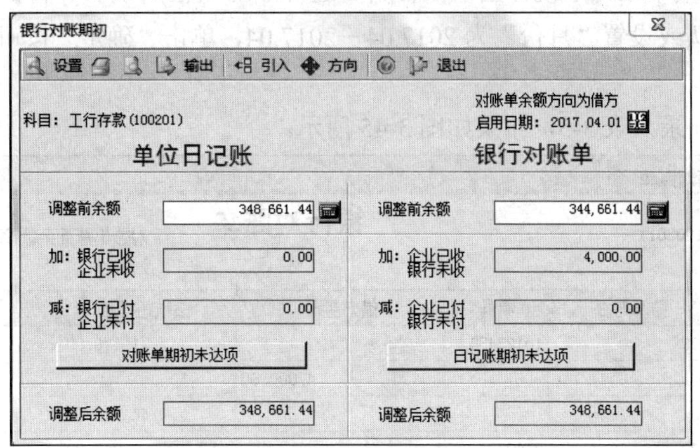

图 3-44　银行对账期初

提示：

- 输入的银行对账单期初未达账项和企业银行日记账期初未达账项的发生日期，不能大于等于这个银行科目的启用日期。
- “银行对账期初录入”功能用于第一次使用银行对账功能以前，输入银行对账单上的期初未达账项和企业银行日记账上期初未达账项。在开始使用银行对账以后一般不再使用。
- 在输入完银行对账单和企业银行日记账期初未达账项以后，请不要随意调整启用日期，尤其是往前调。这样可能会造成启用日期后的期初数不能再参与对账。例如，录入了 4 月 1 日、5 日、8 日的几笔期初未达项后，将启用日期由 4 月 10 日调整为 4 月 6 日，那么，4 月 8 日的那笔未达项将不能在期初及银行对账中见到。
- 若某银行科目已进行过对账，在期初未达项录入中，对于已勾对或已核销的记录不能再修改。
- 银行对账单余额方向为借方时，借方发生表示银行存款增加，贷方发生表示银行存款减少；反之，借方发生表示银行存款减少，贷方发生表示银行存款增加。系统默认银行对账单余额方向为借方，单击“方向”按钮可调整银行对账单余额方向。已进行过银行对账勾对的银行科目不能调整银行对账单余额方向。
- 在执行对账功能之前，应将“银行期初”中的“调整后余额”调平(即单位日记账的调整后余额=银行对账单的调整后余额)，否则，在对账后编制《银行存款余额调节表》时，会造成银行存款与单位银行账的账面余额不平。

(2) 财务出纳罗迪进行银行对账单录入。

① 打开“银行对账”窗口。在“总账”子系统中，依次单击“出纳”/“银行对账”/“银行对账单”菜单项，系统弹出“银行科目选择”对话框，默认“科目”为“工行存款(100201)”，确认或设置“月份”为 2017.04—2017.04，单击“确定”按钮，系统打开“银行对账单”窗口。

② 单击增加录入表 3-5，结果如图 3-45 所示。

简易桌面 | 银行对账单

银行对账单

科目：工行存款(100201)　　对账单账面余额:286,447.44

日期	结算方式	票号	借方金额	贷方金额	余额
2017.04.01	202	10123456		1,170.00	343,491.44
2017.04.01	6		4,000.00		347,491.44
2017.04.05	6			46,612.00	300,879.44
2017.04.05	202	356873		9,360.00	291,519.44
2017.04.08	4	378652	44,928.00		336,447.44
2017.04.16	202	798653		50,000.00	286,447.44

图 3-45　银行对账单

(3) 财务部出纳罗迪进行银行对账。

① 自动对账。单击工具栏中的“对账”按钮，打开“自动对账”对话框，设置“截止日期”为“2017.04.30”，默认系统提供的其他对账条件，单击“确定”按钮，系统显示自动对账结果，结果可参见图 3-46。所有数据对账完毕后，单击“检查”按钮，检查结果平衡，单击“确定”按钮。

简易桌面 银行对账

科目：100201 (工行存款)

单位日记账

票据日期	结算方式	票号	方向	金额	两清	凭证号数	摘　要
2017.04.01	202	10123456	贷	1,170.00	○	记-0002	购买办公用品
2017.04.05	202	10356873	贷	9,360.00		记-0004	采购材料
2017.04.08	4	378652	借	44,928.00	○	记-0005	收到前欠货款
2017.04.16	202	798653	贷	50,000.00	○	记-0006	归还前欠货款
			借	4,000.00		记-0000	

银行对账单

日期	结算方式	票号	方向	金额	两清	对账序号
2017.04.01	202	10123456	贷	1,170.00	○	2018012500001
2017.04.01	6		借	4,000.00		
2017.04.05	6		贷	46,612.00		
2017.04.05	202	356873	贷	9,360.00		
2017.04.16	202	798653	贷	50,000.00	○	2018012500003
2017.04.08	4	378652	借	44,928.00	○	2018012500002

图 3-46　自动对账

② 对于应勾对而未勾对上的账项 4000 元和 9360 元，分别双击“两清”栏，直接进行手工调整，结果可参见图 3-47。

简易桌面 银行对账

科目：100201 (工行存款)

单位日记账

票据日期	结算方式	票号	方向	金额	两清	凭证号数	摘　要
2017.04.01	202	10123456	贷	1,170.00	○	记-0002	购买办公用品
2017.04.05	202	10356873	贷	9,360.00	Y	记-0004	采购材料
2017.04.08	4	378652	借	44,928.00	○	记-0005	收到前欠货款
2017.04.16	202	798653	贷	50,000.00	○	记-0006	归还前欠货款
			借	4,000.00	Y	记-0000	

银行对账单

日期	结算方式	票号	方向	金额	两清	对账序号
2017.04.01	202	10123456	贷	1,170.00	○	2018012500001
2017.04.01	6		借	4,000.00	Y	2018012500004
2017.04.05	6		贷	46,612.00		
2017.04.05	202	356873	贷	9,360.00	Y	2018012500004
2017.04.16	202	798653	贷	50,000.00	○	2018012500003
2017.04.08	4	378652	借	44,928.00	○	2018012500002

图 3-47　手工对账

③ 保存。单击工具栏中的“保存”按钮，保存对账结果(如果不保存，系统会弹出保存提示信息框)。

④ 退出。单击“银行对账”窗口中的“关闭”按钮，关闭并退出该窗口。

提示：

- 对于已达账项，系统自动在单位日记账和银行对账单双方的“两清”栏上画“○”标志。在自动对账窗口，对于一些应勾对而未勾对上的账项，可分别双击“两清”栏，直接进行手工调整。
- 系统提供两种取消对账标志的方式，即手动取消某一笔的对账标志和自动取消指定时间内的所有对账标志。对于手动取消勾对：双击要取消对账标志业务的“两清”区，两清标志及对账序号自动删除，单击“保存”按钮即可。对于自动取消勾对：单击“取消”按钮，显示反勾对月份范围录入窗口，选择要进行反对账的期间和取消的数据范围(全部数据、自动勾对数据和手工勾对数据)，单击“确定”按钮，系统将自动对此期间已两清的银行账取消两清标志及对账序号。如果查询条件中选项“显示已核销银行账”被选中，则取消时系统将自动对此期间已核销的银行账取消两清标志及对账序号。

(4) 财务出纳罗迪查看银行存款余额调节表。

打开“银行对账”窗口。在“总账”子系统，依次单击“出纳”/“银行对账”/“余额调节表查询”菜单项，单击查看，结果如图 3-48 所示。单击“关闭”按钮退出。

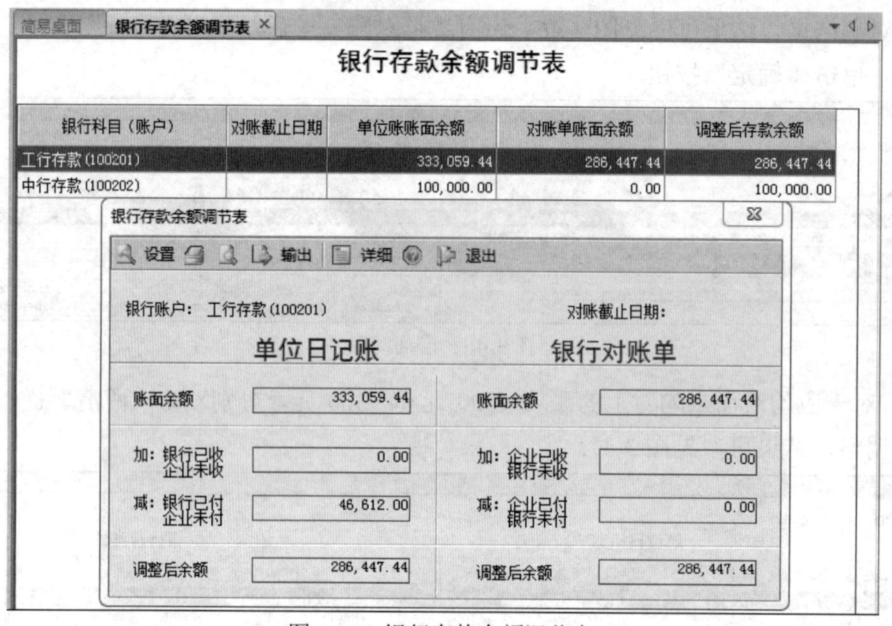

图 3-48　银行存款余额调节表

提示：

- 此余额调节表为截止到对账截止日期的余额调节表，若无对账截止日期，则为最新余额调节表。
- 如果余额调节表显示账面余额不平，请查看以下几处：①“银行期初录入”中的“调整后余额”是否平衡，如不平衡请查看“调整前余额”“日记账期初未达项”及“银行对账单期初未达项”是否录入正确，如不正确请进行调整。②银行对账单录入是否正确，如不正确请进行调整。③“银行对账”中勾对是否正确，对账是否平衡，如不正确请进行调整。

3.5　日常处理—账簿管理

会计账簿是会计核算的基本工具之一，企业发生的经济业务，经过制单、审核、记账后，就形成了正式会计账簿。在电算化账务处理系统中，尽管以电子数据的方式代替了纸质账簿的数据方式，但是，为了满足会计人员的习惯和实现会计制度的要求，仍然保留了会计账簿。账簿管理主要包括现金、银行存款账查询输出，基本会计核算账簿的查询输出，以及各种辅助核算账簿的查询输出。

3.5.1 总账的查询及打印输出

1. 业务描述与分析

查询北京亮康眼镜有限公司 2017 年 4 月银行存款总账并打印，以 Excel 形式输出。

2. 操作步骤

视频地址：http://mdwx.mdmuke.com/mod/page/view.php?id=4634

任务说明：由会计张兰进行查询并输出。

(1) 在“业务工作”界面，单击“财务会计”/“总账”/“账表”/“科目账”/“总账”菜单项，弹出“总账查询条件”窗口，如图 3-49 所示。可将查询条件保存为“我的账簿”，或直接调用“我的账簿”即可。

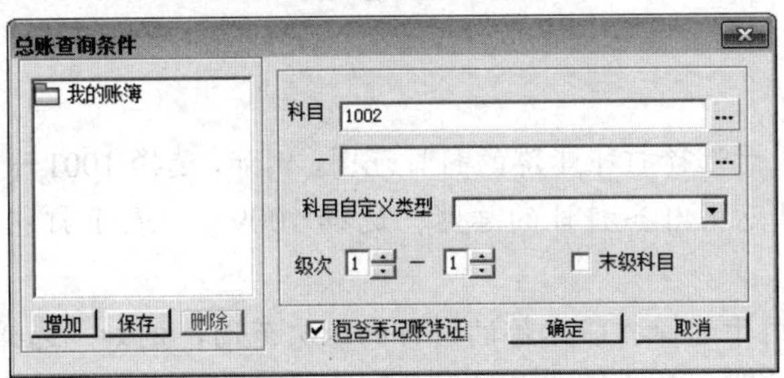

图 3-49 总账查询条件

(2) 选择或输入要查询的科目 1002 和科目级次 1，或直接选择查询到末级科目；选择是只查询已记账凭证，还是包括未记账凭证；输入完成后，单击“确定”按钮进入总账查询窗口，如图 3-50 所示。

简易桌面 | 银行存款余额调节表 | 总账

金额式

银行存款总账

科目 1002 银行存款

2017年 月	日	凭证号数	摘要	借方	贷方	方向	余额
			期初余额			借	348,661.44
04			当前合计	694,928.00	60,530.00	借	983,059.44
04			当前累计	694,928.00	60,530.00		

图 3-50 银行存款总账

(3) 在“总账查询”界面，单击“输出”按钮，在弹出窗口选择存储的文件类型，如 Excel，然后输入存储文件名，即可以 Excel 形式将账簿保存到相应盘符。

(4) 在“业务工作”界面，单击“财务会计”/“总账”/“账表”/“账表”/“账簿打印”/“科目账簿打印”/“总账”菜单项，系统弹出“三栏式总账打印”窗口，如图 3-51

所示。输入科目范围列表框中的“开始科目”为1002、“级次范围”为“1—1”、“账页格式”为“金额式”等条件，输入完毕，单击“打印”按钮即可。

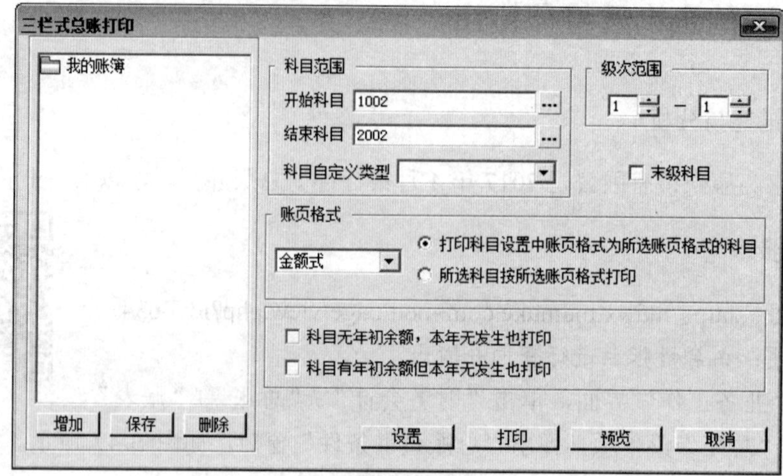

图 3-51 总账打印

操作说明：

- 科目范围：用于选择打印账簿的科目范围，例如，选择1001—1009，表示打印1001至1009科目范围内各科目的总账；选择1009—，表示打印1009以后各科目的总账。
- 级次范围：用于选择打印账簿的科目的级次范围，例如，选择1—1，表示只打印一级科目的总账。若选择“末级科目”复选框，则只打印所选科目中的末级科目。
- 账页格式：用于选择所打印账簿的格式，系统提供四种打印格式供用户选择，即金额式、外币金额式、数量金额式、外币数量式。另外，系统提供了两种选项：一是打印科目设置中账页格式为所选账页格式的科目，即只打印科目设置中账页格式与所选的账页格式相同的科目的总账；二是所选科目按所选账页格式打印，即所选的科目全部按所选账页格式打印。
- 若只想打印出有余额或有发生额的总账科目，为此系统提供了两个选项可实现这个目的：“科目无年初余额，本年无发生也打印”及“科目有年初余额但本年无发生也打印”。
- 选择完成后，即可单击“打印”按钮进行打印或单击“预览”按钮查看打印效果。

若选择了“科目无年初余额，本年无发生也打印”复选框，则“科目有年初余额但本年无发生也打印”默认也被选择。

- 若不使用套打功能，系统默认摘要为20个汉字，金额、数量、外币打印宽度为16位数字，单价、汇率显示宽度为12位数字(包括小数点及小数位)，若用户不想按此宽度打印，可在“账簿选项”中修改金额、数量、外币、单价、汇率的宽度。

3.5.2 明细账的查询

操作步骤：

(1) 在“业务工作”界面，单击“财务会计”/“总账”/“账表”/“科目账”/“明细账”菜单项，系统弹出“明细账查询条件”对话框，如图 3-52 所示。输入想要查询的科目，月份为 2017 年 4 月。单击“确定”按钮，系统弹出“明细账查询”窗口。

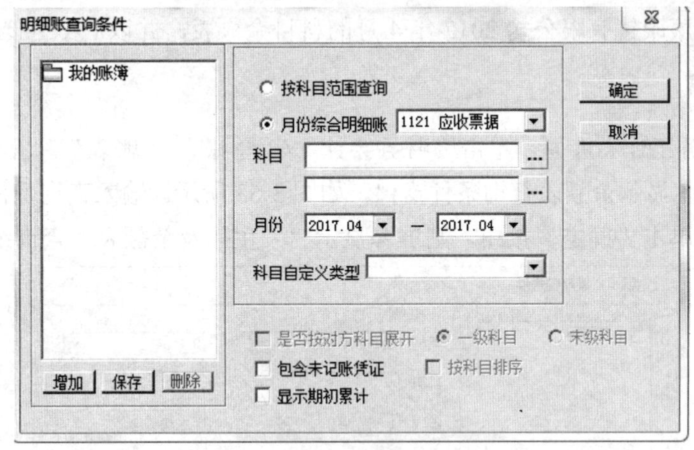

图 3-52 “明细账查询条件”对话框

(2) 在“明细账”界面，单击“输出”按钮，在弹出窗口选择存储的文件类型，如 Excel，然后输入存储文件名，即可以 Excel 形式将账簿保存到相应盘符。

操作说明：

- 明细账的查询用于平时查询各账户的明细发生情况，以及按任意条件组合查询明细账。在查询过程中可以包含未记账凭证。
- 提供了三种明细账的查询格式：普通明细账、按科目排序明细账、月份综合明细账。普通明细账是按科目查询，按发生日期排序的明细账。按科目排序明细账是按非末级科目查询，按其有发生的末级科目排序的明细账。月份综合明细账是按非末级科目查询，包含非末级科目总账数据及末级科目明细数据的综合明细账。
- 在明细账查询窗口，单击“摘要”按钮，在“辅助项”页签中的“部门、个人、项目、供应商、客户”选项表示会计科目属性。“自定义项”页签显示所有自定义项以供选择。单击“凭证”按钮或鼠标右键菜单选择“联查凭证”，查询光标所在行凭证。单击“总账”按钮或鼠标右键菜单选择“联查总账”，查询当前查询科目的总账。查询完毕，单击“退出”按钮返回“总账系统”。
- 输入查询条件：在窗口选择科目范围，可输入科目起止范围，为空时，系统默认为是所有科目；选择月份范围，需选择起止月份，当只查某个月时，应将起止月都选择为同一月份；若要查询包含未记账凭证的明细账，可选择“包含未记账凭证”选项，查询结果中的未记账业务将用颜色加以区别；若希望在查询非末级科目明细账时，能看到该科目的明细账按其下末级科目分别列示，则可选择“按科目排序”；若想同时查看某月份末级科目的明细账，则可选择“月份综合明细账”。

3.5.3 余额表的查询

1. 业务描述与分析

查询北京亮康眼镜有限公司 2017 年 4 月的科目余额表，并以 Excel 形式输出。

2. 操作步骤

(1) 在“业务工作”界面，单击“财务会计”/“总账”/“账表”/“科目账”/“余额表”菜单项，系统显示余额表查询条件窗口，如图 3-53 所示。输入查询月份为 4 月。输入完查询条件后，单击“确定”按钮，则屏幕显示“发生额及余额表”查询统计结果。

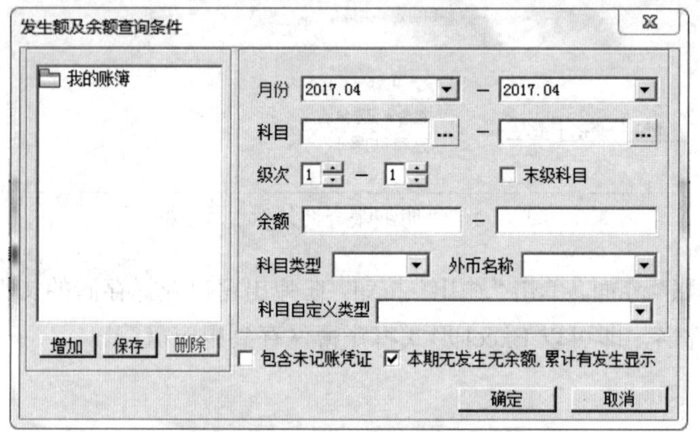

图 3-53　发生额及余额查询条件

(2) 在“发生额及余额表”界面，单击“输出”按钮，在弹出窗口选择存储的文件类型，如 Excel，然后输入存储的文件名，即可以 Excel 形式将账簿保存到相应盘符。

操作说明：

- 余额表用于查询统计各级科目的本期发生额、累计发生额和余额等。传统的总账是以总账科目分页设账，而余额表则可输出某月或某几个月的所有总账科目或明细科目的期初余额、本期发生额、累计发生额、期末余额，在实行计算机记账后，建议用户用余额表代替总账。
- 应用范围：可输出总账科目与明细科目的某一时期内的本期发生额、累计发生额和余额；可输出某科目范围的某一时期内的本期发生额、累计发生额和余额；可在某个余额范围内输出科目的余额情况；可查询到包含未记账凭证在内的最新发生额及余额。
- 余额表的打印同总账打印。在“业务工作”界面，选择“财务会计”/“总账”/“账表”/“账簿打印”/“余额表”菜单项即可打印余额表。

3.5.4 各种辅助核算账簿查询

1. 个人往来余额的查询

操作步骤：

视频地址：http://mdwx.mdmuke.com/mod/page/view.php?id=4635

(1) 在"业务工作"界面，选择"财务会计"/"总账"/"账表"/"个人往来账"/"个人往来余额表"/"个人余额表"菜单项，系统弹出"个人明细账"查询对话框。输入需要查询的个人及起止月份、统计方向等条件，单击"确定"按钮即弹出"个人往来余额表"。

(2) 在"个人往来余额表"界面，单击"输出"按钮，在弹出窗口选择存储的文件类型，如Excel，然后输入存储文件名，即可以Excel形式将账簿保存到相应盘符。

2. 部门明细账的查询

操作步骤：

(1) 在"业务工作"界面，选择"财务会计"/"总账"/"账表"/"部门辅助账"/"部门明细账"/"部门科目明细账"或"部门明细账"菜单项，输入要查询的部门，月份为2017年4月等查询条件，单击"确定"按钮。

(2) 在"部门明细账"界面，单击"输出"按钮，在弹出窗口选择存储的文件类型，如Excel，然后输入存储文件名，即可以Excel形式将账簿保存到相应盘符。

3. 客户往来明细账的查询

操作步骤：

(1) 在"业务工作"界面，选择"财务会计"/"总账"/"账表"/"客户往来明细账"/"客户明细账"菜单项，输入要查询的客户，月份为2017年4月等查询条件，单击"确定"按钮。

(2) 在"客户明细账"界面，单击"输出"按钮，在弹出窗口选择存储的文件类型，如Excel，然后输入存储文件名，即可以Excel形式将账簿保存到相应盘符。

3.6 期末处理

期末处理是指把本月的经济业务全部登记入账后所要做的工作，是会计部门在每个会计期末都需要完成的特定业务。总账系统期末业务主要包括各种成本费用的结转、汇兑损益的结转和各类账户试算平衡、对账、结账等工作。这些工作具有较强的规律性，由计算机来处理这些有规律的业务，不但可以减少会计人员的工作量，也可以加强财务核算的规范性。

企业期末账务处理的某些业务，每个月往往是重复的、程序化的，处理方法相对固定不变，如期间损益的结转等。我们可以为这些处理方法相对固定的期末账务处理业务预先定义好自动转账凭证模板。需要时，只需调用凭证模板，就可以自动生成凭证，提高工作效率。

用友 U8 的自动转账有 8 种，它们是自定义转账、对应结转、销售成本结转、售价(计划价)销售成本结转、汇兑损益结转、期间损益结转、自定义比例结转、费用摊销和预提费用。本节介绍自定义转账、对应结转和销售成本结转。其他几种自动转账可以通过自主学习。

自动转账功能包括“转账定义”和“转账生成”两个组成部分。“转账定义”就是设计转账凭证模板——设置好凭证的摘要、借贷方科目以及金额的取数公式，该工作属于自动转账凭证设置的初始化工作。当处理期末业务，制单人选择调用设置好的凭证模板，由计算机自动生成所需的记账凭证，这就是“转账生成”。

3.6.1 自定义转账

用友 U8 的自定义转账功能从软件账表取数，用户可以通过定义金额公式方便地制作记账凭证，从而提高工作效率。自定义转账功能可以完成的转账业务主要有：费用分配的结转，费用分摊、税金计算的结转，提取各项费用、部门核算、项目核算的结转，个人核算的结转，客户核算、供应商核算的结转。

1. 业务描述与分析

2017 年 4 月 30 日“计算本月企业所得税”的自定义结转设置。

2. 操作步骤

视频地址：http://mdwx.mdmuke.com/mod/page/view.php?id=4636

任务说明：由会计张兰进行自定义转账设置。

(1) 打开“自定义转账设置”窗口。在“企业应用平台”的“业务工作”页签中，依次单击“财务会计”/“总账”/“期末”/“转账定义”/“自定义转账”菜单项，系统打开“自定义转账设置”窗口。

(2) 进行“计算本月企业所得税”转账设置。在“自定义转账设置”窗口中，单击工具栏中的“增加”按钮，系统弹出“转账目录”对话框，编辑“转账序号”为 0001，“转账说明”为“计提本月企业所得税”，如图 3-54 所示，单击“确定”按钮，返回“自定义转账设置”窗口。

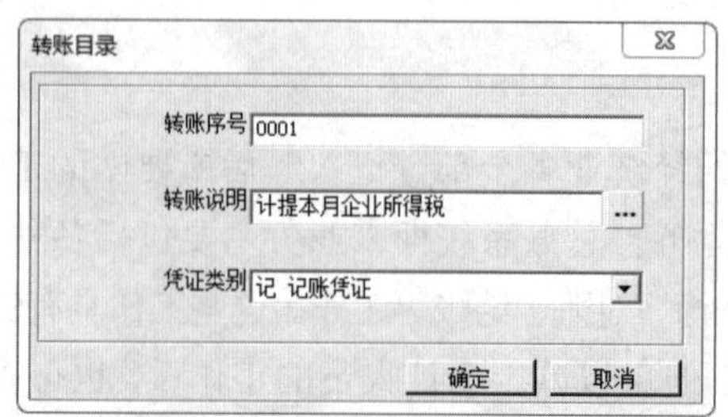

图 3-54 自定义转账设置—转账目录

(3) 转账公式的第 1 行设置。

① 增加并编辑第 1 行。单击工具栏中的“增行”按钮，编辑其“科目编码”为6801(所得税费用)，“方向”设定为“借”，单击“金额公式”的参照按钮，系统弹出“公式向导”对话框，选择“公式名称”为“贷方发生额”，单击“下一步”按钮，编辑“科目”为4103(本年利润)，选中“继续输入公式”复选框，选择“-(减)”单选按钮，如图 3-55 所示，其他选项默认，单击“下一步”按钮，返回“公式向导”对话框；再选择“公式名称”为“借方发生额”，单击“下一步”按钮，编辑“科目”为 4103(本年利润)，然后单击“完成”按钮，公式带回“自定义转账设置”窗口。

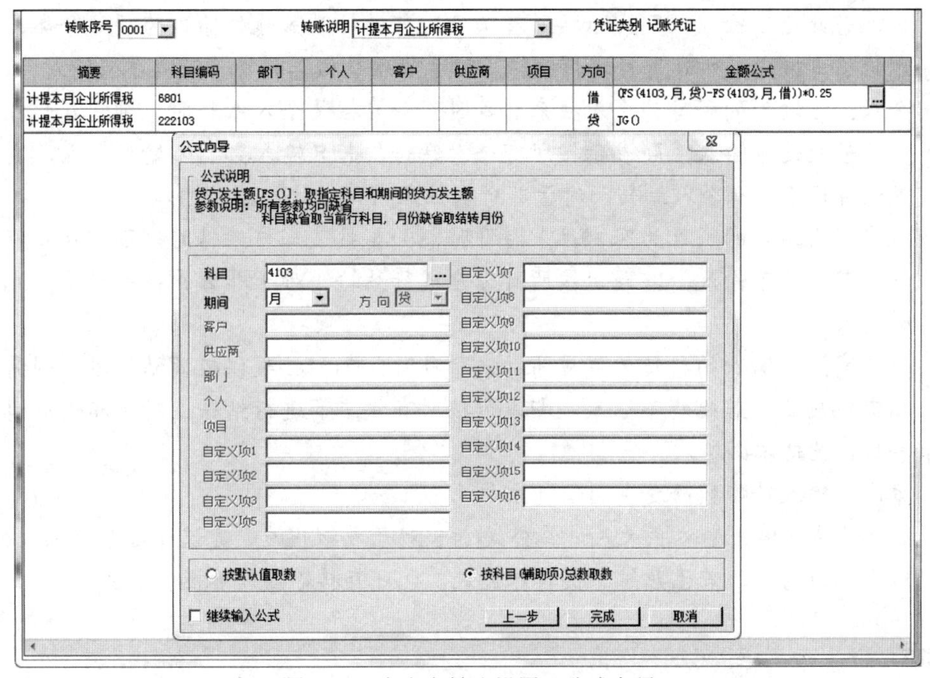

图 3-55　自定义转账设置—公式向导

② 设置征税税率。在“自定义转账设置”窗口表体的第 1 行，将公式用“( )”括起来，并在公式末尾输入“*0.25”，此时“金额公式”一栏中显示“(FS(4103,月,贷)-FS(4103,月,借))*0.25”；按 Enter 键，完成第 1 行的编辑。

(4) 转账公式的第 2 行设置。单击工具栏中的“增行”按钮，编辑“科目编码”为222103(应交所得税)，“方向”设定为“贷”，“金额公式”为“JG( )”(取对方科目计算结果)。

(5) 保存。单击工具栏中的“保存”按钮，保存转账公式设置，其结果如图 3-56 所示。

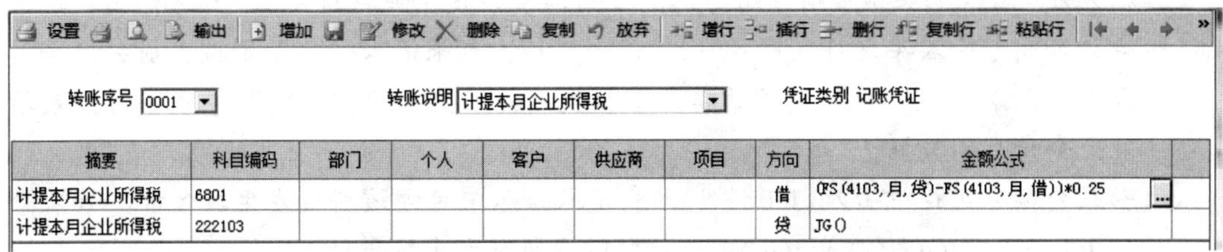

图 3-56　自定义转账设置—计算企业所得税

(6) 退出。单击“自定义转账设置”窗口右上角的“关闭”按钮，关闭并退出该窗口。

操作说明：

- 摘要：录入每笔转账凭证分录的摘要，可单击参照输入。
- 科目编码：录入每笔转账凭证分录的科目，可单击参照输入科目编码。
- 部门：当输入的科目为部门核算科目时，如要按某部门进行结转时，则需在此指定部门，若此处不输入，即表示按所有部门进行结转。对于非部门核算科目，此处不必输入。
- 项目：当输入的科目为项目核算科目时，如要按某项目结转时，则需在此指定项目，若此处不输入，即表示按所有项目进行结转，若此处输入为项目分类，则表示此项目按分类所有项目进行结转。对于非项目核算科目，此处不必输入。
- 个人：当输入的科目为个人往来科目时，如要按某个人结转时，则需在此指定个人，若此处不输入，即表示按所有个人结转，若只输入部门不输入个人，则表示按该部门下所有个人结转。对于非个人往来科目，此处不必输入。
- 客户：当输入的科目为客户往来科目时，如要按某客户结转时，则需在此指定客户，若此处不输入，即表示按所有客户进行结转。对于非客户往来科目，此处不必输入。
- 供应商：当输入的科目为供应商往来科目时，如要按某供应商结转时，则需在此指定供应商，若此处不输入，即表示按所有供应商进行结转。对于非供应商往来科目，此处不必输入。
- 方向：输入转账数据发生的借贷方向。
- 金额公式：单击可参照录入计算公式(注：对于初级用户，建议通过参照录入公式，对于高级用户，若已熟练掌握转账公式，也可直接输入转账函数公式)。

提示：

- 定义转账功能可以完成的转账业务主要有“费用分配”的结转、“费用分摊”的结转、“税金计算”的结转和“提取各项费用”的结转等。
- 取数函数格式：函数名(科目编码，会计期间，方向，辅助项 1，辅助项 2)。函数中的各项可根据情况决定是否输入，如科目是部门核算的科目，则应输入部门信息，如某科目无辅助核算，则不能输入辅助项。科目编码可以为非末级科目，但只能取该科目的总数，不能按辅助项取数。各辅助项必须为末级。期间、方向由函数确定，若按年取数，则期间为“年”，若按月取数，则期间为“月”；若取借方发生或累计发生，则方向为“借”，若取贷方发生或累计发生，则方向为“贷”。会计期间可输入年或月或输入 1、2、…、12。如果输入“年”则按当前会计年度取数，如果输入“月”则按结转月份取数，如果输入“1”“2”等数字时，表示取此会计月的数据。
- 如果金额公式栏中输入 JG(科目)则表示取转账中对方该科目发生数合计，如果输入 JG(zzz)或 JG(ZZZ)或 JG( )则表示取对方所有发生数合计。

3.6.2 对应结转

对应结转是把一个科目的期末余额对应结转到另外一个或多个科目中。

提示：

- 对应结转不仅可进行两个科目一对一结转，还提供科目的一对多结转功能，只结转期末余额，如果想转发生额，请到自定义结转中设置。转入、转出科目可为上级科目，但其下级科目的科目结构必须相同，若转出科目定义辅助项，则转入科目的辅助项不能为空。
- 一张凭证可定义多行，转出科目及辅助项必须一致，转入科目及辅助项可不相同。转出科目与转入科目必须有相同的科目结构，但转出辅助项与转入辅助项可不相同。辅助项可根据科目性质进行参照，若转出科目有复合账类，系统弹出辅助项录入窗，如该科目为部门项目辅助账类，要求录入结转的项目和部门，录入完毕后，系统用逗号分隔显示在表格中。同一编号的凭证类别必须相同。
- 自动生成转账凭证时，如果同一凭证转入科目有多个，并且，若同一凭证的结转系数之和为1，则最后一笔结转金额为转出科目余额减当前凭证已转出的余额。

3.6.3 销售成本结转

销售成本结转主要用来辅助没有启用供应链管理系统的企业完成销售成本的计算和结转，是以月末商品(或产成品)销售数量乘以库存商品(或产成品)的平均单价计算各类商品销售成本并进行结转。

1. 业务描述与分析

4月30日结转北京亮康眼镜有限公司2017年4月的销售成本。财务部会计张兰进行销售成本结转设置及制单。曾志伟审核凭证。张兰记账。

2. 虚拟业务场景

人物：曾志伟——财务部主管
　　　张兰——财务部会计

场景一：财务主管分配下属进行“结转销售成本”的设置及制单

曾志伟：小张，月末了，本月的“销售成本”结转请尽快完成。

张兰：没问题，我现在就做。

(张兰做“销售成本”的结转设置和生成凭证)

场景二：财务主管审核“结转销售成本”凭证，会计张兰记账

3. 操作步骤

1) 场景一的操作步骤

视频地址：http://mdwx.mdmuke.com/mod/page/view.php?id=4638

任务说明：由会计张兰进行销售成本结转设置并生成凭证。

(1) 在“业务工作”界面，选择“财务会计”/“总账”/“期末”/“转账定义”/“销售成本结转设置”菜单项，屏幕显示销售成本设置窗口。

(2) 选择凭证类别为“记 记账凭证”，输入“库存商品科目”为1405，“商品销售收入科目”为6001，“商品销售成本科目”为6401，单击“确定”按钮，如图3-57所示。

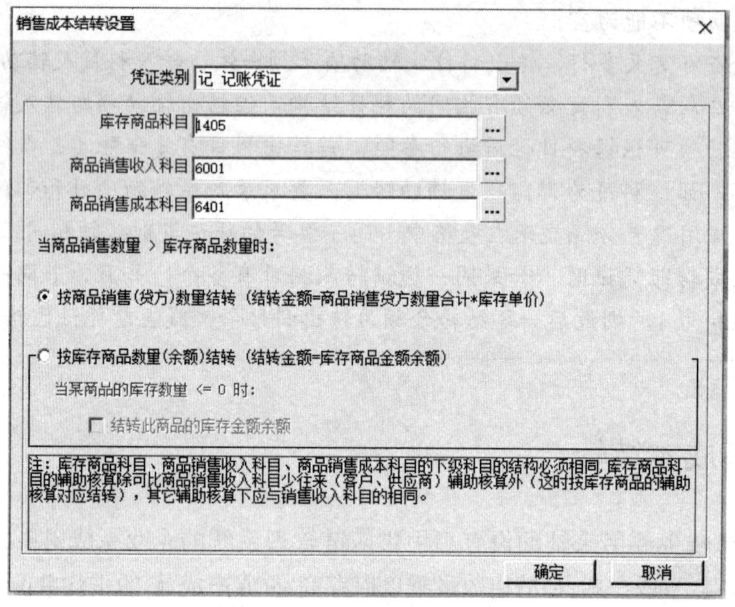

图3-57 销售成本结转设置

(3) 在“总账系统”界面，单击“期末”/“转账生成”菜单项，在弹出窗口单击“销售成本结转”，选择结转的月份4月并选择要结转的转账凭证，单击“确定”按钮。屏幕显示销售成本结转一览表，如图3-58所示。单击“确定”按钮，系统开始结转计算生成转账凭证，如图3-59所示。

提示：

在进行销售成本结转时，要求库存商品、商品销售收入、商品销售成本三个科目具有相同结构的明细科目，且所有明细科目必须都有数量核算，且这三个科目的下级必须一一对应。其中：数量=商品销售收入科目下某商品的贷方数量；单价=库存商品科目下某商品的月末金额/月末数量；金额=数量×单价。

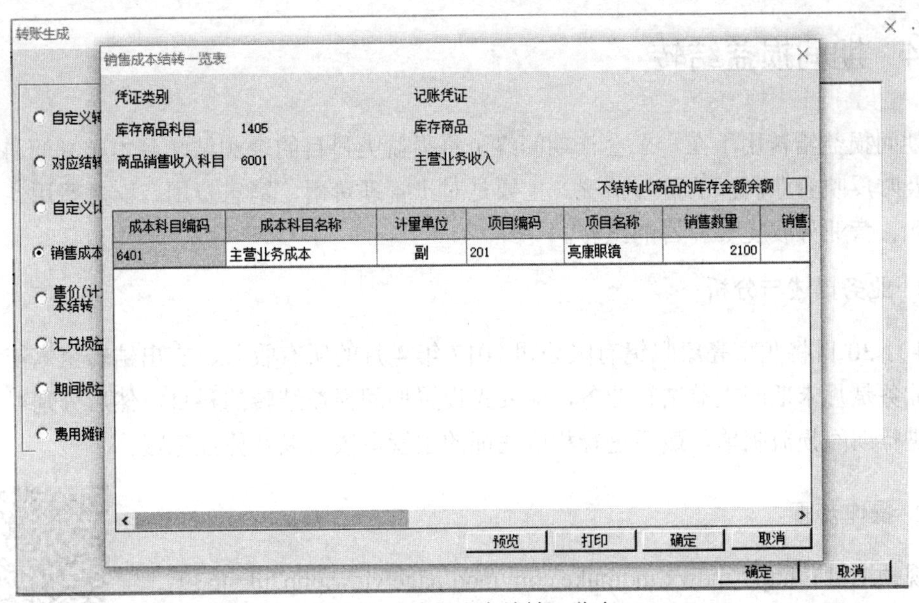

图 3-58　销售成本结转一览表

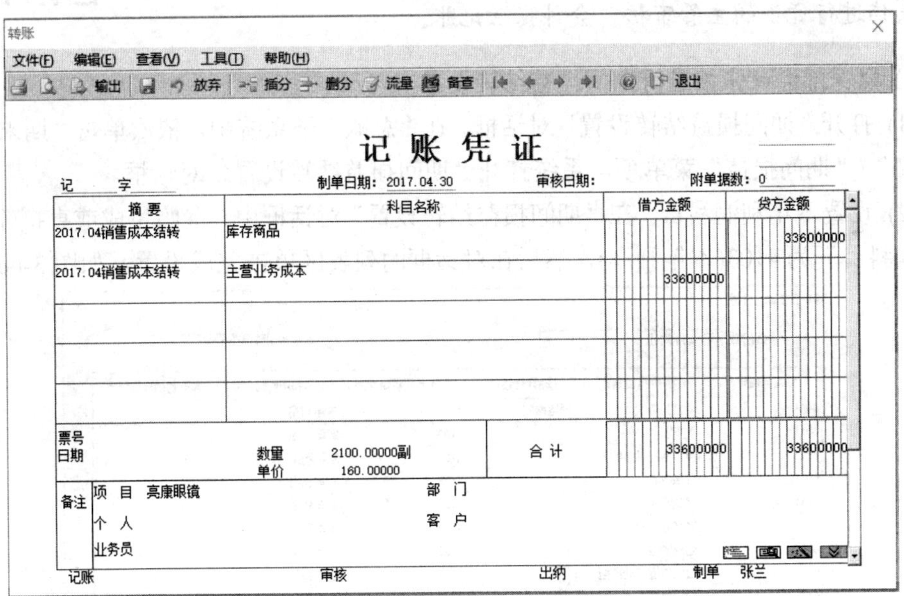

图 3-59　销售成本结转凭证

2) 场景二的操作步骤

任务说明：财务部主管曾志伟进行凭证的主管签字、审核，会计张兰记账。

(1) 财务部主管曾志伟对凭证进行凭证审核

本任务的操作步骤请参见 3.3.2 节中的凭证审核步骤，在此从略。

(2) 财务部会计张兰进行凭证记账

本任务的操作步骤请参见 3.3.5 节中的记账步骤，在此从略。

3.6.4 期间损益结转

期间损益结转用于在一个会计期间终了将损益类科目的余额结转到本年利润科目中，从而及时反映企业利润的盈亏情况。主要是对于管理费用、销售费用、财务费用、主营业务收入、营业外收支等科目的结转。

1. 业务描述与分析

4 月 30 日将北京亮康眼镜有限公司 2017 年 4 月的所有收入、支出结转至本年利润。本笔业务是月末期间损益结转业务，需要先设置期间损益结转的科目，然后分别对收入和支出进行期间损益制单，最后进行相应凭证的主管审核，以及凭证记账。

2. 操作步骤

视频地址：http://mdwx.mdmuke.com/mod/page/view.php?id=4639

任务说明：会计张兰进行期间损益结转设置并生成凭证，财务部主管曾志伟进行凭证的主管审核，会计张兰记账。

1) 财务部会计张兰进行期间损益结转设置

(1) 打开“期间损益结转设置”对话框。在“总账”子系统中，依次单击“期末”/“转账定义”/“期间损益”菜单项，系统打开“期间损益结转设置”对话框。

(2) 设置本年利润科目。在“期间损益结转设置”对话框中，参照生成或直接输入“本年利润科目”为4103(本年利润)，然后在对话框的列表区单击完成设置，如图 3-60 所示。

期间损益结转设置

凭证类别 记 记账凭证　　本年利润科目 4103

损益科目编号	损益科目名称	损益科目账类	本年利润科目编码	本年利润科目名称	本年利润科目账类
6001	主营业务收入	项目核算	4103	本年利润	
6011	利息收入		4103	本年利润	
6021	手续费及佣金收入		4103	本年利润	
6031	保费收入		4103	本年利润	
6041	租赁收入		4103	本年利润	
6051	其他业务收入		4103	本年利润	
6061	汇兑损益		4103	本年利润	
6101	公允价值变动损益		4103	本年利润	
6111	投资收益		4103	本年利润	
6201	摊回保险责任准备金		4103	本年利润	
6202	摊回赔付支出		4103	本年利润	
6203	摊回分保费用		4103	本年利润	
6301	营业外收入		4103	本年利润	
6401	主营业务成本	项目核算	4103	本年利润	

每个损益科目的期末余额将结转到与其同一行的本年利润科目中. 若损益科目与之对应的本年利润科目都有辅助核算，那么两个科目的辅助账类必须相同 。损益科目为空的期间损益结转将不参与

打印　预览　确定　取消

图 3-60　期间损益结转设置

(3) 确定并退出。单击“期间损益结转设置”窗口中的“确定”按钮，确定设置并退

出该窗口。

2) 财务部会计张兰进行期间损益结转凭证生成

(1) 打开“转账生成”对话框。在“总账”子系统中，依次单击“期末”/“转账生成”菜单项，打开“转账生成”对话框。

(2) 设置收入结转项。在“转账生成”对话框中，先选中左侧的“期间损益结转”单选项，再选择对话框上方的“类型”为“收入”，并单击“全选”按钮，使表体的所有记录行的“是否结转”栏出现Y字样。

(3) 生成并保存收入转账凭证。单击“转账生成”对话框中的“确定”按钮，系统弹出“转账”窗口，默认显示“期间损益结转”收入的记账凭证，单击“保存”按钮，如图3-61所示。

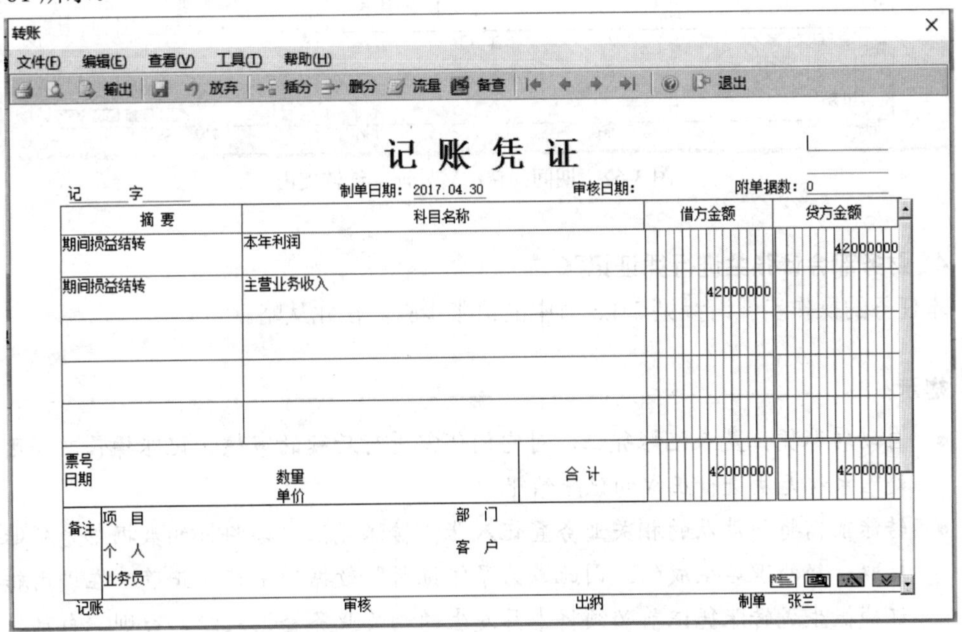

图3-61 期间损益结转凭证—结转收入

(4) 生成并保存支出转账凭证。单击“转账”窗口中的“退出”按钮，退出该窗口，返回“转账生成”对话框，此时选择对话框上方的“类型”为“支出”，并单击“全选”按钮，再单击“确定”按钮，系统弹出“有未记账凭证，是否继续结转？”信息提示框，单击“是”按钮，系统弹出“转账”窗口，默认显示“期间损益结转”支出的记账凭证，单击“保存”按钮，结果如图3-62所示。

(5) 退出。在“转账”窗口中单击“退出”按钮退出该窗口，再单击“转账生成”对话框中的“取消”按钮。

3) 财务部主管曾志伟对凭证进行审核

本任务的操作步骤请参见3.3.2节中的凭证审核步骤，在此从略。

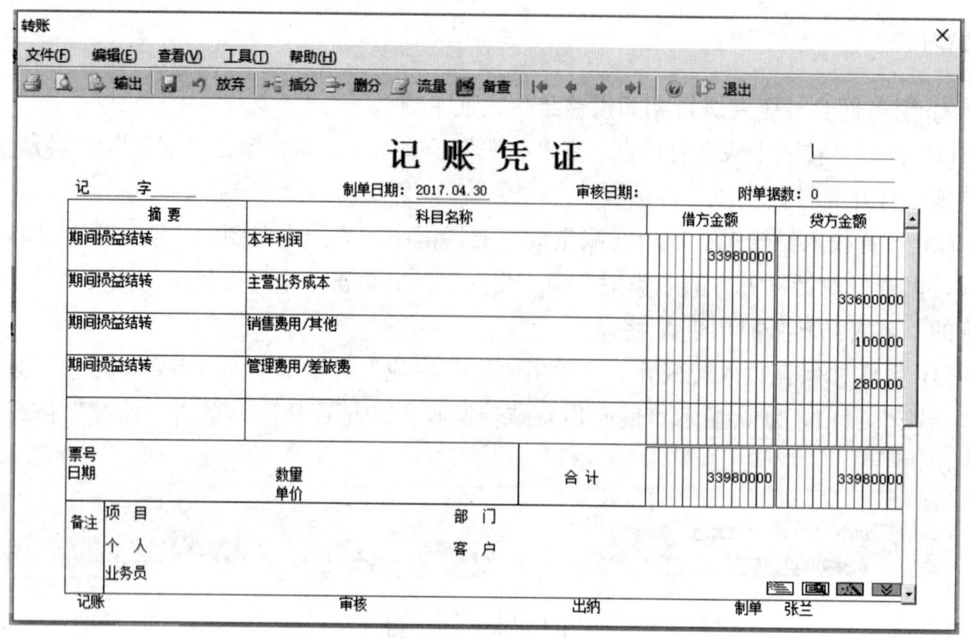

转账

文件(F) 编辑(E) 查看(V) 工具(T) 帮助(H)

输出 放弃 插分 删分 流量 备查 退出

记账凭证

记 字 制单日期：2017.04.30 审核日期： 附单据数：0

摘要	科目名称	借方金额	贷方金额
期间损益结转	本年利润	33980000	
期间损益结转	主营业务成本		33600000
期间损益结转	销售费用/其他		100000
期间损益结转	管理费用/差旅费		280000
票号 日期	数量 单价 合计	33980000	33980000

备注 项目 部门

个人 客户

业务员

记账 审核 出纳 制单 张兰

图 3-62 期间损益结转凭证—结转支出

4) 财务部会计张兰进行凭证记账

本任务的操作步骤请参见 3.3.5 节中的记账步骤，在此从略。

 **提示：**

- 自动转账凭证是未记账凭证，对它们仍需进行后续的审核、记账操作，否则账务处理系统无法进行正常的记账结账。
- 转账前需将所涉及的相关业务登记入账。转账凭证中各科目的数据都是从账簿中提取、经处理后生成的。因此，为了保证所取数据的完整、正确，在调用转账凭证模板生成转账凭证前必须将本月发生的相关业务登记入账，否则，自动转账凭证生成的数据将出现差错。
- 转账生成时应遵循一定的处理顺序。期末业务是相互关联、互相衔接的，业务处理有严格的顺序，必须保证让系统按顺序生成转账凭证。有些期末转账业务必须依据另一期末转账业务产生的数据，如销售成本结转产生的主营业务成本会影响本年利润结转的费用数额，那么就要先结转销售成本并将该凭证记账后再结转本年利润。因此，期末转账需要根据业务的特点分批按步骤来进行处理。

3.6.5 所得税的结转

根据会计制度，本公司的企业所得税税率为 25%，按月预计，按季预缴，全年汇总清缴，其计算公式为“本年利润*0.25”。

1. 业务描述与分析

本笔业务是计提并结转本月企业所得税业务，需要使用自定义转账方式和期间损益结转方式生成企业所得税费的凭证，并进行凭证的主管审核与记账，具体包括计算本月企业所得税的自定义转账设置与制单、所得税费结转的凭证生成、凭证的主管签字与审核，以及凭证的会计记账。其中自定义结转计算所得税已在 3.6.1 节完成。

2. 虚拟业务场景

人物：曾志伟——财务部主管
　　　张兰——财务部会计

场景一：财务主管分配下属计算本月企业所得税并制单
曾志伟：小张，月末了，你把本月的企业所得税尽快算出来吧。
张兰：没问题，我现在就做。
(张兰做“计算本月企业所得税”的自定义结转凭证生成)

场景二：企业所得税凭证的主管签字审核及会计记账，以及结转所得税费用
张兰：曾总，企业所得税费用凭证已经生成了，请您签字审核。
曾志伟：好。(签字审核完成)没问题，你可以记账了，然后做一下所得税费结转吧。
张兰：好的。
(张兰记账，然后进行“所得税费用”的期间损益结转凭证生成)

场景三：结转所得税费用凭证的会计主管审核，会计张兰记账
张兰：曾总，“所得税费用”的期间损益结转凭证已经生成好了，请您签字审核。
曾志伟：好的。(签字审核完成)凭证没问题，你去记账吧。
张兰：好的。(记账完成)

3. 所得税结转流程

所得税结转流程如图 3-63 所示。

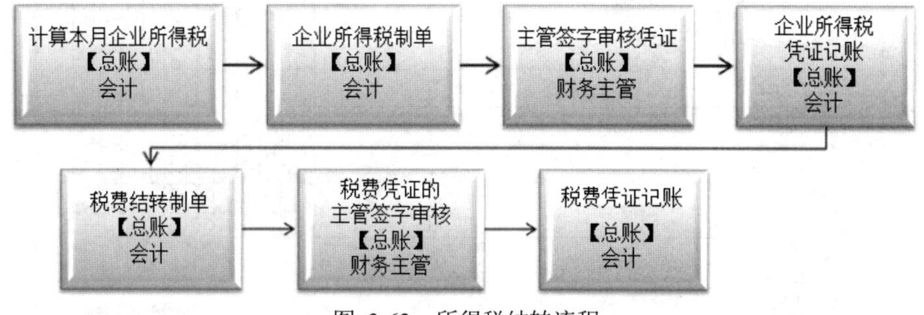

图 3-63　所得税结转流程

4. 操作步骤

1) 场景一的操作步骤

视频地址：http://mdwx.mdmuke.com/mod/page/view.php?id=4640

任务说明：财务部会计张兰通过转账生成所得税凭证。

(1) 打开“转账生成”对话框。在“总账”子系统，依次单击“期末”/“转账生成”菜单项，系统打开“转账生成”对话框。

(2) 生成并保存转账凭证。双击编号为 0001 的记录所在行的“是否结转”栏，使其出现“Y”字样，然后单击“确定”按钮，系统弹出“转账”窗口，如图 3-64 所示，默认显示本月企业所得税凭证，结果如图 3-65 所示，单击“保存”按钮。

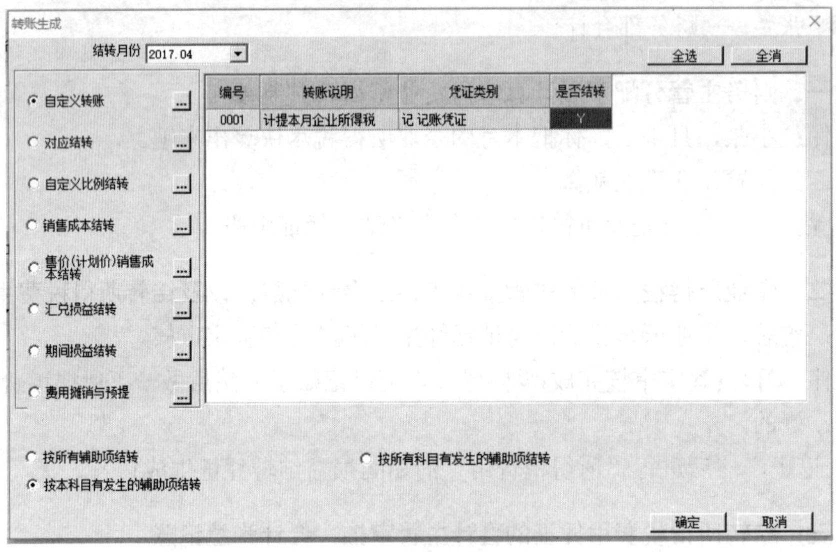

图 3-64　所得税转账生成

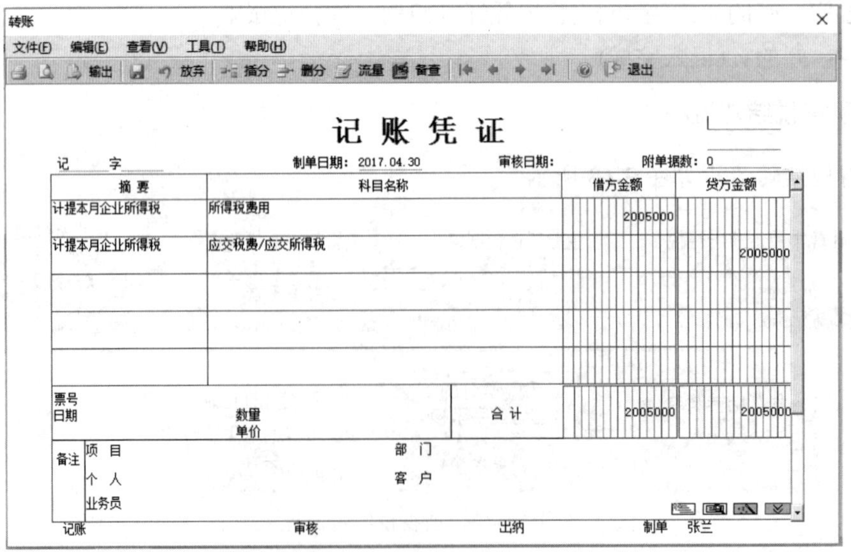

图 3-65　计算所得税凭证

(3) 退出。在“转账”窗口中单击“退出”按钮退出该窗口，再单击“转账生成”对话框中的“取消”按钮。

2) 场景二的操作步骤

任务说明：财务部主管曾志伟对计算所得税凭证进行审核，会计张兰进行记账及期间损益结转凭证生成。

(1) 财务部主管曾志伟对凭证进行审核。

本任务的操作步骤，在此从略。

(2) 财务部会计张兰进行凭证记账。

本任务的操作步骤，在此从略。

(3) 财务部会计张兰进行期间损益结转凭证生成。

① 打开“转账生成”对话框。在“总账”子系统中，依次单击“期末”/“转账生成”菜单项，系统打开“转账生成”对话框。

② 生成并保存转账凭证。先选中左侧的“期间损益结转”选项，然后双击“所得税费用”科目所在行，使其“是否结转”栏出现“Y”字样，再单击“确定”按钮，系统弹出“转账”窗口，默认显示“期间损益结转”记账凭证，修改其“摘要”为“所得税费用结转”，然后单击“保存”按钮，结果如图3-66所示。

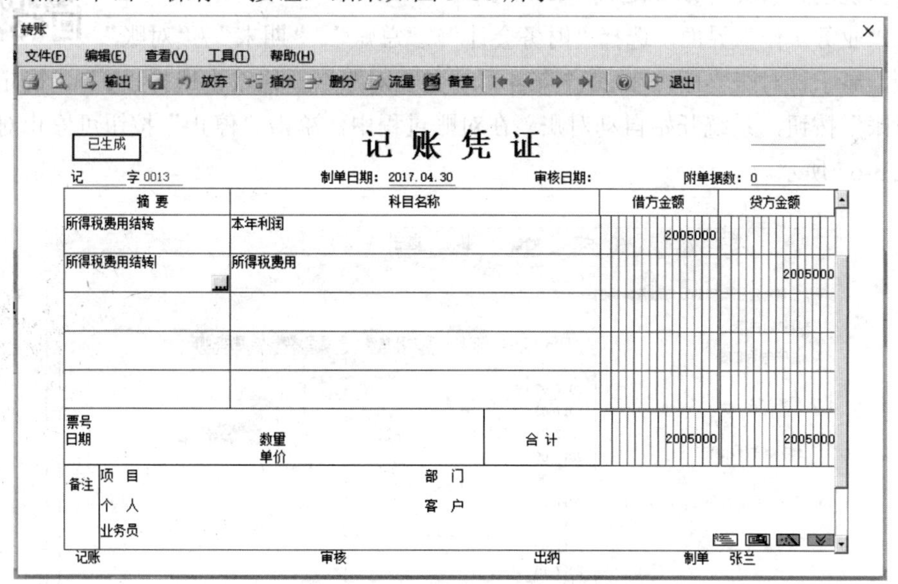

图3-66 所得税费用结转凭证

③ 退出。在“转账”窗口中单击“退出”按钮退出该窗口，再单击“转账生成”对话框中的“取消”按钮。

3) 场景三的操作步骤

(1) 财务部主管曾志伟对凭证进行审核。

本任务的操作步骤，在此从略。

(2) 财务部会计张兰进行凭证记账。

本任务的操作步骤，在此从略。

3.6.6 对账与结账

1. 期末对账

一般来说，只要记账凭证录入正确，计算机自动记账后各账簿都应是正确、平衡的，但由于非法操作或计算机病毒或其他原因有时可能会造成某些数据被破坏，因而引起账账不符，为了保证账证相符、账账相符，用户应经常使用本功能进行对账，至少一个月一次，一般可在月末结账前进行。

1) 业务描述与分析

2017 年 4 月 30 日会计张兰对北京亮康眼镜有限公司进行期末对账。

2) 操作步骤

视频地址： http://mdwx.mdmuke.com/mod/page/view.php?id=4641

任务说明： 由会计张兰进行账证核对、账账核对。

在“业务工作”界面，选择“财务会计”/“总账”/“期末”/“对账”菜单项，显示待对账界面。在 2017 年 4 月“是否对账”一栏双击选择“Y”。确定后，单击“对账”按钮，系统开始自动对账。在对账过程中，单击“停止”按钮可停止对账，结果如图 3-67 所示。

对账

对账 选择 错误 试算 检查 退出

☑ 检查科目档案辅助项与账务数据的一致性

选择核对内容

☑ 总账与明细账

☑ 总账与辅助账

☑ 辅助账与明细账

☐ 总账与多辅助账

☐ 辅助账与多辅助账

☐ 多辅助账与明细账

月份	对账日期	对账结果	是否结账	是否对账
2017.01			Y	
2017.02			Y	
2017.03			Y	
2017.04	2017.04.30	正确		Y
2017.05				
2017.06				
2017.07				
2017.08				
2017.09				
2017.10				
2017.11				
2017.12				

图 3-67 对账界面

提示：

- 若对账结果为账账相符，则对账月份的对账结果处显示“正确”；若对账结果为账账不符，则对账月份的对账结果处显示“错误”，单击“错误”按钮可查看引起账账不符的原因。
- 单击“试算”按钮，可以对各科目类别余额进行试算平衡，显示试算平衡表。

2. 结账

在手工会计处理中都有结账的过程，在会计信息化处理中也应有这一过程，以符合会计制度的要求，因此本系统特别提供了“结账”功能。结账只能每月进行一次。结账主要完成如下工作：停止本月各账户的记账工作；计算本月各账户发生额合计；计算本月各账户期末余额并将余额结转下月月初。

1) 业务描述与分析

2017年4月30日会计张兰对北京亮康眼镜有限公司进行期末结账。

2) 操作步骤

任务说明：由会计张兰进行期末结账。

(1) 在“业务工作”界面，选择“财务会计”/“总账”/“期末”/“结账”菜单项，屏幕显示结账向导一——选择结账月份。单击要结账的月份“2017.04”，如图3-68所示。

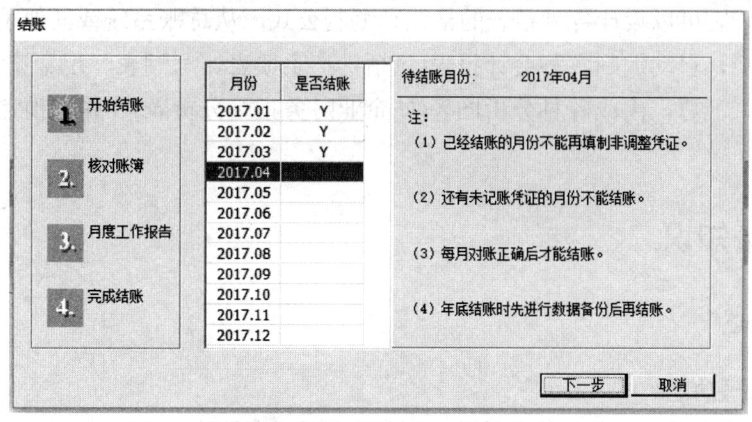

图3-68 结账向导一——开始结账

(2) 选择结账月份后单击“下一步”按钮，屏幕显示结账向导二——核对账簿。单击“对账”按钮，系统对要结账的月份进行账账核对，在对账过程中，可单击“停止”按钮中止对账。

(3) 对账完成后，单击“下一步”按钮，屏幕显示结账向导三——月度工作报告。若需打印，则单击“打印月度工作报告”按钮即可打印。

(4) 查看工作报告后，单击“下一步”按钮，屏幕显示结账向导四——完成结账。单击

“结账”按钮，若符合结账要求，系统将进行结账，否则不予结账。

提示：

- 上月未结账，则本月不能记账，但可以填制、复核凭证。
- 如本月还有未记账凭证时，则本月不能结账。已结账月份不能再填制凭证。结账只能由有结账权的人进行。若总账与明细账对账不符，则不能结账。反结账操作只能由账套主管执行。每月只结账一次，结账前应做数据备份。
- 如果已启动固定资产等其他子系统，其他子系统未结账，总账系统不能结账。
- 取消结账：以账套主管身份登录，在“结账向导一”中，选择要取消结账的月份，按 Ctrl+Shift+F6 键即可进行反结账。

3.7 UFO 报表

企业会计报表是企业根据日常会计核算资料定期编制的，综合反映企业某一特定日期财务状况和某一会计期间经营成果、现金流量的总结性书面文件。它是企业财务报告的主要部分，是企业向外传递会计信息的主要手段。现在的会计报表是企业的会计人员，根据一定时期(如月、季、年)的会计记录，按照既定的格式和种类编制的报告文件。

用友 U8 管理软件中的 UFO 报表是报表事务处理的工具，它与用友管理软件等各系统有完美的接口。它可以设计各种报表的格式和编制公式，从总账系统或其他子系统中读取有关的财务信息，自动编制各种会计报表(包括资产负债表、利润表、现金流量表等)，对报表进行审核、汇总，生成各种分析图表(如企业财务指标分析表)，并按预定格式输出各种会计报表。

3.7.1 预备知识

1. 功能概述

1) 文件管理功能

UFO 报表提供了各类文件管理功能，能够进行不同文件格式的转换：文本文件、*.MDB 文件、Excel 文件、Lotus1-2-3 文件。支持多个窗口同时显示和处理，可同时打开的文件和图形窗口多达 40 个。提供了标准财务数据的“导入”和“导出”功能，可以实现和其他流行财务软件之间的数据交换。

2) 格式管理功能

UFO 报表提供了丰富的格式设计功能，如设置组合单元、画表格线(包括斜线)、调整行高列宽、设置字体和颜色、设置显示比例等，可以制作各种要求的报表。同时，UFO 报表还提供 33 个行业的标准财务报表模板，可轻松生成复杂报表。提供自定义模板的新功能，可以根据本单位的实际需要定制模板。

3) 数据处理功能

UFO 报表以固定的格式管理大量不同的表页，能将多达 99 999 张具有相同格式的报表资料统一在一个报表文件中管理，并且在每张表页之间建立有机的联系。提供了排序、审核、舍位平衡、汇总功能；提供了绝对单元公式和相对单元公式，可以方便、迅速地定义计算公式；提供了种类丰富的函数，可以从其他财务系统提取编制报表所需的数据。总账、工资、固定资产、应收、应付、财务分析、采购、销售、库存、存货等子系统均可向 UFO 报表系统传递数据，以生成财务部门所需的各种会计报表。

4) 打印功能

UFO 报表采用“所见即所得”的打印，报表和图形都可以打印输出。提供“打印预览”，可以随时观看报表或图形的打印效果。报表打印时，可以打印格式或数据，可以设置财务表头和表尾，可以在 0.3～3 倍之间缩放打印，可以横向或纵向打印，等等。支持对象的打印及预览(包括 UFO 生成的图表对象和插入 UFO 中的嵌入和链接对象)。

5) 二次开发功能

UFO 报表提供批命令和自定义菜单，自动记录命令窗中输入的多个命令，可将有规律性的操作过程编制成批命令文件。提供了 Windows 风格的自定义菜单，综合利用批命令，可以在短时间内开发出本企业的专用系统。

2. 报表的结构

按照报表结构的复杂性，可将报表分为简单表和复合表两类。简单表是规则的二维表，由若干行和列组成。复合表是简单表的某种组合，还可以出现表中套表的现象。大多数的会计报表如资产负债表、利润表、现金流量表等都是简单表。

简单表的格式一般由四个基本要素组成：标题、表头、表体和表尾。

1) 标题

标题用来描述报表的名称。报表的标题可能不止一行，有时会有副标题、修饰线等内容。

2) 表头

表头用来描述报表的编制单位名称、日期等辅助信息和报表栏目。特别是报表的表头栏目名称，是表头的最主要内容，它决定报表的纵向结构、报表的列数以及每一列的宽度。有的报表表头栏目比较简单，只有一层，而有的报表表头栏目却比较复杂，需分若干层次。

3) 表体

表体是报表的核心，决定报表的横向组成。它是报表数据的表现区域，是报表的主体。表体在纵向上由若干行组成，这些行称为表行；在横向上，每个表行又由若干个栏目构成，这些栏目称为表列。

4) 表尾

表尾指表体以下进行辅助说明的部分以及编制人、审核人等内容。

3. UFO 报表管理系统的基本概念

1) 格式状态和数据状态

UFO 报表将含有数据的报表分为两大部分来处理，即报表格式设计工作与报表数据处理工作。报表格式设计工作和报表数据处理工作是在不同的状态下进行的。实现状态切换的是一个特别重要的按钮——“格式/数据”按钮，单击该按钮可以在格式状态和数据状态之间切换。

(1) 格式状态

在格式状态下设计报表的格式，如表尺寸、行高列宽、单元属性、单元风格、组合单元、关键字、可变区等。报表的三类公式：单元公式(计算公式)、审核公式、舍位平衡公式也在格式状态下定义。在格式状态下所做的操作对本报表所有的表页都发生作用。在格式状态下不能进行数据的录入、计算等操作。在格式状态下，所看到的是报表的格式，报表的数据全部都隐藏了。

(2) 数据状态

在数据状态下管理报表的数据，如输入数据、增加或删除表页、审核、舍位平衡、做图形、汇总、合并报表等。在数据状态下不能修改报表的格式。在数据状态下，看到的是报表的全部内容，包括格式和数据。

2) 单元

单元是组成报表的最小单位，单元名称由所在行、列标识。行号用数字 1～9999 表示，列标用字母 A～IU 表示。例如，D22 表示第 4 列第 22 行的那个单元。

单元有以下三种类型：

(1) 数值单元：是报表的数据，在数据状态下(“格式/数据”按钮显示为“数据”时)输入。

数值单元的内容可以是 1.7*(10E-308)～1.7*(10E+308)之间的任何数(15 位有效数字)，数字可以直接输入或由单元中存放的单元公式运算生成。建立一个新表时，所有单元的类型默认为数值。

(2) 字符单元：是报表的数据，在数据状态下(“格式/数据”按钮显示为“数据”时)输入。

字符单元的内容可以是汉字、字母、数字及各种键盘可输入的符号组成的一串字符，一个单元中最多可输入 255 个字符。字符单元的内容也可由单元公式生成。

(3) 表样单元：是报表的格式，是定义一个没有数据的空表所需的所有文字、符号或数字。一旦单元被定义为表样，那么在其中输入的内容对所有表页都有效。

表样在格式状态下(“格式/数据”按钮显示为“格式”时)输入和修改，在数据状态下(“格式/数据”按钮显示为“数据”时)不允许修改。

3) 组合单元

组合单元由相邻的两个或更多的单元组成，这些单元必须是同一种单元类型(表样、数值、字符)，UFO 在处理报表时将组合单元视为一个单元。可以组合同一行相邻的几个单元，可以组合同一列相邻的几个单元，也可以把一个多行多列的平面区域设为一个组合单元。组合单元的名称可以用区域的名称或区域中的单元的名称来表示。例如，把 B2 到 B3 定义为一个组合单元，这个组合单元可以用“B2”“B3”或“B2:B3”表示。组合单元格还可以定义公式。

4) 区域

区域由一张表页上的一组单元组成，自起点单元至终点单元是一个完整的长方形矩阵。在 UFO 报表中，区域是二维的，最大的区域是一个二维表的所有单元(整个表页)，最小的区域是一个单元。

5) 表页

UFO 报表扩展名为“.rep”。一个报表中的所有表页具有相同的格式，但其中的数据不同。表页在报表中的序号在表页的下方以标签的形式出现，称为“页标”。页标用“第1～99999 页”表示。

6) 二维表和三维表

确定某一数据位置的要素称为“维”。在一张有方格的纸上填写一个数，这个数的位置可通过行和列(二维)来描述。如果将一张有方格的纸称为表，那么这个表就是二维表，通过行(横轴)和列(纵轴)可以找到这个二维表中的任何位置的数据。如果将多个相同的二维表叠在一起，找到某一个数据的要素需增加一个，即表页号(Z 轴)。这一叠表称为一个三维表。

如果将多个不同的三维表放在一起，要从这多个三维表中找到一个数据，又需增加一个要素，即表名。三维表中的表间操作即称为“四维运算”。

7) 固定区及可变区

固定区指组成一个区域的行数和列数的数量是固定的数目。一旦设定好以后，在固定区域内其单元总数是不变的。

可变区指屏幕显示一个区域的行数或列数是不固定的数字，可变区的最大行数或最大列数是在格式设计中设定的。在一个报表中只能设置一个可变区，或是行可变区或是列可变区，行可变区指可变区中的行数是可变的；列可变区指可变区中的列数是可变的。设置可变区后，屏幕只显示可变区的第一行或第一列，其他可变行列隐藏在表体内。在以后的数据操作中，可变行列数随着需要而增减。

有可变区的报表称为可变表。没有可变区的表称为固定表。

8) 关键字

关键字是游离于单元之外的特殊数据单元，可以唯一标识一个表页，用于在大量表页中快速选择表页。

UFO 共提供了以下 7 种关键字，关键字的显示位置在格式状态下设置，关键字的值则在数据状态下录入，每个报表可以定义多个关键字。

(1) 单位名称：字符(最大 28 个字符)，为该报表表页编制单位的名称。

(2) 单位编号：字符型(最大 10 个字符)，为该报表表页编制单位的编号。

(3) 年：数字型(1980～2099)，该报表表页反映的年度。

(4) 季：数字型(1～4)，该报表表页反映的季度。

(5) 月：数字型(1～12)，该报表表页反映的月份。

(6) 日：数字型(1～31)，该报表表页反映的日期。

(7) 日期：日期型，该报表表页反映的日期。

除此之外，UFO 有自定义关键字功能，可以用于业务函数中。关键字的颜色可在设置单元格属性中定义。

9) 舍位平衡公式

报表数据在进行进位时，例如以“元”为单位的报表在上报时可能会转换为以“千元”或“万元”为单位的报表。经过四舍五入，原来的数据平衡关系可能会被破坏，因此需要进行调整，使之符合指定的平衡公式。

10) 筛选

筛选是在执行 UFO 的命令或函数时，根据用户指定的筛选条件，对报表中每一个表页或每一个可变行(列)进行判断，只处理符合筛选条件的表页或可变行(列)；不处理不符合筛选条件的表页或可变行(列)。筛选条件分为表页筛选条件和可变区筛选条件。表页筛选条件指定要处理的表页；可变区筛选条件指定要处理的可变行或可变列。筛选条件跟在命令、函数的后面，用“FOR <筛选条件>”来表示。

11) 关联

UFO 报表中的数据有着特殊的经济含义，因此报表数据不是孤立存在的，一张报表中不同表页的数据或多个报表中的数据可能存在着这样或那样的经济关系或钩稽关系，要根据这种对应关系找到相关联的数据进行引用，就需要定义关联条件。UFO 在多个报表之间操作时，主要通过关联条件来实现数据组织。

关联条件跟在命令、函数的后面，用“RELATION <关联条件>”来表示。如果有筛选条件，则关联条件应跟在筛选条件的后面。

4. 报表制作流程

在手工条件下，财务会计报表的制作是由财务会计人员在规定表格中填写内容，也就是说，只要求财务会计人员填写数字，而不要求建立表格结构。用友 U8 报表管理并没有改变手工财务会计报表的编制目的和最终结果，但报表的整个编制过程却与手工财务会计有较大的差别。具体操作步骤可以分为以下 7 步。其中第 1、2、4、7 步是必需的，因为要完成一般的报表处理，一定要有启动系统建立报表、设计格式、数据处理、退出系统这些基本过程。实际应用时，具体的操作步骤应视情况而定。

1) 启动 UFO

单击安装 UFO 时自动生成的 UFO 程序组可启动 UFO。启动 UFO 后，首先要创建一个报表。选择“文件”/“新建”命令或单击“新建”图标后，建立一个空的报表，并进入格式状态。这时可以在这张报表上开始设计报表格式，在保存文件时用自己的文件名给这张报表命名。

2) 设计报表的格式

报表的格式在格式状态下设计，格式对整个报表都有效。可能包括以下操作：①设置表尺寸，即设定报表的行数和列数。②定义行高和列宽。③画表格线。④设置单元属性，把固定内容的单元如“项目”“行次”“期初数”“期末数”等定为表样单元；把需要输入数字的单元定为数值单元；把需要输入字符的单元定为字符单元。⑤设置单元风格，设置单元的字型、字体、字号、颜色、图案、折行显示等。⑥定义组合单元，即把几个单元作为一个使用。⑦设置可变区，即确定可变区在表页上的位置和大小。⑧确定关键字在表页上的位置，如单位名称、年、月等。

设计好报表的格式之后，可以输入表样单元的内容，如“项目”“行次”“期初数”“期末数”等。

如果需要制作一个标准的财务报表如资产负债表等，可以利用 UFO 提供的财务报表模板自动生成一个标准财务报表。UFO 还提供了 11 种套用格式，可以选择与报表要求相近的套用格式，再进行一些必要的修改即可。

3) 定义各类公式

UFO 有三类公式：计算公式(单元公式)、审核公式、舍位平衡公式，公式的定义在格式状态下进行。

(1) 计算公式定义了报表数据之间的运算关系，在报表数值单元中输入“=”就可直接定义计算公式，所以称为单元公式。

(2) 审核公式用于审核报表内或报表之间的钩稽关系是否正确，需要用“审核公式”菜单项定义。

(3) 舍位平衡公式用于报表数据进行进位或小数取整时调整数据，避免破坏原数据平衡，需要用“舍位平衡公式”菜单项定义。

4) 报表数据处理

报表格式和报表中的各类公式定义好之后，就可以录入数据并进行处理了。报表数据处理在数据状态下进行。可能包括以下操作：①因为新建的报表只有一张表页，需要追加多个表页。②如果报表中定义了关键字，则录入每张表页上关键字的值。例如，录入关键字“单位名称”的值：第一页录入“甲单位”，第二页录入“乙单位”，第三页录入“丙单位”，等等。③在数值单元或字符单元中录入数据。④如果报表中有可变区，可变区初始只有一行或一列，需要追加可变行或可变列，并在可变行或可变列中录入数据。

随着数据的录入，当前表页的单元公式将自动运算并显示结果。如果报表有审核公式和舍位平衡公式，则执行审核和舍位。需要的话，做报表汇总和合并报表。

5) 报表图形处理

选取报表数据后可以制作各种图形，如直方图、圆饼图、折线图、面积图、立体图。图形可随意移动；图形的标题、数据组可以按照要求设置。图形设置好之后可以打印输出。

6) 打印报表

可控制打印方向，横向或纵向打印；可控制行列打印顺序；不但可以设置页眉和页脚，还可设置财务报表的页首和页尾；可缩放打印；利用打印预览可观看打印效果。

7) 退出

所有操作进行完毕之后，不要忘了保存报表文件。保存后可以退出 UFO 系统。如果忘记保存文件，UFO 在退出前将提醒保存文件。

3.7.2 固定表的设计

1. 业务描述与分析

北京亮康眼镜有限公司根据业务需要自定义编制货币资金表，如表 3-6 所示。

表 3-6 货币资金表

编制单位：　　　　年　月　日　　　　单位：元

科 目	期初数	期末数	备 注
库存现金			
银行存款			
其他货币资金			
合计			

制表人：

2. 操作步骤

视频地址：http://mdwx.mdmuke.com/mod/page/view.php?id=4642

任务说明：会计主管曾志伟进行报表设计。

1) 报表格式定义

(1) 启动 UFO 报表前必须建立自己的账套，单击“开始”/“程序”/

“用友 ERP-U8”/“企业应用平台”菜单项，输入操作员曾志伟并选择相应账套，单击“确定”按钮进入企业应用平台，在“业务工作”界面，选择“财务会计”/“UFO 报表”菜单项，在弹出的 UFO“日积月累”对话框中单击“关闭”按钮，进入 UFO 窗口，选择“文件”/“新建”菜单项或单击“新建”图标后，建立一个空的报表，并进入格式状态，如图 3-69 所示。

图 3-69　新建报表

(2) 设置表尺寸。单击左下角的“格式/数据”按钮，进入格式状态。选择“格式”/“表尺寸”菜单项，弹出“表尺寸”对话框，如图 3-70 所示。在对话框中输入报表的“行数”8 和“列数”4，单击“确认”按钮，当前处理的报表将按照设置的表尺寸显示，其余部分皆为灰色。修改表尺寸时，重新设置即可，也可单击“编辑”/“插入”或“删除”菜单项增减行列数。

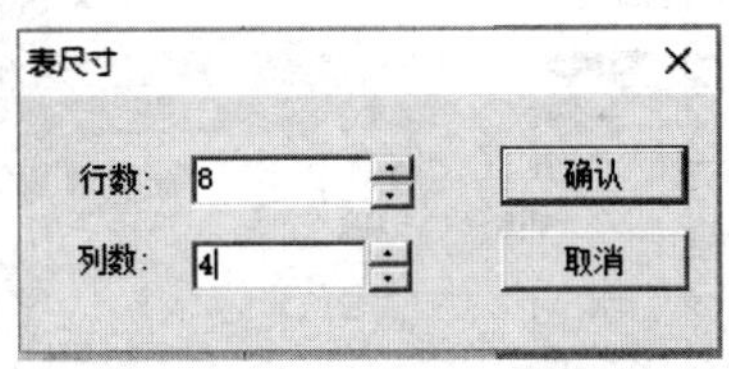

图 3-70　“表尺寸”对话框

提示：

- 插入行(列)：在格式状态下，把当前单元移动到想要插入行的位置上，单击“编辑”/“插入”菜单项，在下拉菜单中选择“行”(列)，将弹出“插入”对话框，在“插入数量”编辑框中输入要插入的行(列)数。
- 追加行(列)：在格式状态下，单击“编辑”/“追加”菜单项，在下拉菜单中选择“行”(列)，将弹出“追加行(列)”对话框，在“追加数量”编辑框中输入要追加的行(列)数。
- 交换行(列)：在格式状态下，单击“编辑”/“交换”菜单项，在下拉菜单中选择“行”(列)，将弹出“交换”对话框，在“源行(列)号”和“目标行(列)号”编辑框中输入两个要互相交换位置的行(列)号，可以一次交换多个行(列)，多个行(列)号之间用“，”隔开。
- 删除行(列)：在格式状态下，选取要删除的行(列)的区域，单击“编辑”/“删除”菜单项，在下拉菜单中选择“行”(列)，将弹出对话框，单击“确认”按钮则删除选定的行(列)，单击“取消”按钮则放弃操作。

(3) 设置行高或列宽。在格式状态下，选定要调整行高的一行或多行，选择“格式”/“行高”或“列宽”菜单项，出现“行高”或“列宽”对话框。在对话框中输入希望的行高或列宽值。

也可把鼠标移动到两个行标(列标)之间，鼠标变为双向箭头，拖动鼠标直到满意的行高(列宽)，松开鼠标按钮即可。可用鼠标一次调整多行(列)的行高(列宽)。单击多个行(列)标，选中一个多行(列)区域，然后利用鼠标调整行高(列宽)，选中区域中的所有行(列)将按新高度显示。

(4) 画表格线。在格式状态下，选取要画线的区域 A3:D8，选择“格式”/“区域画线”菜单项，将弹出“区域画线”对话框，如图 3-71 所示。在“画线类型”和“样式”中选择“网线”，单击“确认”按钮后选定区域中按指定方式画线。

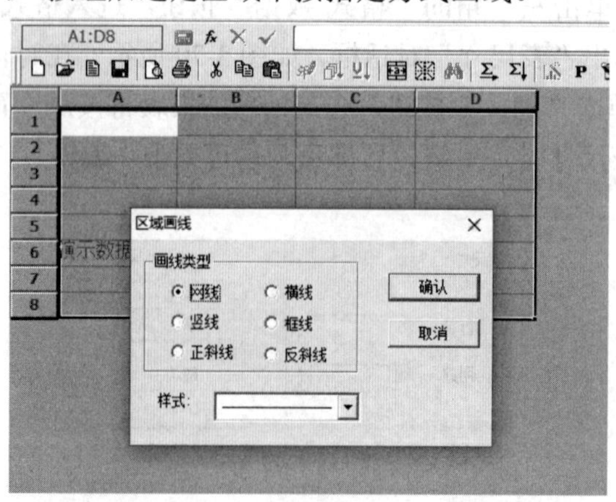

图 3-71　“区域画线”对话框

如果想删除区域中的表格线，则重复上述操作方法，在对话框中选择相应的画线类型样式为“空线”即可。要画斜线，可选择“正斜线”或“反斜线”和样式。要删除斜线，选择“正斜线”或“反斜线”，样式选择“空线”。

(5) 定义表头，设置和取消组合单元。选取要设置为组合单元的区域 A1:D1，单击“格式”/“组合单元”菜单项，弹出“组合单元”对话框，如图 3-72 所示，单击“整体组合”或“按行组合”按钮设置该区域为一个组合单元。同理，设置 A2:D2 等区域为组合单元。

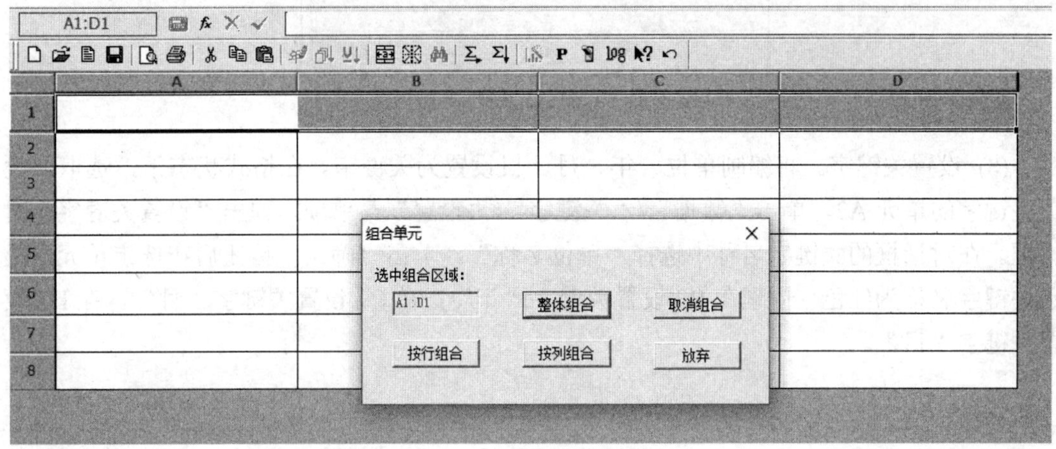

图 3-72 “组合单元”对话框

提示：

- 取消组合单元：选取要取消组合的组合单元，单击“格式”菜单，在下拉菜单中单击“组合单元”，弹出“组合单元”对话框。单击“取消组合”按钮取消组合单元。
- 定义组合单元后，组合单元的单元类型和内容以区域左上角单元为准。取消组合单元后，区域恢复原有单元类型和内容。有单元公式的单元不能包含在定义组合单元的区域中。可变区中的单元不能包含在定义组合单元的区域中。

(6) 输入表体内容：直接在相应的单元输入。选中要输入内容的单元或组合单元，如 A1:D1，在该单元中输入“货币资金表”，其他各样内容同理输入。

(7) 设置单元属性：选取要设置单元属性的区域 A1：D1，单击“格式”/“单元属性”菜单项，弹出“单元格属性”对话框，如图 3-73 所示。在其中设置单元类型、字体图案、对齐、边框样式。单击“单元类型”标签，选择单元类型为“表样”型；单击“字体图案”标签，在其中设置单元内容的字体为“宋体”、字型“粗下划线”、字号“18”、前景色为“黑色”、背景色和图案“无”；单击“对齐”标签，设置水平方向为居中。设置完毕，单击“确定”按钮。

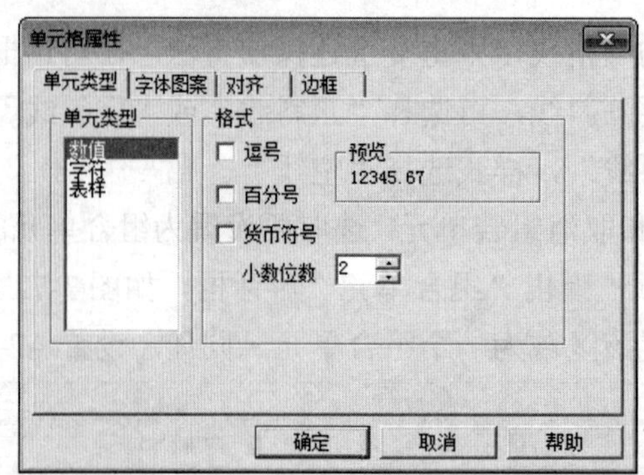

图 3-73 “单元格属性”对话框

(8) 设置关键字。将编制单位、年、月、日设置为关键字。在格式状态下，选取要设置关键字的单元 A2，单击“数据”/“关键字”/“设置”菜单项，弹出“设置关键字”对话框。在对话框的关键字名称中选择“单位名称”，单击“确认”按钮后在选定单元中显示关键字名称为红色。同理在 B2 设置关键字“年”，在 C2 设置关键字“月”，在 D2 设置关键字“日”。

提示：

取消关键字：单击“数据”/“关键字”/“取消”菜单项，弹出“取消关键字”对话框，选取要取消的关键字，则该关键字被取消。

(9) 关键字位置调整。单击“数据”/“关键字”/“偏移”菜单项，弹出“定义关键字偏移”对话框，如图 3-74 所示，在需要调整位置的关键字后面方框输入偏移量。单元偏移量的范围是[-300,300]，负数表示向左偏移，正数表示向右偏移。每个单元中可以设置多个关键字，其显示位置由单元偏移量控制。

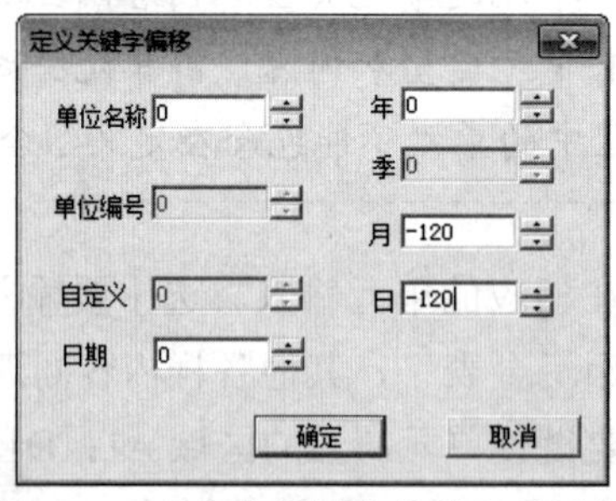

图 3-74 “定义关键字偏移”对话框

提示：

每个关键字只能定义一次，第二次定义一个已经定义的关键字时，系统自动取消第一次的定义。

(10) 保存报表。经过上述步骤，货币资金表的格式基本建立完毕，只有单元公式尚未定义(详见报表公式定义)，单击“文件”/“保存”菜单项，在弹出的对话框中输入存储位置 D 盘和文件名“货币资金表.rep”，单击“确认”按钮即可。

提示：

不同报表，报表名不能相同。报表名是供用户调用设定报表结构文件时使用的，它与表的标题没有直接的关系。

2) 表公式定义

视频地址：http://mdwx.mdmuke.com/mod/page/view.php?id=4643

会计报表公式主要有计算公式和非计算公式，计算公式又可分为两类：取数公式和单纯的统计、计算公式；非计算公式包括审核公式、舍位平衡公式和图形公式等。

企业常用的会计报表数据一般是来源于总账系统或报表系统本身，取自于报表的数据又可以分为从本表取数和从其他报表的表页取数。

(1) 编辑计算公式。

方法一：直接输入公式。建立好报表格式后，在格式状态下，选定欲定义公式的单元 C4，即“库存现金”的期初数，单击“数据”/“编辑公式”/“单元公式”菜单项，系统弹出“定义公式”对话框，直接输入公式 QC(1001,月,"借","001",2017,,,,)，单击“确认”按钮即可。同理输入其他单元公式。在输入公式单元时，凡涉及符号均需输入英文半角字符。

方法二：利用函数向导输入。

① 建立好报表格式后，在格式状态下，选定欲定义公式的单元 C4，即“库存现金”的期初数，单击 FX 按钮，系统弹出“定义公式”对话框。

② 单击“函数向导”，系统弹出“函数向导”对话框；在“函数分类”框中选中“用友账务函数”，在右边的“函数名”列表中选中“期初(QC)”，如图 3-75 所示。

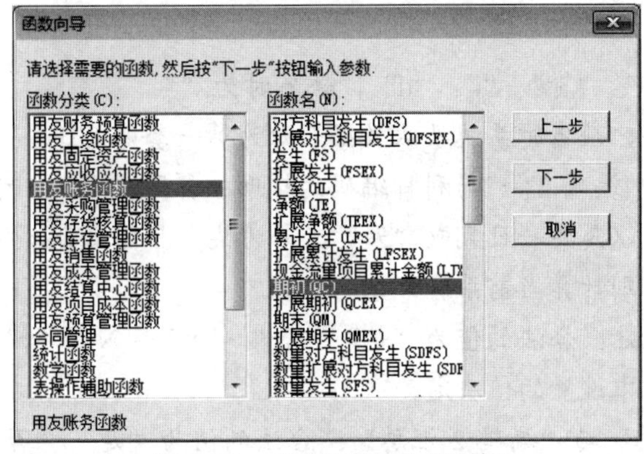

图 3-75 “函数向导”对话框

(2) 单击“下一步”按钮，系统弹出“账务函数”对话框，单击“参照”按钮，只需选择会计科目 1001，其他如“账套号”“会计年度”等选择默认，输入完毕，单击“确定”按钮返回“账务函数”对话框。再单击“确定”按钮返回到“定义公式”对话框，如需继续输入公式，则在公式栏输入相应的运算符号“+”“-”等，再单击函数向导重复上述操作，否则，单击“确定”按钮，完成定义单元公式。同理输入其他科目的计算公式。

操作说明：

① 账务函数：自总账系统提取数据。UFO 报表系统中提供了几十种账务函数。主要函数如表 3-7 所示。

表 3-7　账务函数

名称	金额式	数量式	外币式
期初额函数	QC	SQC	WQC
期末数函数	QM	SQM	WQM
发生额函数	FS	SFS	WFS
累计发生额函数	LFS	SLFS	WLFS
条件发生额函数	TFS	STFS	WTFS
对方科目发生额函数	DFS	SDFS	WDFS
净额函数	JE	SJE	WJE
汇率函数	HL		

② 账务函数的基本格式为函数名(科目编码，会计期间，“方向”，“账套号”，“会计年度”，“编码 1”，“编码 2”，“截止日期”，“是否包括未记账”，“编码 1 汇总”，“编码 2 汇总”)。

参数说明：

- 科目编码：也可以是科目名称，如果是科目名称，则不能重名，且必须用双引号将科目括起来。
- 会计期间：可以是“年”“季”“月”变量，也可以是具体的数字表示的年、季、月。
- 方向：为“借”“贷”“j”“d”，缺省时为“”。
- 账套号：数字，缺省时系统默认数据来源为第一套账 001。
- “编码 1”与“编码 2”：与科目编码的辅助核算账类有关，可以取科目的辅助账。
- 截止日期：可以是某一日期或“天”。若为某个具体日期，则计算该日期的余额；若为“天”，则计算当前系统日期的余额。
- 是否包含未记账：合法的值为“是”“否”“Y”“N”“y”“n”，缺省时由用户在应用环境中设置的值决定。
- “编码 1 汇总”与“编码 2 汇总”：合法的值为“是”“否”“Y”“N”“y”“n”，缺省时由用户在应用环境中设置的值决定。

③ 如果科目有两种辅助核算，则这两种辅助项在公式中的排列位置必须正确，否则系统将无法正确结转。5 种辅助项在公式中先后顺序为部门、个人、客户、供应商、项目。例如，52101 为某部门项目科目，则可以输入 QC("52101",月,"部门一","项目一")，而不可以输入 QC(" 52101",月, "项目一","部门一")。

(3) 定义“合计”栏公式单元“合计=库存现金＋银行存款＋其他货币资金”。

选定 C7 单元格，输入“=”或者单击 FX 按钮，弹出“定义公式”对话框，直接输入公式“C4+C5+C6”，单击“确定”按钮即可。也可选取需要求的区域后，单击向右求和按钮，或单击向下求和按钮，在所选区域最右面或最下面一行自动生成求和公式。

(4) 定义舍位平衡公式。

① 单击“数据”/“编辑公式”/“舍位公式”菜单项，打开“舍位平衡公式”对话框。

② 确定信息：舍位表名为 SW1，舍位范围为 C4:D6，舍位位数为 3，平衡公式为“C6=C4+C5,D6=D4+D5”。

③ 单击“完成”按钮。

操作说明：

① 舍位平衡公式

报表数据在进行进位时，例如以“元”为单位的报表在上报时可能会转换为以“千元”或“万元”为单位的报表。经过四舍五入，原来的数据平衡关系可能会被破坏，因此需要进行调整，使之符合指定的平衡公式。假设原始报表数据的平衡关系为：

$$50.23 + 5.24 = 55.47$$

若舍掉一位数，即除以 10 以后数据平衡关系成为：

$$5.02 + 0.52 = 5.54$$

按照四舍五入规则，上式等号右边应该是 5.55，这样一来，原来的平衡关系就被破坏了，应调整为：

$$5.02 + 0.53 = 5.55$$

报表经舍位之后，重新调整平衡关系的公式称为舍位平衡公式。其中，进行进位的操作叫作舍位，舍位后调整平衡关系的操作叫作定义舍位平衡公式。

② 舍位平衡公式格式：REPORT “ <舍位表文件名> ”RANGE <区域> [,<区域>] *WEI <位数>[FORMULA <平衡公式> [,<平衡公式>] * [FOR <页面筛选条件>]]

注意：

平衡公式中涉及的数据应完全包含在参数<区域>所确定的范围之内，否则平衡公式无意义。

③ 平衡公式倒顺序写，首先写最终运算结果，然后一步一步向前推；每个公式一行，各公式之间用英文半角逗号“,”隔开，最后一条公式不用写逗号；公式中只能使用“+”“-”符号，不能使用其他运算符及函数；等号左边只能为一个单元(不带页号和表名)；一个单元只允许在等号右边出现一次。

(5) 保存报表。单击“文件”/“保存”菜单项，在弹出的对话框中输入存储位置 D 盘和文件名“货币资金表.rep”，单击“确认”按钮即可。

3) 报表数据处理

(1) 打开报表。启动 UFO 系统，单击“文件”/“打开”菜单项。选择保存报表格式的文件夹中的“货币资金表.rep”，单击打开。

(2) 增加表页。

① 业务描述与分析。

要求在货币资金报表中增加 11 张表页。

② 操作指导。

视频地址：http://mdwx.mdmuke.com/mod/page/view.php?id=4644

任务说明：会计主管曾志伟在数据状态下进行增加表页操作。

a. 单击“格式/数据”按钮，进入数据状态，单击要插入表页的表页页标，使它成为当前表页。

b. 单击“编辑”/“插入(追加)”(在下拉菜单中单击“表页”)，将弹出“插入(追加)”对话框，在“插入(追加)表页数量”编辑框中输入要插入(追加)的表页数“11”，确认后在当前表页之前(最后一张表页后面)增加新表页。

(3) 输入关键字。

① 单击“数据”/“关键字”/“录入”菜单项，打开“录入关键字”对话框。

② 输入“年”“月”“日”后单击“确定”按钮，系统弹出提示框“是否重算第 1 页”，单击“是”按钮，系统自动根据公式重算当月数据。

提示：

每一张表页均对应不同的关键字值，输出时随同单元一起显示。日期关键字可以确认报表数据取数的时间范围，即确定数据生成的具体日期。

(4) 生成报表。单击“数据”/“表页重算”菜单项，系统弹出提示框“是否重算第 1 页”，单击“是”按钮，系统会自动根据公式计算数据。

 **提示：**

报表数据生成时，可以由单元公式经过表页计算或整表重算生成，也可以在关键字录入时自动计算生成。实现方法：在数据状态下，单击“数据”/“表页重算”菜单项，弹出“是否重算第 1 页？”提示框，单击“是”按钮，系统会自动计算生成报表。

(5) 删除表页。

① 业务分析与描述。

要求删除报表中第 2 页、第 5 页和第 10 页。

② 操作指导。

任务说明：会计主管曾志伟在数据状态下进行删除表页操作。

a. 单击“格式/数据”按钮，进入数据状态。

b. 单击“编辑”/“删除”/“表页”菜单项，将弹出“删除表页”对话框，如果不指定表页号和删除条件，则确认后删除当前表页，如果要删除指定表页号的表页，则在“删除表页”编辑框中输入要删除的表页号“2,5,10”。可同时删除多张表页，多个表页号之间用逗号“,”隔开。

 **提示：**

删除表页是将指定的整个表页删除，报表的表页数相应减少。

(6) 表页排序。

① 业务分析与描述。

按年和月的递增顺序进行表页排序。

② 操作指导。

任务说明：会计主管曾志伟在数据状态下进行表页排序。

在数据状态下，单击“数据”/“排序”/“表页”菜单项，系统弹出“表页排序”对话框，如图 3-76 所示，输入第一关键值“年”和排序方向“递增”，输入第二关键值“月”和排序方式“递增”，单击“确认”按钮即可。

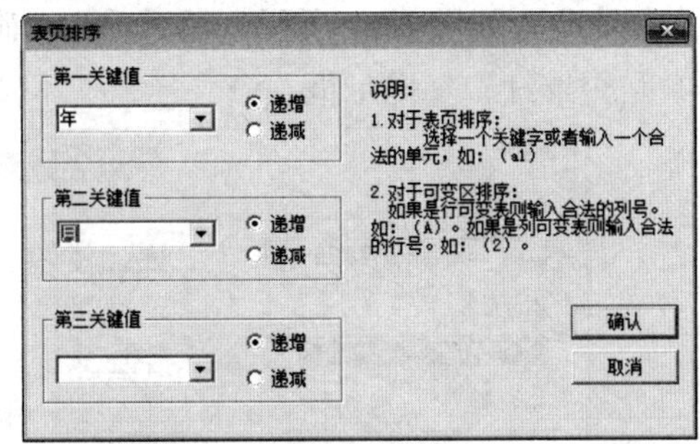

图 3-76 “表页排序”对话框

提示：

UFO 提供表页排序功能，可以按照关键字的值或者按报表中任何一个单元的值重新排列表页。按照表页关键字值排序时，空值表页在按“递增”方式排序里排在最前面。

3.7.3 调用报表模板生成资产负债表

资产负债表是将企业的资产、负债、股东权益科目，根据“资产=负债+所有者权益”的会计恒等式，分为“资产”和“负债及股东权益”两大区块，在经过分录、过账、试算、调整等会计程序后，以特定日期的静态企业财务状况为基准，浓缩成的一张报表。

4 月 30 日，利用“2007 年新会计制度科目”报表模板，生成“***”账套的 4 月份的“资产负债表”，并输出(文件名为“资产负债表.rep”)。

1. 业务概述与分析

本笔业务是会计主管曾志伟月末对资产负债表进行编制的业务，需要调用“资产负债表”报表模板、调整报表格式、生成资产负债表数据并保存。

2. 操作步骤

视频地址：http://mdwx.mdmuke.com/mod/page/view.php?id=4645

请确认系统日期和业务日期为 2017 年 4 月 30 日。

1) 财务部主管曾志伟调用“资产负债表”报表模板

(1) 打开“UFO 报表”窗口。在“企业应用平台”的“业务工作”页签中，依次单击“财务会计/UFO 报表”菜单项，系统打开“UFO 报表”窗口；单击菜单栏中的“文件”/“新建”菜单项，系统新建一个报表，默认报表名为 report1。

(2) 调用“资产负债表”模板格式。

① 单击菜单栏中的“格式”/“报表模板”菜单项，系统打开“报表模板”对话框。

② 在“报表模板”对话框中，选择“您所在的行业”为“2007 年新会计制度科目”，“财务报表”为“资产负债表”，如图 3-77 所示，然后单击“确认”按钮，系统弹出“模板格式将覆盖本表格式！是否继续？”提示框。

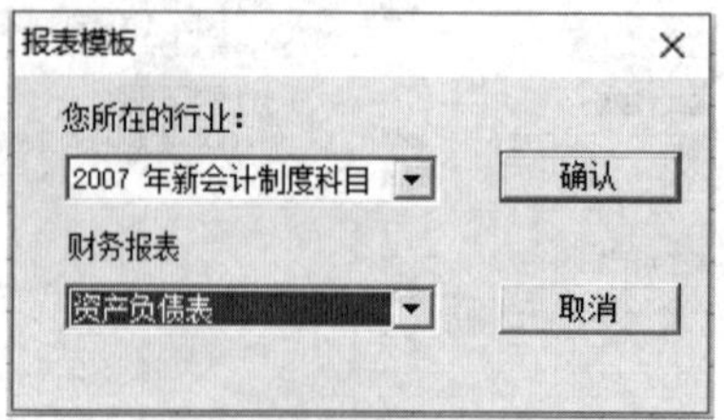

图 3-77 报表模板选择

③ 单击提示框中的“确定”按钮，即可打开“资产负债表”模板，系统返回 report1 窗口，此时处于格式状态(该窗口的左下角有“格式”字样)，结果可参见图 3-78。

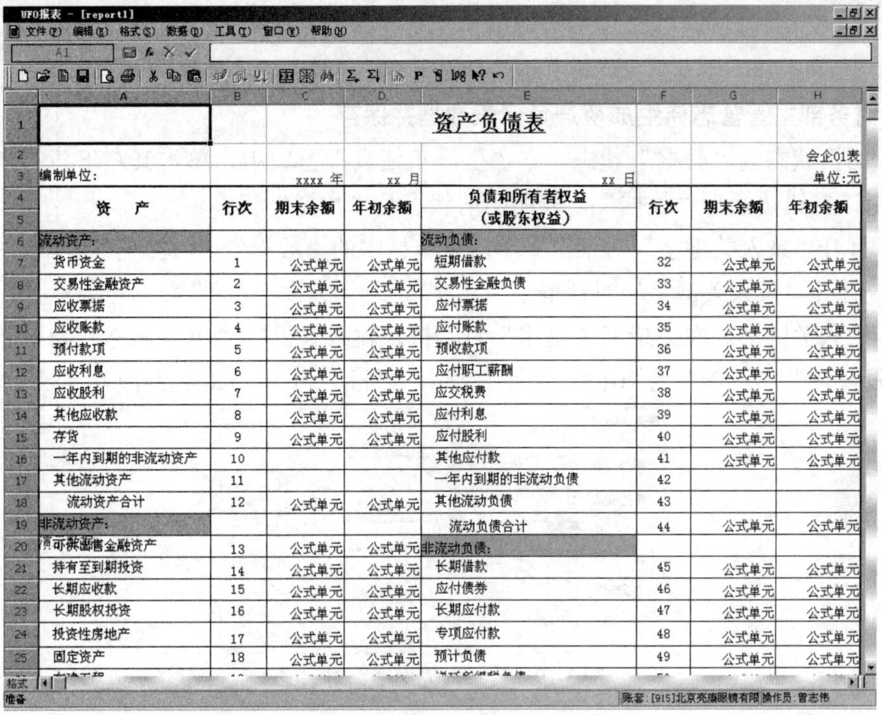
UFO报表 - [report1]
文件(F) 编辑(E) 格式(S) 数据(D) 工具(T) 窗口(W) 帮助(H)
A1
资产负债表
会企01表
编制单位:
xxxx 年 xx 月 xx 日
单位:元
资 产 行次 期末余额 年初余额 负债和所有者权益(或股东权益) 行次 期末余额 年初余额
流动资产: 流动负债:
货币资金 1 公式单元 公式单元 短期借款 32 公式单元 公式单元
交易性金融资产 2 公式单元 公式单元 交易性金融负债 33 公式单元 公式单元
应收票据 3 公式单元 公式单元 应付票据 34 公式单元 公式单元
应收账款 4 公式单元 公式单元 应付账款 35 公式单元 公式单元
预付款项 5 公式单元 公式单元 预收款项 36 公式单元 公式单元
应收利息 6 公式单元 公式单元 应付职工薪酬 37 公式单元 公式单元
应收股利 7 公式单元 公式单元 应交税费 38 公式单元 公式单元
其他应收款 8 公式单元 公式单元 应付利息 39 公式单元 公式单元
存货 9 公式单元 公式单元 应付股利 40 公式单元 公式单元
一年内到期的非流动资产 10 其他应付款 41 公式单元 公式单元
其他流动资产 11 一年内到期的非流动负债 42
流动资产合计 12 公式单元 公式单元 其他流动负债 43
非流动资产: 流动负债合计 44 公式单元 公式单元
可供出售金融资产 13 公式单元 公式单元 非流动负债:
持有至到期投资 14 公式单元 公式单元 长期借款 45 公式单元 公式单元
长期应收款 15 公式单元 公式单元 应付债券 46 公式单元 公式单元
长期股权投资 16 公式单元 公式单元 长期应付款 47 公式单元 公式单元
投资性房地产 17 公式单元 公式单元 专项应付款 48 公式单元 公式单元
固定资产 18 公式单元 公式单元 预计负债 49 公式单元 公式单元
格式
准备
账套:[915]北京亮康眼镜有限 操作员:曾志伟

图 3-78 “资产负债表”模板

2) 财务部主管曾志伟调整报表模板格式并保存

(1) 删除“编制单位：”。在 report1 窗口(此时处于格式状态)中，选中 A3 单元格，按 Delete 键将“编制单位：”删除。

(2) 打开“设置关键字”对话框。单击菜单栏中的“数据”/“关键字”/“设置”菜单项，系统打开“设置关键字”对话框。

(3) 设置关键字“单位名称”。在“设置关键字”对话框中，选中“单位名称”单选项(系统已默认选中)，然后单击“确定”按钮，系统返回 report1 窗口，此时 A3 单元格的内容已经改为“单位名称：××××”。

(4) 保存报表模板。在 report1 窗口，单击菜单栏中的“文件”/“保存”菜单项，如果是第一次保存，则系统打开“另存为”对话框；在“另存为”对话框中，选择要“保存在”的文件夹，并输入报表的“文件名”为“资产负债表”，选择“文件类型”为“*.rep”，然后单击“另存为”按钮，保存报表格式，此时 report1 窗口的标题变为“资产负债表”，即现在 report1 窗口已经变为“资产负债表”窗口。

提示：

- 报表格式设置过程中，切记要随时“保存”，以防计算机故障导致编辑结果丢失，也便于以后随时调用。

- 如果没有保存就退出，系统会提示“是否保存报表？”，以防止误操作。
- 报表文件的输出格式，除了“.rep”(用友报表文件专用扩展名)，还包括“.xls”“.mdb”“.txt”和“.wk4”。

---

3) 财务部主管曾志伟生成资产负债表数据并保存

(1) 切换状态为“数据”状态。在“资产负债表”窗口中，单击其左下角的“格式”按钮，则该按钮切换为“数据”，表明当前状态是“数据”状态。

(2) 打开“录入关键字”对话框。单击菜单栏中的“数据”/“关键字”/“录入”菜单项，系统打开“录入关键字”对话框。

(3) 录入关键字。在“录入关键字”对话框，输入关键字“单位名称”为“北京亮康眼镜有限公司”，“年”为2017，“月”为4，“日”为30，如图3-79所示。

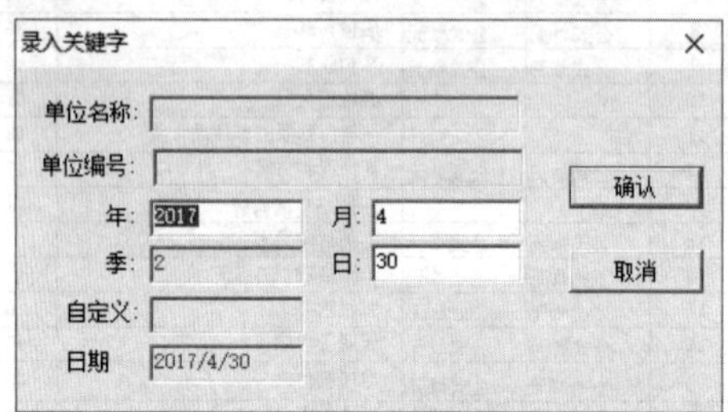

图3-79 “录入关键字”对话框

(4) 打开选择账套窗口。在“录入关键字”对话框，单击“确认”按钮，系统弹出“是否重算第1页？”提示框，单击“是”按钮，系统会自动根据单元公式计算4月份的数据，结果如图3-80所示。

资产负债表

会企01表

编制单位:北京亮康眼镜有限公 2017 年 4 月 30 日 单位:元

资　产	行次	期末余额	年初余额	负债和所有者权益（或股东权益）	行次	期末余额	年初余额
流动资产:			演示数据	流动负债:			
货币资金	1	1,002,924.44	371,326.44	短期借款	32		
交易性金融资产	2			交易性金融负债	33		
应收票据	3			应付票据	34		
应收账款	4	4,164,027.42	3,717,555.42	应付账款	35	2,791,000.00	2,841,000.00
预付款项	5			预收款项	36		
应收利息	6			应付职工薪酬	37	159,659.60	159,659.60
应收股利	7			应交税费	38	239,630.96	149,710.96
其他应收款	8			应付利息	39		
存货	9	3,021,412.50	3,349,412.50	应付股利	40		
一年内到期的非流动资产	10			其他应付款	41	24,064.80	24,064.80
其他流动资产	11			一年内到期的非流动负债	42		
流动资产合计	12	8,188,364.36	7,438,294.36	其他流动负债	43		
非流动资产:				流动负债合计	44	3,214,355.36	3,174,435.36
可供出售金融资产	13			非流动负债:			
持有至到期投资	14			长期借款	45		
长期应收款	15			应付债券	46		
长期股权投资	16			长期应付款	47		

图3-80 资产负债表

3.7.4 调用报表模板生成利润表

利润表是反映企业在一定会计期间经营成果的报表。利润表一般有表头、表体两部分。表头部分说明报表名称、编制单位、编制日期、报表编号、货币名称、计量单位等；表体是利润表的主体，反映形成经营成果的各个项目和计算过程。

4月30日，利用“2007年新会计制度科目”报表模板，生成“***”账套的4月份的“利润表”，并输出(文件名为“利润表.rep”)。

1. 业务概述与分析

本笔业务是会计主管曾志伟月末对利润表进行编制的业务，需要调用“利润表”报表模板、调整报表格式、生成利润表数据并保存。

2. 操作步骤

视频地址：http://mdwx.mdmuke.com/mod/page/view.php?id=4646

请确认系统日期和业务日期为2017年4月30日。

1) 财务部主管曾志伟调用“利润表”报表模板

(1) 打开“UFO报表”窗口。在“财务会计”子系统，双击“UFO报表”菜单项，系统打开“UFO 报表”窗口；单击菜单栏中的“文件”/“新建”菜单项，系统新建一个报表，报表名默认为report1。

(2) 调用“利润表”模板格式。

① 单击菜单栏中的“格式”/“报表模板”菜单项，系统打开“报表模板”对话框。

② 在“报表模板”对话框中，选择“您所在的行业”为“2007年新会计制度科目”，“财务报表”为“利润表”，然后单击“确认”按钮，系统弹出“模板格式将覆盖本表格式！是否继续？”提示框。

③ 单击提示框中的“确认”按钮，即可打开“利润表”模板，系统返回report1窗口，此时处于格式状态(该窗口的左下角有“格式”字样)。

2) 财务部主管曾志伟调整报表模板格式并保存

(1) 删除“编制单位：”。在report1窗口(此时处于格式状态)中，选中A3单元格，按Delete键将“编制单位：”删除。

(2) 打开“设置关键字”对话框。单击菜单栏中的“数据”/“关键字”/“设置”菜单项，系统打开“设置关键字”对话框。

(3) 设置关键字“单位名称”。在“设置关键字”对话框中，系统已默认选中“单位名称”单选项，直接单击“确定”按钮，系统返回report1窗口，此时A3单元格的内容已经改为“单位名称：××××”。

(4) 保存报表模板。单击菜单栏中的“文件”/“保存”菜单项或工具栏中的“保存”

按钮，如果是第一次保存，则系统打开“另存为”对话框；在“另存为”对话框中，选择要“保存在”的文件夹，并输入报表的“文件名”为“利润表”，选择“文件类型”为“*.rep”，然后单击“另存为”按钮，保存报表格式，此时 report1 窗口的标题变为“利润表”。

3) 财务部主管曾志伟生成利润表数据并保存

(1) 切换状态为“数据”状态。在“利润表”窗口中，单击其左下角的“格式”按钮，则该按钮切换为“数据”，表明当前状态是“数据”状态。

(2) 设置提示选择账套。单击菜单栏中的“数据”/“计算时提示选择账套”菜单项，设置在进行报表的数据计算时，提示选择账套。

(3) 打开“录入关键字”对话框。单击菜单栏中的“数据”/“关键字”/“录入”菜单项，系统打开“录入关键字”对话框。

(4) 录入关键字。在“录入关键字”对话框，输入关键字“单位名称”为“北京亮康眼镜有限公司”，“年”为 2017，“月”为 4。

(5) 打开选择账套窗口。在“录入关键字”对话框，单击“确认”按钮，系统弹出“是否重算第 1 页？”提示框，单击“是”按钮，系统弹出企业应用平台的“登录”界面。

(6) 选择账套。在“操作员”编辑栏，输入“曾志伟”，选择账套“[***]…”，然后单击“登录”按钮，系统会自动根据单元公式计算 4 月份的数据，结果如图 3-81 所示。

利润表

会企02表

编制单位:	2017 年	4 月	单位:元
项　　目	行数	本期金额	上期金额
一、营业收入	1	420,000.00	
减：营业成本	2	336,000.00	
营业税金及附加	3		
销售费用	4	1,000.00	
管理费用	5	2,800.00	
财务费用	6		
资产减值损失	7		
加：公允价值变动收益（损失以“-”号填列）	8		
投资收益（损失以“-”号填列）	9		
其中:对联营企业和合营企业的投资收益	10		
二、营业利润（亏损以“-”号填列）	11	80200.00	
加：营业外收入	12		
减：营业外支出	13		
其中：非流动资产处置损失	14		
三、利润总额（亏损总额以“-”号填列）	15	80200.00	
减：所得税费用	16	20,050.00	
四、净利润（净亏损以“-”号填列）	17	60150.00	
五、每股收益：	18		
（一）基本每股收益	19		

数据　第1页

计算完毕！

图 3-81　利润表

(7) 保存 4 月份的利润表数据。单击工具栏中的“保存”按钮，保存该文件。

(8) 退出。单击菜单栏中的“文件”/“退出”菜单项，退出该窗口。

第 4 章

薪资管理系统

薪资管理系统是进行工资核算和管理的模块，是企业会计核算中最基本的业务之一。在用友 U8 中，薪资管理系统是人力资源系统的一个子系统，但可以独立运行。

薪资管理是在“企业应用平台”中进行操作的。

本章的操作应该是在系统日期 2017-04-01 并在第 1、2 章完成的账套中进行。所以在实验操作前，需要将系统时间调整为 2017 年 4 月 1 日。如果没有调整系统时间，则在登录“企业应用平台”时需要修改“操作日期”(即业务时间)为 2017 年 4 月 1 日；如果业务日期与账套建账时间之间的跨度超过 3 个月，则该账套在演示版状态下不能执行任何操作。

如果没有完成第 1、2 章的建账和基础档案编辑任务，则可以到百度网盘空间(网盘地址：http://pan.baidu.com/s/1ctoTCa，密码：wiea)的“实验账套数据”文件夹中，将“02 基础档案.rar”下载到实验用机上，然后引入(操作步骤详见第 1 章 1.3.5 节)ERP-U8 系统中。此外，本章完成的账套其输出压缩的文件名为“04 薪资管理.rar”。

需要说明的是：

(1) 因网盘中的账套备份文件均为压缩文件，所以在下载完成后引入之前，需要用解压缩工具进行解压(建议用 WinRAR 3.42 或以上版本)，得到相应可以引入的账套数据文件。

(2) 本教程的所有业务实验操作都有配套的微视频，可以通过扫描二维码，或者到指定的网页去观看。

4.1 薪资管理系统概述

4.1.1 薪资管理系统的功能

薪资管理系统以员工个人的原始工资数据为基础，完成工资计算、工资费用的汇总和分配、个人所得税的计算、提供工资表及工资分析表、登记相关总账及明细账等。可以与总账系统集成使用，自动编制工资费用凭证传递给总账系统；可以与成本管理系统集成使用，为成本管理提供人员的费用信息。

薪资管理系统有以下主要功能。

1. 初始设置

可以建立工资账套，进行基础设置，包括人员的档案数据、工资数据等基本信息、工资类别适用部门(多工资类别)、设置多次发放、自定义工资项目及计算公式、设置工资项目、从人事系统获取数据的取数公式、提供多工资类别核算、工资核算币种、扣零处理、个人所得税扣税处理等账套参数设置等。

2. 业务处理

可进行员工工资计算、汇总处理、支持多套工资数据的汇总；工资分钱清单：提供部门分钱清单、人员分钱清单、工资发放取款单；工资分摊：月末自动完成工资分摊、计提、转账业务，并将生成的凭证传递到总账系统；银行代发：灵活的银行代发功能，预置银行代发模板，适用于由银行发放工资的企业。可实现在同一工资账中的人员由不同的银行代发工资，以及多种文件格式的输出；扣缴所得税：提供个人所得税自动计算与申报功能。

3. 统计分析报表业务处理

提供按月查询凭证的功能；提供工资表：工资发放签名表、工资发放条、工资卡、部门工资汇总表、人员类别汇总表、条件汇总表、条件明细表、条件统计表、多类别工资表等；提供工资分析表：工资项目分析表、工资增长分析、员工工资汇总表、按月分类统计表、部门分类统计表、按项目分类统计表、员工工资项目统计表、分部门各月工资构成分析表、部门工资项目构成分析表等。

4.1.2 薪资管理系统与其他系统的关系

1. 薪资管理系统与总账系统

薪资管理系统将工资计提、分摊结果自动生成转账凭证，传递到总账系统。

2. 薪资管理系统与成本管理系统

薪资管理系统向成本管理系统传送人员的人工费用。

3. 薪资管理系统与 UFO

薪资管理系统向 UFO 传递数据。

4. 薪资管理系统与项目管理系统

薪资管理系统向项目管理系统传递项目的工资数据。

5. 薪资管理系统与人力资源系统

人力资源系统将指定了对应关系的工资项目及人员属性对应信息传递到薪资管理系统中，同时薪资管理系统可以根据人力资源的要求从薪资管理系统中读取工资数据，作为社保等数据的计提基础。

6. 薪资管理系统与计件工资

计件工资从薪资管理系统获取工资类别及计件相关参数(工资类别是否核算计件工资、是否按生产订单核算)，工资人员档案(是否计件)，并将计件工资汇总的结果传递到薪资管理系统。

4.2 初始设置

同总账系统一样，薪资管理系统在投入日常使用以前，也要进行初始设置。在第 3 章学习时只启用了总账一个模块，本章需启用薪资管理模块。薪资管理系统初始设置主要包括建立工资账套和基础信息设置两部分。建立工资账套包括参数设置、扣税设置、扣零设置和人员编码设置。基础信息设置包括部门档案设置、人员档案设置、工资项目设置、人员附加信息设置等。

4.2.1 建立工资账套

案例企业的薪资管理要求如下：

- 启用日期为当前日期(2017.4.1)。
- 工资类别个数为多个。
- 要求从工资中代扣个人所得税。
- 进行扣零至元。

操作步骤：

视频地址：http://mdwx.mdmuke.com/mod/page/view.php?id=4647

1. 系统启用

(1) 账套主管李吉棕登录企业应用平台。在“企业应用平台”的“基础设置”页签下，依次单击“基本信息”/“系统启用”菜单项，打开“系统启用”对话框。向下拉动滚动条使“薪资管理”项可见。选中“薪资管理”复选框。

(2) 设置启用日期 2017.4.1。单击“系统启用”对话框中的“退出”按钮，退出。

2. 建立工资账套

当启动薪资管理系统，如所选择账套为首次使用，系统将自动进入建账向导。系统提供的建账向导共分为四步。

1) 参数设置

(1) 选择本账套处理的工资类别个数：多个。

提示：

- 工资账套与系统管理中的账套是不同的概念，系统管理中的账套是针对整个核算系统，而工资账套是针对薪资管理系统的。要建立工资账套，前提是在系统管理中首先建立本单位的核算账套。建账工作是整个薪资管理正确运行的基础。
- 工资类别是对工资计算方法的归类。一种计算方法称作一个工资类别。
- 如单位按周或一月发多次工资，或者是单位中有多种不同类别(部门)的人员，工资发放项目不尽相同，计算公式亦不相同，但需进行统一工资核算管理，应选择“多个”工资类别。
- 如果单位中所有人员的工资统一管理，而人员的工资项目、工资计算公式全部相同，选择“单个”工资类别，可提高系统的运行效率。
- 薪资管理系统可以处理单个工资类别也可以处理多个工资类别。薪资管理系统共可建立999套工资账。每个工资账套中，可建立999个工资类别(第998、999号为系统使用)。

(2) 选择币种名称和“是否核算计件工资”：币别为“人民币”，不勾选“是否核算计件工资”项。单击“下一步”按钮。

提示：

系统根据此参数判断是否显示计件工资核算的相关信息。根据本参数判断是否在工资项目设置中显示“计件工资”项目；根据本参数判断是否在人员档案中显示“核算计件工资”选项。

2) 扣税设置

勾选“是否从工资中代扣个人所得税”选项。单击“下一步”按钮。

提示：

选择此项，工资核算时系统会根据输入的税率自动计算个人所得税额。

3) 扣零设置

选择进行扣零至元。单击“下一步”按钮。

提示:

- 确定是否进行扣零处理。若选择进行扣零处理，系统在计算工资时将依据所选择的扣零类型将零头扣下，并在积累成整时补上。扣零的计算公式将由系统自动定义，无须设置。
- 扣零：即扣零处理，现金发放工资时，把某一级货币单位以下的金额(如元以下的角和分)暂时扣下，叫作“扣零”。系统在计算工资时将依据扣零类型进行扣零计算。

4) 人员编码

人员编码与公共平台的人员编码保持一致，无须在本系统设置。单击“完成”按钮就完成了工资账套的建立工作。

这时在业务导航树上可以看到在薪资管理子树下增加了“工资类别”“设置”“业务处理”“统计分析”和“维护”五个三级子树。

4.2.2 工资类别主管设置

为了使用薪资管理系统的工资管理，需要给人力资源部主管王军和财务部会计张兰分配“工资类别主管”权限。

操作步骤：

(1) 账套主管李吉棕登录企业应用平台。在“企业应用平台”的“系统服务”页签中，依次单击“权限”/“数据权限分配”菜单项，系统打开“权限浏览”窗口。

(2) 首先单击工具栏中的“修改”按钮，然后在左窗格中选中“张兰”，在右窗格上部的“业务对象”下拉列表中选择“工资权限”，最后勾选“工资类别主管”复选框；之后单击工具栏中的“保存”按钮，保存该权限分配结果(允许张兰操作薪资管理模块)，如图4-1所示。

(3) 重复步骤(2)，设置“王军”的薪资管理模块操作权限。

(4) 单击“权限浏览”窗口中的“关闭”按钮，退出该窗口。

(5) 重注册(系统/重注册)企业应用平台，使以上设置生效。

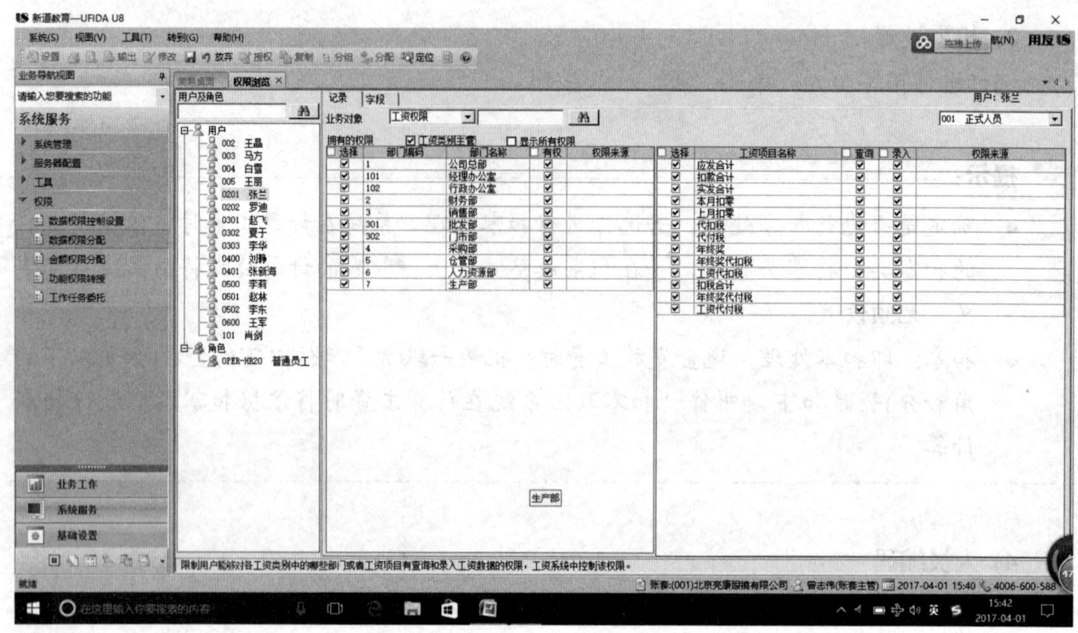

图 4-1　工资类别主管权限设置

4.2.3　建立工资类别

按照以下要求建立工资类别：

- 工资类别：正式人员、临时人员。
- 正式人员的部门：公司总部、财务部、销售部、采购部、仓管部、人力资源部、生产部。
- 临时人员部门：销售部。

操作步骤：

视频地址：http://mdwx.mdmuke.com/mod/page/view.php?id=4648

(1) 人力资源主管王军登录企业应用平台。打开“新建工资类别”对话框。在“企业应用平台”的“业务工作”页签中，依次单击“人力资源”/“薪资管理”/“工资类别”菜单项，双击“新建工资类别”，打开“新建工资类别”对话框，如图 4-2 所示。

(2) 建立正式人员工资类别。在工资类别名称下空白处输入“正式人员”。

(3) 单击“下一步”按钮，选择部门，单击部门前的黄色方框，选中则为“√”，依次选择所有部门，如图 4-3 所示。

(4) 确定启用日期：单击“是”按钮，则以 2017.04.01 为启用日期。

(5) 重复步骤(1)～(4)可以增加临时人员。

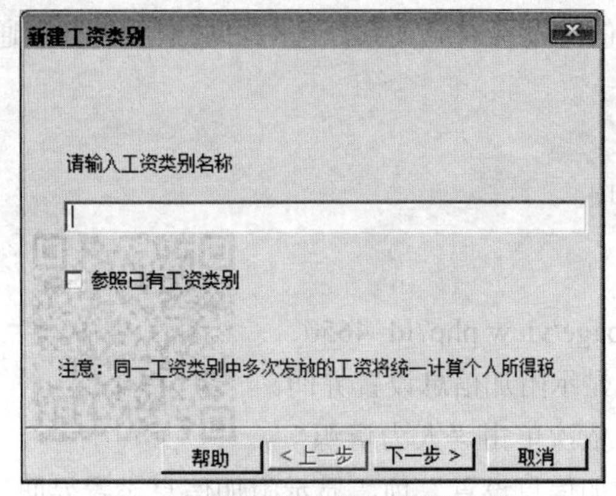

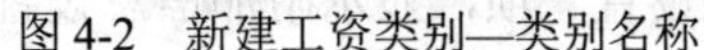
图 4-2　新建工资类别—类别名称

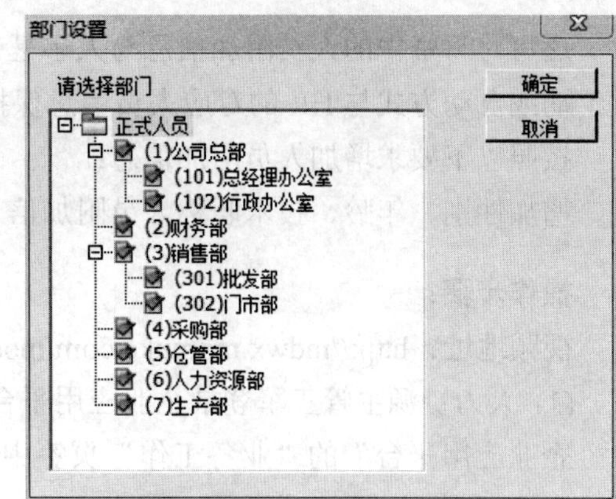

图 4-3　新建工资类别—选择部门

提示：

- 在一个工资类别建好以后，要关闭这个工资类别，才可以建立另一个工资类别。
- 只有选择了最末级明细部门，才能在人员档案设置中输入员工的个人信息。

4.2.4　基础信息设置

基础信息设置包括部门设置、人员附加信息设置、人员档案设置、工资项目设置等。

1. 部门设置

视频地址： http://mdwx.mdmuke.com/mod/page/view.php?id=4649

部门设置，是分别为各个工资类别设置相应的部门，在 4.2.3 节建立工资类别时，就已经分别给正式人员和临时人员工资类别选择了部门。

提示：

- 已经使用的部门不能取消选择。
- 在选中末级部门以前，应该先选中这个末级部门的上级部门。

2. 人员附加信息设置

除了人员编号、人员姓名、所在部门、人员类别等基本信息外，为了管理的需要还需要一些辅助管理信息，人员附加信息的设置就是设置附加信息名称。本功能可用于增加人员信息，丰富人员档案的内容，便于对人员进行更加有效的管理。例如增加设置人员的性别、民族、婚否等。

还可对薪资中的人员附加信息与人事基础信息设置对应关系，这些附加信息可分别通过手动或自动方式与 HR 的对应人员信息保持一致。

按照以下要求增加人员附加信息：

增加性别、年龄、技术职称人员附加信息项。

操作步骤：

视频地址：http://mdwx.mdmuke.com/mod/page/view.php?id=4650

(1) 人力资源主管王军登录企业应用平台。显示附加信息设置界面。在“企业应用平台”的“业务工作”页签中，依次单击“人力资源”/“薪资管理”/“设置”菜单项，双击“人员附加信息设置”项，显示附加信息设置界面。

(2) 单击“增加”按钮，光标停在“信息名称”栏处，可输入人员附加信息名称或从参照栏中选出系统提供的信息名称(本次选择性别)，单击“增加”按钮，将其送入中间的窗格，如图 4-4 所示。

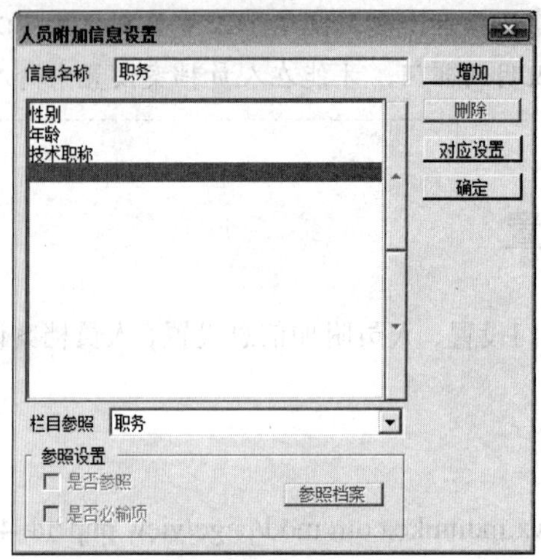

图 4-4 人员附加信息设置

(3) 重复前面两个步骤直到把所有需要的人员附加信息项目加入为止。

(4) 单击“确定”按钮，返回系统主界面，可执行其他操作。

提示：

- 已使用过的人员附加信息不可删除，但可以修改。
- 当一个字段设置为“必输项”时，仅对以后增改人员档案时进行控制，以前已经存在的记录不做改变。
- 设置了与人员基础对应关系的附加信息将对所有工资类别及发放次数中的人员附加信息有效。
- 人员附加信息最多允许增加到 100 项。

3. 人员档案设置

人员档案信息用于管理工资发放人员的姓名、职工编号、所在部门、人员类别等信息，本案例企业的正式人员档案信息详见表 4-1。

表 4-1 正式人员档案信息

一级部门	二级部门	人员类别	人员编码及姓名	性别	银行及银行账号
1 公司总部	101 经理办公室	企管人员	0100 李吉棕	女	工行 62220202220332016001
	102 行政办公室	企管人员	0101 陈虹	女	工行 62220202220332016002
2 财务部		企管人员	0200 曾志伟	男	工行 62220202220332016003
		企管人员	0201 张兰	女	工行 62220202220332016004
		企管人员	0202 罗迪	女	工行 62220202220332016005
3 销售部	301 批发部	销售人员	0300 赵飞	男	工行 62220202220332016006
	301 批发部	销售人员	0301 夏于	男	工行 62220202220332016007
	302 门市部	销售人员	0303 李华	男	工行 62220202220332016008
4 采购部		采购人员	0400 刘静	女	工行 62220202220332016009
		采购人员	0401 张新海	男	工行 62220202220332016010
5 仓管部		企管人员	0500 李莉	女	工行 62220202220332016011
		企管人员	0501 赵林	男	工行 62220202220332016012
		企管人员	0502 李东	男	工行 62220202220332016013
6 人力资源部		企管人员	0600 王军	男	工行 62220202220332016014
		企管人员	0601 梁京	女	工行 62220202220332016015
7 生产部		生产人员	0700 刘正	男	工行 62220202220332016016
		生产人员	0701 李江	男	工行 62220202220332016017

操作步骤：

视频地址：http://mdwx.mdmuke.com/mod/page/view.php?id=4651

方法一：逐一增加，并将基础设置中没有的相关信息逐一增加。

(1) 人力资源主管王军登录企业应用平台。选择“正式人员”工资类别。在“企业应用平台”的“业务工作”页签中，依次单击“人力资源”/“薪资管理”/“工资类别”菜单项，双击“打开工资类别”，选中“正式人员”，单击“确定”按钮，如图 4-5 所示。

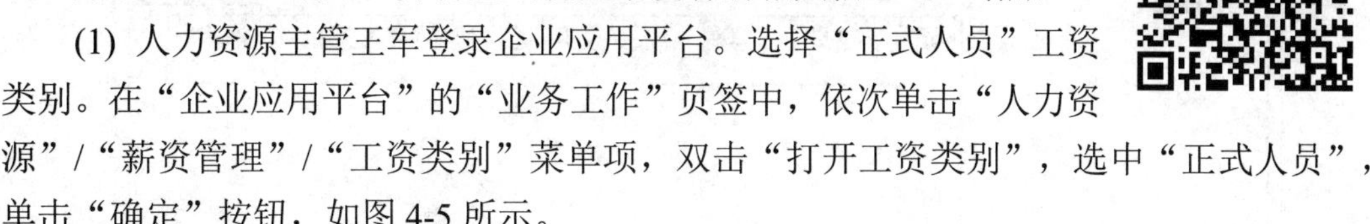

(2) 打开“人员档案”窗口。在“企业应用平台”的“业务工作”页签中，依次单击“人力资源”/“薪资管理”/“设置”/“人员档案”菜单项，系统打开“人员档案”窗口。

(3) 单击“增加”按钮，或选择右键菜单，显示人员档案增加界面。

(4) 在“基本信息”页签中，选择人员姓名、所属部门编号、名称。只有末级部门才能设置人员。

(5) 选择是否“计税”，计税人员是否“中方人员”，该人员是否核算计件工资。

(6) 选择代发工资银行的名称和银行账号。

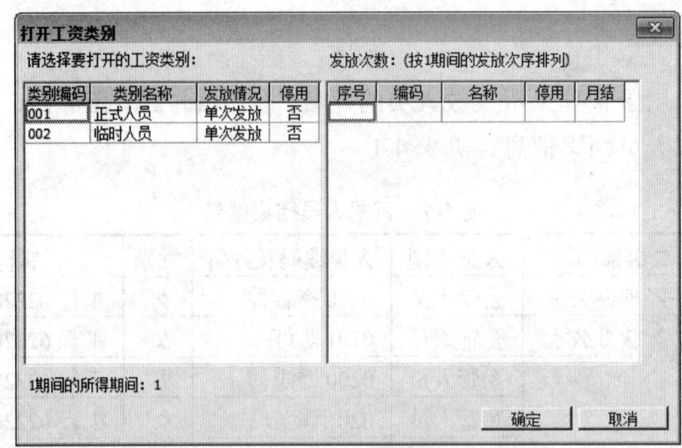

图 4-5　打开工资类别

(7) 在“辅助信息”页签中，输入人员附加信息。

(8) 输入完毕后，单击“确认”按钮保存并继续增加。

方法二：批量增加后，再将基础设置中没有的相关信息逐一增加。

(1) 人力资源主管王军登录企业应用平台。选择“正式人员”工资类别。在“企业应用平台”的“业务工作”页签中，依次单击“人力资源”/“薪资管理”/“工资类别”菜单项，双击“打开工资类别”，选中“正式人员”，单击“确定”按钮。

(2) 打开“人员档案”窗口。在“企业应用平台”的“业务工作”页签中，依次单击“人力资源”/“薪资管理”/“设置”/“人员档案”菜单项，系统打开“人员档案”窗口。

(3) 打开“人员批量增加”对话框。单击工具栏中的“批增”按钮，系统打开“人员批量增加”对话框，如图 4-6 所示。

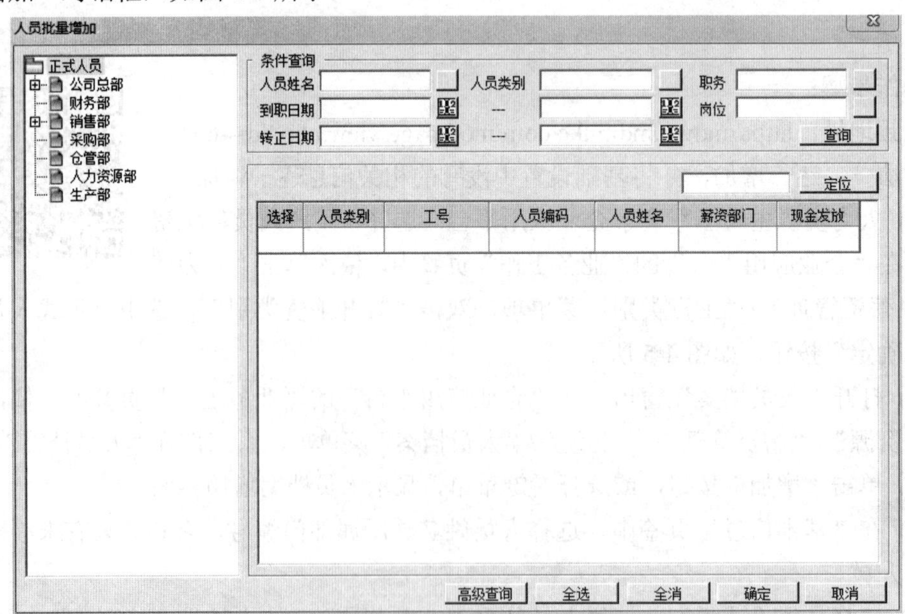

图 4-6　“人员批量增加”对话框

(4) 批量增加。单击对话框中的“查询”按钮，以查询出全部人员，然后单击“全选”按钮和“确定”按钮，系统返回“人员档案”窗口，列示了所有在基础档案中已有的人员信息，将员工信息补充完整，如图 4-7 所示。

人员档案

选择	薪资部门名称	工号	人员编号	人员姓名	人员类别	账号	中方人员	是否计税	工资停发	核算计件工资	现金发放	进
	总经理办公室		0100	李吉棕	企管人员	622202022033201600	是	是	否	否	否	
	行政办公室		0101	陈虹	企管人员	622202022033201600	是	是	否	否	否	
	财务部		0200	曾志伟	企管人员	622202022033201600	是	是	否	否	否	
	财务部		0201	张兰	企管人员	622202022033201600	是	是	否	否	否	
	财务部		0202	罗迪	企管人员	622202022033201600	是	是	否	否	否	
	批发部		0300	赵飞	销售人员	622202022033201600	是	是	否	否	否	
	批发部		0301	夏于	销售人员		是	是	否	否	否	
	门市部		0302	李华	销售人员	622202022033201600	是	是	否	否	否	
	采购部		0400	刘静	采购人员	622202022033201600	是	是	否	否	否	
	采购部		0401	张新海	采购人员	622202022033201601	是	是	否	否	否	
	采购部		0402	林意	采购人员	622202022033201601	是	是	否	否	否	
	仓管部		0500	李莉	企管人员	622202022033201601	是	是	否	否	否	
	仓管部		0501	赵林	企管人员	622202022033201601	是	是	否	否	否	
	仓管部		0502	李东	企管人员	622202022033201601	是	是	否	否	否	
	人力资源部		0600	王军	企管人员	622202022033201601	是	是	否	否	否	
	人力资源部		0601	梁京	企管人员	622202022033201601	是	是	否	否	否	
	生产部		0700	刘正	生产人员	622202022033201601	是	是	否	否	否	
	生产部		0701	李江	生产人员	622202022033201601	是	是	否	否	否	

图 4-7 “人员档案”窗口

(5) 退出。单击“人员档案”窗口中的“关闭”按钮，关闭“人员档案”窗口。

提示：

- 人员档案设置就是登记在企业领取工资的人员的相关信息。
- 人员档案是从属于各个工资类别的，必须要分工资类别设置。
- 完成当前工资类别的人员档案设置以后，要把当前打开的工资类别关闭，再打开新的工资类别进行人员档案设置。

4. 工资项目设置

- 增项：基本工资、岗位工资、绩效工资、交通补助。
- 减项：养老保险、医疗保险、失业保险、住房公积金。

操作步骤：

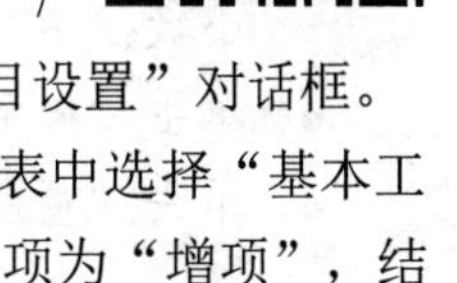

视频地址：http://mdwx.mdmuke.com/mod/page/view.php?id=4652

(1) 人力资源主管王军登录企业应用平台。打开“工资项目设置”对话框。在“企业应用平台”的“业务工作”页签中，依次单击“人力资源”/“薪资管理”/“设置”/“工资项目设置”菜单项，系统打开“工资项目设置”对话框。

(2) 增加基本工资项。单击“增加”按钮，从“名称参照”下拉列表中选择“基本工资”，其默认类型为“数字”、长度为“8”、小数位数为“2”、增减项为“增项”，结果如图 4-8 所示。

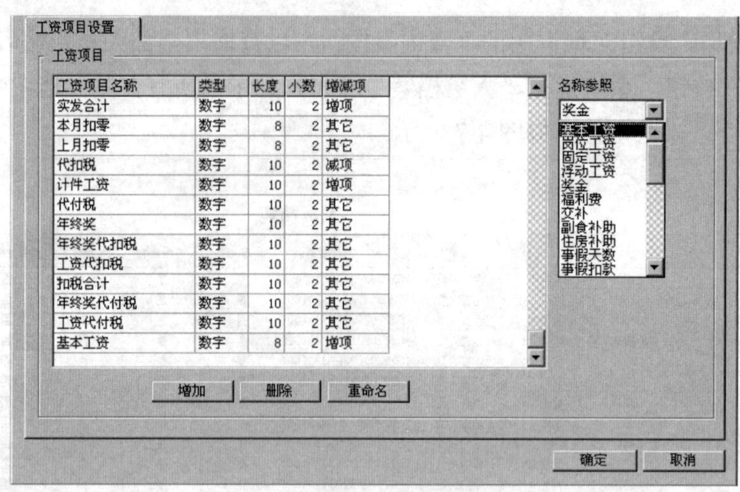

图 4-8 “工资项目设置”对话框

(3) 增加绩效工资项。再单击“增加”按钮，从“名称参照”下拉列表中选择“奖金”，“重命名”其“工资项目名称”为“绩效工资”，其默认类型为“数字”、长度为“8”、小数位数为“2”、增减项为“增项”。

(4) 增加其他“增项”工资项目，其默认类型为“数字”、长度为“8”、小数位数为“2”、增减项为“增项”。重复步骤(2)或(3)，完成其他“增项”工资项目的增加。

(5) 增加养老保险项。再单击“增加”按钮，从“名称参照”下拉列表中选择“保险费”，“重命名”其“工资项目名称”为“养老保险”，并修改其“增减项”为“减项”，其默认类型为“数字”、长度为“8”、小数位数为“2”。

(6) 增加其他“减项”工资项目。重复步骤(5)，完成其他“减项”工资项目的增加。

(7) 完成并退出。单击“工资项目设置”对话框中的“确定”按钮，完成工资项目的设置。

提示：

- 用友 U8 薪资管理系统工资项目设置包括两个层次的内容。第一在基础设置中工资项目设置是指本单位各种工资类别所需要的全部工资项目，包括所有工资类别所使用的所有工资项目。第二是指对某个指定工资类别所需的工资项目进行设置。
- 系统提供的固定工资项目，如本实验中的本月扣零、上月扣零，不能修改名称和删除。
- 项目名称必须唯一。工资项目一经使用，数据类型不允许修改。
- 增项直接计入应发合计，减项直接计入扣款合计，若工资项目类型为字符型，则小数位不可用，且其增减项为其他。
- 单击“确定”按钮保存设置，若放弃设置则单击“取消”按钮返回。
- 单击“重命名”按钮，可修改工资项目名称。

- 选择要删除的工资项目，单击“删除”按钮，确认后即可删除。
- 系统默认：应发合计=增项之和；扣款合计=减项之和；实发合计=应发合计－扣款合计。

5. 选择工资项目

- 正式人员的工资项目：基本工资、岗位工资、绩效工资、交通补助、养老保险、医疗保险、失业保险、住房公积金、应发合计、实发合计。
- 临时人员的工资项目：基本工资、岗位工资、绩效工资、交通补助、养老保险、医疗保险、失业保险、应发合计、实发合计。

操作步骤：

视频地址：http://mdwx.mdmuke.com/mod/page/view.php?id=4653

(1) 人力资源主管王军登录企业应用平台。选择“正式人员”工资类别。在“企业应用平台”的“业务工作”页签中，依次单击“人力资源”/“薪资管理”/“工资类别”菜单项，双击“打开工资类别”，选中“正式人员”，单击“确定”按钮。

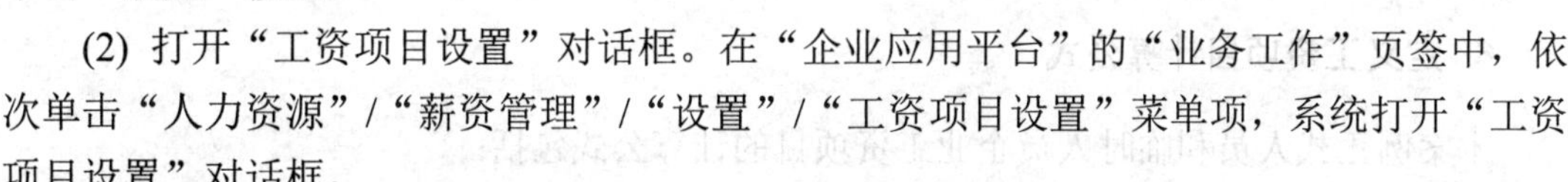

(2) 打开“工资项目设置”对话框。在“企业应用平台”的“业务工作”页签中，依次单击“人力资源”/“薪资管理”/“设置”/“工资项目设置”菜单项，系统打开“工资项目设置”对话框。

(3) 增加基本工资项。单击“增加”按钮，从“名称参照”下拉列表中选择“基本工资”，结果如图4-9所示。

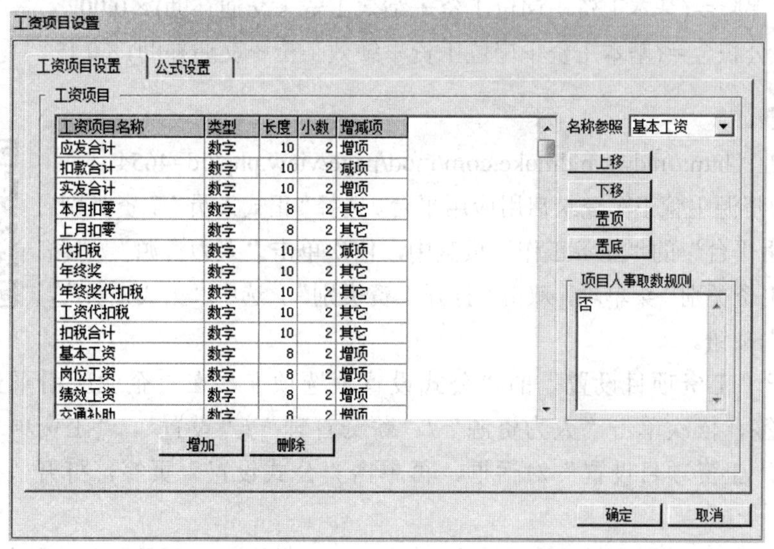

图4-9 正式人员工资项目设置

(4) 增加绩效工资项。再单击“增加”按钮，从“名称参照”下拉列表中选择“绩效工资”。

(5) 增加其他“增项”工资项目。重复步骤(3)或(4)，完成其他“增项”工资项目的增加。

(6) 增加养老保险项。再单击“增加”按钮，从“名称参照”下拉列表中选择“养老保险”。

(7) 增加其他“减项”工资项目。重复步骤(5)，完成其他“减项”工资项目的增加。

(8) 完成并退出。单击“工资项目设置”对话框中的“确定”按钮，完成工资项目的设置。

按照以上步骤，增加临时人员工资项目。

**提示：**

- 完成正式人员工资类别的工资项目设置以后，要把当前打开的工资类别关闭，再打开临时人员工资类别进行工资项目设置。
- 单击界面上的上移、下移、置顶、置底可调整工资项目的排列顺序。

6. 定义工资项目计算公式

本案例正式人员和临时人员企业工资项目的计算公式包括：

- 养老保险=(基本工资+岗位工资+绩效工资+交通补助)×0.08
- 医疗保险=(基本工资+岗位工资+绩效工资+交通补助)×0.02
- 失业保险=(基本工资+岗位工资+绩效工资+交通补助)×0.002
- 住房公积金=(基本工资+岗位工资+绩效工资+交通补助)×0.12

操作步骤：

视频地址：http://mdwx.mdmuke.com/mod/page/view.php?id=4654

(1) 人力资源主管王军登录启用应用平台。选择“正式人员”工资类别。在“企业应用平台”的“业务工作”页签中，依次单击“人力资源”/“薪资管理”/“工资类别”菜单项，双击“打开工资类别”，选中“正式人员”，单击“确定”按钮。

(2) 打开“工资项目设置”的“公式设置”选项卡。在“企业应用平台”的“业务工作”页签，依次单击“人力资源”/“薪资管理”/“设置”/“工资项目设置”菜单项，打开“工资项目设置”对话框，再单击“公式设置”页签，打开“公式设置”选项卡。

(3) 增加公式项。单击“增加”按钮，并从左上角的“工资项目”列表中选择“养老保险”，操作界面参见图 4-10。

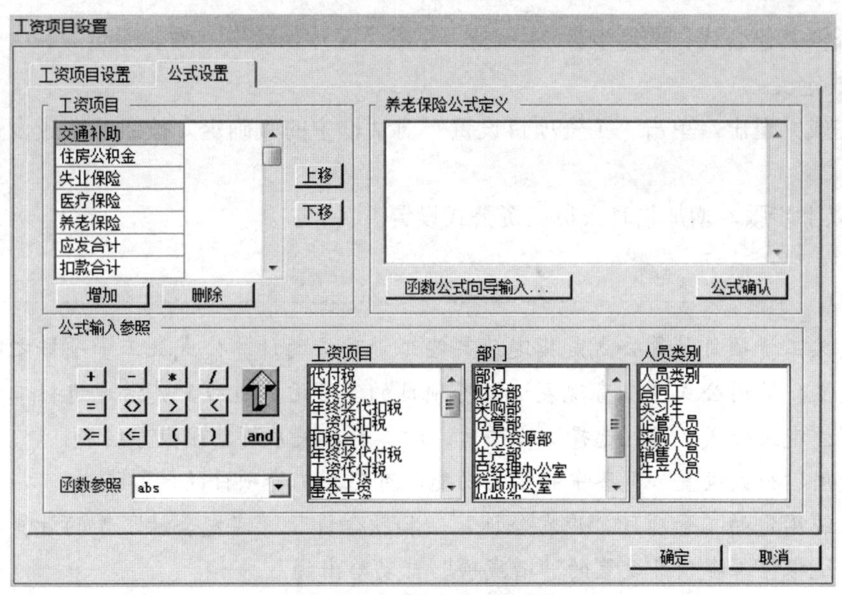

图 4-10 工资项目设置

(4) 编辑公式。先单击“养老保险公式定义”区域，再选中运算符区域的“(”，然后从中下部的“工资项目”列表中选择“基本工资”，再选中运算符区域的“+”，再从中下部的“工资项目”列表中选择“岗位工资”，再选中运算符区域的“+”，再从中下部的“工资项目”列表中选择“绩效工资”，再选中运算符区域的“+”，再从中下部的“工资项目”列表中选择“交通补助”，再选中运算符区域的“)”和运算符区域的“*”，最后在“养老保险公式定义”区域输入“0.08”，结果如图 4-11 所示。

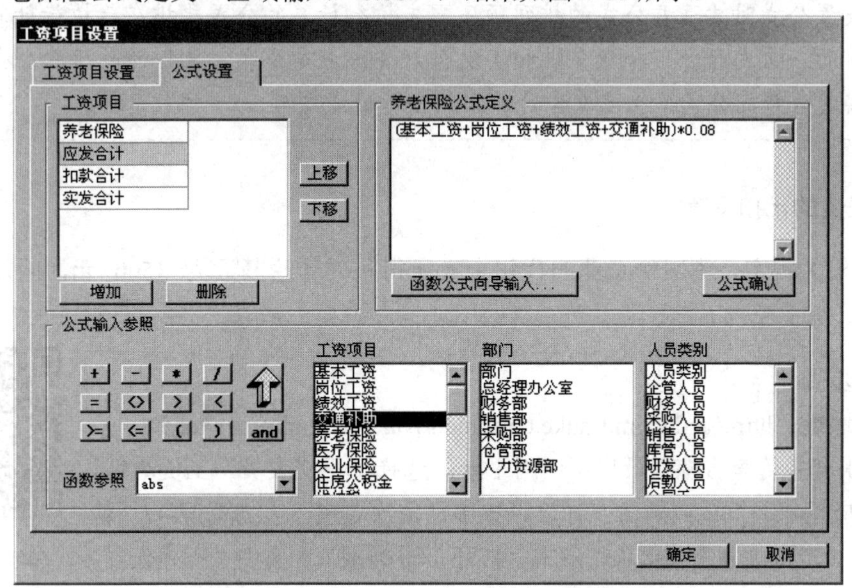

图 4-11 “养老保险公式定义”操作界面

(5) 保存。单击“公式确认”按钮，完成“养老保险”的公式定义。

(6) 编辑其他公式。重复步骤(2)～(5)，完成“医疗保险”“失业保险”和“住房公积金”的公式定义。

(7) 完成并退出。单击“工资项目设置”对话框中的“确定”按钮，完成设置，退出对话框。

按照以上步骤，增加临时人员工资公式设置。

提示：

- 定义工资项目计算公式是指定义某些工资项目的计算公式及工资项目之间的运算关系。运用公式可以直观表达工资项目的实际运算过程，灵活地进行工资计算处理。定义公式可通过选择工资项目、运算符、关系符、函数等组成。
- 使用“公式设置”页签中的相关功能，可定义工资项目的计算公式。
- 系统固定的工资项目“应发合计”“扣款合计”“实发合计”等的计算公式，是系统根据工资项目设置的“增减项”自动给出的。
- 不能删除已输入数据或已设置计算公式的工资项目。
- 凡是和工资类别有关的操作，都要先打开工资类别；如果要做的操作与所有工资类别有关，就不需要打开工资类别。
- 设置公式前要完成人员档案的设置，否则“工资项目设置”窗口中的“公式设置”不能显示。
- 如果在建账时选择了扣零处理，在工资项目中会自动出现“上月扣零”和“本月扣零”，不必设置计算公式，系统会自动进行扣零处理。
- 设置公式时要注意公式的排列顺序，先执行计算的公式要排在后执行计算的公式前面。应发合计、扣款合计和实发合计公式应是公式定义框的最后三个公式，且实发合计的公式要在应发合计和扣款合计公式之后。

7. 工资的代扣设置

根据相关规定，本案例企业的代扣个人所得税的计税基数为 3500 元，附加费用为 1300 元。

操作步骤：

视频地址：http://mdwx.mdmuke.com/mod/page/view.php?id=4655

(1) 账套主管李吉棕登录启用应用平台。选择“正式人员”工资类别。在“企业应用平台”的“业务工作”页签中，依次单击“人力资源”/“薪资管理”/“工资类别”菜单项，双击“打开工资类别”，选中“正式人员”，单击“确定”按钮。

(2) 打开“选项”对话框。在“企业应用平台”的“业务工作”页签中，依次单击“人力资源”/“薪资管理”/“设置”/“选项”菜单项，系统打开“选项”对话框。

(3) 单击“扣税设置”选项卡，再单击“编辑”按钮，结果如图 4-12 所示。

选项

扣零设置 | 扣税设置 | 参数设置 | 调整汇率 | 分段计薪

☑ 从工资中代扣个人所得税

个人所得税申报表中"收入额合计"项所对应的工资项目默认是"实发工资"，若不是此项，请从下栏选择：

实发合计　　税率设置

月度工资扣税方式：代扣税　　年终奖扣税方式：代扣税

说明:从个人工资中扣除个人所得税款项并由企业代缴称为代扣税由企业支付员工的个人所得税款项称为代付税

编辑　确定　取消　帮助

图 4-12　薪资管理“选项”对话框的“扣税设置”选项卡

(4) 单击其中的“税率设置”按钮，系统打开“个人所得税申报表——税率表”对话框，如图 4-13 所示。

个人所得税申报表——税率表

基数 3500　附加费用 1300　您如果修改了纳税的设置，请到工资变动中重新进行工资计算。

计算公式：代扣税 | 代付税

级次	应纳税所得额下限	应纳税所得额上限	税率(%)	速算扣除数
1	0.00	1500.00	3.00	0.00
2	1500.00	4500.00	10.00	105.00
3	4500.00	9000.00	20.00	555.00
4	9000.00	35000.00	25.00	1005.00
5	35000.00	55000.00	30.00	2755.00
6	55000.00	80000.00	35.00	5505.00
7	80000.00		45.00	13505.00

增加　删除　打印　确定　取消

图 4-13　个人所得税申报表——税率表

(5) 修改并确认“基数”“附加费用”和税率表的相应数据。

(6) 单击“确定”按钮，完成税率设置，返回“选项”对话框。

(7) 再单击“确定”按钮，完成设置，退出对话框。

提示：

- 只有主管人员可以修改工资参数，工资账参数调整包括扣零设置、扣税设置、参数设置和调整汇率。
- 已经进行过月结的工资类别或发放次数不能修改币种。
- 设置工资的扣税工资项目，系统默认为“实发合计”。在实际业务中，因可能存在免税收入项目(如政府特殊津贴、院士津贴等)和税后列支项目，可以单独设置一个工资项目来计算应纳税工资。

- 如果修改了“扣税设置”，需要进入“工资变动”执行“计算”和“汇总”功能，以保证“代扣税”工资项目正确地反映单位实际代扣个人所得税的金额。
- 工资和年终奖可采用不同的扣税方式，如工资为代扣税，而年终奖为代付税。

8. 银行档案设置

工资由银行代发的企业需要进行银行档案的设置。

本案例企业委托代发工资的银行是中国工商银行，账号定长为 19 位，录入时自动带出账号 11 位。

操作步骤：

视频地址：http://mdwx.mdmuke.com/mod/page/view.php?id=4656

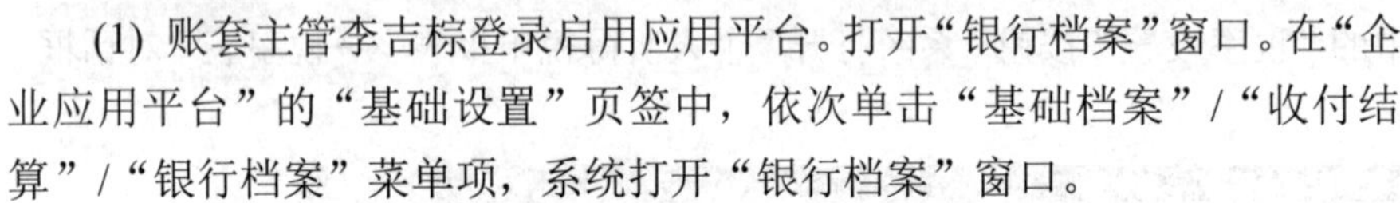

(1) 账套主管李吉棕登录启用应用平台。打开“银行档案”窗口。在“企业应用平台”的“基础设置”页签中，依次单击“基础档案”/“收付结算”/“银行档案”菜单项，系统打开“银行档案”窗口。

(2) 选中“个人账户规则”区域的“定长”复选框，并修改“账号长度”为 19，“自动带出账号长度”为 11，如图 4-14 所示。

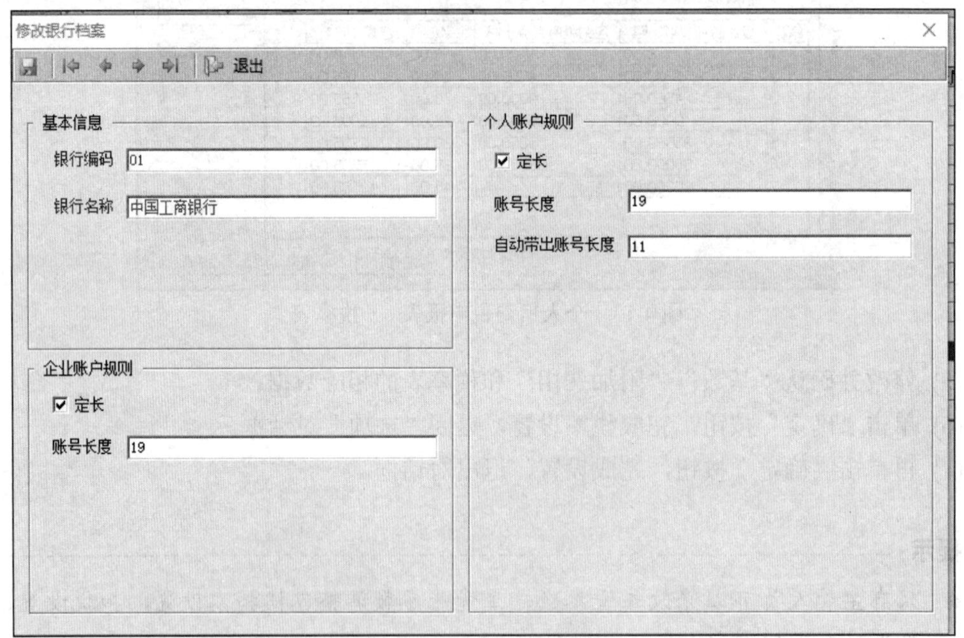

图 4-14　银行档案设置

(3) 单击“退出”按钮，系统提示“是否保存对当前档案的编辑？”，单击“是”按钮完成设置，退出“修改银行档案”窗口；在“银行档案”窗口中，单击“退出”按钮退出。

提示：

- 在新增一个银行名称的时候，“银行名称”框下方的窗格不允许为空。
- 银行账号长度不能为空。
- 删除银行名称的时候，和这个银行有关的所有设置信息都会一同删除。

9. 期初工资数据录入

本案例企业在职人员的期初工资数据详见表 4-2。

表 4-2 期初工资数据

单位：元

一级部门	二级部门	人员类别	人员编码及姓名	基本工资	岗位工资	绩效工资
1 公司总部	101 经理办公室	企管人员	0100 李吉棕	2000	1000	5000
	102 行政办公室	企管人员	0101 陈虹	2000	1000	3000
2 财务部		企管人员	0200 曾志伟	2000	1000	4000
		企管人员	0201 张兰	2000	900	3000
		企管人员	0202 罗迪	2000	900	3000
3 销售部	301 批发部	销售人员	0300 赵飞	2000	1000	4000
	301 批发部	销售人员	0301 夏于	2000	900	3000
	302 门市部	销售人员	0303 李华	2000	900	3000
4 采购部		采购人员	0400 刘静	2000	900	4000
		采购人员	0401 张新海	2000	500	3000
5 仓管部		企管人员	0500 李莉	2000	700	4000
		企管人员	0501 赵林	2000	700	3000
		企管人员	0502 李东	2000	700	3000
6 人力资源部		企管人员	0600 王军	2000	1000	4000
		企管人员	0601 梁京	2000	700	3000
7 生产部		生产人员	0700 刘正	2000	700	4000
		生产人员	0701 李江	2000	700	3000

操作步骤：

(1) 选择“正式人员”工资类别。在“企业应用平台”的“业务工作”页签中，依次单击“人力资源”/“薪资管理”/“工资类别”菜单项，双击“打开工资类别”，选中“正式人员”，单击“确定”按钮。

(2) 打开“人员档案”列表窗口。在“企业应用平台”的“业务工作”页签中，依次单击“人力资源”/“薪资管理”/“设置”/“人员档案”菜单项，进入“人员档案”列表窗口。

(3) 编辑一个员工的工资数据。双击“0100 李吉棕”所在行，系统打开“人员档案明细”对话框，并显示李吉棕的详细档案，单击“数据档案”按钮，打开“工资数据录入—页编辑”对话框，然后在“基本工资”编辑栏录入 2000，“岗位工资”为 1000，“绩效工资”为 5000，其他数据项系统自动给出，结果如图 4-15 所示。

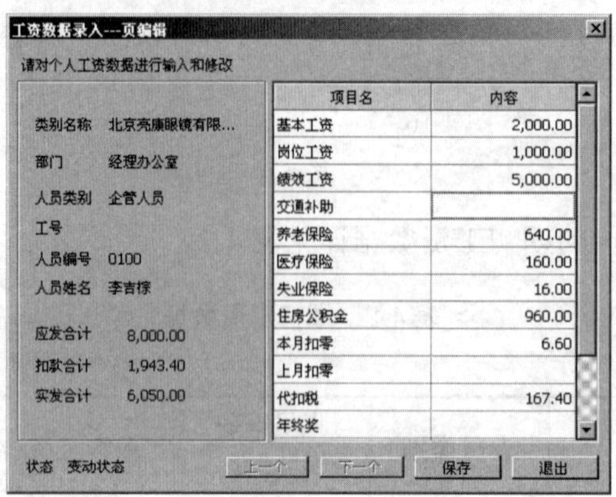

图 4-15 工资数据录入—页编辑

(4) 保存。单击“保存”按钮，返回“人员档案明细”对话框，然后单击“确定”按钮，系统提示“写入该人员档案信息吗？”，单击“确定”按钮，返回“人员档案明细”对话框，系统自动显示下一个员工的详细档案。

(5) 编辑其他员工的工资数据。重复步骤(3)和(4)，将表 4-2 中所有的期初工资数据录入并保存。

(6) 退出。单击“取消”按钮，退出“人员档案明细”对话框。

4.3 日常处理

薪资管理的日常处理包括人员变动、工资数据变动、个税处理、银行代发、工资分摊及费用计提等内容。

4.3.1 人员变动

- 4月5日，招聘林意(编号：0402，性别：女)到采购部作采购人员，本月为试用期，所以仅发工资2000元的一半(1000元)，银行代发工资账号为6222020220332016018。
- 4 月 5 日，招聘费蕾(编号：0304，性别：女)到销售部作临时人员，本月仅发基本工资 1000 元，交通补贴 50 元。银行代发工资账号为 6222020220332016033。

1. 业务描述与分析

本笔业务是新员工的薪资处理业务，需要新增人员档案、新增在职人员和进行工资变动操作。在操作时，需要在基础档案的人员档案和薪资管理模块分别添加。

2. 操作流程

新员工薪资处理流程如图 4-16 所示。

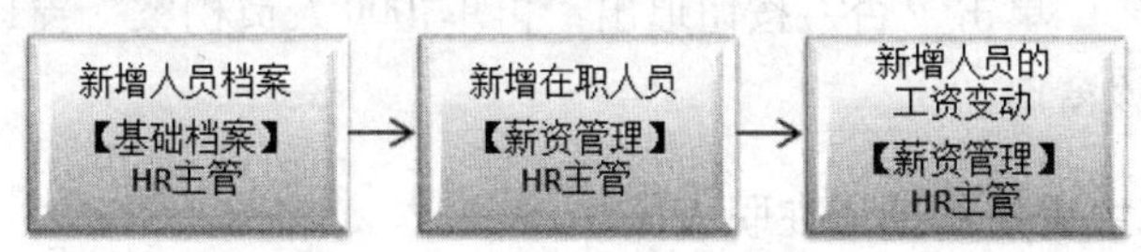

图 4-16　新员工薪资处理流程

3. 操作步骤

任务说明：人力资源部主管王军，在基础档案的人员档案新增人员档案、在薪资管理中新增在职人员和进行工资变动。

1) 人力资源部主管王军新增人员档案

视频地址：http://mdwx.mdmuke.com/mod/page/view.php?id=4657

(1) 打开基础档案的“人员档案”窗口。在“企业应用平台”的“基础设置”页签中，依次单击“基础档案”/“机构人员”/“人员档案”菜单项，系统打开“人员档案”窗口。

(2) 编辑新增人员档案。单击工具栏中的“增加”按钮，在系统弹出的“人员档案”对话框中做如下编辑：在“人员编码”栏输入 0402，“人员姓名”栏输入“林意”，“性别”选择为“女”，“行政部门”参照生成“采购部”，“雇佣状态”选择“在职”，“人员类别”参照生成“采购人员”，在“银行名称”栏中选择“中国工商银行”，在“账号”栏输入 6222020022033016018，选中“是否业务员”复选框，如图 4-17 所示。

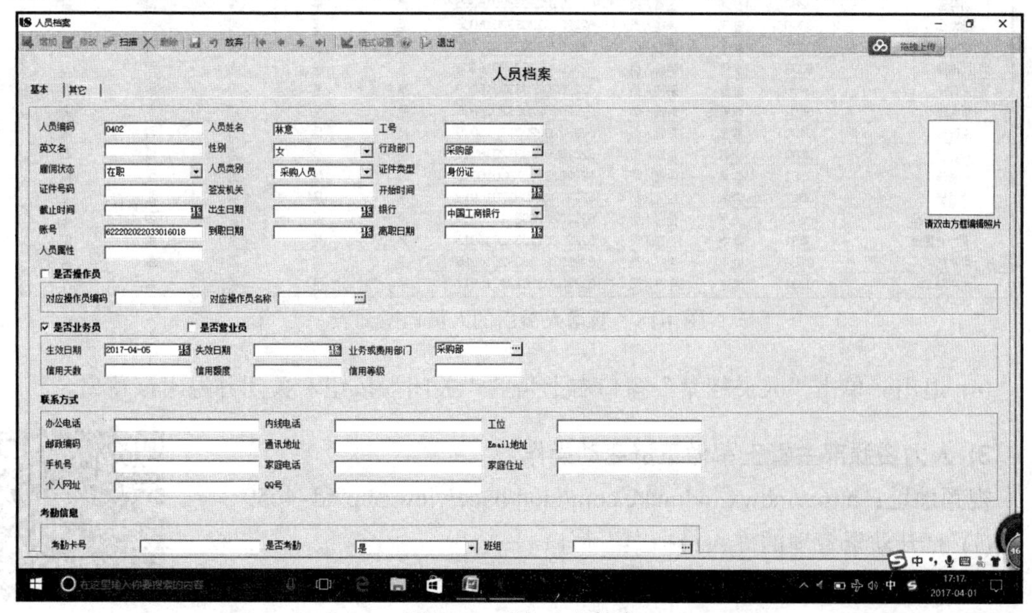

图 4-17　增加人员档案

(3) 保存新增人员档案。单击“保存”按钮，保存该人员档案，系统自动增加下一个单据。

(4) 退出。单击“人员列表”窗口工具栏中的“退出”按钮，系统提示“是否保存对当前单据的编辑？”，单击“否”按钮退出；再单击“人员档案”窗口右上角的“关闭”按钮，关闭并退出该窗口。

2) 人力资源部主管王军新增在职人员

视频地址：http://mdwx.mdmuke.com/mod/page/view.php?id=4658

(1) 选择“正式人员”工资类别。在“企业应用平台”的“业务工作”页签中，依次单击“人力资源”/“薪资管理”/“工资类别”菜单项，双击“打开工资类别”，选中“正式人员”，单击“确定”按钮。

(2) 打开薪资管理的“人员档案”窗口。在“企业应用平台”的“业务工作”页签中，依次单击“人力资源”/“薪资管理”/“设置”/“人员档案”菜单项，系统打开“人员档案”窗口。

(3) 编辑并保存在职人员信息。单击工具栏中的“增加”按钮，系统打开“人员档案明细”对话框，参照生成“人员姓名”为“林意”，然后单击“确定”按钮，系统保存该人员档案并返回“人员档案明细”对话框自动打开下一条人员记录，单击对话框中的“取消”按钮，系统返回“人员档案”窗口，结果如图 4-18 所示。

人员档案

总人数：18

选择	薪资部门名称	工号	人员编号	人员姓名	人员类别	账号	中方人员	是否计税	工资停发	核算计件工资	现金发放
	经理办公室		0100	李吉棕	企管人员	6222020220332016001	是	是	否	否	否
	行政办公室		0101	陈虹	企管人员	6222020220332016002	是	是	否	否	否
	财务部		0200	曾志伟	企管人员	6222020220332016003	是	是	否	否	否
	财务部		0201	张兰	企管人员	6222020220332016004	是	是	否	否	否
	财务部		0202	罗迪	企管人员	6222020220332016005	是	是	否	否	否
	批发部		0300	赵飞	销售人员	6222020220332016006	是	是	否	否	否
	批发部		0301	夏于	销售人员	6222020220332016007	是	是	否	否	否
	门市部		0302	李华	销售人员	6222020220332016008	是	是	否	否	否
	采购部		0400	刘静	采购人员	6222020220332016009	是	是	否	否	否
	采购部		0401	张新海	采购人员	6222020220332016010	是	是	否	否	否
	采购部		0402	林意	采购人员	6222020220332016018	是	是	否	否	否
	仓管部		0500	李莉	企管人员	6222020220332016011	是	是	否	否	否
	仓管部		0501	赵林	企管人员	6222020220332016012	是	是	否	否	否
	仓管部		0502	李东	企管人员	6222020220332016013	是	是	否	否	否
	人力资源部		0600	王军	企管人员	6222020220332016014	是	是	否	否	否
	人力资源部		0601	梁京	企管人员	6222020220332016015	是	是	否	否	否
	生产部		0700	刘正	生产人员	6222020220332016016	是	是	否	否	否
	生产部		0701	李江	生产人员	6222020220332016017	是	是	否	否	否

图 4-18　新增人员后的人员档案列表

(4) 退出。单击“人员档案”窗口右上角的“关闭”按钮，关闭并退出该窗口。

3) 人力资源部主管王军做工资变动操作

视频地址：http://mdwx.mdmuke.com/mod/page/view.php?id=4659

(1) 打开薪资管理的“人员档案”窗口。

(2) 打开“人员档案明细”对话框。双击“林意”所在行，系统打开“人员档案明细”对话框。

(3) 编辑“林意”的工资信息。单击对话框中的“数据档案”按钮，系统弹出“工资数据录入—页编辑”对话框，编辑其“基本工资”为1000，然后单击对话框中的“保存”按钮，系统返回“人员档案明细”对话框。

(4) 保存“林意”的工资信息。单击对话框中的“确定”按钮，在系统弹出的“写入该人员档案信息吗？”提示框，再单击“确定”按钮完成录入，系统返回“人员档案明细”对话框并自动进入下一条记录。

(5) 返回。单击“人员档案明细”对话框中的“取消”按钮，返回“人员档案”窗口。

(6) 退出。单击“人员档案”窗口右上角的“关闭”按钮，关闭并退出该窗口。

重复以上步骤增加临时人员“费蕾”。注意选择“临时人员”工资类别。

4.3.2 工资数据变动

工资数据录入后，有些是基本不变的，如人员编码、姓名等。有些是在一段时间内基本不变的，如基本工资、岗位津贴。还有些是经常变动的，如奖金、请假天数。在日常工作中，每次发放工资时需要根据实际情况进行调整。每月发生工资调整也在“工资变动”中进行更改。

4月10日，经过人力资源部绩效考核，总经理李吉棕批准：4月份对销售部正式人员每人增加绩效工资500元，其他人按上月标准发放；自4月份开始给正式人员每位职工发放交通补助，标准为“企管人员”和“销售人员”补助100元/月，其他人员50元/月。

1. 业务描述与分析

本笔业务是设置工资项目公式和变更本月职工工资数据的业务，需要首先进行工资项目公式编辑(交通补助的公式设置)，然后进行工资数据变动，最后计算与汇总工资。

2. 操作流程

工资变动与计算工资的操作流程如图4-19所示。

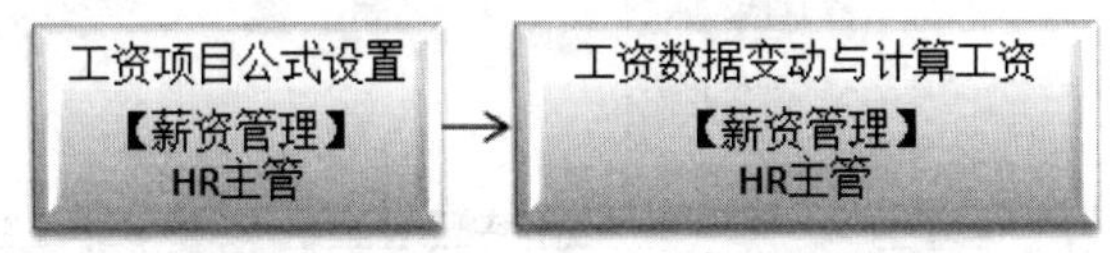

图4-19 工资变动与计算工资的操作流程

3. 操作步骤

任务说明：人力资源部主管王军进行工资项目公式设置，做工资数据变动和工资计算。

1) 人力资源部主管王军进行工资项目公式设置

视频地址：http://mdwx.mdmuke.com/mod/page/view.php?id=4660

(1) 选择“正式人员”工资类别。在“企业应用平台”的“业务工作”页签中，依次单击“人力资源”/“薪资管理”/“工资类别”菜单项，双击“打开工资类别”，选中“正式人员”，单击“确定”按钮。

(2) 打开“工资项目设置”对话框。在“企业应用平台”的“业务工作”页签中，依次单击“人力资源”/“薪资管理”/“设置”/“工资项目设置”菜单项，系统打开“工资项目设置”对话框。

(3) 设置“交通补助”工资项目的公式。首先选择“工资项目设置”对话框中的“公式设置”选项卡，然后单击“增加”按钮，并选中左上角“工资项目”列表中的“交通补助”，做如下公式设置操作：

① 单击“函数公式导入”按钮，打开“函数向导——步骤之 1”对话框，单击“函数名”列表中的 iff 函数。

② 单击“下一步”按钮，打开“函数向导——步骤之 2”对话框，单击“逻辑表达式”栏的参照按钮，打开“参照”对话框，选择“参照列表”栏的“人员类别”，并选中“企管人员”，单击“确定”按钮，返回“函数向导——步骤之 2”对话框，在“算术表达式 1”文本框中输入 100，单击“完成”按钮，返回“工资项目设置”对话框。

③ 将光标置于右括号前面，再单击“函数公式导入”按钮，打开“函数向导——步骤之 1”对话框，然后单击“函数名”列表中的 iff 函数。

④ 单击“下一步”按钮，打开“函数向导——步骤之 2”对话框，单击“逻辑表达式”栏的参照按钮，打开“参照”对话框，选择“参照列表”栏的“人员类别”，并选中“销售人员”，单击“确定”按钮，返回“函数向导——步骤之 2”对话框，在“算术表达式 1”文本框中输入 100，在“算术表达式 2”文本框中输入 50。

⑤ 单击“完成”按钮，返回“工资项目设置”对话框，此时“交通补助公式定义”为“iff(人员类别="企管人员",100,iff(人员类别="销售人员",100,50))”(结果如图 4-20 所示)，单击“公式确认”按钮，完成“交通补助”的公式定义。

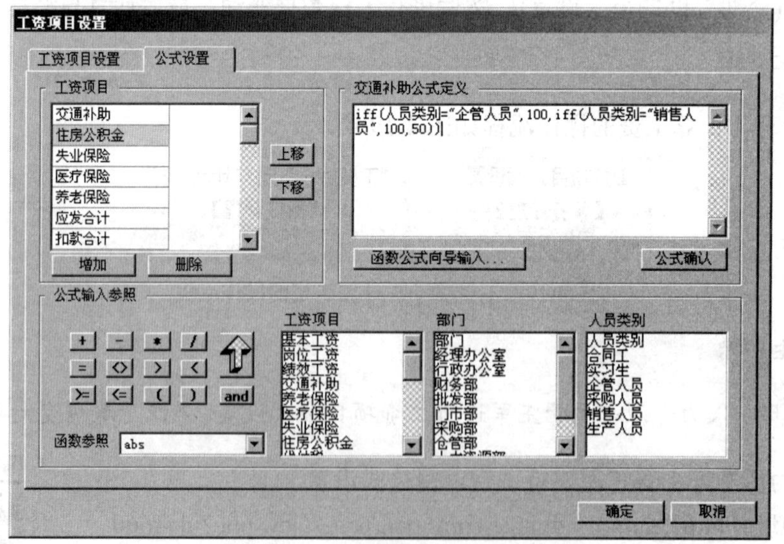

图 4-20 工资项目公式设置的结果

(4) 退出。在“工资项目设置”对话框中，单击“确定”按钮，退出该对话框。

2) 人力资源部主管王军做工资数据变动与计算工资

视频地址：http://mdwx.mdmuke.com/mod/page/view.php?id=4661

(1) 打开“工资变动”窗口。在“薪资管理”子系统中，依次单击“业务处理”/“工资变动”菜单项，系统打开“工资变动”窗口。

(2) 打开“工资项数据更替”对话框。单击工具栏中的“全选”按钮，选择所有员工，然后单击“替换”按钮，系统弹出“工资项数据更替”对话框。

(3) 编辑工资数据。在“工资项数据更替”对话框中，选中“将工资项目”下拉列表中的“绩效工资”，并在“替换成”栏输入“绩效工资+500”，设置“替换条件”为“部门”“=”“销售部”，如图 4-21 所示；再单击“确定”按钮，系统弹出“数据更替后将不可恢复，是否继续？”信息提示框，单击“是”按钮，系统弹出“3 条记录被替换，是否重新计算？”信息提示框，单击“是”按钮，返回“工资变动”窗口。

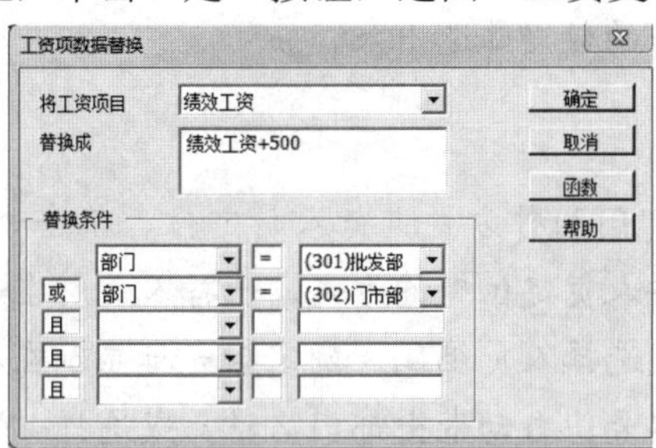

图 4-21　工资变动—替换

(4) 计算工资。再单击工具栏中的“全选”和“汇总”按钮，完成全部工资项内容的计算与汇总，结果如图 4-22 所示。

工资变动

所有项目　　定位器

号	人员编号	姓名	部门	人员类别	工资代扣税	扣税合计	基本工资	岗位工资	绩效工资	交通补助
	0100	李吉棕	总经理办公室	企管人员	175.18	175.18	2,000.00	1,000.00	5,000.00	100.00
	0101	陈虹	行政办公室	企管人员	37.37	37.37	2,000.00	1,000.00	3,000.00	100.00
	0200	曾志伟	财务部	企管人员	97.38	97.38	2,000.00	1,000.00	4,000.00	100.00
	0201	张兰	财务部	企管人员	35.04	35.04	2,000.00	900.00	3,000.00	100.00
	0202	罗迪	财务部	企管人员	35.04	35.04	2,000.00	900.00	3,000.00	100.00
	0300	赵飞	批发部	销售人员	136.28	136.28	2,000.00	1,000.00	4,500.00	100.00
	0301	夏于	批发部	销售人员	50.70	50.70	2,000.00	900.00	3,500.00	100.00
	0302	李华	门市部	销售人员	50.70	50.70	2,000.00	900.00	3,500.00	100.00
	0400	刘静	采购部	采购人员	85.71	85.71	2,000.00	900.00	4,000.00	50.00
	0401	张新海	采购部	采购人员	24.54	24.54	2,000.00	500.00	3,000.00	50.00
	0402	林意	采购部	采购人员			1,000.00			50.00
	0500	李莉	仓管部	企管人员	74.04	74.04	2,000.00	700.00	4,000.00	100.00
	0501	赵林	仓管部	企管人员	30.37	30.37	2,000.00	700.00	3,000.00	100.00
	0502	李东	仓管部	企管人员	30.37	30.37	2,000.00	700.00	3,000.00	100.00
	0600	王军	人力资源部	企管人员	97.38	97.38	2,000.00	1,000.00	4,000.00	100.00
	0601	梁京	人力资源部	企管人员	30.37	30.37	2,000.00	700.00	3,000.00	100.00
	0700	刘正	生产部	生产人员	70.15	70.15	2,000.00	700.00	4,000.00	50.00
	0701	李江	生产部	生产人员	29.21	29.21	2,000.00	700.00	3,000.00	50.00
					1,089.83	1,089.83	35,000.00	14,200.00	60,500.00	1,550.00

图 4-22　工资变动结果

(5) 退出。单击“工资变动”窗口右上角的“关闭”按钮，关闭并退出该窗口。

操作说明：

为了快速、准确地录入工资数据，系统提供了以下功能。

1. 过滤

对部分人员的工资数据进行修改，最好采用数据过滤。如设置“部门名称=财务部”，系统自动将符合部门名称为“财务部”的人员调出，由用户录入数据。数据筛选，即按照某个项目的某个数据(可等于、大于、小于等)的值进行数据处理。单击“筛选”按钮，即进入数据筛选界面。

操作步骤：

(1) 输入筛选条件，从项目栏中选择部门、人员类别等。

(2) 选择逻辑符号“=(等于)”或“<>(不等于)”。

(3) 从“值栏目”中选择对应的部门、人员类别等。

(4) 单击“且”或“或”选择条件之间的关系，继续增加下一条筛选条件。确认后，系统将根据设置将符合条件的数据筛选出来。

2. 定位

定位查询可按人员、部门两种方式进行人员定位，单击“定位”按钮，显示“部门/人员定位查询”条件框；按人员定位查询方式，选择人员所在部门名称，从该部门所有人员姓名中选出要查询人，或选择人员编码，确定后光标显示在符合条件的记录上。按部门定位查询方式，选择部门编号，自动带出部门名称，或选择部门名称自动带出部门编号，选择要查询人的人员类别，光标显示在符合条件的记录上。当所要定位的人员有不确定条件时，请选择“模糊定位”项。如果使用按“人员定位+模糊定位”查询：输入部门名称，可查询该部门所有人员。输入人名中的任意字，可显示姓名中包含这个字的所有人员。

3. 替换

将符合条件的人员的某个工资项目的数据统一替换成某个数据。在工资变动界面单击“替换”按钮，即可进入该功能界面。

操作步骤：

(1) 勾选参与替换的人员范围，单击“替换”按钮，可全选所有人员参与替换。

(2) 在“将工资项目”栏内选择被替换项目名称，在“替换为”栏内输入替换表达式。

(3) 输入替换条件：界面左边“下拉框”提供部门、人员类别、工资项目的参照。界面右边选项窗，可输入选中的项目对应的数据内容即条件。部门、人员类别可参照输入过滤条件。系统提供逻辑运算符的选择使用(=、<、>、>=、<=、<>)。单击最左边的逻辑选择框，可进行“且”“或”的选择。

(4) 单击“确认”按钮，系统将符合条件人员的相应工资项目内容替换。

4. 计算

在修改了某些数据、重新设置了计算公式、进行了数据替换或在个人所得税中执行了自动扣税等操作，最好调用本功能对个人工资数据重新计算，以保证数据正确。通常实发合计、应发合计、扣款合计在修改完数据后不自动计算合计项，如要检查合计项是否正确，可先执行重算工资,如果不执行重算工资,在退出工资变动时，系统会自动提示重新计算。

5. 汇总

若对工资数据的内容进行了变更，在执行了重算工资后，为保证数据的准确性，可调用本功能对工资数据进行重新汇总。在退出工资变动时,如未执行“工资汇总”，系统会自动提示进行汇总操作。

4.3.3 工资分摊设置和计提工资总额

根据《企业会计准则第 9 号——职工薪酬》，职工薪酬主要包括短期薪酬、离职后福利、辞退福利和其他长期职工福利。短期薪酬主要包括：①职工工资、奖金、津贴和补贴；②职工福利费；③医疗保险费、工伤保险费和生育保险费等社会保险费；④住房公积金；⑤工会经费和职工教育经费；⑥短期带薪缺勤；⑦其他短期薪酬。

医疗保险、养老保险和失业保险通常简称为“三险”，这 3 种险是由企业和个人共同缴纳的保费；“一金”通常指住房公积金，也是由企业和个人共同缴纳。

- 案例公司规定，职工个人承担的养老保险、医疗保险、失业保险分别按照本人本月应发工资总额的 8%、2%、0.2%计算，住房公积金按照本人本月应发工资总额的 12%计算。
- 4 月 30 日，分配和计提本月职工工资。计提工资分摊科目的设置如表 4-3 所示。

表 4-3　工资分摊科目设置

<table>
<tr><th colspan="2" rowspan="2">工资分摊
部门与人员类别</th><th colspan="2">工资总额 100%</th></tr>
<tr><th>借方科目</th><th>贷方科目</th></tr>
<tr><td>经理办公室
行政办公室
财务部
仓管部
人力资源部</td><td>企管人员</td><td>660201 管理费用—职工薪酬</td><td rowspan="5">221101 应付职工薪酬—工资</td></tr>
<tr><td>采购部</td><td>采购人员</td><td>660201 管理费用—职工薪酬</td></tr>
<tr><td>批发部</td><td rowspan="2">销售人员</td><td rowspan="2">660101 销售费用—职工薪酬</td></tr>
<tr><td>门市部</td></tr>
<tr><td>生产部</td><td>生产人员</td><td>500102 直接人工</td></tr>
</table>

1. 业务描述与分析

本笔业务是职工工资的分摊设置，以及本月职工工资的计提业务，需要进行工资费用分摊科目设置，以及对职工应发工资与个人承担的“三险一金”的归集与制单。

需要说明的是，个人承担的“三险一金”计提比例，是在账套初始设置时，通过工资项目公式设置实现的，详见本教程的 4.2.4 节第 6 部分。

2. 操作步骤

任务说明：财务部会计张兰进行工资分摊设置，归集职工应发工资与个人承担的“三险一金”，并制单。

请确认系统日期和业务日期为 2017 年 4 月 30 日。

1) 财务部会计张兰进行工资分摊科目设置

视频地址：http://mdwx.mdmuke.com/mod/page/view.php?id=4662

(1) 选择“正式人员”工资类别。在“企业应用平台”的“业务工作”页签中，依次单击“人力资源”/“薪资管理”/“工资类别”菜单项，双击“打开工资类别”，选中“正式人员”，单击“确定”按钮。

(2) 打开“工资分摊”对话框。在“企业应用平台”的“业务工作”页签中，依次单击“人力资源”/“薪资管理”/“业务处理”/“工资分摊”菜单项，系统打开“工资分摊”对话框。

(3) 工资总额分摊计提比例设置。在“工资分摊”对话框中，单击“工资分摊设置”按钮，系统打开“分摊类型设置”对话框，再单击对话框中的“增加”按钮，系统打开“分摊计提比例设置”对话框，在“计提类型名称”栏录入“计提工资总额”，设置“分摊计提比例”为 100%，如图 4-23 所示。

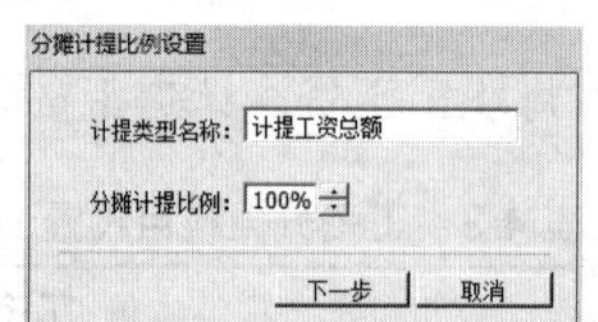

图 4-23　工资分摊计提比例设置

(4) 工资总额分摊构成设置。单击“下一步”按钮，系统打开“分摊构成设置”对话框。在该对话框中，根据表 4-3 逐一编辑“部门名称”“人员类别”“工资项目(即应发合计)”“借方科目”“贷方科目”，结果如图 4-24 所示。

分摊构成设置

部门名称	人员类别	工资项目	借方科目	借方项目大类	借方项目	贷方科目	贷方项目大类
总经理办公室,...	企管人员	应发合计	660201			221101	
采购部	采购人员	应发合计	660201			221101	
批发部,门市部	销售人员	应发合计	660101			221101	
生产部	生产人员	应发合计	500102			221101	

上一步　完成　取消

图 4-24　工资总额分摊构成设置的结果

(5) 退出。单击“分摊构成设置”对话框中的“完成”按钮，系统返回“分摊类型设置”对话框，单击其中的“返回”按钮，返回“工资分摊”对话框。

提示：

- 工资分摊是根据工资费用分配表，将工资费用根据用途进行分配，并编制转账会计凭证，传递到总账系统供登账处理。在“分摊类型设置”界面单击“增加”按钮，可增加新的工资分配计提类型；单击“修改”按钮，可修改一个已设置的工资分配计提类型；单击“删除”按钮，可删除一个已设置的工资分配计提类型，已分配计提的类型不能删除，最后一个类型不能删除。
- 工资分摊中能查询到无权限的部门工资数据，这里只受功能权限控制，不受数据权限控制。

2) 财务部会计张兰进行工资分配与制单

视频地址：http://mdwx.mdmuke.com/mod/page/view.php?id=4664

(1) 打开“工资分摊”对话框。

(2) 本月职工工资的分配归集。在“工资分摊”对话框中，选中“计提费用类型”选项区的“计提工资总额”复选框，并且选中所有的核算部门，确认勾选“明细到工资项目”和“按项目核算”复选框，然后单击“确定”按钮，完成本月职工工资的分配归集工作，系统打开“工资分摊明细”窗口，在其中显示“计提工资总额一览表”，结果如图 4-25 所示。

计提工资总额一览表

☐ 合并科目相同、辅助项相同的分录

类型 计提工资总额　　　　计提会计月份 4月

部门名称	人员类别	应发合计		
		分配金额	借方科目	贷方科目
总经理办公室	企管人员	8100.00	660201	221101
行政办公室		6100.00	660201	221101
财务部		19100.00	660201	221101
批发部	销售人员	14100.00	660101	221101
门市部		6500.00	660101	221101
采购部	采购人员	13550.00	660201	221101
仓管部	企管人员	18400.00	660201	221101
人力资源部		12900.00	660201	221101
生产部	生产人员	12500.00	500102	221101

图 4-25　计提工资总额一览表

(3) 工资分配的制单。在“工资分摊明细”窗口中，选中“合并科目相同、辅助项相同的分录”复选框，再单击工具栏中的“制单”按钮，系统打开“填制凭证”窗口；选择凭证分类为“记账凭证”，单击工具栏中的“保存”按钮，结果如图 4-26 所示。

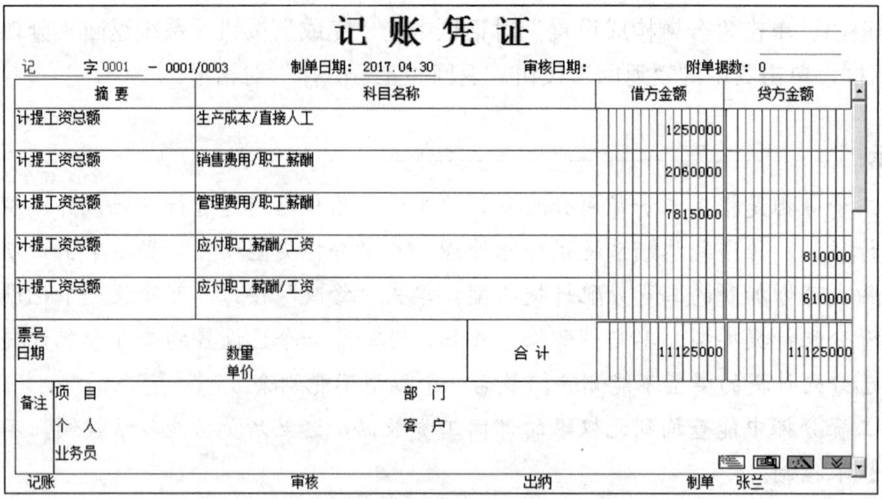

记 账 凭 证

记 字 0001 - 0001/0003 制单日期：2017.04.30 审核日期： 附单据数：0

摘要	科目名称	借方金额	贷方金额
计提工资总额	生产成本/直接人工	1250000	
计提工资总额	销售费用/职工薪酬	2060000	
计提工资总额	管理费用/职工薪酬	7815000	
计提工资总额	应付职工薪酬/工资		810000
计提工资总额	应付职工薪酬/工资		610000
票号 日期	数量 单价 合计	11125000	11125000
备注	项目 部门 个人 客户 业务员		

记账 审核 出纳 制单 张兰

图 4-26 工资总额制单结果

(4) 退出。单击“填制凭证”和“工资分摊明细”窗口右上角的“关闭”按钮，关闭并退出窗口。

重复以上步骤增加分摊临时人员工资。

4.3.4 计提单位承担的社会保险费与住房公积金

本公司规定，由单位承担并缴纳的养老保险、医疗保险、失业保险和工伤保险，分别按照职工本月应发工资的 20%、9.55%、1%、1%计算；由单位承担并缴纳的住房公积金，按照职工本月应发工资的 12%计算。

4 月 30 日，计提单位承担的社会保险(应发合计的 31.55%，包括养老保险 20%、医疗保险 9.55%、失业保险 1%、工伤保险 1%)和住房公积金(应发合计的 12%)。单位承担社会保险和住房公积金的分摊科目如表 4-4 所示。

表 4-4 单位承担社会保险和住房公积金的分摊科目设置

<table>
<tr><th colspan="2" rowspan="2">工资分摊
部门与人员类别</th><th colspan="2">单位承担社会保险(31.55%)</th><th colspan="2">单位承担住房公积金(12%)</th></tr>
<tr><th>借方科目</th><th>贷方科目</th><th>借方科目</th><th>贷方科目</th></tr>
<tr><td>经理办公室
行政办公室
人力资源部
财务部
仓管部</td><td>企管人员</td><td>660201 管理费用—职工薪酬</td><td rowspan="4">221102 应付职工薪酬—社会保险费</td><td>660201 管理费用—职工薪酬</td><td rowspan="4">221103 应付职工薪酬—住房公积金</td></tr>
<tr><td>采购部</td><td>采购人员</td><td>660201 管理费用—职工薪酬</td><td>660201 管理费用—职工薪酬</td></tr>
<tr><td>销售部(批发部和门市部)</td><td>销售人员</td><td>660101 销售费用—职工薪酬</td><td>660101 销售费用—职工薪酬</td></tr>
<tr><td>生产部</td><td>生产人员</td><td>500102 直接人工</td><td>500102 直接人工</td></tr>
</table>

1. 业务描述与分析

本笔业务是单位承担社会保险费和住房公积金的设置、分摊与制单，需要进行单位承担社会保险和住房公积金费用分摊科目设置、工资费用分摊与制单。

2. 操作步骤

请确认系统日期和业务日期为 2017 年 4 月 30 日。

任务说明：财务部会计张兰进行单位承担社会保险和住房公积金的科目设置、计提与制单。

1) 财务部会计张兰进行单位承担社会保险费和住房公积金的分摊科目设置

视频地址：http://mdwx.mdmuke.com/mod/page/view.php?id=4665

(1) 选择“正式人员”工资类别。在“企业应用平台”的“业务工作”页签中，依次单击“人力资源”/“薪资管理”/“工资类别”菜单项，双击“打开工资类别”，选中“正式人员”，单击“确定”按钮。

(2) 打开“工资分摊”对话框。在“企业应用平台”的“业务工作”页签中，依次单击“人力资源”/“薪资管理”/“业务处理”/“工资分摊”菜单项，系统打开“工资分摊”对话框。

(3) 打开“分摊类型设置”对话框。在“工资分摊”对话框，单击其中的“工资分摊设置”按钮，系统打开“分摊类型设置”对话框。

(4) 单位承担社会保险计提比例设置。在“分摊类型设置”对话框中，单击“增加”按钮，系统打开“分摊计提比例设置”对话框，在“计提类型名称”栏录入“计提单位承担的社会保险”，设置“分摊计提比例”为 31.55%，如图 4-27 所示。

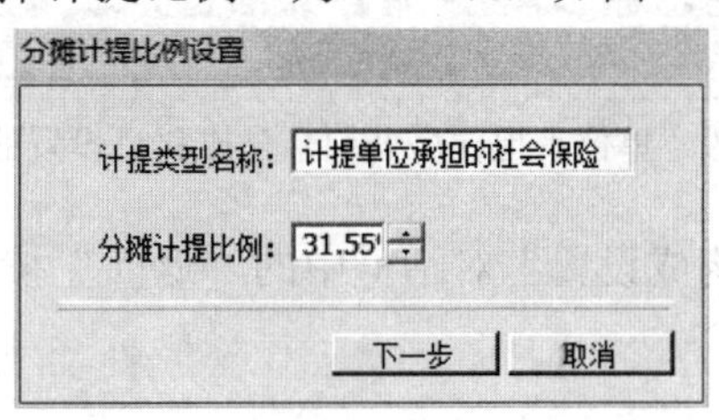

图 4-27　分摊单位承担社会保险费

(5) 单位承担社会保险费分摊构成设置。

视频地址：http://mdwx.mdmuke.com/mod/page/view.php?id=4666

单击“下一步”按钮，系统打开“分摊构成设置”对话框，在该对话框中，根据表 4-4 逐一编辑“部门名称”“人员类别”“工资项目(应发合计)”“借方科目”“贷方科目”，录入完成的结果如图 4-28 所示。

分摊构成设置

部门名称	人员类别	工资项目	借方科目	借方项目大类	借方项目	贷方科目	贷方项目大类
总经理办公室,...	企管人员	应发合计	660201			221102	
采购部	采购人员	应发合计	660201			221102	
批发部,门市部	销售人员	应发合计	660101			221102	
生产部	生产人员	应发合计	500102			221102	

上一步　完成　取消

图 4-28　单位承担社会保险分摊科目设置的结构

(6) 单击“完成”按钮，保存该分摊构成设置，系统返回“分摊类型设置”对话框。

(7) 重复步骤(3)～(5)，完成“单位承担住房公积金”分摊设置，设置“分摊计提比例”为 12%，结果如图 4-29 所示。

分摊构成设置

部门名称	人员类别	工资项目	借方科目	借方项目大类	借方项目	贷方科目	贷方项目大类
总经理办公室,...	企管人员	应发合计	660201			221103	
采购部	采购人员	应发合计	660201			221103	
批发部,门市部	销售人员	应发合计	660101			221103	
生产部	生产人员	应发合计	500102			221103	

上一步　完成　取消

图 4-29　单位承担住房公积金分摊科目设置的结构

(8) 退出。单击“分摊构成设置”对话框中的“返回”按钮，系统返回“工资分摊”对话框。

2) 财务部会计张兰进行单位承担社会保险费和住房公积金的计提与制单

视频地址：http://mdwx.mdmuke.com/mod/page/view.php?id=4667

(1) 打开“工资分摊”对话框。

(2) 计提单位承担的社会保险费。在“工资分摊”窗口中，仅选中“单位承担社会保险费”，并选中所有的核算部门，确认勾选“明细到工资项目”和“按项目核算”复选框，然后单击“确定”按钮以完成计提工作，系统打开“工资分摊明细”窗口，显示“计提单位承担社会保险一览表”，结果如图 4-30 所示。

计提单位承担的社会保险一览表

☐ 合并科目相同、辅助项相同的分录

类型 计提单位承担的社会保险　　　　计提会计月份 4月

人员类别	应发合计				
	计提基数	计提比例	计提金额	借方科目	贷方科目
企管人员	8100.00	31.55%	2555.55	660201	221102
	6100.00	31.55%	1924.55	660201	221102
	19100.00	31.55%	6026.05	660201	221102
销售人员	14100.00	31.55%	4448.55	660101	221102
	6500.00	31.55%	2050.75	660101	221102
采购人员	13550.00	31.55%	4275.03	660201	221102
企管人员	18400.00	31.55%	5805.20	660201	221102
	12900.00	31.55%	4069.95	660201	221102
生产人员	12500.00	31.55%	3943.75	500102	221102

图 4-30　计提单位承担社会保险一览表

(3) 单位承担社会保险费的分摊制单。在“计提单位承担社会保险一览表”窗口中，选中“合并科目相同、辅助项相同的分录”复选框，再单击工具栏中的“制单”按钮，系统打开“填制凭证”窗口，选择凭证分类为“记账凭证”，单击“保存”按钮，结果如图 4-31 所示。

记 账 凭 证

记　字 0002 － 0001/0003　　制单日期：2017.04.30　　审核日期：2017.04.30　　附单据数：0

摘要	科目名称	借方金额	贷方金额
计提单位承担的社会保险	生产成本/直接人工	394375	
计提单位承担的社会保险	销售费用/职工薪酬	649930	
计提单位承担的社会保险	管理费用/职工薪酬	2465633	
计提单位承担的社会保险	应付职工薪酬/社会保险费		255555
计提单位承担的社会保险	应付职工薪酬/社会保险费		192455
票号 日期	数量 单价	合计 3509938	3509938

备注　项目　　部门

个人　　客户

业务员

图 4-31　单位承担社会保险制单结果

(4) 退出。单击“填制凭证”和“工资分摊明细”窗口中的“关闭”按钮，退出窗口。

(5) 计提单位承担的公积金。重复步骤(1)～(4)，完成单位承担住房公积金的计提和制单，制单结果如图 4-32 和图 4-33 所示。

注意：

临时人员本月没有社会保险和住房公积金。

计提单位承担的住房公积金一览表

□ 合并科目相同、辅助项相同的分录

类型 计提单位承担的住房公积 计提会计月份 4月

人员类别	应发合计				
	计提基数	计提比例	计提金额	借方科目	贷方科目
企管人员	8100.00	12.00%	972.00	660201	221103
	6100.00	12.00%	732.00	660201	221103
	19100.00	12.00%	2292.00	660201	221103
销售人员	14100.00	12.00%	1692.00	660101	221103
	6500.00	12.00%	780.00	660101	221103
采购人员	13550.00	12.00%	1626.00	660201	221103
企管人员	18400.00	12.00%	2208.00	660201	221103
	12900.00	12.00%	1548.00	660201	221103
生产人员	12500.00	12.00%	1500.00	500102	221103

图 4-32 计提单位承担的住房公积金一览表

记 账 凭 证

记 字 0003 - 0001/0003 制单日期：2017.04.30 审核日期：2017.04.30 附单据数：0

摘要	科目名称	借方金额	贷方金额
计提单位承担的住房公积金	生产成本/直接人工	150000	
计提单位承担的住房公积金	销售费用/职工薪酬	247200	
计提单位承担的住房公积金	管理费用/职工薪酬	937800	
计提单位承担的住房公积金	应付职工薪酬/住房公积金		97200
计提单位承担的住房公积金	应付职工薪酬/住房公积金		73200
票号 日期	数量 单价 合计	1335000	1335000

备注 项 目 部 门
个 人 客 户
业务员

图 4-33 单位承担的住房公积金制单结果

4.3.5 计提工会经费和职工教育经费

工会经费是指工会依法取得并开展正常活动所需的费用。职工教育经费是指企业按工资总额的一定比例提取用于职工教育事业的一项费用，是企业为职工学习先进技术和提高文化水平而支付的费用。

4 月 30 日，计提本月工会经费(应发合计的 2%)、职工教育经费(应发合计的 2.5%)，单位计提工会经费和职工教育经费的分摊科目如表 4-5 所示。

表 4-5　单位计提工会经费和职工教育经费的分摊科目

<table>
<tr><th colspan="2" rowspan="2">工资分摊
部门与人员类别</th><th colspan="2">工会经费(2%)</th><th colspan="2">职工教育经费(2.5%)</th></tr>
<tr><th>借方科目</th><th>贷方科目</th><th>借方科目</th><th>贷方科目</th></tr>
<tr><td>经理办公室
行政办公室
财务部
仓管部
人力资源部</td><td>企管人员</td><td>660201 管理费用—职工薪酬</td><td rowspan="4">221104 应付职工薪酬—工会经费</td><td>660201 管理费用—职工薪酬</td><td rowspan="4">221105 应付职工薪酬—职工教育经费</td></tr>
<tr><td>采购部</td><td>采购人员</td><td>660201 管理费用—职工薪酬</td><td>660201 管理费用—职工薪酬</td></tr>
<tr><td>销售部</td><td>销售人员</td><td>660101 销售费用—职工薪酬</td><td>660101 销售费用—职工薪酬</td></tr>
<tr><td>生产部</td><td>生产人员</td><td>500102 直接人工</td><td>500102 直接人工</td></tr>
</table>

1. 业务描述与分析

本笔业务是单位计提工会经费和职工教育经费的设置、分摊与制单，需要进行计提工会经费和职工教育经费的科目设置、工资费用分摊与制单。

2. 操作步骤

请确认系统日期和业务日期为 2017 年 4 月 30 日。

任务说明：财务部会计张兰进行单位承担工会经费和职工教育经费的科目设置，计提与制单。

1) 财务部会计张兰进行工会经费和职工教育经费的分摊科目设置

(1) 选择“正式人员”工资类别。在“企业应用平台”的“业务工作”页签中，依次单击“人力资源”/“薪资管理”/“工资类别”菜单项，双击“打开工资类别”，选中“正式人员”，单击“确定”按钮。

(2) 打开“工资分摊”对话框。在“企业应用平台”的“业务工作”页签中，依次单击“人力资源”/“薪资管理”/“业务处理”/“工资分摊”菜单项，系统打开“工资分摊”对话框。

(3) 打开“分摊类型设置”对话框。在“工资分摊”对话框中，单击其中的“工资分摊设置”按钮，系统打开“分摊类型设置”对话框。

(4) 工会经费的计提比例设置。在“分摊类型设置”对话框中，单击其中的“增加”按钮，系统打开“分摊计提比例设置”对话框，在“计提类型名称”栏录入“计提工会经费”，设置“分摊计提比例”为 2%。

(5) 工会经费的分摊构成设置。单击“下一步”按钮，系统打开“分摊构成设置”对话框，在该对话框中，根据表 4-5 逐一编辑“部门名称”“人员类别”“工资项目(应发合计)”“借方科目”“贷方科目”，录入完成的结果如图 4-34 所示。

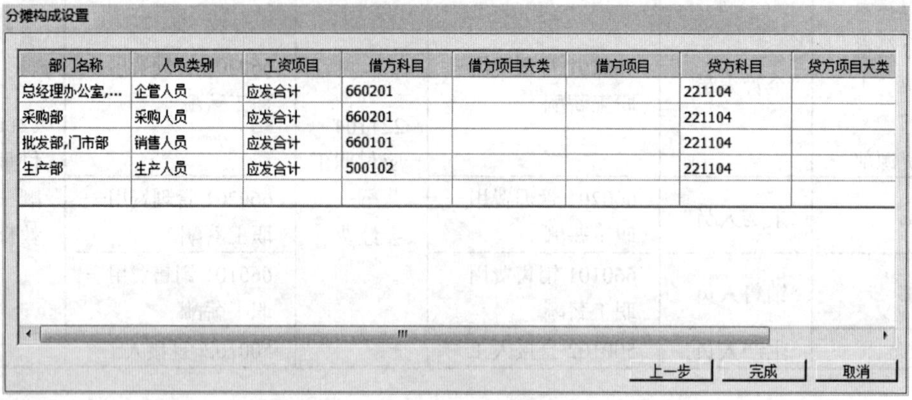

分摊构成设置

部门名称	人员类别	工资项目	借方科目	借方项目大类	借方项目	贷方科目	贷方项目大类
总经理办公室,...	企管人员	应发合计	660201			221104	
采购部	采购人员	应发合计	660201			221104	
批发部,门市部	销售人员	应发合计	660101			221104	
生产部	生产人员	应发合计	500102			221104	

上一步 完成 取消

图 4-34 工会经费分摊科目设置结果

(6) 单击“完成”按钮，保存该分摊构成设置，系统返回“分摊类型设置”对话框。

(7) 重复步骤(4)~(6)，完成“计提职工教育经费”分摊设置，设置“分摊计提比例”为 2.5%，录入完成的结果如图 4-35 所示。

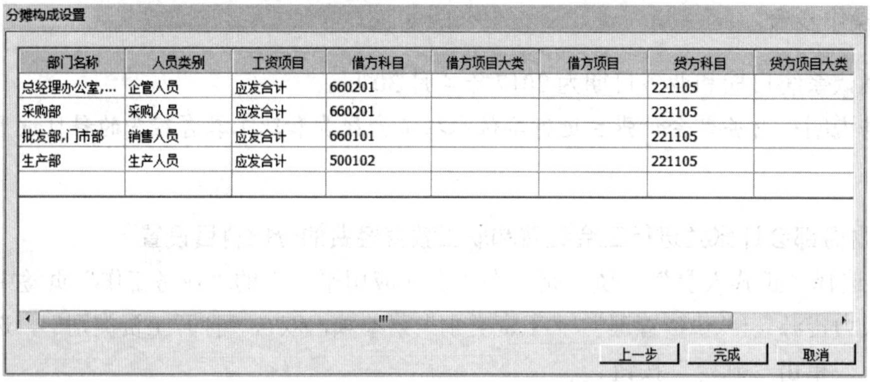

分摊构成设置

部门名称	人员类别	工资项目	借方科目	借方项目大类	借方项目	贷方科目	贷方项目大类
总经理办公室,...	企管人员	应发合计	660201			221105	
采购部	采购人员	应发合计	660201			221105	
批发部,门市部	销售人员	应发合计	660101			221105	
生产部	生产人员	应发合计	500102			221105	

上一步 完成 取消

图 4-35 职工教育经费分摊科目设置结果

(8) 退出。单击“分摊构成设置”对话框中的“返回”按钮，系统返回“工资分摊”对话框。

2) 财务部会计张兰进行工会经费和职工教育经费的计提与制单

(1) 打开“工资分摊”对话框。

(2) 计提工会经费。在“工资分摊”对话框中，仅选中“计提工会经费”，并选中所有的核算部门，确认勾选“明细到工资项目”和“按项目核算”复选框，单击“确定”按钮以完成计提工作，系统打开“工资分摊明细”窗口，显示“计提工会经费一览表”，结果如图 4-36 所示。

计提工会经费一览表

☐ 合并科目相同、辅助项相同的分录

类型 计提工会经费　　　　计提会计月份 4月

人员类别	应发合计				
	计提基数	计提比例	计提金额	借方科目	贷方科目
企管人员	8100.00	2.00%	162.00	660201	221104
	6100.00	2.00%	122.00	660201	221104
	19100.00	2.00%	382.00	660201	221104
销售人员	14100.00	2.00%	282.00	660101	221104
	6500.00	2.00%	130.00	660101	221104
采购人员	13550.00	2.00%	271.00	660201	221104
企管人员	18400.00	2.00%	368.00	660201	221104
	12900.00	2.00%	258.00	660201	221104
生产人员	12500.00	2.00%	250.00	500102	221104

图 4-36　计提工会经费一览表

(3) 工会经费的分摊制单。在“工资分摊明细”窗口中，选中“合并科目相同、辅助项相同的分录”复选框，再单击工具栏中的“制单”按钮，系统打开“填制凭证”窗口，选择凭证分类为“记账凭证”，单击“保存”按钮，结果如图 4-37 所示。

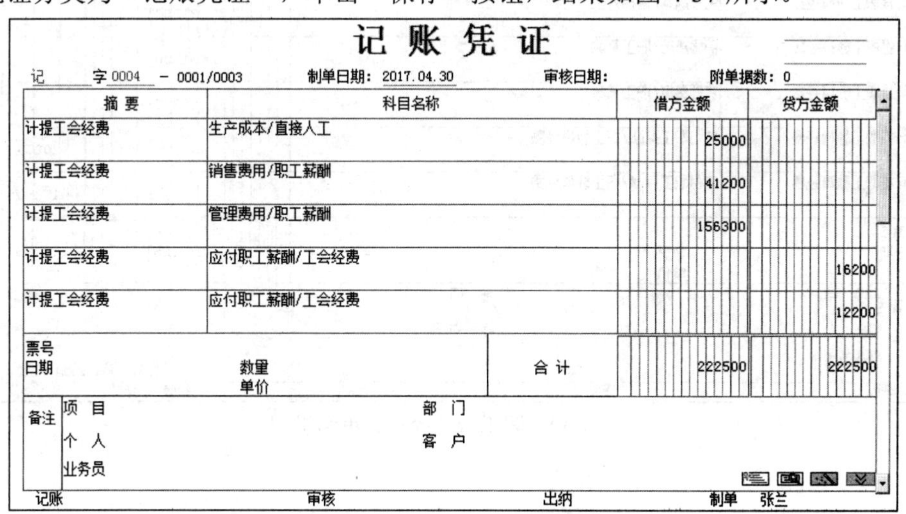

记 账 凭 证

记　字 0004 - 0001/0003　　制单日期：2017.04.30　　审核日期：　　附单据数：0

摘要	科目名称	借方金额	贷方金额
计提工会经费	生产成本/直接人工	25000	
计提工会经费	销售费用/职工薪酬	41200	
计提工会经费	管理费用/职工薪酬	156300	
计提工会经费	应付职工薪酬/工会经费		16200
计提工会经费	应付职工薪酬/工会经费		12200
票号 日期	数量 单价　　合计	222500	222500

备注　项目　　部门
个人　　客户
业务员

记账　　审核　　出纳　　制单　张兰

图 4-37　工会经费制单结果

(4) 退出。单击“填制凭证”和“工资分摊明细”窗口中的“关闭”按钮，退出窗口。

(5) 计提职工教育经费。重复步骤(1)～(4)，完成职工教育经费的计提和制单，结果如图 4-38 和图 4-39 所示。

(6) 退出。单击“填制凭证”和“工资分摊明细”窗口的“关闭”按钮，退出窗口。

注意：

临时人员本月没有计提工会经费和职工教育经费。

计提职工教育经费一览表

☐ 合并科目相同、辅助项相同的分录

类型 计提职工教育经费　　　　计提会计月份 4月

人员类别	应发合计				
	计提基数	计提比例	计提金额	借方科目	贷方科目
企管人员	8100.00	2.50%	202.50	660201	221105
	6100.00	2.50%	152.50	660201	221105
	19100.00	2.50%	477.50	660201	221105
销售人员	14100.00	2.50%	352.50	660101	221105
	6500.00	2.50%	162.50	660101	221105
采购人员	13550.00	2.50%	338.75	660201	221105
企管人员	18400.00	2.50%	460.00	660201	221105
	12900.00	2.50%	322.50	660201	221105
生产人员	12500.00	2.50%	312.50	500102	221105

图 4-38　职工教育经费一览表

记 账 凭 证

记 字 0005 - 0001/0003　　制单日期：2017.04.30　　审核日期：　　附单据数：0

摘 要	科目名称	借方金额	贷方金额
计提职工教育经费	生产成本/直接人工	31250	
计提职工教育经费	销售费用/职工薪酬	51500	
计提职工教育经费	管理费用/职工薪酬	195375	
计提职工教育经费	应付职工薪酬/职工教育经费		20250
计提职工教育经费	应付职工薪酬/职工教育经费		15250
票号 日期	数量 单价　　合 计	278125	278125

备注　项 目　　部 门
　　　个 人　　客 户
　　　业务员

记账　　审核　　出纳　　制单 张兰

图 4-39　职工教育经费制单结果

4.3.6　代扣个人三险一金

“三险一金”是指养老保险、失业保险、医疗保险，以及住房公积金。

4 月 30 日，结转代扣职工个人负担的社会保险费(应发合计的 10.2%，包括养老保险 8%、医疗保险 2%、失业保险 0.2%)、住房公积金(应发合计的 12%)，以及个人所得税。职工个人承担社会保险费和住房公积金的分摊科目参见表 4-6。

1. 业务描述与分析

本笔业务是代扣职工个人承担的三险(应发合计的 10.2%，包括养老保险 8%、医疗保险 2%、失业保险 0.2%)一金(住房公积金，应发合计的 12%)，需要进行计提个人承担的三险一金的科目设置、分摊与制单。

表 4-6　职工个人承担社会保险和住房公积金的分摊科目

部门与人员类别 \ 工资分摊		个人承担社会保险费(10.2%)		个人承担住房公积金(12%)	
		借方科目	贷方科目	借方科目	贷方科目
经理办公室 行政办公室 人力资源部 财务部 仓管部	企管人员	221101 应付职工薪酬—工资	224101 其他应付款—应付社会保险费	221101 应付职工薪酬—工资	224102 其他应付款—应付住房公积金
采购部	采购人员				
销售部	销售人员				
生产部	生产人员				

2. 虚拟业务场景

人物：张兰——财务部会计

　　　曾志伟——财务部主管

场景：财务部主管曾志伟提醒会计张兰进行个人承担的社会保险费和住房公积金分摊设置、计提与制单

曾志伟：小张，月末了，请你设置个人承担的社会保险费和住房公积金的分摊科目，并计提与制单本月职工个人承担的社会保险和住房公积金吧，辛苦了！

张兰：应该的，曾总，我马上办。

(张兰做分摊科目设置、计提与制单)

3. 操作步骤

任务说明：财务部会计张兰进行个人承担的社会保险费和住房公积金分摊设置、计提与制单。

1) 财务部会计张兰进行个人承担社会保险费和住房公积金的分摊科目设置

视频地址：http://mdwx.mdmuke.com/mod/page/view.php?id=4668

(1) 选择“正式人员”工资类别。在“企业应用平台”的“业务工作”页签中，依次单击“人力资源”/“薪资管理”/“工资类别”菜单项，双击“打开工资类别”，选中“正式人员”，单击“确定”按钮。

(2) 打开“工资分摊”对话框。在“企业应用平台”的“业务工作”页签中，依次单击“人力资源”/“薪资管理”/“业务处理”/“工资分摊”菜单项，系统打开“工资分摊”对话框。

(3) 打开“分摊类型设置”对话框。在“工资分摊”对话框，单击其中的“工资分摊设置”按钮，系统打开“分摊类型设置”对话框。

(4) 个人承担社会保险费的计提比例设置。在“分摊类型设置”对话框中，单击对话框中的“增加”按钮，系统打开“分摊计提比例设置”对话框，在“计提类型名称”栏录入“个人承担社会保险费”，设置“分摊计提比例”为10.2%。

(5) 个人承担社会保险费的分摊构成设置。

视频地址：http://mdwx.mdmuke.com/mod/page/view.php?id=4669

单击“下一步”按钮，系统打开“分摊构成设置”对话框，在该对话框中，根据表4-6逐一编辑“部门名称”“人员类别”“工资项目(应发合计)”“借方科目”“贷方科目”，录入完成的结果如图4-40所示。

部门名称	人员类别	工资项目	借方科目	借方项目	贷方科目
经理办公室,行政办公室,财务部,仓管部,人力资源部	企管人员	应发合计	221101		224101
采购部	采购人员	应发合计	221101		224101
批发部,门市部	销售人员	应发合计	221101		224101
生产部	生产人员	应发合计	221101		224101

图4-40　个人承担社会保险费分摊科目设置的结果

(6) 单击“完成”按钮，保存该分摊构成设置，系统返回“分摊类型设置”对话框。

(7) 重复步骤(3)～(5)，完成“个人承担住房公积金”分摊设置，设置“分摊计提比例”为12%，录入完成的结果如图4-41所示。

部门名称	人员类别	工资项目	借方科目	借方项目	贷方科目
经理办公室,行政办公室,财务部,仓管部,人力资源部	企管人员	应发合计	221101		224102
采购部	采购人员	应发合计	221101		224102
批发部,门市部	销售人员	应发合计	221101		224102
生产部	生产人员	应发合计	221101		224102

图4-41　个人承担住房公积金分摊科目设置的结果

(8) 退出。单击“分摊构成设置”对话框中的“返回”按钮，系统返回“工资分摊”对话框。

2) 财务部会计张兰进行个人承担社会保险费和住房公积金的计提与制单

视频地址：http://mdwx.mdmuke.com/mod/page/view.php?id=4670

(1) 打开“工资分摊”对话框。

(2) 计提个人承担的三险。在“工资分摊”对话框中，仅选中“个人承担社会保险费”，并选中所有的核算部门，确认勾选“明细到工资项目”和“按项目核算”复选框，单击“确定”按钮以完成计提工作，系统打开“工资分摊明细”窗口，显示“个人承担社会保险费一览表”。

(3) 个人承担的三险的分摊制单。在“工资分摊明细”窗口中，选中“合并科目相同、辅助项相同的分录”复选框，再单击工具栏中的“制单”按钮，系统打开“填制凭证”窗口，选择凭证分类为“记账凭证”，单击“保存”按钮，结果如图4-42所示。

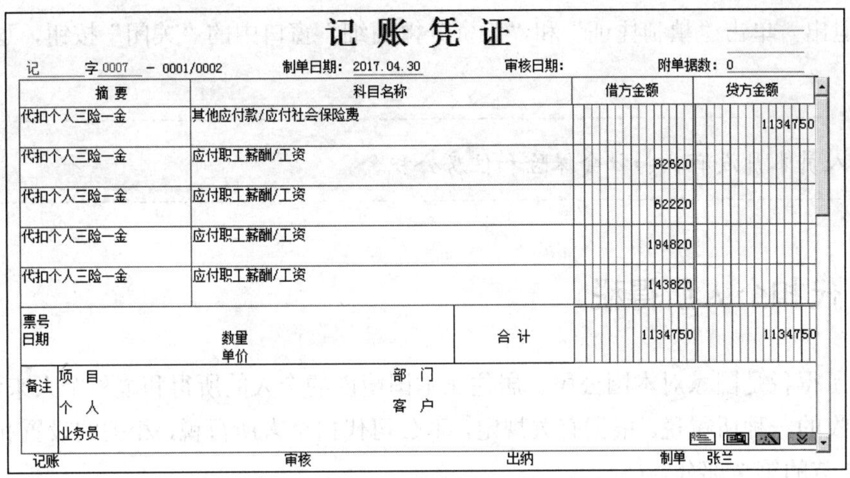

记账凭证

记 字 0007 - 0001/0002 制单日期：2017.04.30 审核日期： 附单据数：0

摘要	科目名称	借方金额	贷方金额
代扣个人三险一金	其他应付款/应付社会保险费		1134750
代扣个人三险一金	应付职工薪酬/工资	82620	
代扣个人三险一金	应付职工薪酬/工资	62220	
代扣个人三险一金	应付职工薪酬/工资	194820	
代扣个人三险一金	应付职工薪酬/工资	143820	
票号 日期	数量 单价 合计	1134750	1134750

备注 项目 部门 个人 客户 业务员

记账 审核 出纳 制单 张兰

图 4-42 个人承担社会保险费制单结果

(4) 退出。单击“填制凭证”和“工资分摊明细”窗口中的“关闭”按钮，退出窗口。

(5) 计提个人承担住房公积金。重复步骤(1)～(4)，完成个人承担住房公积金的计提和制单，制单结果如图 4-43 和图 4-44 所示。

代扣个人承担的住房公积金一览表

□ 合并科目相同、辅助项相同的分录

类型 代扣个人承担的住房公积 计提会计月份 4月

人员类别	应发合计				
	计提基数	计提比例	计提金额	借方科目	贷方科目
企管人员	8100.00	12.00%	972.00	221101	224102
	6100.00	12.00%	732.00	221101	224102
	19100.00	12.00%	2292.00	221101	224102
销售人员	14100.00	12.00%	1692.00	221101	224102
	6500.00	12.00%	780.00	221101	224102
采购人员	13550.00	12.00%	1626.00	221101	224102
企管人员	18400.00	12.00%	2208.00	221101	224102
	12900.00	12.00%	1548.00	221101	224102
生产人员	12500.00	12.00%	1500.00	221101	224102

图 4-43 代扣个人承担的住房公积金一览表

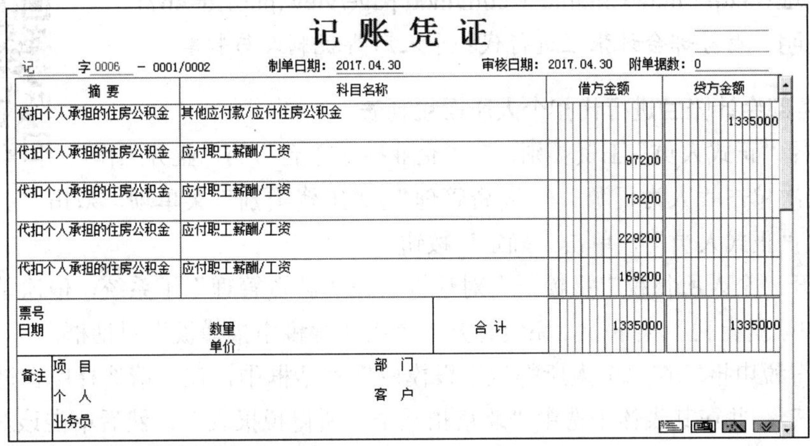

记账凭证

记 字 0006 - 0001/0002 制单日期：2017.04.30 审核日期：2017.04.30 附单据数：0

摘要	科目名称	借方金额	贷方金额
代扣个人承担的住房公积金	其他应付款/应付住房公积金		1335000
代扣个人承担的住房公积金	应付职工薪酬/工资	97200	
代扣个人承担的住房公积金	应付职工薪酬/工资	73200	
代扣个人承担的住房公积金	应付职工薪酬/工资	229200	
代扣个人承担的住房公积金	应付职工薪酬/工资	169200	
票号 日期	数量 单价 合计	1335000	1335000

备注 项目 部门 个人 客户 业务员

图 4-44 个人承担的住房公积金制单结果

(6) 退出。单击“填制凭证”和“工资分摊明细”窗口中的“关闭”按钮，退出窗口。

注意：

临时人员本月没有代扣社会保险和住房公积金。

4.3.7 代扣个人所得税

个人所得税是国家对本国公民、居住在本国境内的个人的所得和境外个人来源于本国的所得征收的一种所得税。根据有关规定，本公司代扣个人所得税，相关的设置和初始值，参见 4.2.4 节的第 7 部分。

4 月 30 日，结转代扣职工个人负担的个人所得税。

1. 业务描述与分析

本笔业务是代扣职工个人承担的个人所得税及代扣个人所得税申报与制单操作。

2. 虚拟业务场景

人物：张兰——财务部会计

曾志伟——财务部主管

场景：曾志伟提醒会计张兰进行个人所得税的制表与制单

曾志伟：小张，人力资源部已经完成本月的职工工资变动，请你进行代扣个人所得税的制表与制单吧。

张兰：好的。(对代扣个人所得税进行制表、计算与制单)

3. 操作步骤

视频地址： http://mdwx.mdmuke.com/mod/page/view.php?id=4671

任务说明： 财务部会计张兰进行代扣个人所得税制表与制单。

1) 财务部会计张兰进行代扣个人所得税制表

(1) 选择“正式人员”工资类别。在“企业应用平台”的“业务工作”页签中，依次单击“人力资源”/“薪资管理”/“工资类别”菜单项，双击“打开工资类别”，选中“正式人员”，单击“确定”按钮。

(2) 打开“个人所得税申报模板”对话框。在“薪资管理”子系统，依次单击“业务处理”/“扣缴所得税”菜单项，系统打开“个人所得税申报模板”对话框。

(3) 所得税申报。在“个人所得税申报模板”对话框中，在“请选择所在地区名”中选择“北京”，并在其表体中选中“北京扣缴个人所得税报表”，然后单击该对话框中的“打开”按钮，系统打开“所得税申报”对话框；单击其中的“确定”按钮，系统打开“所得税申报”窗口，显示“北京扣缴个人所得税报表”，结果如图 4-45 所示。

北京扣缴个人所得税报表

2017年4月 -- 2017年4月

总人数：18

序号	纳税人姓名	身份证照...	身份证照...	国家与地区	职业编码	所得项目	所得期间	收入额	免税收入额	允许扣除...	费用扣除...	准予扣除...	应纳税所...	税率	应扣税额	已扣税额	备注
1	李吉棕	身份证				工资	4	8100.00			3500.00		2801.80	10	175.18	175.18	
2	陈虹	身份证				工资	4	6100.00			3500.00		1245.80	3	37.37	37.37	
3	曾志伟	身份证				工资	4	7100.00			3500.00		2023.80	10	97.38	97.38	
4	张兰	身份证				工资	4	6000.00			3500.00		1168.00	3	35.04	35.04	
5	罗迪	身份证				工资	4	6000.00			3500.00		1168.00	3	35.04	35.04	
6	赵飞	身份证				工资	4	7600.00			3500.00		2412.80	10	136.28	136.28	
7	夏于	身份证				工资	4	6500.00			3500.00		1557.00	10	50.70	50.70	
8	李华	身份证				工资	4	6500.00			3500.00		1557.00	10	50.70	50.70	
9	刘静	身份证				工资	4	6950.00			3500.00		1907.10	10	85.71	85.71	
10	张新海	身份证				工资	4	5550.00			3500.00		817.90	3	24.54	24.54	
11	林意	身份证				工资	4	1050.00			3500.00		0.00	0	0.00	0.00	
12	李莉	身份证				工资	4	6800.00			3500.00		1790.40	10	74.04	74.04	
13	赵林	身份证				工资	4	5800.00			3500.00		1012.40	3	30.37	30.37	
14	李东	身份证				工资	4	5800.00			3500.00		1012.40	3	30.37	30.37	
15	王军	身份证				工资	4	7100.00			3500.00		2023.80	10	97.38	97.38	
16	梁京	身份证				工资	4	5800.00			3500.00		1012.40	3	30.37	30.37	
17	刘正	身份证				工资	4	6750.00			3500.00		1751.50	10	70.15	70.15	
18	李江	身份证				工资	4	5750.00			3500.00		973.50	3	29.21	29.21	
合计								111250.00			63000.00		26235.60		1089.83	1089.83	

图 4-45　北京扣缴个人所得税报表

(4) 退出。单击“所得税申报”窗口工具栏中的“退出”按钮，退出该窗口；再单击“个人所得税申报模板”对话框中的“取消”按钮，返回企业应用平台。

2) 财务部会计张兰进行代扣个人所得税的制单

(1) 打开“填制凭证”窗口。在“企业应用平台”的“业务工作”页签中，依次单击“财务会计”/“总账”/“凭证”/“填制凭证”菜单项，系统打开“填制凭证”窗口。

(2) 填制凭证。单击“填制凭证”窗口中的“增加”按钮(“+”标志)，系统打开一张空白的记账凭证，修改凭证日期，然后做如下编辑：

① 编辑摘要。在其“摘要”栏中参照生成或填入“代扣个人所得税”。

② 编辑第 1 笔分录。在第 1 行的“科目名称”栏中参照生成或录入 221101，然后按 Enter 键，出现“辅助项”对话框，填写完毕，在“借方金额”栏中根据图 4-45 输入 175.18。

③ 编辑第 2 笔分录。按照步骤①依次录入各部门代扣个人所得税。

④ 编辑最后一笔分录。在“科目名称”栏中录入 222104，在“贷方金额”栏中输入“=”，然后按 Enter 键。

(3) 单击“保存”按钮或按 F6 键保存这张凭证，如图 4-46 所示。

4.3.8　委托银行代发工资

4 月 30 日，财务部开出转账支票，委托银行发放上月工资(票号 ZZ357980)。

1. 业务描述与分析

本笔业务是委托银行发放上月工资的转账设置与制单。

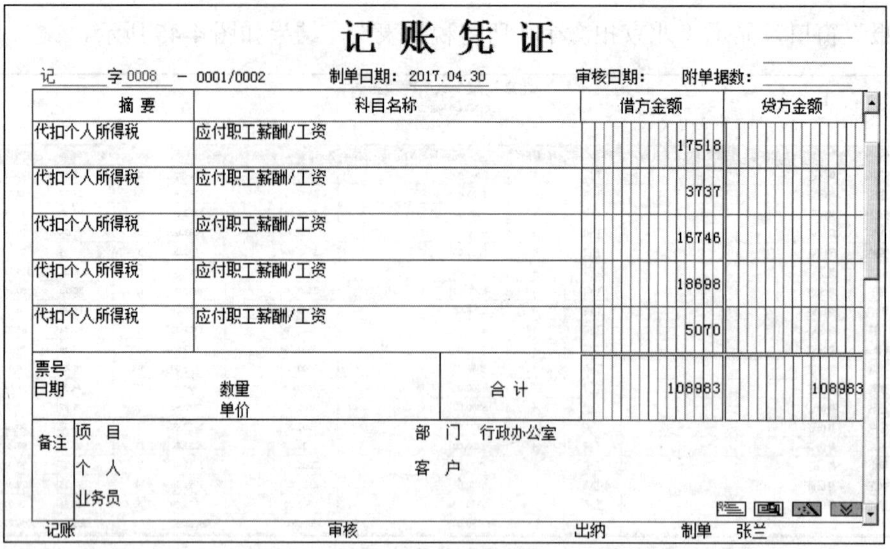

记 账 凭 证

记 字 0008 － 0001/0002　　制单日期：2017.04.30　　审核日期：　　附单据数：

摘要	科目名称	借方金额	贷方金额
代扣个人所得税	应付职工薪酬/工资	17518	
代扣个人所得税	应付职工薪酬/工资	3737	
代扣个人所得税	应付职工薪酬/工资	16746	
代扣个人所得税	应付职工薪酬/工资	18698	
代扣个人所得税	应付职工薪酬/工资	5070	
票号 日期　数量 单价	合计	108983	108983

备注　项 目　　部 门 行政办公室
　　　个 人　　客 户
　　　业务员

记账　　审核　　出纳　　制单 张兰

图 4-46　代扣个人所得税制单结果

2. 虚拟业务场景

人物：张兰——财务部会计
　　　罗迪——财务部出纳
　　　曾志伟——财务部主管

场景一：曾志伟提醒会计张兰进行委托银行代发工资操作

曾志伟：小张，月底了，请你尽快完成委托银行代发工资的信息处理吧。

张兰：我马上办理。本月的计提工资总额、个人承担的三险一金等凭证，您还未审核吧？

曾志伟：(审核完毕)现在你可以记账了。

(张兰进行记账、代发工资的转账设置及制单)

场景二：张兰请罗迪对发放工资凭证签字，请曾志伟进行审核

张兰：罗会计，麻烦你复核付款凭证，没有问题的话进行出纳签字。

罗迪：我马上办理。(出纳签字)

张兰：曾总，请您审核工资凭证。

曾志伟：好的。(审核完毕)现在你可以记账了。

(张兰进行凭证记账)

3. 场景一的操作步骤

1) 财务部主管曾志伟对凭证进行审核

任务说明： 财务部主管曾志伟对凭证进行凭证审核。

请确认系统日期和业务日期为 2017 年 4 月 30 日。

(1) 打开“凭证审核列表”窗口。在“总账”子系统中，依次单击“凭证”/“审核凭证”菜单项，系统弹出“凭证审核”过滤条件对话框，直接单击“确定”按钮，系统打开“凭证审核列表”窗口。

(2) 会计主管审核。在“凭证审核列表”窗口中成批审核。单击工具栏中的“下张凭证”或“上张凭证”按钮，查阅到所有需要审核的凭证，审核信息无误后，单击工具栏中的“批处理”/“成批审核凭证”菜单项，以完成对所有未审核凭证的审核工作。

(3) 退出。单击“审核凭证”和“凭证审核列表”窗口中的“关闭”按钮。

2) 财务部会计张兰在总账中记账

任务说明：财务部会计张兰对凭证进行记账。

(1) 打开“记账”对话框。在“企业应用平台”的“业务工作”页签下，依次单击“财务会计”/“总账”/“凭证”/“记账”菜单项，系统打开“记账”对话框，列示未记账凭证已审核凭证编号。

(2) 单击“全选”，然后单击“记账”，系统自动完成记账工作。单击提示框中的“确定”按钮，系统返回“记账”对话框。

(3) 退出。单击“记账”对话框中的“退出”按钮，退出该对话框。

3) 财务部会计张兰做发放上月职工工资自定义转账

视频地址：http://mdwx.mdmuke.com/mod/page/view.php?id=4672

任务说明：由会计张兰进行自定义转账设置。

(1) 打开“自定义转账设置”窗口。在“企业应用平台”的“业务工作”页签中，依次单击“财务会计”/“总账”/“期末”/“转账定义”/“自定义转账”菜单项，系统打开“自定义转账设置”窗口。

(2) 进行“发放上月工资”转账设置。在“自定义转账设置”窗口，单击工具栏中的“增加”按钮，系统弹出“转账目录”对话框，编辑“转账序号”为0002，“转账说明”为“发放上月工资”，单击“确定”按钮，返回“自定义转账设置”窗口。

(3) 转账公式的第1行设置。

① 增加并编辑第1行。单击工具栏中的“增行”按钮，编辑其“科目编码”为221101，“方向”设定为“借”，输入公式“QC(221101,月,,101)”。按Enter键，完成第1行的编辑。

② 按照部门及步骤①，设置第2～9行公式。

(4) 转账公式的第10行设置。单击工具栏中的“增行”按钮，编辑“科目编码”为100201，“方向”设定为“贷”，“金额公式”为JG( )(取对方科目计算结果)。

(5) 保存。单击工具栏中的“保存”按钮，保存转账公式设置，其结果如图4-47所示。

(6) 退出。单击“自定义转账设置”窗口右上角的“关闭”按钮，关闭并退出该窗口。

4) 财务部会计张兰做发放工资凭证

任务说明：财务部会计张兰通过转账生成所得税凭证。

(1) 打开“转账生成”对话框。在“总账”子系统中，依次单击“期末”/“转账生成”

菜单项，系统打开“转账生成”对话框。

转账序号 0001　　转账说明 发放上月工资　　凭证类别 记账凭证

摘要	科目编码	部门	个人	客户	供应商	项目	方向	金额公式
发放上月工资	221101	总经理...					借	QC(221101,月,,101)
发放上月工资	221101	行政办公室					借	QC(221101,月,,102)
发放上月工资	221101	财务部					借	QC(221101,月,,2)
发放上月工资	221101	批发部					借	QC(221101,月,,301)
发放上月工资	221101	门市部					借	QC(221101,月,,302)
发放上月工资	221101	采购部					借	QC(221101,月,,4)
发放上月工资	221101	仓管部					借	QC(221101,月,,5)
发放上月工资	221101	人力资源部					借	QC(221101,月,,6)
发放上月工资	221101	生产部					借	QC(221101,月,,7)
发放上月工资	100201						贷	JG()

图 4-47　发放上月职工工资的转账公式定义结果

(2) 生成并保存转账凭证。双击编号为 0002 的记录所在行的“是否结转”栏，使其出现“Y”字样，然后单击“确定”按钮，系统弹出“转账”窗口，默认显示本月发放工资凭证，单击“保存”按钮，结果如图 4-48 所示。

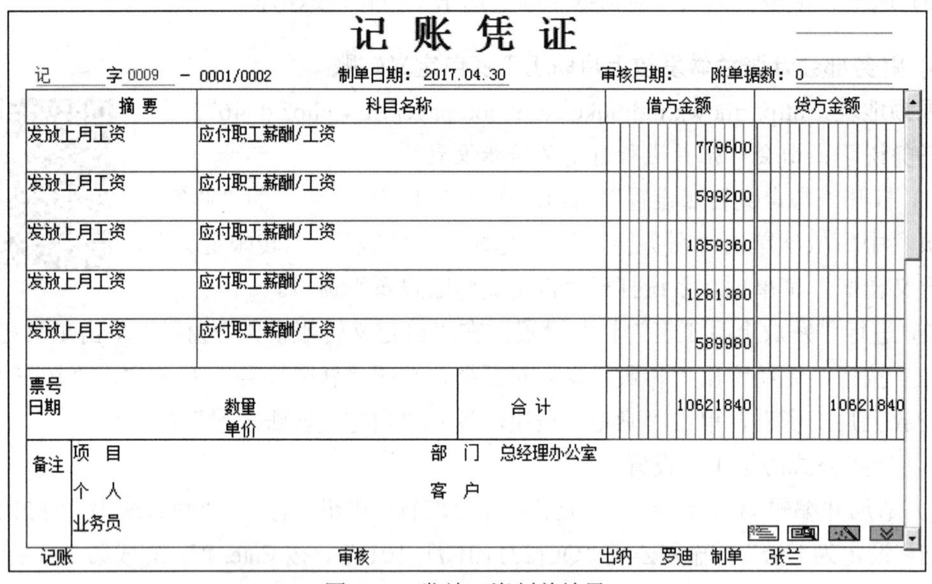

记 账 凭 证

记 字 0009 - 0001/0002　　制单日期：2017.04.30　　审核日期：　　附单据数：0

摘 要	科目名称	借方金额	贷方金额
发放上月工资	应付职工薪酬/工资	779600	
发放上月工资	应付职工薪酬/工资	599200	
发放上月工资	应付职工薪酬/工资	1859360	
发放上月工资	应付职工薪酬/工资	1281380	
发放上月工资	应付职工薪酬/工资	589980	
票号 日期　数量 单价	合 计	10621840	10621840

备注　项 目　　部 门 总经理办公室
个 人　　客 户
业务员

记账　　审核　　出纳 罗迪　制单 张兰

图 4-48　发放工资制单结果

(3) 退出。在“转账”窗口中，单击“退出”按钮退出该窗口；再单击“转账生成”对话框中的“取消”按钮。

4. 场景二的操作步骤

1) 财务部罗迪对凭证进行出纳签字

任务说明： 财务部出纳罗迪对凭证进行出纳签字。

(1) 打开“出纳签字列表”窗口。在“总账”子系统中，依次单击“凭证”/“出纳签字”菜单项，系统弹出“出纳签字”对话框，单击“确定”按钮，系统打开“出纳签字列表”窗口。

(2) 出纳签字。在“出纳签字列表”窗口中，双击需要签字的凭证所在的行，进入该凭证的“出纳签字”窗口，查阅信息无误后单击工具栏中的“签字”按钮，即在凭证下方“出纳”处显示“罗迪”的名字，表示该张凭证出纳签字完成。

2) 财务部主管曾志伟对凭证进行审核。

本任务的操作步骤，在此从略。

3) 财务部会计张兰进行凭证记账。

本任务的操作步骤，在此从略。

4.3.9　查询并输出工资信息

4 月 30 日，人力资源部主管王军查看薪资发放条、部门工资汇总表等，输出为“薪资发放条.xls”“部门工资汇总表.xls”。

1. 业务描述与分析

本笔业务是查询与输出工资统计信息，需要进行账表查询，并以 Excel 文件格式输出。

2. 操作步骤

任务说明：人力资源部主管王军查看并输出薪资发放条和部门工资汇总表。

请确认系统日期和业务日期为 2017 年 4 月 30 日。

1) 人力资源部主管王军查看并输出薪资发放条

视频地址：http://mdwx.mdmuke.com/mod/page/view.php?id=4673

(1) 打开“工资表”对话框。在“企业应用平台”的“业务工作”页签中，依次单击“人力资源”/“薪资管理”/“统计分析”/“账表”/“工资表”菜单项，系统打开“工资表”对话框。

(2) 打开“工资发放条”窗口。在“工资表”对话框中，选中“工资发放条”，然后单击“查看”按钮，系统打开“工资发放条”对话框，选中所有部门和“选定下级部门”，单击“确定”按钮，系统打开“工资发放条”窗口，结果如图 4-49 所示。

(3) 输出“工资发放条”。在“工资表”对话框中，单击“输出”按钮，系统打开“另存为”对话框；在该对话框中，选择输出的路径，编辑“文件名”为“薪资发放条”，“文件类型”为“.xls”，然后单击“保存”按钮，系统打开“请输入表”/“工作单名”对话框，直接单击“确认”按钮，完成工资条的输出。

(4) 退出。单击“工资发放条”窗口中的“退出”按钮。

工资发放条
2017 年 04 月

部门 全部　　会计月份 四月　　人数:

人员编号	姓名	应发合计	扣款合计	实发合计	本月扣零	上月扣零	代扣税	代付税	年终奖	年终奖代扣税	工资代扣税	扣税合
0100	李吉棕	8,100.00	1,973.38	6,120.00	6.62		175.18				175.18	17
0101	陈虹	6,100.00	1,391.57	4,700.00	8.43		37.37				37.37	3
0200	曾志伟	7,100.00	1,673.58	5,420.00	6.42		97.38				97.38	9
0201	张兰	6,000.00	1,367.04	4,630.00	2.96		35.04				35.04	3
0202	罗迪	6,000.00	1,367.04	4,630.00	2.96		35.04				35.04	3
0300	赵飞	7,600.00	1,823.48	5,770.00	6.52		136.28				136.28	13
0301	夏于	6,500.00	1,493.70	5,000.00	6.30		50.70				50.70	5
0302	李华	6,500.00	1,493.70	5,000.00	6.30		50.70				50.70	5
0400	刘静	6,950.00	1,628.61	5,320.00	1.39		85.71				85.71	8
0401	张新海	5,550.00	1,256.64	4,290.00	3.36		24.54				24.54	2
0402	林意	1,050.00	233.10	810.00	6.90							
0500	李莉	6,800.00	1,583.64	5,210.00	6.36		74.04				74.04	7
0501	赵林	5,800.00	1,317.97	4,480.00	2.03		30.37				30.37	3
0502	李东	5,800.00	1,317.97	4,480.00	2.03		30.37				30.37	3
0600	王军	7,100.00	1,673.58	5,420.00	6.42		97.38				97.38	9
0601	梁京	5,800.00	1,317.97	4,480.00	2.03		30.37				30.37	3
0700	刘正	6,750.00	1,568.65	5,180.00	1.35		70.15				70.15	7
0701	李江	5,750.00	1,305.71	4,440.00	4.29		29.21				29.21	2
合计		111,250.00	25,787.33	85,380.00	82.67	0.00	1,089.83	0.00	0.00	0.00	1,089.83	1,08

图 4-49　工资发放条

2) 人力资源部主管王军查看并输出部门工资汇总表

视频地址：http://mdwx.mdmuke.com/mod/page/view.php?id=4674

(1) 打开“工资表”对话框。

(2) 打开“部门工资汇总表”窗口。在“工资表”对话框中，选中“部门工资汇总表”，然后单击“查看”按钮，系统打开“部门工资汇总表—选择部门范围”对话框，选中所有部门和“选定下级部门”，单击“确定”按钮，系统弹出“部门工资汇总表”对话框并默认选定了“一级部门”和“二级部门”复选框，直接单击其中的“确定”按钮，系统打开“部门工资汇总表”窗口，结果如图 4-50 所示。

部门工资汇总表
2017 年 4 月

会计月份 四月

部门	人数	应发合计	扣款合计	实发合计	本月扣零	上月扣零	代扣税	代付税	年终奖	年终奖代扣税	工资代扣税	扣税合计
公司总部	2	14,200.00	3,364.95	10,820.00	15.05		212.55				212.55	212.55
总经理办公室	1	8,100.00	1,973.38	6,120.00	6.62		175.18				175.18	175.18
行政办公室	1	6,100.00	1,391.57	4,700.00	8.43		37.37				37.37	37.37
财务部	3	19,100.00	4,407.66	14,680.00	12.34		167.46				167.46	167.46
销售部	3	20,600.00	4,810.88	15,770.00	19.12		237.68				237.68	237.68
批发部	2	14,100.00	3,317.18	10,770.00	12.82		186.98				186.98	186.98
门市部	1	6,500.00	1,493.70	5,000.00	6.30		50.70				50.70	50.70
采购部	3	13,550.00	3,118.35	10,420.00	11.65		110.25				110.25	110.25
仓管部	3	18,400.00	4,219.58	14,170.00	10.42		134.78				134.78	134.78
人力资源部	2	12,900.00	2,991.55	9,900.00	8.45		127.75				127.75	127.75
生产部	2	12,500.00	2,874.36	9,620.00	5.64		99.36				99.36	99.36
合计	18	111,250.00	25,787.33	85,380.00	82.67		1,089.83				1,089.83	1,089.83

图 4-50　部门工资汇总表

(3) 输出“部门工资汇总表”。在“部门工资汇总表”对话框中，单击“输出”按钮，系统打开“另存为”对话框；在该对话框中，选择输出的路径，编辑“文件名”为“部门工资汇总表”，“文件类型”为“.xls”，然后单击“保存”按钮，系统打开“请输入表/

工作单名”对话框，直接单击“确认”按钮，完成部门工资汇总表的输出。

(4) 退出。单击“部门工资汇总表”窗口中的“退出”按钮。

提示：

- 各种工资表示薪资管理的成果。工资表上的数据，对于企业决策层了解企业的工资总额、工资结构等信息起着关键的作用。
- 工资表的种类有工资卡、工资发放条、部门工资汇总表、部门条件汇总表、工资发放签名表、人员类别汇总表、条件统计(明细)表、工资变动汇总(明细)表。

4.4 期末处理

4.4.1 月末处理

月末处理是将当月数据经过处理后结转至下月。每月工资数据处理完毕后均可进行月末结转。

4 月 30 日对薪资管理模块进行期末处理。

操作步骤：

视频地址： http://mdwx.mdmuke.com/mod/page/view.php?id=4675

任务说明： 人力资源部主管王军做薪资管理月末结账。

(1) 在“企业应用平台”的“业务工作”页签中，依次单击“人力资源”/“薪资管理”/“业务处理”/“月末处理”菜单项，系统打开“月末处理”对话框，如图 4-51 所示。

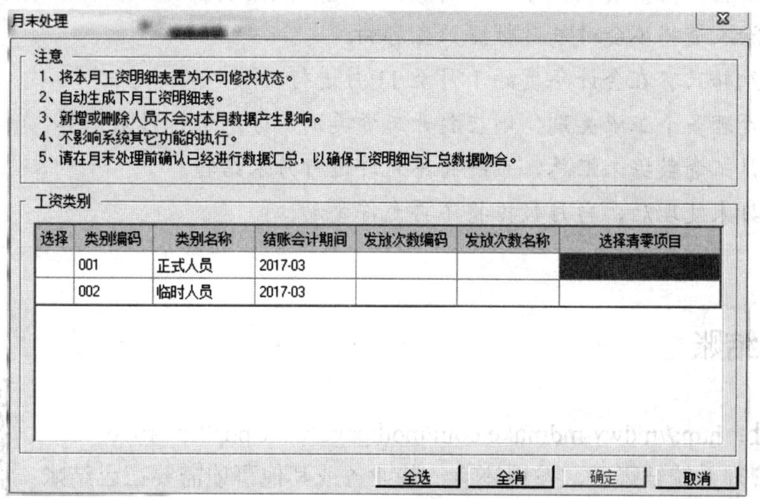

图 4-51 “月末处理”对话框

(2) 单击“确定”按钮，进入月末处理，系统给出“月末处理之后，本月工资将不允许变动！继续月末处理吗？”提示框。

(3) 单击“是”按钮，进入是否清零选择，系统给出提示。

(4) 在“是否选择清零项目”中，单击“是”按钮。

(5) 系统提示“月末处理完毕”，单击“确定”按钮，如图 4-52 所示。

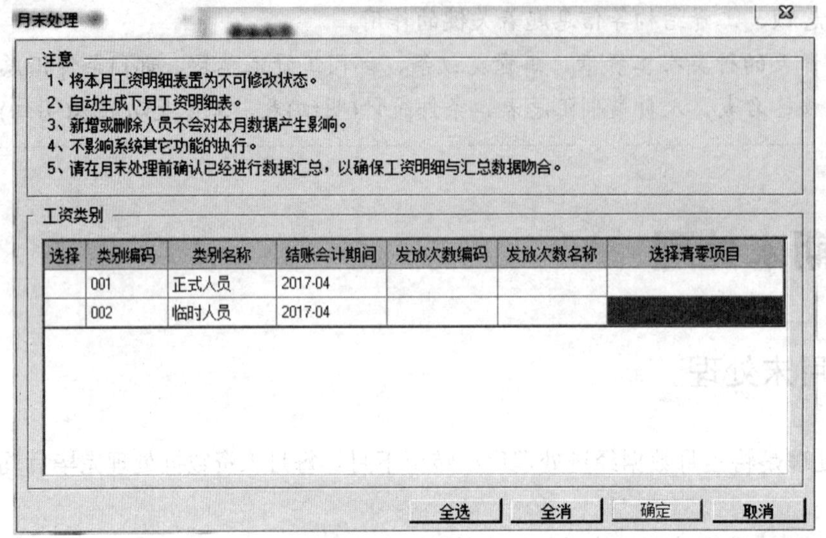

图 4-52　月末处理完毕

提示：

- 由于在工资项目中，有的项目是变动的，即每月的数据均不相同，在每月工资处理时，均需将其数据清为零，而后输入当月的数据，此类项目即为清零项目。
- 月末结账后，选择的需清零的工资项，系统将予以保存，不用每月再重新选择。
- 结账后，本月工资明细表为不可修改状态，同时自动生成下月工资明细账，新增或删除人员将不会对本月数据产生影响。
- 月末结转只有在会计年度的 1 月至 11 月进行。
- 若为处理多个工资类别，则应打开工资类别，分别进行月末结算。
- 若本月工资数据未汇总，系统将不允许进行月末结转。
- 进行期末处理后，当月数据将不再允许变动。

4.4.2　反结账

视频地址：http://mdwx.mdmuke.com/mod/page/view.php?id=4676

在工资管理系统结账后，发现还有一些业务或其他事项需要在已结账月进行账务处理，此时需要使用反结账功能，取消已结账标记。具体操作

步骤：选择“业务处理”/“反结账”菜单项，屏幕显示反结账界面；选择要反结账的工资类别，确认即可。

注意，有下列情况之一，不允许反结账：总账系统已结账；成本管理系统上月已结账；本月工资分摊、计提凭证传输到总账系统，如果总账系统已制单并记账，需做红字冲销凭证后，才能反结账；如果总账系统未做任何操作，只需删除此凭证即可。如果凭证已经由出纳签字/主管签字，需取消出纳签字/主管签字，并删除该张凭证后，才能反结账。

第5章

固定资产管理系统

固定资产是企业为生产产品、提供劳务、出租或者经营管理而持有的、使用时间超过12个月的，价值达到一定标准的非货币性资产，包括房屋、建筑物、机器、机械、运输工具以及其他与生产经营活动有关的设备、器具、工具等。

固定资产管理系统是用友U8的重要组成部分。该系统以固定资产卡片和固定资产明细账为基础，完成企业固定资产的核算和管理，按月反映固定资产的增加、减少、原值变化及其他变动，按月计提折旧，生成折旧凭证，同时输出与固定资产管理相关的报表和账簿，提供与其他系统之间的数据接口，便于数据的传输与核算。

本章设计了固定资产初始设置、购置固定资产、固定资产调配和固定资产报废业务、计提固定资产折旧以及期末处理业务。

本章的操作请按照业务描述中的系统日期和操作员，在固定资产和总账系统中进行。

如果没有完成第1、2章的建账和基础档案编辑任务，则可以到百度网盘空间(网盘地址：http://pan.baidu.com/s/1ctoTCa，密码：wiea)的“实验账套数据”文件夹中，将“02基础档案.rar”下载到实验用机上，然后引入(操作步骤详见第1章1.3.5节)ERP-U8系统中。此外，本章完成的账套其输出压缩的文件名为“05固定资产管理系统.rar”。

需要说明的是：

(1) 因网盘中的账套备份文件均为压缩文件，所以在下载完成后引入之前，需要用解压缩工具进行解压(建议用WinRAR 3.42或以上版本)，得到相应可以引入的账套数据文件。

(2) 本章的所有业务实验操作都有配套的微视频，可以通过扫描二维码，或者到指定的网页去观看。

(3) 本教程配套的微视频均存放在北京神州明灯教育科技有限公司和合一集团的网站上，相应的访问说明请参见网盘中的“微视频访问说明.doc”。

5.1 固定资产管理系统概述

5.1.1 功能概述

固定资产管理系统适用于各类企业和行政事业单位进行固定资产管理、折旧计提等。可同时为总账系统提供折旧凭证，为成本管理系统提供固定资产的折旧费用依据。具体如下。

1. 系统设置

提供外币管理资产设备；可自定义资产分类编码方式和资产类别；可自定义固定资产的使用年限、残值率等；自定义部门核算的科目，转账时自动生成凭证；可自定义使用状况，并增加折旧属性，使用更灵活；恢复月末结账前状态，又称“反结账”，是本系统提供的一个纠错功能；为适应行政事业单位固定资产管理的需要，提供整套账不提折旧功能。

2. 业务处理

可自由设置卡片项目；提供固定资产卡片批量打印的功能；提供资产附属设备和辅助信息的管理；提供按类别定义卡片样式，适用不同企业定制样式的需要；提供固定资产卡片批量复制、批量变动及从其他账套引入的功能，极大地提高了卡片录入效率；提供原值变动表、启用记录、部门转移记录、大修记录、清理信息等附表可处理各种资产变动业务，包括原值变动、部门转移、使用状况变动、使用年限调整、折旧方法调整、净残值(率)调整、工作总量调整、累计折旧调整、资产类别调整、减值准备调整、增值税调整等；提供对固定资产的评估功能，包括对原值、使用年限、净残值率、折旧方法等进行评估。

3. 计提折旧

自定义折旧分配周期，满足不同行业的需要；提供折旧公式自定义功能，并按分配表自动生成记账凭证；提供两种平均年限法(计算公式不同)计提折旧；提供平均年限法、工作量法、年数总和法、双倍余额递减法计提折旧；折旧分配表更灵活全面，包括部门折旧分配表和类别折旧分配表，各表均按辅助核算项目汇总；考虑原值、累计折旧、使用年限、净残值和净残值率、折旧方法的变动对折旧计提的影响，系统自动更改折旧计算，计提折旧，生成折旧分配表，并按分配表自动制作记账凭证。

4. 输出账表

固定资产管理系统提供包括固定资产总账、单个固定资产明细账、固定资产登记簿、部门类别明细账等各类账簿；提供部门构成分析表、使用状况分析表、价值结构分析表、类别构成分析表等各类分析表，提供评估汇总表、评估变动表、固定资产统计表、逾龄资产统计表、盘盈盘亏报告表、役龄资产统计表、固定资产原值一览表、固定资产到期提示表、采购资产统计表等各种统计表；提供部门折旧计提汇总表、固定资产折旧清单表、固定资产折旧计算明细表等各种折旧表；提供减值准备总账、减值准备余额表、减值准备明细账等减值准备表。

5.1.2 固定资产管理系统与其他系统的关系

1. 与总账系统关系

系统与用友其他产品的接口主要涉及的是总账系统。本系统资产增加(录入新卡片)、资产减少、卡片修改(涉及原值或累计折旧时)、资产评估(涉及原值或累计折旧变化时)、原值变动、累计折旧调整、计提减值准备调整、转回减值准备调整、折旧分配、增值税调整都要将有关数据通过记账凭证的形式传输到总账系统，同时通过对账保持固定资产账目的平衡。

2. 与采购管理的关系

采购管理的入库单传递到固定资产管理系统后结转生成采购资产卡片。采购资产卡片可联查入库单列表、结算单列表。

3. 与其他产品接口

本系统为成本管理系统和 UFO 提供数据支持，UFO 报表系统可以通过取数函数从固定资产管理系统中提取折旧数据，向项目成本系统传递项目的折旧数据，向设备管理系统提供卡片信息，同时还可以从设备管理导入卡片信息，从采购管理的入库单结转生成卡片。

5.1.3 固定资产管理系统的业务流程

固定资产管理系统的业务流程分为三部分：初始设置、日常业务处理、期末处理。

5.2 初始设置

固定资产管理系统的初始设置是根据用户的具体情况，建立一个适合用户需要的固定资产系统，包括设置控制参数、设置基础数据、录入期初卡片。

5.2.1 建立固定资产账套

想要使用固定资产管理系统必须首先启用固定资产管理系统，建立固定资产账套，并逐步完成固定资产系统参数设置及初始化设置。

在新建账套初次使用固定资产管理系统时，系统会提示：“这是第一次打开此账套，还未进行过初始化，是否进行初始化？”系统初始化是使用固定资产管理系统管理资产的首要操作，是根据用户的具体情况，建立一个适合需要的固定资产子账套的过程。要设置的操作步骤主要包括约定及说明、启用月份、折旧信息、编码方式、账务接口和完成设置六部分。

案例企业账套初始化时系统参数的设置如下：

- 启用月份为 2017.04；固定资产采用“平均年限法(一)”计提折旧，折旧汇总分配周期为一个月；当“月初已计提月份=可使用月份－1”时将剩余折旧全部提足。
- 资产类别编码方式为 2112，固定资产编码方式按“类别编码+序号”采用自动输入方法，序号长度为 5 位。要求固定资产管理系统与总账系统进行对账，固定资产管理系统对账科目为“1601，固定资产”，累计折旧对账科目为“1602，累计折旧”，若对账不平衡，允许固定资产管理系统月末结账。

操作步骤：

视频地址：http://mdwx.mdmuke.com/mod/page/view.php?id=4677

1. 系统启用

(1) 账套主管李吉棕登录启用应用平台。在“企业应用平台”的“基础设置”页签下，依次单击“基本信息”/“系统启用”菜单项，打开“系统启用”对话框。

(2) 向下拉动滚动条使“固定资产管理”项可见。选中“固定资产管理”复选框。

(3) 设置“启用日期”为 2017.4.1。单击“系统启用”对话框中的“退出”按钮，退出。

2. 建立固定资产账套

(1) 在“企业应用平台”的“业务工作”页签中，依次单击“财务会计”/“固定资产”菜单项，系统弹出“这是第一次打开此账套，还未进行过初始化，是否进行初始化？”信息提示框。

(2) 单击“是”按钮，打开固定资产“初始化账套向导——1.约定及说明”对话框，选择“我同意”复选框；单击“下一步”按钮，打开固定资产“初始化账套向导——2.启用月份”对话框，选择为当前日期；单击“下一步”按钮，打开固定资产“初始化账套向导——3.折旧信息”对话框，选择主要折旧方法为“平均年限法(一)”，确认折旧汇总分配周期为“1 个月”，选择“当(月初已计提月份=可使用月份－1)时将剩余折旧全部提足”复选框。

(3) 单击“下一步”按钮，打开固定资产“初始化账套向导——4.编码方式”对话框，设置资产类别编码方式为 2112，选择固定资产编码方式按“自动编码”和“类别编码+序号”，序号长度为 5。

(4) 单击“下一步”按钮，打开固定资产“初始化账套向导——5.账务接口”对话框，选中“与账务系统进行对账”复选框，参照生成“固定资产对账科目”为 1601(固定资产)、“累计折旧对账科目”为 1602(累计折旧)，选中“在对账不平情况下允许固定资产系统月末结账”复选框。

(5) 单击“下一步”按钮，打开固定资产“初始化账套向导——6.完成”对话框，确认信息无误后，单击“完成”按钮，系统弹出“已经完成了新账套的所有设置工作，是否确定所设置的信息完全正确并保存对新账套的所有设置？”信息提示框，单击“是”按钮，系统提示“已经成功初始化本固定资产账套！”，单击“确定”按钮，固定资产建账完成。

提示：

- 在用友ERP系统中，固定资产账套与企业账套是不同层次的概念。企业账套是在系统管理中建立的，是针对整个企业的；而固定资产账套是在固定资产管理系统中创建的，是企业账套的一个组成部分。类似地，工资账套(在薪资管理系统中创建)也是企业账套的一个组成部分。
- 约定及说明：是在进行系统初始化之前需要同意的条款内容。
- 启用月份：查看本账套固定资产开始使用的年份和会计期间，启用日期只能查看不可修改。要录入系统的期初资料，一般指截至该期间的期初资料。
- 资产类别编码方式设定以后，如果某一级资产设置了类别，则该级的长度不能修改，没有使用过的各级的长度可修改；每一个账套中资产的自动编码方式只能有一种，一经设定，该自动编码方式不得修改。
- 只有存在对应总账系统的情况下才要与账务系统对账。对账的含义是将固定资产管理系统内所有资产的原值、累计折旧和总账系统中的固定资产科目和累计折旧科目的余额核对，看数值是否相等。
- 系统初始化中有些参数一旦设置完成，退出初始化向导后就不能修改了。如果要改，只能通过“重新初始化”功能实现，重新初始化将清空该账套中所有数据。所以如果有些参数设置不能确定，可单击“上一步”按钮重新设置。确定无误后，再单击“完成”按钮保存退出。

5.2.2 选项设置

案例企业账套初始化时系统参数的设置如下：

勾选“月末结账前一定要完成制单登账业务”，录入“[固定资产]缺省入账科目”为1601(固定资产)，“[累计折旧]缺省入账科目”为1602(累计折旧)，“[减值准备]缺省入账科目”为1603(固定资产减值准备)，“[增值税进项税额]缺省入账科目”为22210101(进项税额)，“[固定资产清理]缺省入账科目”为1606(固定资产清理)。

操作步骤：

视频地址：http://mdwx.mdmuke.com/mod/page/view.php?id=4678

(1) 账套主管李吉棕登录启用应用平台。打开“选项”对话框。在“企

业应用平台”的“业务工作”页签中，依次单击“财务会计”/“固定资产”/“设置”/“选项”菜单项，打开“选项”对话框。

(2) 设置相应参数。单击“编辑”按钮，进入“与账务系统接口”页签，设置相应参数，如图 5-1 所示。

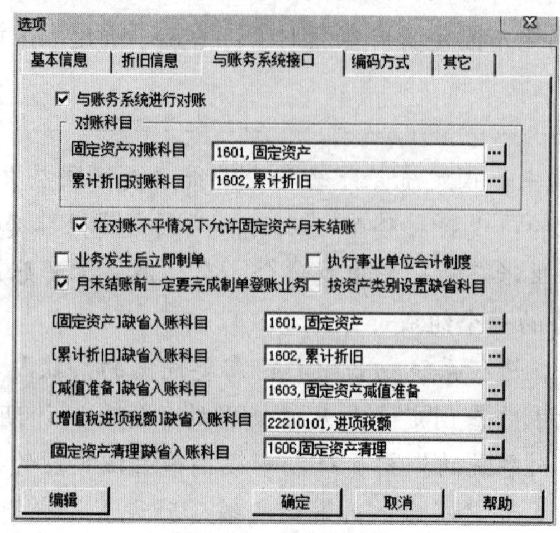

图 5-1　选项设置

提示：

- 在“选项”对话框中，可单击“编辑”按钮修改可修改项。
- “基本信息”页签中的所有内容在系统初始化设置后不能修改；资产类别编码方式设定以后，一旦某一级设置了类别，则该级的长度不能修改。
- 选项中大部分内容在初始化中已经设置，在此只需补充部分信息。

5.2.3　部门对应折旧

固定资产计提折旧后必须把折旧归入成本或费用，根据不同使用者的具体情况按部门或按类别归集。当按部门归集折旧费用时，某一部门所属的固定资产折旧费用将归集到一个比较固定的科目，所以部门对应折旧科目设置就是给部门选择一个折旧科目，录入卡片时，该科目自动显示在卡片中，不必一个一个输入，可提高工作效率。然后在生成部门折旧分配表时每一部门按折旧科目汇总，生成记账凭证。

案例企业的固定资产部门对应折旧科目如表 5-1 所示。

表 5-1　部门对应折旧科目

部门名称	对应折旧科目
公司总部	管理费用/折旧费(660202)
财务部	管理费用/折旧费(660202)
销售部	销售费用/折旧费(660102)
采购部	管理费用/折旧费(660202)

(续表)

部门名称	对应折旧科目
仓管部	管理费用/折旧费(660202)
人力资源部	管理费用/折旧费(660202)
生产部	制造费用(5101)

操作步骤：

视频地址： http://mdwx.mdmuke.com/mod/page/view.php?id=4679

(1) 账套主管李吉棕登录启用应用平台。打开“部门对应折旧科目”窗口。在“企业应用平台”的“业务工作”页签中，依次单击“财务会计”/“固定资产”/“设置”/“部门对应折旧科目”菜单项，进入“部门对应折旧科目”窗口。

(2) 打开“部门对应折旧科目-单张视图”窗口。在左窗格单击“公司总部”所在行，右窗格中将仅显示“公司总部”，此时单击“修改”按钮，系统将打开“部门对应折旧科目-单张视图”窗口。

(3) 编辑某部门的对应折旧科目。在“折旧科目”栏录入或参照生成660202，单击“保存”按钮，若有下级部门，则系统弹出“是否将[公司总部]部门的所有下级部门的折旧科目替换为[折旧费]？”，单击“是”按钮，系统返回“部门对应折旧科目-列表视图”窗口。

(4) 编辑所有部门的对应折旧科目。重复步骤(2)和(3)，完成表5-1中其他部门对应的折旧科目设置。

(5) 显示。单击左窗格的“固定资产部门编码目录”菜单项，“部门对应折旧科目-列表视图”窗口中将显示所有的部门及相应的折旧科目，如图5-2所示。

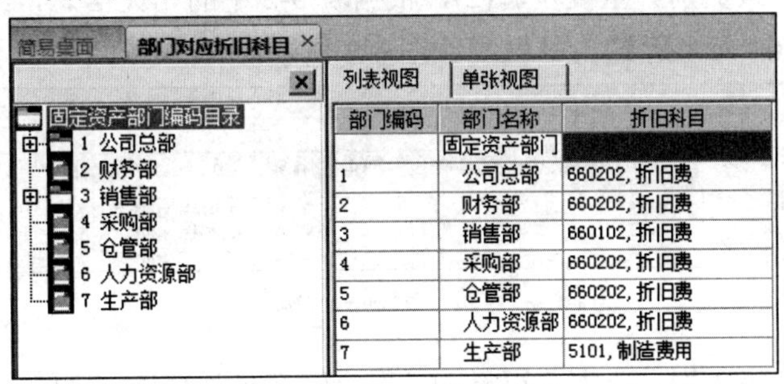

图 5-2　部门对应折旧科目

(6) 退出。单击“部门对应折旧科目”窗口中的“关闭”按钮，关闭该窗口。

5.2.4　设置固定资产类别

固定资产的种类繁多，规格不一，要强化固定资产管理，及时准确做好固定资产核算，必须建立科学的固定资产分类体系，为核算和统计管理提供依据。企业可根据自身的特点和管理要求，确定一个较为合理的资产分类方法。

案例企业的固定资产类别与折旧方法详见表 5-2。

表 5-2　固定资产类别与折旧方法

编码	类别名称	使用年限	净残值率	计提属性	折旧方法	卡片样式
01	房屋及建筑物			正常计提	平均年限法(一)	通用样式(二)
011	办公楼	30	2%	正常计提	平均年限法(一)	通用样式(二)
012	厂房	30	2%	正常计提	平均年限法(一)	通用样式(二)
02	机器设备			正常计提	平均年限法(一)	通用样式(二)
021	生产线	10	3%	正常计提	平均年限法(一)	通用样式(二)
022	办公设备	5	3%	正常计提	平均年限法(一)	通用样式(二)
03	运输工具	8	5%	正常计提	平均年限法(一)	通用样式(二)

操作步骤：

视频地址：http://mdwx.mdmuke.com/mod/page/view.php?id=4680

(1) 打开“资产类别”窗口。在“企业应用平台”的“业务工作”页签中，依次单击“财务会计”/“固定资产”/“设置”/“资产类别”菜单项，进入“资产类别”窗口。

(2) 增加一个一级类别。单击“增加”按钮，打开“资产类别-单张视图”窗口，在“类别名称”栏录入“房屋及建筑物”，“计提属性”为“正常计提”，“折旧方法”为“平均年限法(一)”，“卡片样式”为“通用样式(二)”，最后单击“保存”按钮。

(3) 编辑所有一级类别。重复步骤(2)，根据表 5-2 中的相关信息，继续录入和保存 02 号“机器设备”和 03 号“运输工具”，如图 5-3 所示。

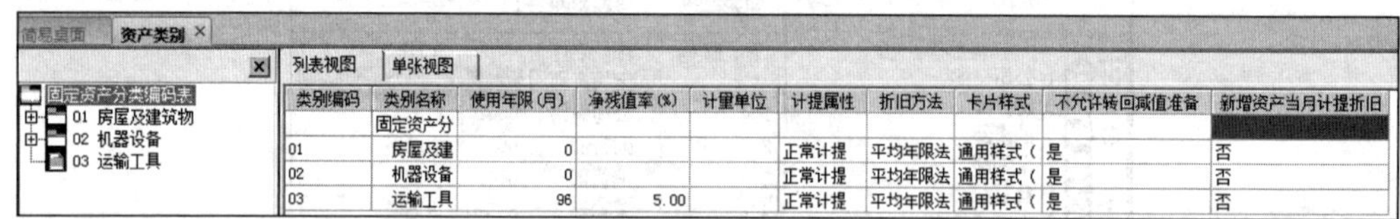

图 5-3　资产类别—一级类别

(4) 增加一个二级类别。选中左窗格的“固定资产分类编码表”的“01 房屋及建筑物”分类，再单击“增加”按钮，在“类别名称”栏录入“办公楼”，在“使用年限”栏输入 30，设置“净残值率”为 2%，最后单击“保存”按钮，如图 5-4 所示。

(5) 编辑所有二级类别。重复步骤(4)，录入表 5-2 中其他的固定资产分类。

(6) 关闭退出。单击“资产类别”窗口中的“关闭”按钮，关闭该窗口。

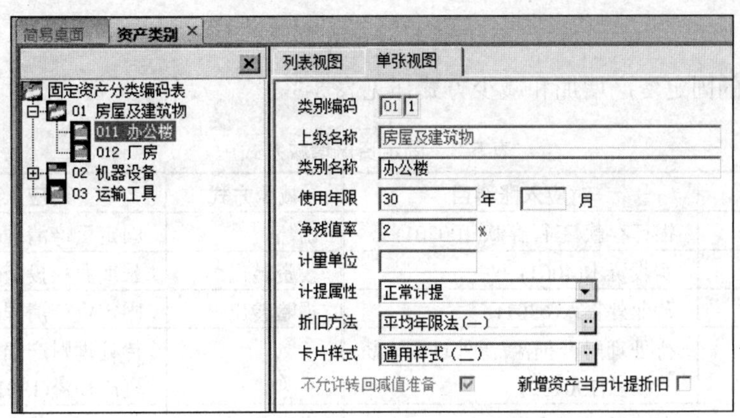

图 5-4 资产类别—二级类别

提示：

- 应先建立上级固定资产类别后再建立下级类别，且下级类别继承上级的使用年限、净残值率，可修改。
- 只有在最新会计期间时可以增加，月末结账后则不能增加。
- 资产类别编码不能重复，同级的类别名称不能相同。
- 类别编码、类别名称、计提属性、折旧方法、卡片样式不能为空。其他各项内容是准备在输入固定资产卡片的时候作为缺省内容使用的，可以为空。
- 非明细级类别编码不能修改。
- 使用过的类别的计提属性不能修改。
- 未使用过的明细级类别编码修改时，只能修改本级的编码。
- 非明细级不能删除。
- 系统已使用(录入卡片时选用过)的类别不允许删除。
- 折旧方法设置是系统自动计算折旧的基础。系统给出了常用的五种方法：不提折旧、平均年限法(一和二)、工作量法、年数总和法、双倍余额递减法。这几种方法是系统设置的折旧方法，只能选用，不能删除和修改。另外，如果这几种方法不能满足企业的使用需要，系统提供了折旧方法的自定义功能，可以定义适合自己的折旧方法的名称和计算公式。

5.2.5 增减方式对应入账科目

增减方式包括增加方式和减少方式两类。增加的方式主要有直接购入、投资者投入、捐赠、盘盈、在建工程转入、融资租入。减少的方式主要有出售、盘亏、投资转出、捐赠转出、报废、毁损、融资租出、拆分减少等。

设置增减方式对应入账科目的目的是系统可以根据增减方式自动生成相应的会计

分录。

案例企业的固定资产增加和减少方式详见表 5-3。

表 5-3　固定资产增减方式

增加方式	对应入账科目	减少方式	对应入账科目
直接购入	银行存款/工行存款(100201)	出售	固定资产清理(1606)
投资者投入	实收资本(4001)	投资转出	长期股权投资(1511)
捐赠	营业外收入(6301)	捐赠转出	固定资产清理(1606)
盘盈	待处理财产损溢/待处理固定资产损溢(190102)	盘亏	待处理财产损溢/待处理固定资产损溢(190102)
在建工程转入	在建工程(1604)	报废	固定资产清理(1606)
融资租入	长期应付款(2701)	毁损	固定资产清理(1606)
		融资租出	长期应收款(1531)
		拆分减少	固定资产清理(1606)

操作步骤：

视频地址：http://mdwx.mdmuke.com/mod/page/view.php?id=4681

(1) 打开“增减方式”窗口。在“企业应用平台”的“业务工作”页签中，依次单击“财务会计”/“固定资产”/“设置”/“增减方式”菜单项，进入“增减方式”窗口。

(2) 修改“直接购入”方式的对应入账科目。选中左窗格的“1.增加方式”下的“直接购入”，再单击“修改”按钮，打开“增减方式-单张视图”窗口，然后在“对应入账科目”栏录入或参照生成 100201，最后单击“保存”按钮。

(3) 修改其他增减方式的对应入账科目。重复步骤(2)，录入表 5-3 中其他增减方式对应的入账科目，结果如图 5-5 所示。

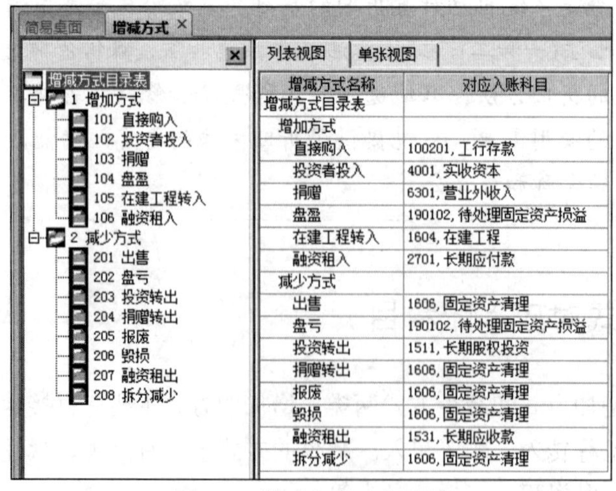

图 5-5　增减方式对应科目

(4) 关闭退出。单击“增减方式”窗口中的“关闭”按钮，关闭该窗口。

提示：

- 在固定资产增减方式中设置的对应入账科目是系统生成凭证时的默认科目。
- 已使用(卡片已选用过)的方式不能删除。
- 非明细级方式不能删除。
- 系统缺省的增减方式“盘盈”“盘亏”和“毁损”不能删除。
- “列支科目”项是事业单位使用的。只有在“选项”中勾选了“执行事业单位会计制度”且为“增加方式”时可选，否则不可用。

5.2.6 使用状况设置

从固定资产核算和管理的角度，需要明确资产的使用状况，一方面可以正确地计算和计提折旧，另一方面便于统计固定资产的使用情况，提高资产的利用效率。

案例企业固定资产使用状况增加“使用中—外借”。

操作步骤：

视频地址：http://mdwx.mdmuke.com/mod/page/view.php?id=4682

(1) 打开“使用状况”窗口。在“企业应用平台”的“业务工作”页签中，依次单击“财务会计”/“固定资产”/“设置”/“使用状况”菜单项，进入“使用状况”窗口，如图5-6所示。

简易桌面　使用状况

使用状况目录表
1 使用中
2 未使用
3 不需用

列表视图　单张视图

使用状况名称	是否计提折旧
使用状况目录表	
使用中	是
在用	是
季节性停用	是
经营性出租	是
大修理停用	是
未使用	是
不需用	是

图5-6　“使用状况”窗口

(2) 在“使用状况”界面的左窗格“使用状况目录表”中选中要增加的使用状况上一级目录“使用中”，单击“增加”按钮，转入“单张视图”界面。

(3) 在“使用状况名称”框中输入“外借”，打开“是否计提折旧”下拉框，选择“不提折旧”，如图5-7所示。

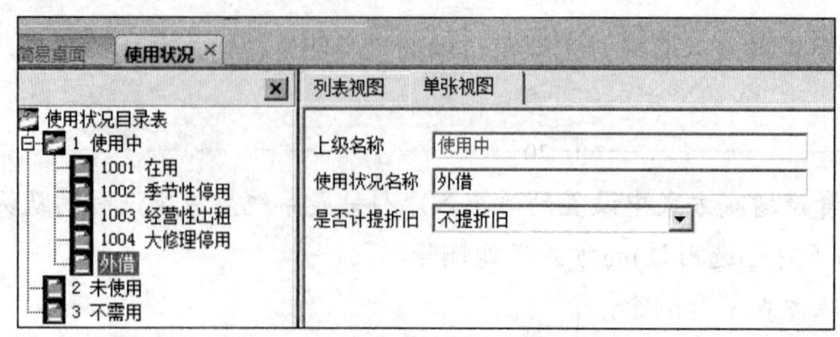

图 5-7　增加“外借”使用状况

(4) 单击“保存”按钮。然后单击“使用状况”页签上的“×”按钮，系统提示“是否保存数据”，单击“否”按钮，退出操作(因为已经保存过了，提示内容是保存当前显示的空白页面)。

 **提示:**

- 系统预置的使用状况有“使用中”“未使用”“不需用”，其中“使用中”又分“在用”“季节性停用”“经营性出租”“大修理停用”。系统预置的使用状况不能删除。
- 三种一级使用状况不能增加、修改，可以在一级使用状况下增加二级使用状况。

5.2.7　录入原始卡片

原始卡片是指卡片记录的资产开始使用日期的月份先于其录入系统的月份，即已使用过并已计提折旧的固定资产卡片。在使用固定资产管理系统进行核算前，必须将原始卡片资料录入系统，保持历史资料的连续性。原始卡片的录入不限制必须在第一个期间结账前，任何时候都可以录入原始卡片。

案例企业的原始卡片详见表 5-4。

表 5-4　固定资产原始卡片

卡片编号	00001	00002	00003	00004
固定资产编号	02200001	02200002	02200003	01200001
固定资产名称	华硕 A8 电脑	IBMX60 电脑	联想 T4202 电脑	厂房
类别编号	022	022	022	012
类别名称	办公设备	办公设备	办公设备	厂房
使用部门	经理办公室	财务部	批发部	生产部
增加方式	直接购入	直接购入	直接购入	直接购入
使用状况	在用	在用	在用	在用
使用年限	5 年	5 年	5 年	30 年
折旧方法	平均年限法(一)	平均年限法(一)	平均年限法(一)	平均年限法(一)
开始使用日期	2013-06-01	2015-11-01	2015-11-01	2010-03-01

(续表)

币种	人民币	人民币	人民币	人民币
原值	20 000	20 000	10 000	720 000
净残值率	3%	3%	3%	2%
净残值	600	600	300	14 400
累计折旧	14 580	5184	2592	163 296
月折旧率	0.0162	0.0162	0.0162	0.0027
月折旧额	324	324	162	1944
净值	5420	14 816	7408	556 704
对应折旧科目	管理费用/折旧费	管理费用/折旧费	销售费用/折旧费	制造费用

操作步骤：

视频地址：http://mdwx.mdmuke.com/mod/page/view.php?id=4683

(1) 打开“固定资产类别档案”窗口。在“企业应用平台”的“业务工作”页签中，依次单击“财务会计”/“固定资产”/“卡片”/“录入原始卡片”菜单项，系统打开“固定资产类别档案”窗口，如图5-8所示。

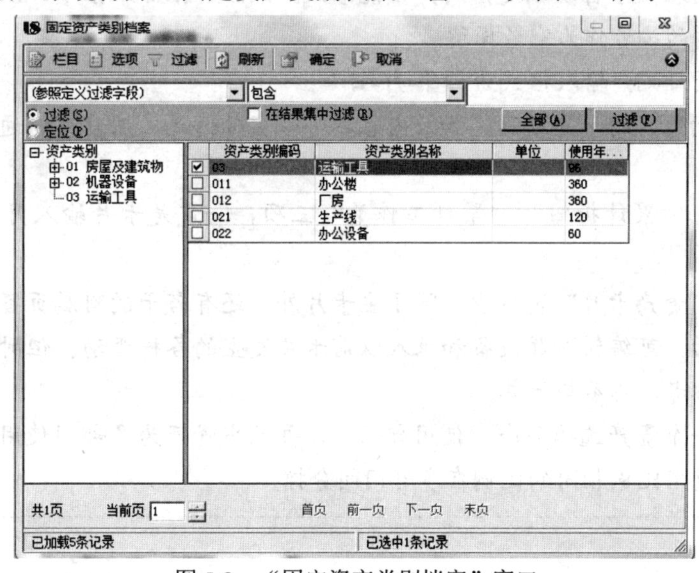

图5-8 “固定资产类别档案”窗口

(2) 打开“固定资产卡片”窗口。双击“022”“办公设备”所在行，进入“固定资产卡片”窗口，“卡片编号”默认为00001。

(3) 在“固定资产名称”栏录入“华硕A8电脑”，单击“使用部门”栏，此时出现“使用部门”按钮，单击该按钮，系统打开“固定资产-本资产部门使用方式”对话框，默认选定“单部门使用”。

(4) 单击“确定”按钮，在系统打开的“部门基本参照”窗口中，双击“经理办公室”所在行以选择“经理办公室”，并返回“固定资产卡片”窗口。

(5) 单击“增加方式”栏，此时出现“增加方式”按钮，单击该按钮，系统打开“固定资产增加方式”对话框，双击“直接购入”所在行，返回“固定资产卡片”窗口。

(6) 单击“使用状况”栏，此时出现“使用状况”按钮，单击该按钮，系统打开“使用状况参照”对话框，双击“在用”所在行，返回“固定资产卡片”窗口。

(7) 在“开始使用日期”栏录入“2013-06-01”，在“原值”栏录入 20 000，在“累计折旧”栏录入 14 580，单击“保存”按钮，系统提示“数据成功保存！”，单击“确定”按钮，返回“固定资产类别档案”窗口。

(8) 重复步骤(2)～(7)，完成表 5-4 中其他的原始卡片的信息录入工作。

(9) 单击“关闭”按钮，关闭该窗口。

提示：

- 卡片编号：是固定资产卡片的编号，不是固定资产的编号。卡片编号由系统按照卡片的输入次序自动编定，用户不能修改。删除一张非末张卡片以后，系统会把这张卡片的编号作为空号保留。
- 开始使用日期：输入格式为“年-月-日”。
- 系统自动填写的卡片项目，如果内容不符合实际情况，用户可以通过参照窗进行修改。
- “原值”“累计折旧”“累计工作量”三项，一定是卡片输入月月初的金额或数据。
- 在“固定资产卡片”窗口中，除了主卡片外，还有若干的附属页签。在录入主卡片信息后，可编辑附属设备和录入以前卡片发生的各种变动。但附属页签上的信息只供参考，不参与计算。
- 可以为一个资产选择多个“使用部门”，并且当资产为多部门使用时，累计折旧采用与使用比例相同的比例在多部门间分摊。

5.3 日常业务处理

固定资产管理系统的日常业务处理主要包括固定资产增减、固定资产变动、资产评估、折旧处理、生成凭证及账簿管理。

5.3.1 固定资产增加

企业固定资产增加的方式多种多样，包括外购、自行建造、投资者投入、非货币性资产交换、债务重组、企业合并和融资租赁。当资产增加时需要在固定资产管理系统中增加固定资产卡片，登记固定资产明细账，同时按期计提折旧。

固定资产增加的业务处理有两种方法：一是直接在固定资产管理系统中通过“固定资产”/“卡片”/“资产增加”增加资产卡片；二是按普通采购流程，通过采购管理系统进行采购、录入资产仓库，在固定资产管理系统中转资产，自动增加卡片。目前尚未启用供应链的情况下，按第一种方法处理。

- 4 月 28 日，公司批发部向极速公司购置 2 台联想电脑(采购合同编号 CG007，参见图 5-9)，型号为“天逸 5050 台式机”，无税单价 6000 元，收到增值税发票(票号 61234508，发票参见图 5-10)，税率为 17%，价税合计 14 040 元，用转账支票(票号 22456825，支票存根参见图 5-11)全额支付。
- 该固定资产的交接单(如图 5-12 所示)载明：增加方式为“直接购入”，使用情况为“在用”，使用部门为“经理办公室”，使用年限为 5 年，折旧方法为“平均年限法(一)”，开始使用日期为“当日”，净残值率为 3%，对应折旧科目为“管理费用”。

购 销 合 同

合同编号：CG007

卖方：河北极速商贸公司

买方：北京亮康眼镜有限公司

为保护买卖双方的合法权益，买卖双方根据《中华人民共和国合同法》的有关规定，经友好协商，一致同意签订本合同，共同遵守。

一、货物的名称、数量及金额

货物的名称	规格型号	计量单位	数量	单 价（不含税）	金 额（不含税）	税率	价税合计
联想电脑	天逸 5050 台式机	台	2	6000.00	12000.00	17%	14040.00
合计					￥12000.00		￥14040.00

二、合同总金额：人民币壹万肆仟零肆拾元整（￥14040.00）。

三、付款时间及付款方式：

付款时间：签订合同当日，买方向卖方支付全部货款，即人民币壹万肆仟零肆拾元整（￥14040.00）。

付款结算方式：转账支票

四、时间与地点：交货时间为 2017 年 4 月 28 日，交货地点：北京亮康眼镜有限公司

五、发运方式与运输费用承担方式：由卖方免费送货。

卖　方：河北极速商贸公司　　　　买　方：北京亮康眼镜有限公司

授权代表：刘洁　　　　授权代表：张新海

日期：2017 年 4 月 28 日　　　　日期：2017 年 4 月 28 日

图 5-9　CG007 合同的原始单据示意

北京增值税专用发票　　No 61234508

1100163320　　**发票联**　　开票日期：2017 年 4 月 28 日

购买方	名　　称：北京亮康眼镜有限公司 纳税人识别号：1101082121202 地 址、电 话：北京市昌平区昌平路 78 号，电话：010-60228226 开户行及账号：中国工商银行北京市昌平支行 1102020526782987908	密码区	

货物或应税劳务名称	规格型号	单位	数量	单价	金额	税率	税额
联想电脑	天逸 5050 台式机	台	2	6000.00	12000.00	17%	2040.00
合　计					￥12000.00		￥2040.00
价税合计（大写）	⊗壹万肆仟零肆拾元整				（小写）￥14040.00		

销售方	名　　称：河北极速商贸公司 纳税人识别号：300106224160389 地 址、电 话：河北省燕郊经济开发区 25 号 开户行及账号：中国工商银行河北燕郊支行 1102020526782987379	备注	

收款人：（略）　　复核：（略）　　开票人：（略）　　销售方：（章）

税总函[2016] 362 号北京市印钞有限公司　　第三联：发票联　购买方记账凭证

图 5-10　采购发票示意

中国工商银行

转账支票存根

支票号码：22456825

附加信息：

出票日期：2017 年 4 月 28 日

收款人：河北极速商贸公司

金　额：￥14040.00

用　途：支付购买联想电脑货款

单位主管：（略）　　会计：（略）

图 5-11　转账支票

固定资产验收交接单

固定资产类别：办公设备

固定资产项目名称	联想电脑	型号及规格	天逸 5050 台式机	供货商	极速公司	取得来源	直接购入
原值	6000.00	其中安装费		预计净残值率		3%	
建造日期		验收日期	2017.4.28	开始使用日期	2017.4.28	预计使用年限	5
年折旧额		年折旧率		月折旧额		月折旧率	
投入日期	2017.4.28	投入时已使用年限		尚能使用年限		投入时已提折旧额	
验收意见	符合规定质量标准，验收合格。　负责人：略　2017 年 4 月 28 日						
移交单位	采购部		接受单位负责人		略	移交人	略
接管单位	经理办公室		接管单位负责人		略	移交人	略

图 5-12　固定资产交接单(以一台电脑为例)

1. 业务描述与分析

本笔业务是公司购买固定资产业务，需要录入固定资产卡片，进行购入资产制单。

2. 操作步骤

视频地址：http://mdwx.mdmuke.com/mod/page/view.php?id=4684

任务说明：财务部会计张兰登录企业应用平台录入固定资产卡片，进行购入资产制单。

1) 财务部会计张兰登录企业应用平台录入固定资产卡片

(1) 打开“固定资产类别档案”对话框。在“企业应用平台”的“业务工作”页签中，依次单击“财务会计”/“固定资产”/“卡片”/“资产增加”菜单项，打开“固定资产类别档案”对话框。

(2) 选择资产类别为“办公设备”。

(3) 单击“确定”按钮，进入“新增固定资产卡片”录入窗口，如图 5-13 所示。

简易桌面 | 固定资产卡片

□ 新增资产当月计提折旧　　附单据数：

固定资产卡片 | 附属设备 | 大修理记录 | 资产转移记录 | 停启用记录 | 原值变动 | 拆分/减少信息 | 2017-04-30

固定资产卡片

卡片编号	00007			日期	2017-04-30
固定资产编号	02200006	固定资产名称	办公设备		
类别编号	022	类别名称	办公设备	资产组名称	
规格型号		使用部门			
增加方式		存放地点			
使用状况		使用年限(月)	60	折旧方法	平均年限法(一)
开始使用日期	2017-04-30	已计提月份	0	币种	人民币
原值	0.00	净残值率	3%	净残值	0.00
累计折旧	0.00	月折旧率	0	本月计提折旧额	0.00
净值	0.00	对应折旧科目		项目	
录入人	李吉棕			录入日期	2017-04-30

图 5-13 “新增固定资产卡片”录入窗口

(4) 输入固定资产名称为“联想电脑”。

(5) 双击“使用部门”，选择“单部门使用”，在使用部门中录入“经理办公室”，如图 5-14 所示。

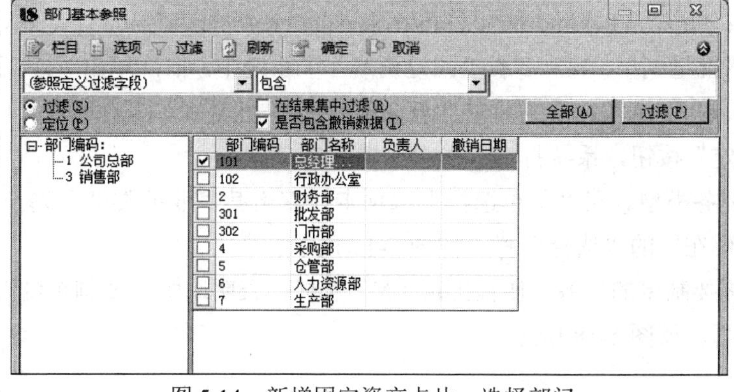

图 5-14 新增固定资产卡片—选择部门

(6) 双击“增加方式”，选择“直接购入”。

(7) 双击“使用状况”，选择“在用”。

(8) 输入“开始使用日期”为 2017-04-28；原值为 6000；可使用年限为 60 个月；残值率为 3%，对应折旧科目为 660202，如图 5-15 所示。

固定资产卡片

卡片编号	00005			日期	2017-04-30
固定资产编号	02200004	固定资产名称			联想电脑
类别编号	022	类别名称	办公设备	资产组名称	
规格型号	天逸5050台式机	使用部门			总经理办公室
增加方式	直接购入	存放地点			
使用状况	在用	使用年限(月)	60	折旧方法	平均年限法(一)
开始使用日期	2017-04-28	已计提月份	0	币种	人民币
原值	6000.00	净残值率	3%	净残值	180.00
累计折旧	0.00	月折旧率	0	本月计提折旧额	0.00
净值	6000.00	对应折旧科目	660202，折旧费	项目	
录入人	张兰			录入日期	2017-04-28

图 5-15 新增固定资产卡片—第一张卡片

(9) 单击“保存”按钮。

(10) 重复步骤(1)～(9)录入第二张卡片，如图 5-16 所示(注意与第一张卡片编号不同)。

固定资产卡片

卡片编号	00006			日期	2017-04-30
固定资产编号	02200005	固定资产名称			联想电脑
类别编号	022	类别名称	办公设备	资产组名称	
规格型号	天逸5050台式机	使用部门			总经理办公室
增加方式	直接购入	存放地点			
使用状况	在用	使用年限(月)	60	折旧方法	平均年限法(一)
开始使用日期	2017-04-28	已计提月份	0	币种	人民币
原值	6000.00	净残值率	3%	净残值	180.00
累计折旧	0.00	月折旧率	0	本月计提折旧额	0.00
净值	6000.00	对应折旧科目	660202，折旧费	项目	
录入人	张兰			录入日期	2017-04-28

图 5-16 新增固定资产卡片—第二张卡片

2) 财务部会计张兰登录企业应用平台制单

视频地址：http://mdwx.mdmuke.com/mod/page/view.php?id=4685

(1) 打开“批量制单”窗口。在“固定资产”子系统中，依次单击“处理”/“批量制单”菜单项，系统弹出“查询条件选择-批量制单”对话框，直接单击“确定”按钮，系统打开“批量制单”窗口。

(2) 选择业务类型。在“制单选择”选项卡，双击其“业务类型”为“新增资产”所在行的“选择”栏，如图 5-17 所示。

(3) 选择需要制单的业务。使其出现“Y”字样，表明选中了要制单的业务。单击“全选”并“合并”，如图 5-18 所示。

查询条件选择-批量制单

保存常用条件　过滤方案

常用条件

业务类型	新增资产		
业务号		到	
业务日期		到	
部门		项目大类	
项目		到	

图 5-17　批量制单—选择业务类型

简易桌面　批量制单

制单选择　制单设置　凭证类别 记 记账凭证　合并号

已用合并号

序号	业务日期	业务类型	业务描述	业务号	发生额	合并号	选择
1	2017-04-01	卡片	新增资产	00005	6,000.00	1	Y
2	2017-04-28	卡片	新增资产	00006	6,000.00	1	Y

图 5-18　批量制单—制单选择

(4) 单击“制单设置”页签，如图 5-19 所示。

简易桌面　批量制单

制单选择　制单设置　凭证类别 记 记账凭证　合并号 1

☑ 方向相同时合并分录　☑ 借方合并　☑ 贷方合并　☑ 方向相反时合并分录

序号	业务日期	业务类型	业务描述	业务号	方向	发生额	科目
1	2017-04-01	卡片	新增资产	00005	借	6,000.00	1601 固定资产
2	2017-04-01	卡片	新增资产	00005	贷	6,000.00	100201 工行存款
3	2017-04-28	卡片	新增资产	00006	借	6,000.00	1601 固定资产
4	2017-04-28	卡片	新增资产	00006	贷	6,000.00	100201 工行存款

图 5-19　批量制单—制单设置

(5) 单击“凭证”，出现记账凭证，修改凭证并保存，如图 5-20 所示。

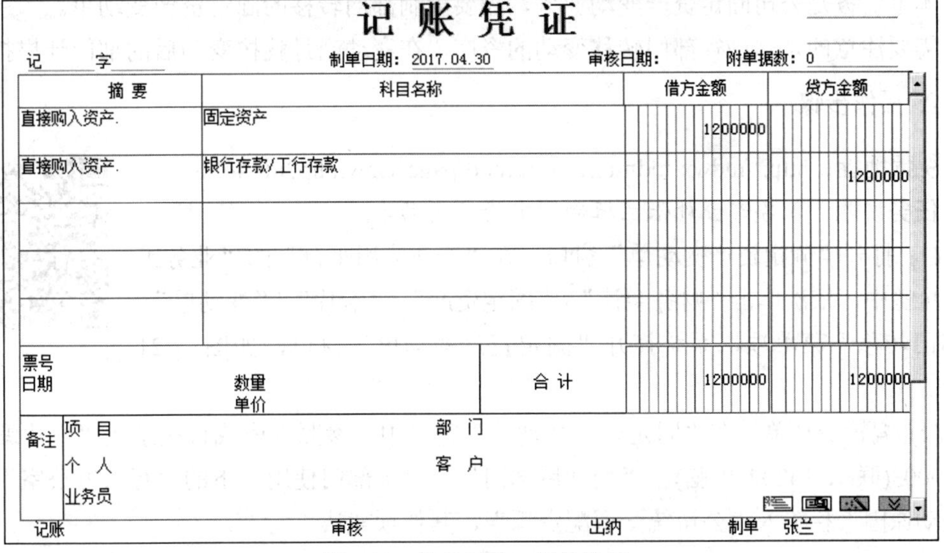

记 账 凭 证

记 字　制单日期：2017.04.30　审核日期：　附单据数：0

摘 要	科目名称	借方金额	贷方金额
直接购入资产.	固定资产	1200000	
直接购入资产.	银行存款/工行存款		1200000
票号 日期	数量 单价 合 计	1200000	1200000

备注　项 目　部 门　个 人　客 户　业务员

记账　审核　出纳　制单 张兰

图 5-20　批量制单—制单结果

提示：

- 固定资产增加，是指固定资产管理系统启用以后，企业新增加的固定资产。反映在操作上就是录入新卡片。注意与录入原始卡片相区别。
- 新增加的资产需要入账，所以有录入资产卡片和制作凭证两个环节。
- 增加的资产当月如不提折旧，该类业务可以在当月计提折旧之前进行，也可以在当月计提折旧之后进行。
- 固定资产管理系统制作的传送到账务总账系统的凭证的修改和删除只能在固定资产管理系统完成，总账系统无权删除和修改本系统制作的凭证。
- 如果要删除已制作凭证的卡片、变动单、评估单，或重新计提、分配折旧，进行资产减少的恢复等操作，必须先删除相应的凭证，否则系统禁止这些操作。

5.3.2 资产变动

资产在使用过程中，可能会调整卡片上的一些项目，此类变动必须留下原始凭证，制作的原始凭证称为变动单。资产的变动包括原值增加、原值减少、部门转移、使用状况调整、折旧方法调整、累计折旧调整、使用年限调整、工作总量调整、净残值(率)调整、类别调整、变动单管理。其他项目的修改，如名称、编号、自定义项目等的变动，可直接在卡片上进行。

4 月 28 日，公司领导陈虹批复将批发部的联想 T4202 电脑转给行政办公室使用，变动原因是公司统一调配资源。

1. 业务描述与分析

本笔业务是公司固定资产变动业务，需要填制部门转移的固定资产变动单。

需要注意的是，进行部门转移变动的资产，在变动当月就按变动后的部门计提折旧。

2. 操作步骤

视频地址：http://mdwx.mdmuke.com/mod/page/view.php?id=4686

任务说明：财务部会计张兰填制固定资产变动单。

(1) 打开“固定资产变动单”窗口。在“企业应用平台”的“业务工作”页签中，依次单击“财务会计”/“固定资产”/“卡片”/“变动单”/“部门转移”菜单项，系统打开“固定资产变动单”窗口，如图 5-21 所示。

(2) 编辑变动单。在“固定资产变动单”窗口中，参照生成或直接录入“卡片编号”为 00003(联想 T4202 电脑)，“变动后部门”为“单部门使用”下的“行政办公室”；在“变动原因”栏输入“公司统一调配资源”，其他项默认。

固定资产变动单

— 部门转移 —

变动单编号	00002	变动日期	2017-04-30
卡片编号		资产编号	
开始使用日期			
资产名称		规格型号	
变动前部门		变动后部门	
存放地点		新存放地点	
变动原因			
经手人	张兰		

图 5-21 固定资产变动单窗口

(3) 保存。单击工具栏中的“保存”按钮，系统提示“数据成功保存！部门已改变，请检查资产对应折旧科目是否正确！”信息框，单击“确定”按钮系统返回“固定资产变动单”窗口，结果如图 5-22 所示。

固定资产变动单

— 部门转移 —

变动单编号	00003	变动日期	2017-04-30
卡片编号	00003	资产编号	02200003
开始使用日期	2015-11-01		
资产名称	联想T4202电脑	规格型号	
变动前部门	财务部	变动后部门	行政办公室
存放地点		新存放地点	
变动原因	公司统一调配资源		
经手人	张兰		

图 5-22 固定资产变动单编辑结果

(4) 退出。单击“固定资产变动单”窗口中的“关闭”按钮，关闭并退出该窗口。

提示：

- 变动单不能修改，只能在当月删除重做。
- 固定资产原值发生变动通过“原值变动”功能实现。原值变动包括原值增加和原值减少两部分。
- 资产在使用过程中，因内部调配而发生的部门变动，通过部门转移功能实现。进行部门转移变动的资产在变动当月就按变动后的部门计提折旧。变动单上的变动原因需要手工输入。
- 资产在使用过程中，使用状况发生的变化通过使用状况变动功能实现。进行使用状况变动的资产在变动的次月才按变动后的使用状况计提折旧。
- 资产在使用过程中，资产计提折旧所采用的折旧方法的调整通过折旧方法调整功能实现。所属类别是总不提折旧的资产折旧方法不能调整。进行折旧方法调整的资产在调整当月就按调整后的折旧方法计提折旧。
- 资产在使用过程中，由于补提折旧或多提折旧需要调整已经计提的累计折旧，通过累计折旧调整功能实现。原值减调整后的累计折旧必须保证大于等于净残值。本月录入累计折旧调整变动单后，系统将清空该资产本月已计提的折旧，需要重新计提折旧。若选项中的"累计折旧调整当期生效"选项被选中，则该变动单在本月计提折旧时生效；反之，则该变动单在下月计提折旧时生效。

- 资产在使用过程中的使用年限的调整通过使用年限调整功能实现。进行使用年限调整的资产在调整的当月就按调整后的使用年限计提折旧。
- 使用工作量法计提折旧的资产在使用过程中发生的工作总量的变动通过工作总量调整功能实现。调整后的工作总量不能小于累计用量。进行工作总量调整的资产在调整当月就按调整后的工作总量计提折旧。
- 资产在使用过程中，修改原来预计的净残值或净残值率通过净残值(率)调整功能实现。调整后净残值必须小于等于净值。若选项中的"净残值(率)调整当期生效"选项被选中，则该变动单在本月计提折旧时生效；反之，则该变动单在下月计提折旧时生效。
- 资产在使用过程中，有可能因为企业调整资产分类或其他原因调整该资产所属类别，该操作通过资产类别调整功能实现。调整后的类别和调整前的类别的计提属性必须相同。进行类别调整的资产在调整当月就按调整后的类别计提折旧。
- 减值准备期初变动单不需要记账；在计算折旧时，应当纳入当期的期初减值准备。只有原始卡片才能录入减值准备期初，且只能录入一次。
- 企业应当在期末至少在每年年度终了，对固定资产逐项进行检查，如果由于市价持续下跌，或技术陈旧等原因导致其可回收金额低于账面价值，应当将可回收金额低于账面价值的差额作为固定资产减值准备。固定资产减值准备按单项资产计提。 本月录入的计提减值准备变动单在下月计提折旧时生效。
- 如已计提的固定资产价值又得以恢复，应在原已计提的减值准备范围内转回。本月录入的转回减值准备变动单在下月计提折旧时生效。
- 资产在使用过程中，增值税的变动通过增值税调整功能实现。
- 资产在使用过程中，使用部门没有发生变化，仅存放地点发生的变化，通过位置调整变动功能实现。

5.3.3 固定资产折旧

自动计提折旧是固定资产系统的主要功能之一。系统每期计提折旧一次，根据录入系统的资料自动计算每项资产的折旧，并自动生成折旧分配表，然后制作记账凭证，将本期的折旧费用自动登账。执行此功能后，系统将自动计提各个资产当期的折旧额，并将当期的折旧额自动累加到累计折旧项目。

4 月 30 日，会计对各部门的固定资产计提本月折旧。本笔业务是计提当月的固定资产折旧业务，需要进行本月的折旧计提与制单。

操作步骤：

视频地址：http://mdwx.mdmuke.com/mod/page/view.php?id=4687

任务说明：财务部会计张兰计提折旧。

请确认系统日期和业务日期为 2017 年 4 月 30 日。

(1) 打开“折旧清单”窗口。在“企业应用平台”的“业务工作”页签中，依次单击“财务会计”/“固定资产”/“处理”/“计提本月折旧”菜单项，系统弹出“是否要查看折旧清单？”信息提示框；单击“是”按钮，系统提示“本操作将计提本月折旧，并花费一定时间，是否继续？”，单击“是”按钮，系统打开“折旧清单”窗口，结果如图 5-23 所示。

按部门查询

固定资产部门编码目录
1 公司总部
2 财务部
3 销售部
4 采购部
5 仓管部
6 人力资源部
7 生产部

卡片编号	资产编号	资产名称	原值	计提原值	本月计提折旧额	累计折旧	本年计提折旧	减值准备	净值	净残值	折旧率
00001	02200001	华硕A8电脑	000.00	20,000.00	324.00	14,904.00	324.00	0.00	096.00	600.00	0.0162
00002	02200002	IBMX60电脑	000.00	20,000.00	324.00	5,508.00	324.00	0.00	492.00	600.00	0.0162
00003	02200003	联想T4202	000.00	10,000.00	162.00	2,754.00	162.00	0.00	246.00	300.00	0.0162
00004	01200001	厂房	000.00	720,000.00	1,944.00	165,240.00	1,944.00	0.00	760.00	4,400.00	0.0027
合计			000.00	770,000.00	2,754.00	188,406.00	2,754.00	0.00	594.00	5,900.00	

图 5-23　4 月份固定资产折旧清单

(2) 打开“折旧分配表”窗口。单击“折旧清单”窗口中的“退出”按钮，系统提示计提折旧完成，单击信息提示框中的“确定”按钮，系统打开“折旧分配表”窗口，结果如图 5-24 所示。

简易桌面　折旧分配表

◉ 按部门分配
○ 按类别分配
部门分配条件...

01 (2017.04-->2017.04)

部门编号	部门名称	项目编号	项目名称	科目编号	科目名称	折旧额
101	总经理办公			660202	折旧费	324.00
102	行政办公室			660202	折旧费	162.00
2	财务部			660202	折旧费	324.00
7	生产部			5101	制造费用	1,944.00
合计						2,754.00

图 5-24　4 月份固定资产部门折旧分配表

视频地址：http://mdwx.mdmuke.com/mod/page/view.php?id=4688

任务说明：财务部会计张兰折旧制单。

(1) 折旧制单。单击工具栏中的“凭证”按钮，系统打开“填制凭证”窗口，设置凭证类别为“记账凭证”、贷方“科目名称”为累计折旧(1602)，然后单击工具栏中的“保存”按钮，保存该凭证，结果如图 5-25 所示。

(2) 退出。单击“填制凭证”和“折旧分配表”窗口中的“关闭”按钮，关闭并退出窗口。

记 账 凭 证

记　字　　　　制单日期：2017.04.30　　　　审核日期：　　附单据数：0

摘要	科目名称	借方金额	贷方金额
计提第[4]期间折旧	制造费用	194400	
计提第[4]期间折旧	管理费用/折旧费	81000	
计提第[4]期间折旧	累计折旧		275400
票号 日期	数量 单价	合计 275400	275400

备注　项目　　部门
　　　个人　　客户
　　　业务员

记账　　审核　　出纳　　制单　张兰

图 5-25　固定资产折旧凭证

提示：

- 固定资产折旧，具体包括计提折旧、制作折旧清单和折旧分配表、对账、制作凭证等工作。
- 本系统在一个期间内可以多次计提折旧，每次计提折旧后，只是将计提的折旧累加到月初的累计折旧，不会重复累计。
- 如果上次计提折旧已制单且数据已传递到账务系统，则必须删除该凭证才能重新计提折旧。
- 如果计提折旧后又对账套进行了影响折旧计算或分配的操作，则必须重新计提折旧，否则系统不允许结账。
- 如果自定义的折旧方法月折旧率或月折旧额出现负数，自动中止计提。

5.3.4　固定资产减少

固定资产在使用过程中，总会由于各种原因，如报废、毁损、出售、盘亏等，退出企业，对这部分资产在固定资产管理系统中的操作称为“资产减少”。固定资产管理系统提供资产减少的批量操作，为同时清理一批资产提供方便。

4 月 30 日，公司对固定资产进行清理，账实相符。经理办公室一台 2013 年购入的华硕 A8 电脑申请报废，总经理李吉棕同意报废，残值收入为现金 351 元，发票示意图可参见图 5-26。

1100163320　　北京增值税专用发票　　No 81306672

此联不作报销、扣税凭证使用　　开票日期：2017年4月30日

购买方	名　　称：王守 纳税人识别号： 地 址、电 话： 开户行及账号：					密码区		
货物或应税劳务名称	规格型号	单位	数量	单价	金额	税率	税额	
电脑	华硕 A8	台	1	300.00	300.00	17%	51.00	
合　计					￥300.00		￥51.00	
价税合计（大写）	⊗叁佰伍拾壹元整				（小写）￥351.00			
销售方	名　　称：北京亮康眼镜有限公司 纳税人识别号：110108212120 2 地 址、电 话：北京市昌平区昌平路78号，电话：010-60228226 开户行及账号：中国工商银行北京市昌平支行 11020205267829879 08					备注	现金结清	

收款人：（略）　　复核：（略）　　开票人：（略）　　销售方：（章）

税总函[2016]362号北京市印钞有限公司

第一联：记账联 销货方记账凭证

图5-26　残值收入发票示意图

1. 业务描述与分析

本笔业务是公司固定资产减少业务，需要进行固定资产减少单据的录入与制单；固定资产清理转营业外支出的制单。

2. 操作流程

操作流程如图5-27所示。

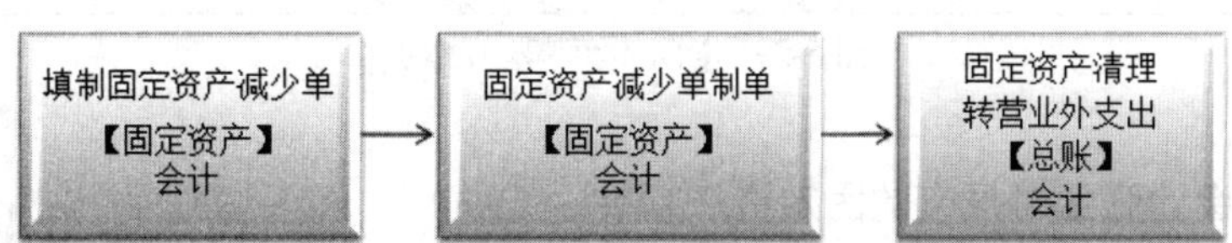

图5-27　固定资产减少业务操作流程

3. 操作步骤

任务说明：财务部会计张兰填制固定资产减少单据并制单。

请确认系统日期和业务日期为2017年4月30号。

1) 财务部会计张兰填制固定资产减少单

视频地址：http://mdwx.mdmuke.com/mod/page/view.php?id=4689

(1) 打开“资产减少”窗口。在“企业应用平台”的“业务工作”页签中，依次单击“财务会计”/“固定资产”/“卡片”/“资产减少”菜单项，系统打开“资产减少”窗口。

(2) 编辑资产减少单的表头。在“资产减少”窗口中，首先录入或参

照生成其表头的“卡片编号”为00001(华硕A8电脑)，然后单击其右上角的“增加”按钮，使其表体增加一条记录。

(3) 编辑资产减少单的表体。在表体，参照生成“减少方式”为“报废”，“清理收入”为351，“增值税”为51，“清理原因”为“报废”，结果如图5-28所示。

图5-28 资产减少单结果

(4) 保存与退出。单击“资产减少”窗口中的“确定”按钮，系统提示“所选卡片已经减少成功”，单击其“确定”按钮退出，如图5-29所示。

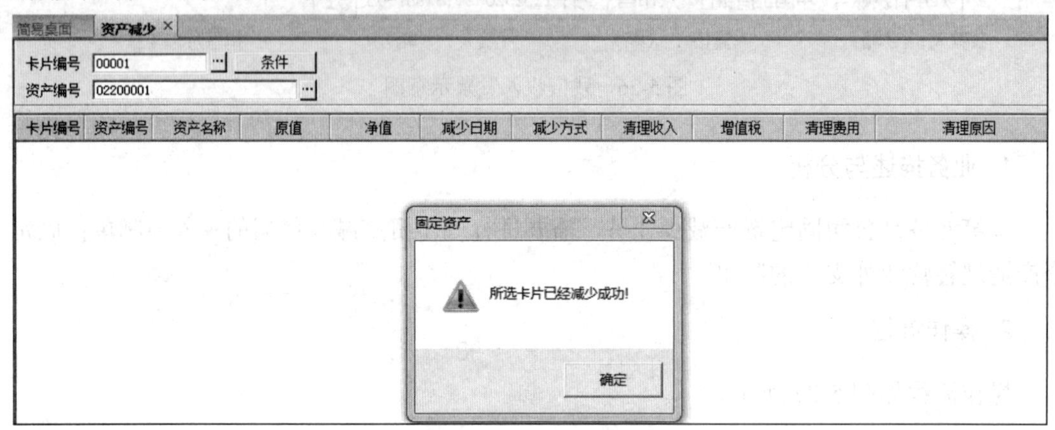

图5-29 固定资产减少成功

2) 财务部会计张兰对报废的固定资产制单

视频地址：http://mdwx.mdmuke.com/mod/page/view.php?id=4690

(1) 打开“批量制单”窗口。在“固定资产”子系统中，依次单击“处理”/“批量制单”菜单项，系统弹出“查询条件选择-批量制单”对话框，直接单击“确定”按钮，系统打开“批量制单”窗口。

(2) 选择需要制单的业务。在“制单选择”选项卡中，双击其“业务类型”为“资产减少”所在行的“选择”栏，使其出现“Y”字样，表明选中了要制单的业务，如图5-30所示。

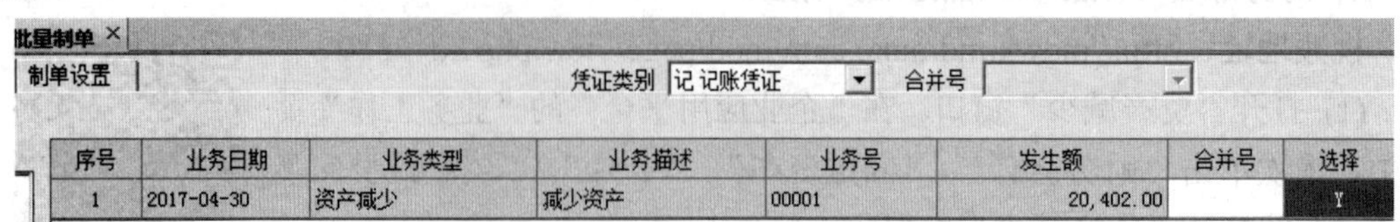

图5-30 固定资产减少制单选择

(3) 科目设置。在“制单设置”页签下，确认或编辑第 1 行科目为 1602(累计折旧)，第 2 行科目为 1606(固定资产清理)，第 3 行科目为 1601(固定资产)，第 4 行科目为 1001(库存现金)，第 5 行科目为 1606(固定资产清理)，第 6 行科目也为 1606(固定资产清理)，第 7 行科目为 22210103(销项税额)，结果如图 5-31 所示。

简易桌面 | 批量制单 ×

制单选择 | 制单设置　　凭证类别 记 记账凭证　　合并号 00001资产减少

☑ 方向相同时合并分录　☑ 借方合并　☑ 贷方合并　　☑ 方向相反时合并分录

序号	业务日期	业务类型	业务描述	业务号	方向	发生额	科目
1	2017-04-30	资产减少	减少资产	00001	借	14,904.00	1602 累计折旧
2	2017-04-30	资产减少	减少资产	00001	借	5,096.00	1606 固定资产清理
3	2017-04-30	资产减少	减少资产	00001	贷	20,000.00	1601 固定资产
4	2017-04-30	资产减少	减少资产	00001	借	351.00	100201 工行存款
5	2017-04-30	资产减少	减少资产	00001	贷	351.00	1606 固定资产清理
6	2017-04-30	资产减少	减少资产	00001	借	51.00	1606 固定资产清理
7	2017-04-30	资产减少	减少资产	00001	贷	51.00	22210103 销项税额

图 5-31　制单设置结果

(4) 生成与编辑凭证。单击工具栏中的“凭证”按钮，系统生成凭证并打开“填制凭证”窗口，设置或确认其凭证类别为“记账凭证”。

(5) 保存。单击工具栏中的“保存”按钮，保存该凭证，结果如图 5-32 所示。

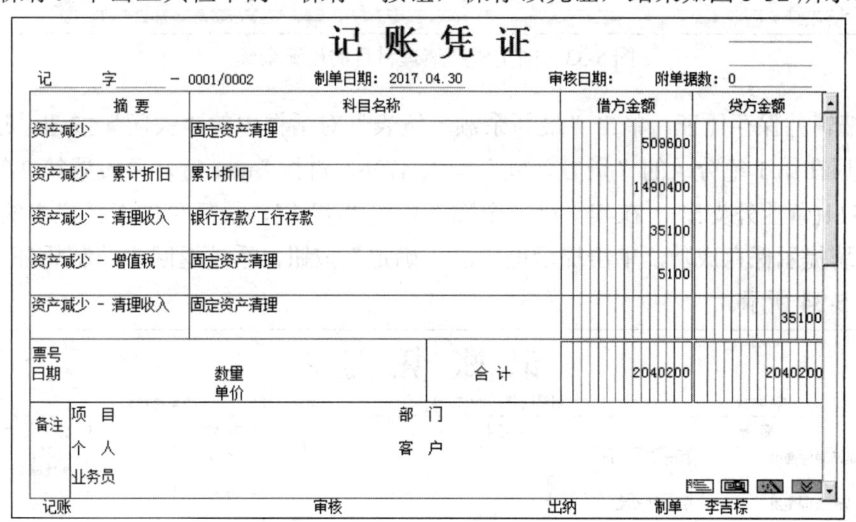

记账凭证

记 字 - 0001/0002　制单日期：2017.04.30　审核日期：　附单据数：0

摘要	科目名称	借方金额	贷方金额
资产减少	固定资产清理	509600	
资产减少 - 累计折旧	累计折旧	1490400	
资产减少 - 清理收入	银行存款/工行存款	35100	
资产减少 - 增值税	固定资产清理	5100	
资产减少 - 清理收入	固定资产清理		35100
票号 日期　数量 单价	合计	2040200	2040200

备注　项目　部门　个人　客户　业务员

记账　审核　出纳　制单 李吉棕

图 5-32　固定资产减少凭证

(6) 退出。单击“填制凭证”和“批量制单”窗口中的“关闭”按钮，关闭并退出窗口。

3) 财务部会计张兰做固定资产清理转营业外支出

视频地址：http://mdwx.mdmuke.com/mod/page/view.php?id=4691

(1) 打开“填制凭证”窗口。在“企业应用平台”的“业务工作”页签中，依次单击“财务会计”/“总账”/“凭证”/“填制凭证”菜单项，系统打开“填制凭证”窗口。

(2) 增加凭证。单击工具栏中的“增加”按钮(“+”标志)，系统打开一张空白的记账凭证。

(3) 编辑凭证和查询科目余额。先参照生成“摘要”为“固定资产清理转营业外支出”，第 1 笔分录的科目为 1606(固定资产清理)，然后单击工具栏中的“余额”按钮，系统弹出“最新余额一览表”对话框，结果如图 5-33 所示。

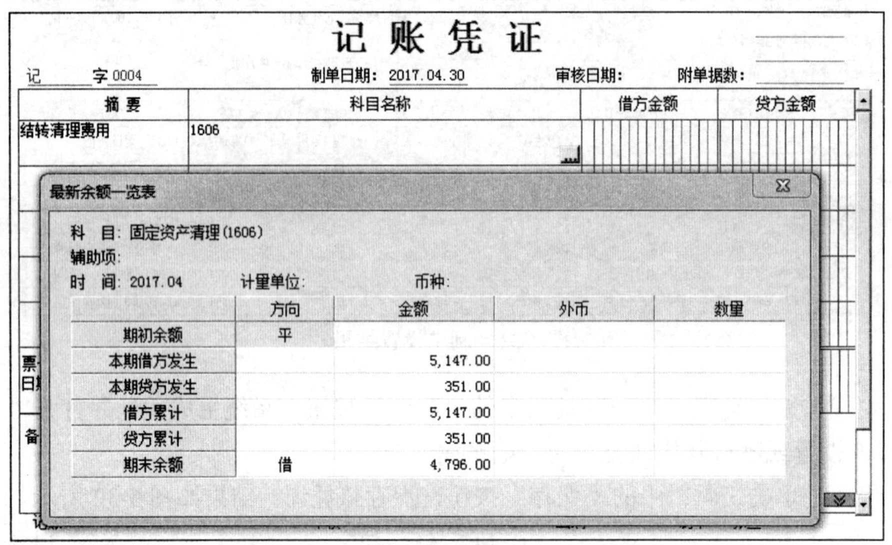

图 5-33　固定资产清理科目的最新余额

(4) 编辑并保存凭证。单击“最新余额一览表”对话框中的“关闭”按钮，退出该对话框，然后在第 1 笔分录的“贷方余额”录入 4796，再按 Enter 键，并设置第 2 笔分录的科目为 6711(营业外支出)，在其“借方金额”栏按“=”键，最后单击工具栏中的“保存”按钮，系统提示保存成功，单击提示框中的“确定”按钮，系统返回“填制凭证”窗口，结果如图 5-34 所示。

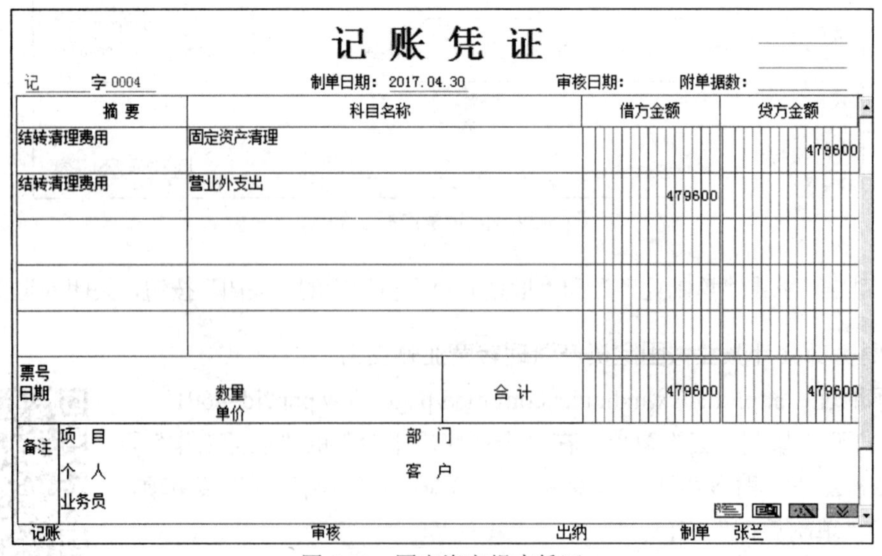

图 5-34　固定资产报废凭证

(5) 退出。单击“填制凭证”窗口右上角的“关闭”按钮，关闭并退出窗口。

提示：

- 固定资产的减少，必须在每月计提折旧以后，未发生其他任何业务(如资产增加)的情况下进行。
- 如果固定资产减少操作错误，可以通过“恢复减少”功能恢复这项固定资产。
- 如果要查看已减少的固定资产，可以在“卡片管理”界面上，从右窗格卡片列表上方的下拉框选择“已减少资产”。

5.4 期末处理

固定资产系统生成凭证后，自动传递到总账系统。在总账系统中经出纳签字、审核凭证、科目汇总后，进行记账。

当总账记账完毕，固定资产管理系统才可以进行对账。若对账平衡，开始月末结账。

若在财务接口中选择“在对账不平衡情况下允许固定资产月末结账”，则可以直接进行月末结账。

5.4.1 对账

系统在执行月末结账时自动对账一次，给出对账结果，并根据初始化或选项中的判断确定不平情况下是否允许结账。

2017 年 4 月 30 日，完成当月固定资产对账。

操作步骤：

视频地址：http://mdwx.mdmuke.com/mod/page/view.php?id=4692

(1) 固定资产管理系统生成凭证后，自动传递到总账系统。在总账系统中经出纳签字、审核凭证、科目汇总后，进行记账。具体操作省略。

(2) 选择“固定资产”/“处理”/“对账”菜单项，系统自动核对“固定资产”和“累计折旧”两个科目。如果对账不平衡，则要查找原因，重新对账。

5.4.2 月末结账

在固定资产管理系统完成了本月的全部制单业务后，可以进行月末结账。月末结账每月进行一次，结账后当期的数据不能修改。如果必须修改结账前的数据，则只能使用“恢复结账前状态”功能。

2017 年 4 月 30 日，当月业务全部处理完毕，对固定资产管理系统进行期末结账处理。

操作步骤：

(1) 选择“固定资产”/“处理”/“月末结账”菜单项，系统弹出的对话框如图 5-35 所示。

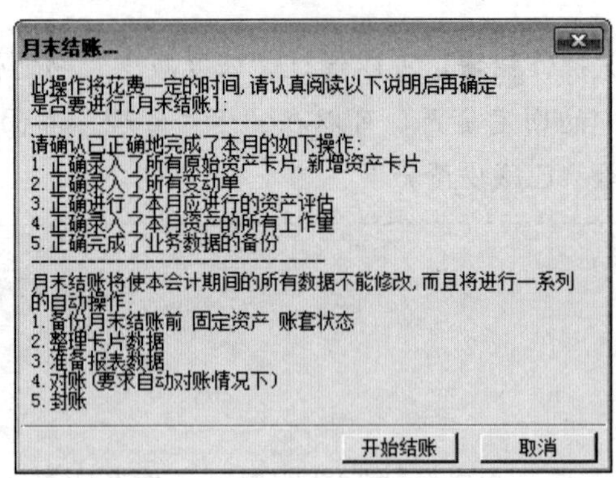

图 5-35　月末结账

(2) 单击“开始结账”按钮。

(3) 单击“确定”按钮。

(4) 结账完成后，会显示结账的结果和完成结账的时间，并提示如要进行下一期间的业务需重新注册。

5.4.3　反结账

月末结账后发现已结账期间有数据错误时必须修改，可通过“恢复结账前状态”功能返回修改。恢复月末结账前状态，又称“反结账”，是本系统提供的一个纠错功能。

但是不能跨年度恢复数据，即本系统年末结转后，不能利用本功能恢复年末结转前状态。恢复到某个月月末结账前状态后，本账套内对该结账后所做的所有工作都无痕迹删除。

第 6 章

应付款管理系统

应付款管理系统是在“企业应用平台”中进行操作的。“企业应用平台”是用友 ERP-U8 系统的集成应用平台，它是进行企业账套管理的唯一入口，可以实现企业应付款管理系统的基础设置、业务处理以及相关的账表查询等。

本章的主要内容是对企业的应付款业务进行处理。

通过本章学习完成应付款管理初始化设置及期初余额录入；应付单据处理、付款单据处理、核销处理、票据管理、转账处理、制单处理、单据查询、账表管理、其他处理等日常业务处理；应付款管理的期末处理。

(1) 应付款管理系统的期初设置。在运行应付款管理系统前，应先设置运行所需要的账套参数，以便系统按设定的选项进行相应的处理。主要包括应付款管理系统参数设置、应付款管理系统初始设置、应付期初数据录入等。

(2) 应付款管理系统的日常业务处理。对企业发生的与供应商以及与应付款相关的业务进行处理，主要包括应付单据处理、付款单据处理、核销处理、票据管理、转账处理、制单处理、单据查询、账表管理。

(3) 应付款管理系统账表查询。是对企业的客户的应付单、业务账表进行查询，并对其账龄进行分析，包括对业务总账、业务余额表、业务明细账、科目明细账、科目余额表等账表进行查询，并对应付账龄、付款账龄进行分析。

本章的操作是在第 2 章的操作基础上，由会计“张兰”登录到“企业应用平台”，登录时需要修改“操作日期”(即业务时间)为 2017 年 4 月 1 日；如果业务日期与账套建账时间之间的跨度超过 3 个月，则该账套在演示版状态下不能执行任何操作。

如果没有完成第 2 章的建账和设置权限的任务，则可以到百度网盘空间(网盘地址：http://pan.baidu.com/s/1ctoTCa，密码：wiea)的“实验账套数据”文件夹中，将“02 基础档案.rar”下载到实验用机上，然后引入(操作步骤详见第 1 章 1.3.5 节)ERP-U8 系统中。此外，本章完成的账套其输出压缩的文件名为“06 应付款管理系统.rar”。

需要说明的是：

(1) 因网盘中的账套备份文件均为压缩文件，所以在下载完成后引入之前，需要用解压缩工具进行解压(建议用 WinRAR 3.42 或以上版本)，得到相应可以引入的账套数据文件。

(2) 本教程的所有业务实验操作都有配套的微视频，可以通过扫描二维码，或者到指定的网页去观看。

6.1 初始设置

6.1.1 系统参数与核算规则设置

1. 应付款管理系统参数设置

应付款管理系统主要提供了设置、日常处理、单据查询、账表管理、其他处理等功能。在运行本系统前，应先设置运行所需要的账套参数，以便系统按设定的选项进行相应的处理。

本案例企业的应付款管理系统，除了系统默认设置之外，还需进行如下参数设置。

- 常规："单据审核日期依据"选择"单据日期"。
- 凭证："受控科目制单方式"选择"明细到单据"。

操作步骤：

视频地址：http://mdwx.mdmuke.com/mod/page/view.php?id=4693

(1) 打开"账套参数设置"对话框。在"企业应用平台"的"业务工作"页签中，依次单击"财务会计"/"应付款管理"/"设置"/"选项"菜单项，系统打开"账套参数设置"对话框。

(2) 常规参数设置。在"常规"选项卡中，单击"编辑"按钮，使所有参数处于可修改状态，"单据审核日期依据"选择"单据日期"，其他选项按系统默认设置(其中"应付账款核算模型"默认为"详细核算")，结果如图 6-1 所示。

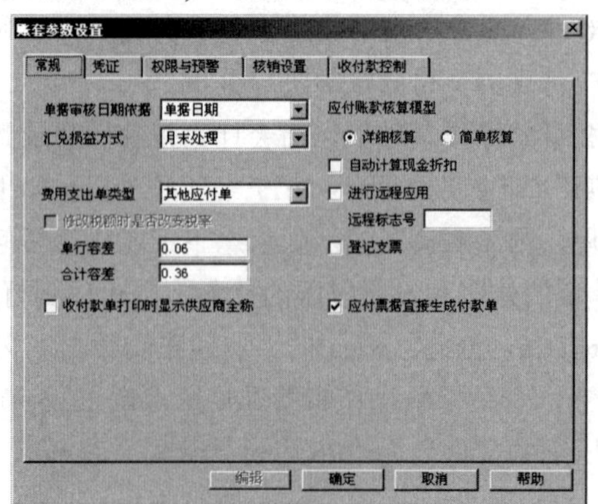

图 6-1　应付款管理系统"常规"参数设置

(3) 凭证参数设置。在"凭证"选项卡中，"受控科目制单方式"选择"明细到单据"，其他选项按系统默认设置，结果如图 6-2 所示。

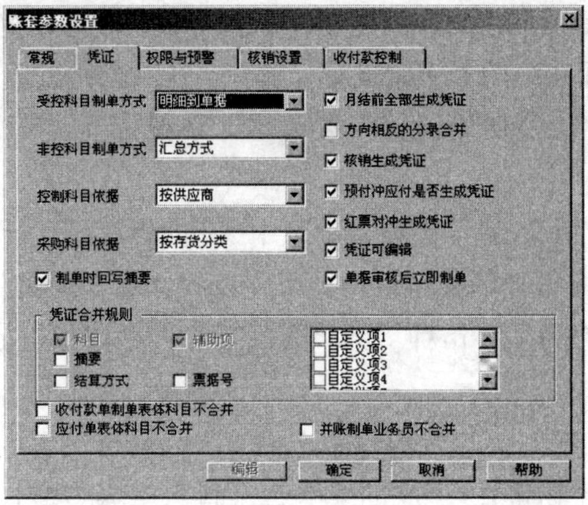

图 6-2　应付款管理系统“凭证”参数设置

(4) 确定并退出。单击“确定”按钮，保存系统参数的设置，同时关闭“账套参数设置”对话框。

2. 应付款管理系统科目设置

由于应付款管理系统的业务类型较固定，生成的凭证类型也较固定，因此为了简化凭证生成操作，可以在此处将各业务类型凭证中的常用科目预先设置好。表 6-1 列示的是本案例企业的应付款管理系统科目设置。本任务是按照表 6-1 完成案例企业的应付款管理系统科目设置。

表 6-1　应付款管理系统科目设置

科目类别	设置方式
基本科目设置	应付科目(人民币)：220201　一般应付账款
	预付科目(人民币)：1123 预付账款
	采购科目(人民币)：1401 材料采购
	税金科目(人民币)：22210101　进项税额
产品科目设置	0101 太阳镜　采购科目：1402 在途物资；税金科目：22210101　进项税额
	0201 原材料　采购科目：1401 材料采购；税金科目：22210101　进项税额
	0202 半成品　采购科目：1408 委托加工物资；税金科目：22210101　进项税额
	03 劳务　采购科目：1402 在途物资；税金科目：22210101　进项税额
	04 固定资产　采购科目：1402 在途物资；税金科目：22210101　进项税额
结算方式科目设置	结算方式为现金；币种为人民币；科目为 1001 库存现金
	结算方式为现金支票；币种为人民币；科目为 100201 工行存款
	结算方式为转账支票；币种为人民币；科目为 100201 工行存款
	结算方式为银行承兑汇票；币种为人民币；科目为 220101 银行承兑汇票
	结算方式为商业承兑汇票；币种为人民币；科目为 220102 商业承兑汇票
	结算方式为电汇；币种为人民币；科目为 100201 工行存款
	结算方式为委托收款；币种为人民币；科目为 100201 工行存款
	结算方式为其他；币种为人民币；科目为 100201 工行存款

操作步骤：

视频地址：http://mdwx.mdmuke.com/mod/page/view.php?id=4694

(1) 打开应付款管理系统的“初始设置”窗口。在“应付款管理”子系统中，依次单击“设置”/“初始设置”菜单项，系统打开“初始设置”窗口。

(2) 基本科目设置。在左侧设置科目中选中“基本科目设置”，单击工具栏中的“增加”按钮，然后在第 1 行的“基础科目种类”中选择“应付科目”，“科目”录入或参照生成 220201(一般应付账款)，“币种”为“人民币”；并依据表 6-1，在“基本科目设置”的第 2～4 行进行设置。

(3) 产品科目设置。在左侧设置科目中选中“产品科目设置”，设置“0101”(太阳镜)的采购科目为 1402(在途物资)、“产品采购税金科目”为 22210101(进项税额)；并根据表 6-1 中的内容，设置其他项目的相应科目。

(4) 结算方式科目设置。在左侧设置科目中选中“结算方式科目设置”，结算方式选择“现金”，币种选择“人民币”；科目选择 1001(库存现金)，根据表 6-1 中的内容，以此方法依次进行其他行的设置，操作结果如图 6-3 所示。

(5) 退出。单击“初始设置”窗口右上角的“关闭”按钮，关闭并退出该窗口。

设置科目
- 基本科目设置
- 控制科目设置
- 产品科目设置
- 结算方式科目设置

账期内账龄区间设置
逾期账龄区间设置
报警级别设置
单据类型设置
中间币种设置

结算方式	币　种	本单位账号	科 …
1 现金	人民币		1001
201 现金支票	人民币		100201
202 转账支票	人民币		100201
301 银行承兑汇票	人民币		220101
302 商业承兑汇票	人民币		220102
4 电汇	人民币		100201
5 委托收款	人民币		100201
6 其他	人民币		100201

图 6-3　应付款管理系统结算方式科目设置

提示：

- 如果需要为不同的供应商(供应商分类、地区分类)分别设置应付款核算科目和预付款核算科目，则在“控制科目设置”中设置。
- 应付和预付科目必须是已经在科目档案中指定为应付款管理系统的受控科目。

3. 账龄区间与逾期账龄区间设置

为了对应付账款进行账龄内和逾期的账龄分析，应首先设置账期内账龄区间和逾期账龄区间。表 6-2 列示的是本案例企业的应付款账龄区间与逾期账龄区间。本任务是按照表 6-2 完成案例企业的应付款管理的账龄区间与逾期账龄区间的设置。

表 6-2　账龄区间与逾期账龄区间设置

账龄区间			逾期账龄区间		
序号	起止天数	总天数	序号	起止天数	总天数
01	0～30	30	01	1～30	30
02	31～60	60	02	31～60	60
03	61～90	90	03	61～90	90
04	91～120	120	04	91～120	120
05	121 以上		05	121 以上	

操作步骤：

视频地址：http://mdwx.mdmuke.com/mod/page/view.php?id=4695

(1) 打开应付款管理系统的“初始设置”窗口。

(2) 账期内账龄区间设置。单击“账期内账龄区间设置”选项，然后根据表 6-2 左侧中的内容，在“总天数”栏录入相应的天数，完成对应付款管理账龄区间的设置。

(3) 逾期账龄区间设置。单击“逾期账龄区间设置”选项，然后根据表 6-2 右侧中的内容，在“总天数”栏录入相应的天数，完成对应付款管理逾期账龄区间的设置。

(4) 退出。单击“初始设置”窗口中的“关闭”按钮，关闭并退出该窗口。

4. 单据类型设置

在应付款管理系统中提供了发票和应付单两大类型的单据。

- 发票：采购专用发票、采购普通发票、废旧物资收购凭证。
- 应付单：其他应付单。

操作步骤：

(1) 打开应付款管理系统的“初始设置”窗口。在“业务工作”列表中，选择“财务会计”/“应付款管理”/“设置”/“初始设置”选项，打开“初始设置”窗口。

(2) 打开“单据类型设置”窗口。单击右侧的“单据类型设置”选项，打开“单据类型设置”窗口，如图 6-4 所示。

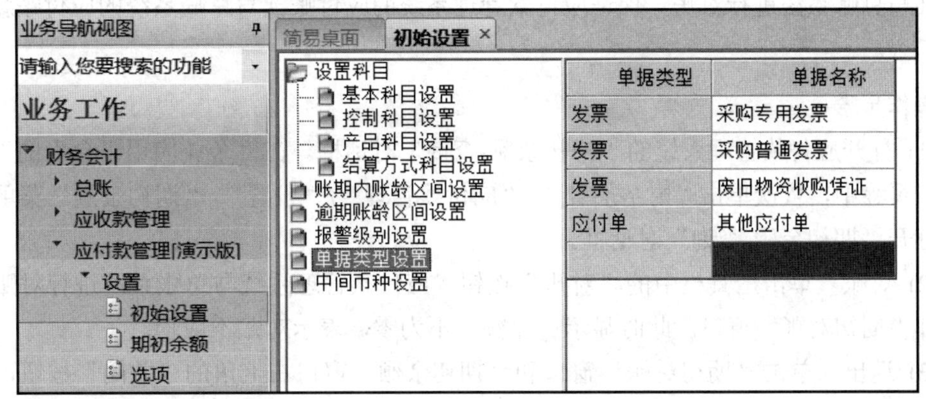

图 6-4　应付款管理系统设置单据类型

(3) 增加单据类型对应的单据名称。单击“增加”按钮之后，新增一行文本框，在其中设置类型并输入单据名称。

6.1.2 期初数据录入

初次使用应付款管理系统时，应先输入期初数据。应付款管理系统期初数据包括：

- 期初采购发票：在未启用采购系统时，已取得供货单位的采购发票输入系统。
- 期初应付单：在启用采购系统时，将非期初采购发票输入系统。

1. 期初采购发票

本案例企业期初的票到货未到的发票如表 6-3 所示。

表 6-3 采购增值税专用发票

订单号	发票号	单据日期	供应商	存货	数量	原币单价	税率/%
CG0301	61060301	2017-03-17	大运公司	男士高端太阳镜	4000	350	17
CG0302	61060302	2017-03-20	大运公司	女士高端太阳镜	3000	300	17

操作步骤：

视频地址：http://mdwx.mdmuke.com/mod/page/view.php?id=4696

(1) 打开“期初余额-查询”对话框。在“企业应用平台”的“业务工作”页签中，依次单击“财务会计”/“应付款管理”/“设置”/“期初余额”菜单项，打开“期初余额-查询”对话框。

(2) 打开“期初余额明细表”窗口。在“期初余额-查询”界面，单击“确认”按钮，打开“期初余额明细表”窗口。

(3) 录入期初余额数据。单击“增加”按钮，即可弹出“单据类别”对话框，选择需要增加的期初余额单据类型之后，单击“确定”按钮，即可开始录入期初余额数据。

2. 应付账款期初余额与对账

期初的应付单(采购发票)，除了在应付款管理系统中进行期初应付账款的余额录入，还需要与总账系统进行对账，保证应付款管理系统的应付账款与总账系统的应付账款科目数据一致。

操作步骤：

(1) 打开应付款管理系统的“期初余额-查询”对话框。在“企业应用平台”的“业务工作”页签中，依次单击“财务会计”/“应付款管理”/“设置”/“期初余额”菜单项，系统打开“期初余额-查询”对话框。

(2) 对账。单击工具栏中的“对账”按钮，应付款管理系统与总账系统进行对账，系统打开“期初对账”窗口，此时显示“差额”不为零，表示对账不成功。

(3) 退出。单击“期初对账”窗口和“期初余额”窗口右上角的“关闭”按钮，关闭并退出相应的窗口。

6.2 日常业务处理

日常业务主要完成企业日常的应付/付款业务录入、应付/付款业务核销、应付并账、汇兑损益等的处理，及时记录应付、付款业务的发生，为查询和分析往来业务提供完整、正确的资料，加强对往来款项的监督管理，提高工作效率。

6.2.1 付款业务

1. 业务概述与分析

4月1日，以转账支票方式支付大运公司上月欠款1 638 000元。

中国工商银行
转账支票存根
支票号码：31005208
附加信息：
出票日期：2017年4月1日
收款人：大运公司
金　额：￥1638000.00
用　途：支付CG0301的货款
单位主管：（略）　会计：（略）

图6-5　CG0301的货款支付支票存根

2. 预备知识

应付款管理系统的付款单用来记录企业所支付的供应商款项，款项性质包括应付款、预付款和其他费用等。其中，应付款、预付款性质的付款单要与发票、应付单和收款单进行核销勾对。

应付款管理系统中的收款单用来记录发生销售退货时，企业开具的退付给“供应商”的款项。该付款单可与应付、预付性质的付款单、红字应付单和红字发票进行核销。

核销包括手工核销与自动核销，如需进行有特殊要求的核销就应进行手工核销(如一对多或多对多的核销、有现金折扣的核销等)，无特殊要求的可进行自动核销。

3. 虚拟业务场景

人物：曾志伟——财务部主管
　　　张兰——财务部会计
　　　罗迪——财务部出纳

场景一：出纳填制付款单

张兰：前期向大运公司采购的存货，今天付款。

罗迪：好。(罗迪开出一张转账支票，支付前欠大运公司的部分货款，支票上的用途是支付前欠货款，张兰根据支票在应付款管理系统中审核制单)

场景二：审核已填制的付款单并核销

罗迪：张会计，付款单已填好，您审核一下。

张兰：好，我将对付款单进行审核、核销并制单。(对传递过来的付款单在应付款管理系统中进行审核、核销并制单)

场景三：会计张兰申请对凭证的出纳签字、主管签字与审核，并记账

张兰：罗出纳，请你对该张凭证进行出纳签字。

罗迪：好，我将对凭证进行出纳签字。(对这张记账凭证进行出纳签字)

张兰：曾总，付款业务的记账凭证已经做好了，请您签字审核后我将进行记账。

曾志伟：辛苦你了，我看一下(凭证的主管签字和审核)。

(张兰对记账凭证进行记账处理)

4. 操作流程

操作流程如图 6-6 所示。

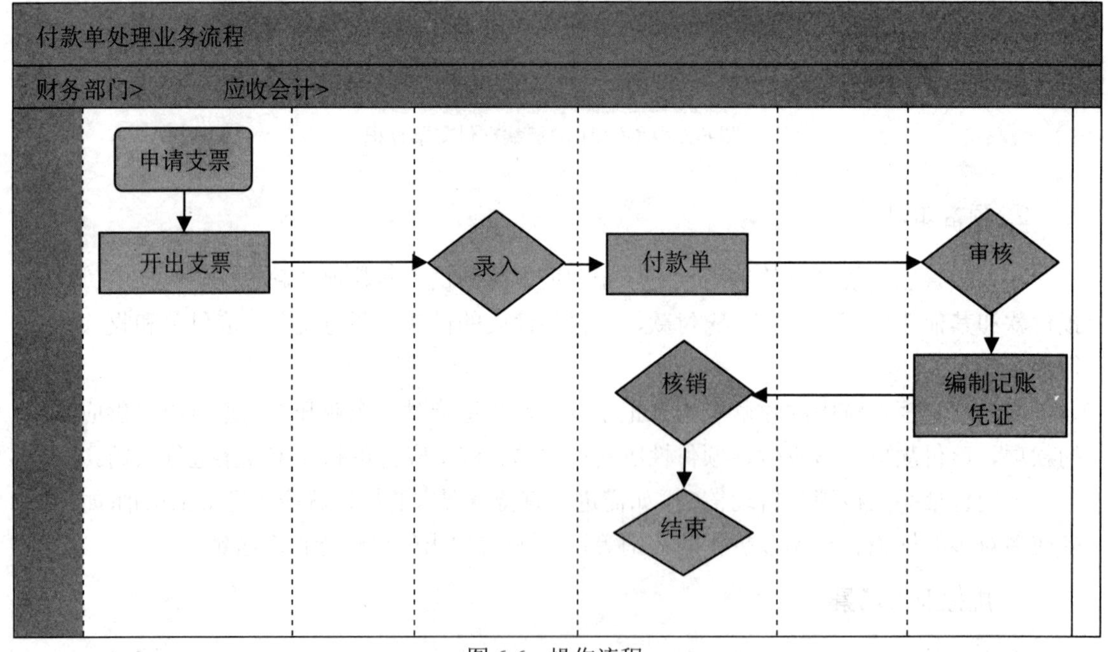

图 6-6　操作流程

5. 操作步骤

视频地址：http://mdwx.mdmuke.com/mod/page/view.php?id=4697

(1) 填制付款单。出纳罗迪选择“财务会计”/“应付款管理”/“付款单据处理”/“付款单据录入”选项，即可打开“付款单录入”窗口，如图6-7所示。单击“增加”按钮，即可设置单据日期、结算方式、结算科目、币种，输入金额、客户、银行账号、摘要、部门、业务员等选项。输入完毕之后，单击“保存”按钮，即可将该付款单保存到系统中。若退货则要开具收款单，此时单击状态栏上的“切换”按钮即可。

付款单

显示模版 应付付款单显示模版

表体排序

单据编号 0000000001　日期 2017-04-01　供应商 大运公司
结算方式 转账支票　结算科目 100201　币种 人民币
汇率 1.00000000　金额 1638000.00　本币金额 1638000.00
供应商银行 工行朝阳支行　供应商账号 1102020526782987123　票据号 31005208
部门　业务员　项目
摘要

	供应商	科目	金额	本币金额	部门	业务员	项目
1	大运公司	220201	1638000.00	1638000.00			
2							

图6-7　付款单录入窗口

视频地址：http://mdwx.mdmuke.com/mod/page/view.php?id=4698

(2) 付款单审核。主管曾志伟对收款单进行审核。选择“付款单据处理”/“付款单据审核”选项，即可打开“付款单过滤条件”对话框，在输入查询条件之后，单击“确定”按钮，即可进入“付款单列表”窗口，对选中的付款单进行审核。用户也可在界面对付款单进行增加、修改、删除等操作。

(3) 付款单制单。会计张兰对已审核的付款单进行制单。选择“付款管理”/“制单处理”命令，选择“制单”，单击“确定”按钮，选择“付款单制单”，凭证类别选中“记账凭证”，单击“制单”，系统生成相关凭证，单击“保存”按钮，如图6-8所示。

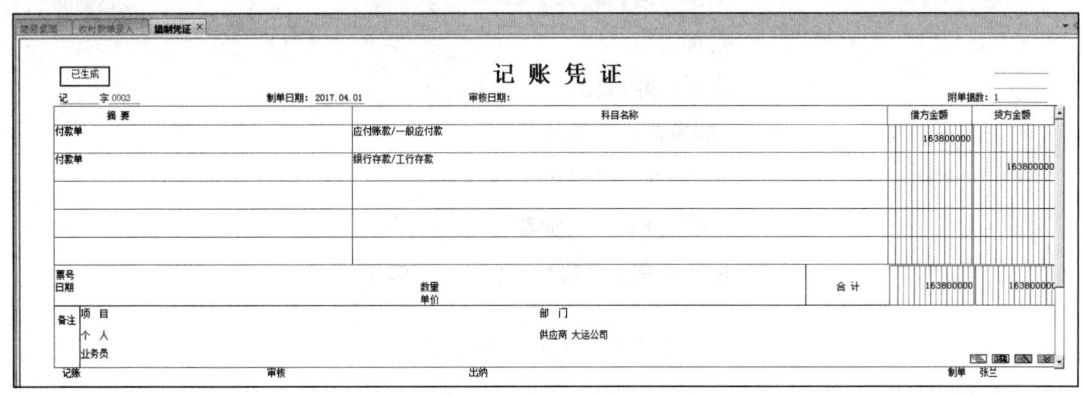

图6-8　付款单生成凭证

(4) 核销。

视频地址：http://mdwx.mdmuke.com/mod/page/view.php?id=4700

会计张兰进行核销处理，选择“应付款管理”/“核销处理”/“手工核销”选项，打开“核销条件”对话框。录入应核销的供应商“北京大运公司”。进入核销窗口，分别在“本次结算金额”和“本次结算”栏中输入相应的金额，如图 6-9 所示。且使上下列表中的结算金额合计必须保持一致，单击“保存”按钮，即可完成本次核销操作。也可在手工输入本次结算金额后，单击“分摊”按钮，将当前收付款单列表中本次结算金额合计自动分摊到被核销单据列表的本次结算栏中。单击“保存”按钮，即可自动保存该收付款单核销信息。单击“退出”按钮，即可退出单据核销功能。

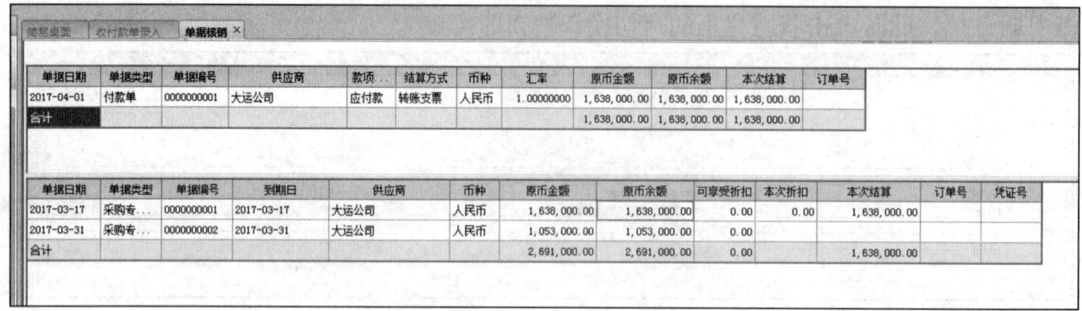

单据日期	单据类型	单据编号	供应商	款项...	结算方式	币种	汇率	原币金额	原币余额	本次结算	订单号
2017-04-01	付款单	0000000001	大运公司	应付款	转账支票	人民币	1.00000000	1,638,000.00	1,638,000.00	1,638,000.00	
合计								1,638,000.00	1,638,000.00	1,638,000.00	

单据日期	单据类型	单据编号	到期日	供应商	币种	原币金额	原币余额	可享受折扣	本次折扣	本次结算	订单号	凭证号
2017-03-17	采购专...	0000000001	2017-03-17	大运公司	人民币	1,638,000.00	1,638,000.00	0.00	0.00	1,638,000.00		
2017-03-31	采购专...	0000000002	2017-03-31	大运公司	人民币	1,053,000.00	1,053,000.00	0.00				
合计						2,691,000.00	2,691,000.00	0.00		1,638,000.00		

图 6-9 核销窗口

6.2.2 预付款业务

1. 业务概述与分析

4 月 12 日预付上海吉祥眼镜公司的货款 800 000 元。

中国工商银行

转账支票存根

支票号码：31006309

附加信息：

出票日期：2017 年 4 月 1 日

收款人：吉祥公司

金 额：¥800000.00

用 途：预付货款

单位主管：（略） 会计：（略）

图 6-10 预付货款支票存根

2. 预备知识

应付款管理系统的预付款也在付款单据中进行操作，与正常付款单据所不同的就是表体的款项类型此处应为预付款。用来记录企业事先支付供应商款项，款项性质为预付款和其他费用等。

由于此时还没有对应应付款的产生，所以此处不需要核销。

3. 虚拟业务场景

人物：曾志伟——财务部主管
　　　张兰——财务部会计
　　　罗迪——财务部出纳

场景一：出纳填制付款单

张兰：上海吉祥眼镜公司生产的眼镜质量好款式爆，目前市场销售很好，若不预付货款，很难订到货，采购部要求预付货款进行采购。

罗迪：好。(罗迪开出一张转账支票，预付上海吉祥眼镜公司部分货款，支票上的用途是预付货款，张兰根据支票在应付款管理系统中审核制单)

场景二：会计审核已填制的付款单

罗迪：张会计，付款单已填好，您审核一下。

张兰：好，我将对付款单进行审核并制单。(对传递过来的付款单在应付款管理系统里进行审核并制单)

场景三：会计张兰申请对凭证的出纳签字、主管签字与审核，并记账

张兰：罗出纳，请你对该张凭证进行出纳签字。

罗迪：好，我将对凭证进行出纳签字。(对这张记账凭证进行出纳签字)

张兰：曾总，预付款业务的记账凭证已经做好了，请您签字审核后我将进行记账。

曾志伟：辛苦你了，我看一下。(凭证的主管签字和审核)

(张兰对记账凭证进行记账处理)

4. 操作步骤

视频地址：http://mdwx.mdmuke.com/mod/page/view.php?id=4701

(1) 填制付款单。付款单由出纳罗迪在应付款管理系统中录入，选择“财务会计”/“应付款管理”/“付款单据处理”/“付款单据录入”选项，即可打开“付款单录入”窗口。单击“增加”按钮，即可在表头填制单据日期、结算方式、结算科目、币种，输入金额、客户、银行账号、摘要、部门、业务员等选项。在表体部分将系统自动带出的“应付款”改成“预付款”，如图6-11所示。输入完毕之后，单击“保存”按钮，即可将该付款单保存到系统中。

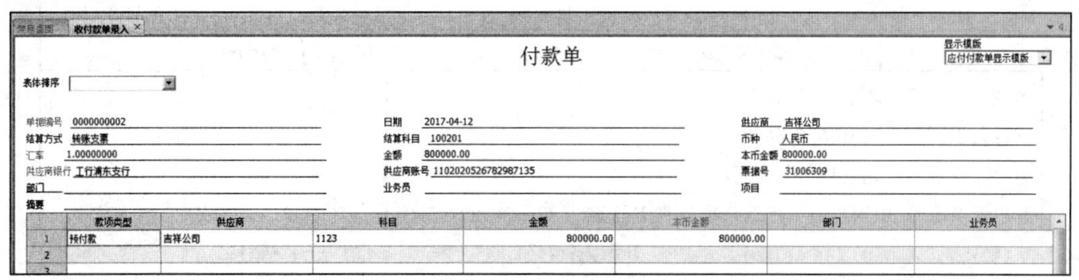

图6-11　预付款填制窗口

(2) 预付款单审核并制单。会计张兰对预付款单进行审核并制单，操作步骤与付款单一致，在此不再重复讲解。生成的凭证如图 6-12 所示。

视频地址：http://mdwx.mdmuke.com/mod/page/view.php?id=4702

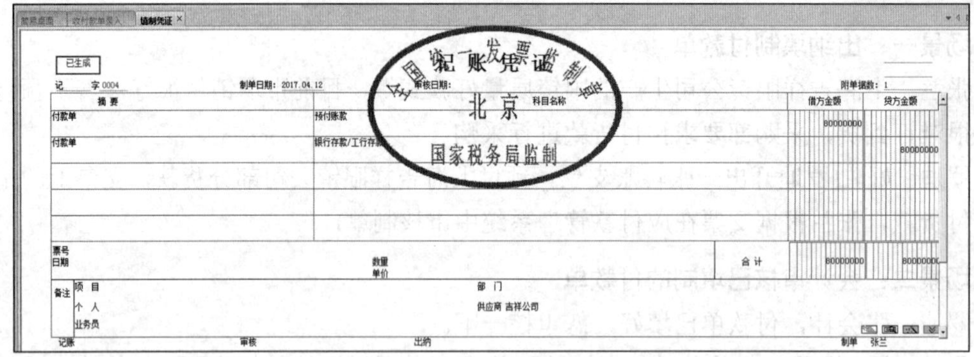

图 6-12　预付款生成凭证

由于只是预付款，本公司并未欠款，在此不需核销。

6.2.3　应付款业务

1. 业务概述与分析

4 月 15 日，向北京塑料二厂采购镜片树脂；随货到达的采购专用发票(发票号 61005502，原始单据可参见图 6-13)上标明镜片树脂 1.5 千克，无税单价 6000 元，税率 17%，款未付。

1100163320　　　　北京增值税专用发票　　　　No61005502

发票联　　　　开票日期：2017 年 4 月 15 日

税总函（2016）362号北京市印钞有限公司

购买方	名称：北京亮康眼镜有限公司 纳税人识别号：1101082121202 地址、电话：北京市昌平区昌平路 78 号，电话：010-60228226 开户行及账号：中国工商银行北京市昌平支行 1102020526782987908					密码区	略	
货物或应税劳务名称	规格型号	单位	数量	单价	金额	税率	税额	
树脂镜片		千克	1.5	6000.00	9000.00	17%	1530.00	
合　　计					￥9000.00		￥1530.00	
价税合计(大写)	壹万零伍佰叁拾元整				(小写)￥10 530.00			
销售方	名称：北京塑料二厂 纳税人识别号：200106756865001 地址、电话：北京昌平区大新路 33 号 开户行及账号：中国招商银行北京市昌平支行 6225880126782987908					备注		

第三联：发票联　购买方记账凭证

收款人：(略)　　复核：(略)　　开票人：(略)　　销售方：(章)

图 6-13　采购专用发票

2. 相关知识

采购业务的相关知识。

3. 虚拟业务场景

人物：曾志伟——财务部主管
张兰——财务部会计

场景一：财务主管分配会计填制应付单

曾志伟：张会计，今天发生了一笔采购业务，未付款，这是采购发票，你做一下应付。

张兰：好。我马上录入。(张兰拿到北京塑料二厂的采购发票，在应付款管理系统中填制应付单)。

场景二：财务主管对应付单进行审核

张兰：曾主管，应付单已录入，请审核。

曾志伟：好。(对应付单进行审核)

场景三：会计对已审核的应付单进行制单

曾志伟：张会计，应付单我已审核，请制单。

张兰：好，我马上进行制单。(对应付单进行制单处理)

场景四：会计张兰申请主管签字与审核，并记账

张兰：曾总，应付款业务的记账凭证已经做好了，请您签字审核后我将进行记账。

曾志伟：辛苦你了，我看一下。(凭证的主管签字和审核)

(张兰对记账凭证进行记账处理)

4. 操作指导

操作流程如图6-14所示。

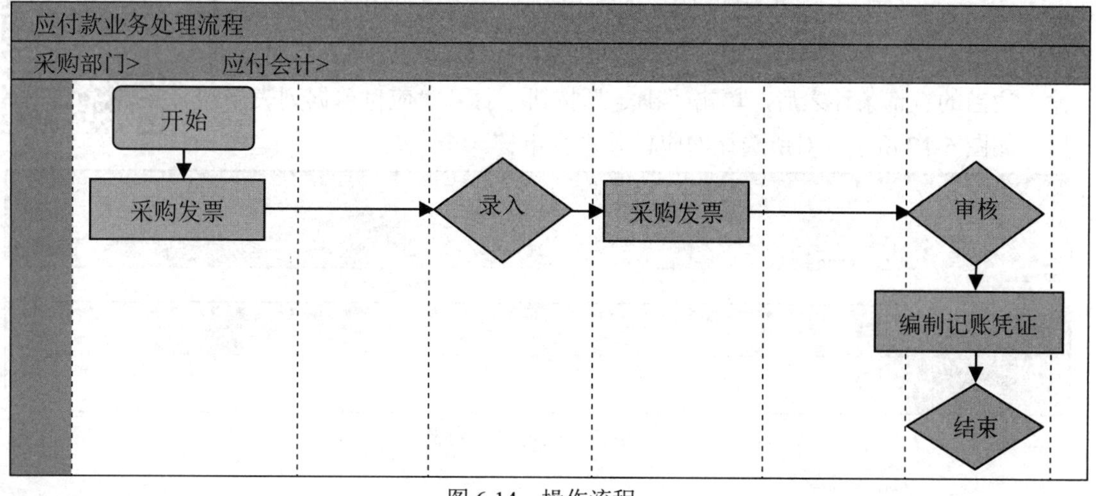

图6-14 操作流程

5. 操作步骤

视频地址：http://mdwx.mdmuke.com/mod/page/view.php?id=4704

(1) 应付单据录入。会计选择“财务会计”/“应付款管理”/“应付单据处理”/“应付单据录入”选项，即可打开“单据类别”对话框，如图 6-15 所示。选择单据名称“采购发票”和单据类型“采购专用发票”并设置余额方向后，单击“确定”按钮，即可打开相应的单据录入窗口，在其中进行相应的操作，如图 6-16 所示。

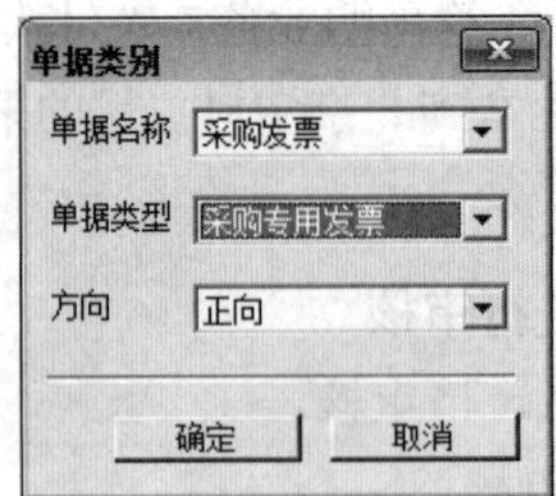

图 6-15 “单据类别”对话框

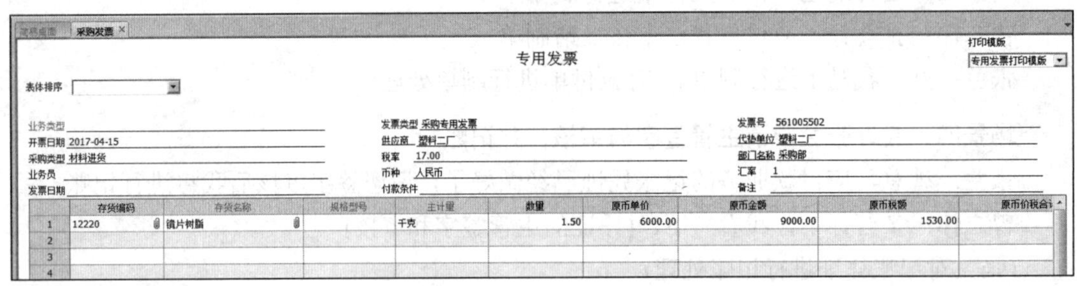

图 6-16 专用发票窗口

视频地址：http://mdwx.mdmuke.com/mod/page/view.php?id=4705

(2) 应付单据审核。主管曾志伟对会计填制的采购发票进行审核。选择“应付单据处理”/“应付单据审核”选项，打开“单据过滤条件”对话框。输入适当的查询条件之后，单击“确定”按钮，打开“应付单据列表”窗口，如图 6-17 所示，对所选择的应付单进行审核。

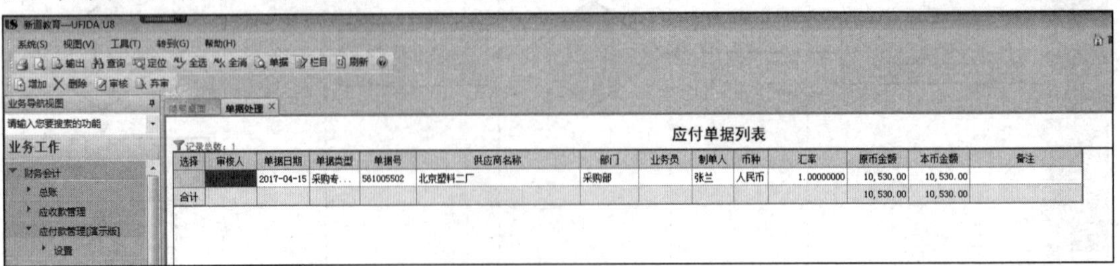

图 6-17 应付单据列表

(3) 应付单制单。会计张兰对已审核的应付单进行制单。选择“应付款管理”/“制单处理”命令，选择“制单”，单击“确定”按钮，选择“发票制单”，凭证类别选中“记账凭证”，单击“制单”，系统生成相关凭证，单击“保存”按钮，如图 6-18 所示。

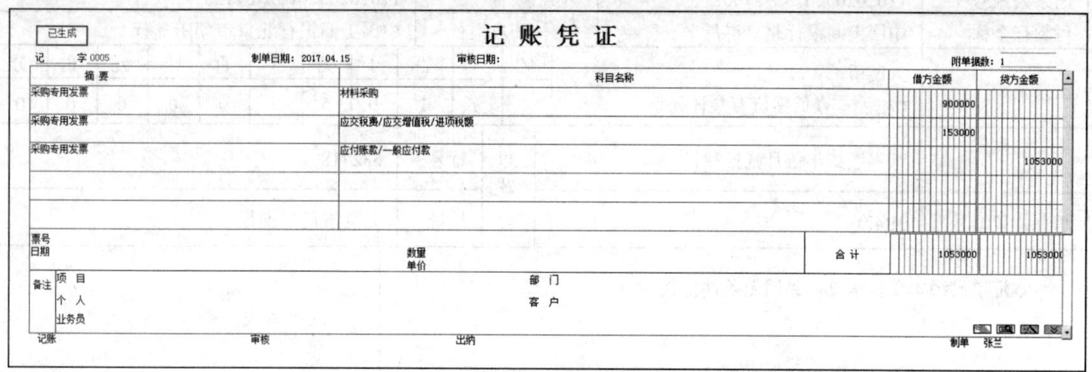

图 6-18　应付单生成凭证

6. 业务拓展

(1) 采购发票和应付单据都是应付款日常核算的原始单据，如果启用了采购管理系统，则采购发票只能在采购管理系统中填制，然后传递至应付款管理系统。而在应付款管理系统中只能增加其他应付单，而不能增加采购发票，但可对采购发票进行查询、核销和制单等操作。

(2) 对于已经审核的单据，在没有生成凭证前，如果想要取消审核，则可以在需要取消审核的单据窗口中单击“弃审”按钮。

(3) 自动批审：选择“应付单据处理”/“应付单据审核”选项，可显示“单据过滤条件”对话框。在输入查询条件之后，单击“批审”按钮，即可根据当前的过滤条件将符合条件的未审核单据全部进行后台的一次性审核处理。

(4) 在批审完成之后，系统提交单据批审报告，自动批审报告显示成功的张数以及明细审核单据。

6.2.4　票据管理

1. 业务概述与分析

4 月 25 日，上月所欠北京大运眼镜公司的货款对方催款，出纳开出一张为期 30 天的商业承兑汇票(票号 32859623，汇票可参见图 6-19)支付全额货款 1 053 000 元(付款报告书从略)。

<table>
<tr><td colspan="13" align="center">商业承兑汇票</td></tr>
<tr><td colspan="13">出票日期(大写) 贰零壹柒年 肆月 贰拾伍 日 32859623</td></tr>
<tr><td>出票人全称</td><td>北京亮康眼镜有限公司</td><td rowspan="3">收款人</td><td>全称</td><td colspan="9">北京大运眼镜公司</td></tr>
<tr><td>出票人账号</td><td>110202052678298 7908</td><td>账号</td><td colspan="9">110202052678298 7123</td></tr>
<tr><td>付款行全称</td><td>中国工商银行北京市昌平支行</td><td>开户银行</td><td colspan="9">中国工商银行北京市朝阳支行</td></tr>
<tr><td rowspan="2">出票金额</td><td rowspan="2">人民币
(大写) 壹佰零伍万叁仟元整</td><td>亿</td><td>千</td><td>百</td><td>十</td><td>万</td><td>千</td><td>百</td><td>十</td><td>元</td><td>角</td><td>分</td></tr>
<tr><td></td><td>￥</td><td>1</td><td>0</td><td>5</td><td>3</td><td>0</td><td>0</td><td>0</td><td>0</td><td>0</td></tr>
<tr><td>汇票到期日
(大写)</td><td>贰零壹柒年伍月贰拾肆日</td><td rowspan="2">付款行</td><td>行号</td><td colspan="9">632718</td></tr>
<tr><td>承兑协议编号</td><td>3164700l</td><td>地址</td><td colspan="9">北京市昌平支行</td></tr>
<tr><td colspan="2">本汇票已经本单位承兑，到期无条件付款。

出票单位盖章</td><td colspan="3">备注：</td><td colspan="8">汇票签发人盖章

复核：略　　记账：略</td></tr>
</table>

图 6-19　商业承兑汇票

2. 预备知识

本笔业务是上月所欠应付款本月开出应付票据结算，需要填制商业承兑汇票，付款单审核与制单；应付核销。

开出商业汇票相当于一种付款方式，系统会自动在应付款管理系统中生成一张付款单，对该张付款单进行审核，生成相关凭证，凭证的内容为应付票据冲减应付账款。开出商业承兑汇票是一种付款方式，应对应付账款进行核销。

3. 虚拟业务场景

人物：曾志伟——财务部主管

张兰——财务部会计

罗迪——财务部出纳

场景一：出纳填制付款单

张兰：上月所欠北京大运眼镜公司的货款对方催款，出纳你看以哪种方式付款合适？

罗迪：目前公司资金紧张，给他开一张商业承兑汇票付款吧。(罗迪开出一张期限 30 天的商业承兑汇票，支付上月所欠北京大运眼镜公司的货款)

场景二：审核已填制的付款单

罗迪：张会计，付款单已填好，您审核一下。

张兰：好，我将对付款单进行审核、核销并制单。(对传递过来的付款单在应付款管理系统中进行审核、核销并制单)

场景三：会计张兰申请对凭证的出纳签字、主管签字与审核并记账

张兰：罗出纳，请你对该张凭证进行出纳签字。

罗迪：好，我将对凭证进行出纳签字。(对这张记账凭证进行出纳签字)

张兰：曾总，预付款业务的记账凭证已经做好了，请您签字审核后我将进行记账。

曾志伟：辛苦你了，我看一下。(凭证的主管签字和审核)

(张兰对记账凭证进行记账处理)

4. 操作流程

操作流程如图 6-20 所示。

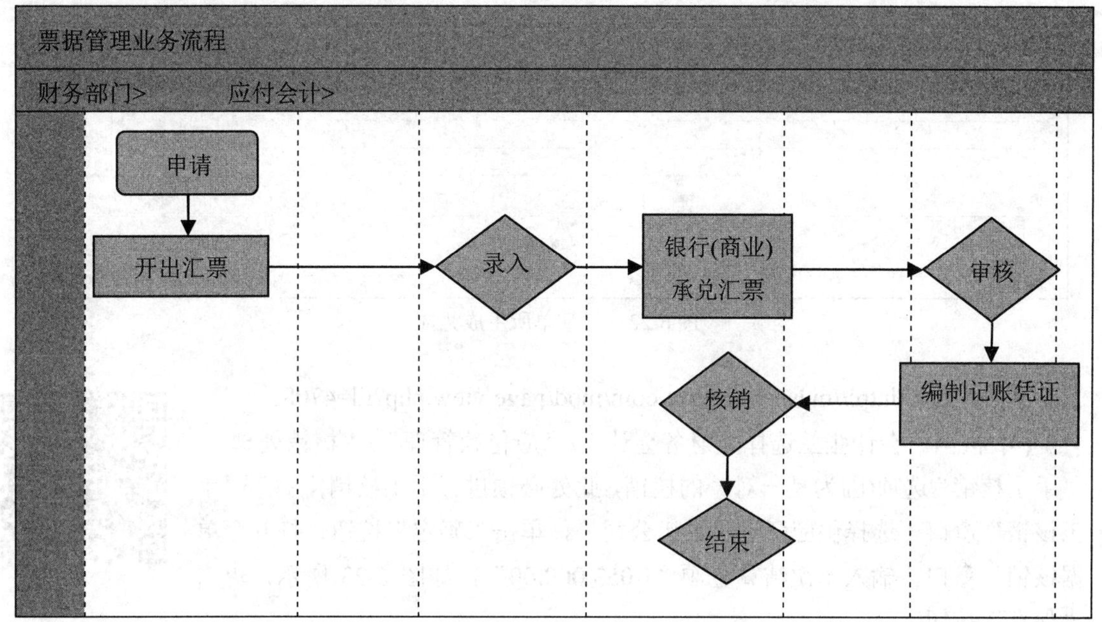

图 6-20 操作流程

5. 操作步骤

视频地址：http://mdwx.mdmuke.com/mod/page/view.php?id=4706

(1) 增加一张票据。选择“财务会计”/“应付款管理”/“票据管理”选项，即可打开“过滤条件选择”对话框。直接单击“确定”按钮即可打开“票据管理”窗口，单击状态栏上的“增加”按钮，即可打开“票据”窗口，填写相关内容，如图 6-21 所示。

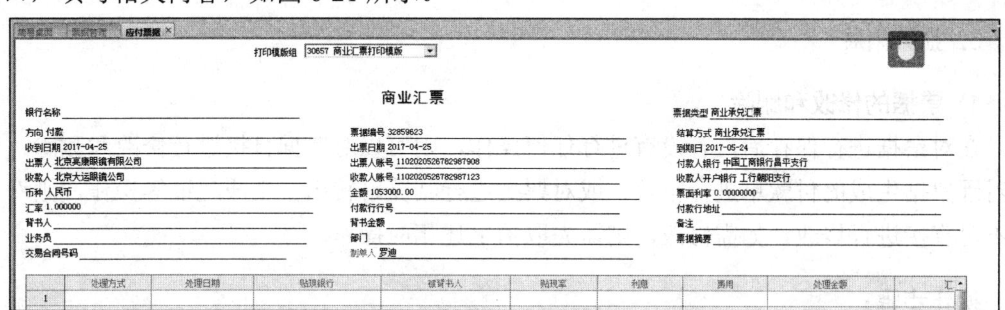

图 6-21 “商业承兑汇票票据”窗口

视频地址：http://mdwx.mdmuke.com/mod/page/view.php?id=4707

(2) 付款单审核。主管曾志伟选择“财务会计”/“应付款管理”/“付款单据处理”选项查询到系统生成的付款单，对其进行审核。

(3) 付款单制单。会计张兰选择“财务会计”/ “应付款管理”/“制单处理”选项，再勾选“付款单制单”，单击“确定”按钮。打开制单的窗口，在该窗口选择要制单的单据，单击状态栏上的“制单”，生成凭证如图 6-22 所示。

记账凭证

记 字　　制单日期：2017.04.25　　审核日期：　　附单据数：1

摘要	科目名称	借方金额	贷方金额
付款单	应付账款/一般应付款	105300000	
付款单	应付票据/商业承兑汇票		105300000
票号 日期	数量 单价 合计	105300000	105300000

备注　项目　　部门
个人　　供应商 大运公司
业务员

记账　　审核　　出纳　　制单 张兰

图 6-22　付款单所生成凭证

视频地址：http://mdwx.mdmuke.com/mod/page/view.php?id=4708

(4) 核销。会计张兰选择“财务会计”/“应付款管理”/“核销处理”/“手工核销”选项(因为是一对一的核销，此处必须进行手工核销)，打开“手工核销”窗口，选择供应商为“大运公司”，单击“确定”按钮，打开“单据核销”窗口，输入本次结算金额“1 053 000.00”，如图 6-23 所示，单击“保存”按钮。

简易桌面　收付款单录入　单据核销

单据日期	单据类型	单据编号	供应商	款项...	结算方式	币种	汇率	原币金额	原币余额	本次结算	订单号
2017-04-25	付款单	0000000003	大运公司	应付款	商业承...	人民币	1.00000000	1,053,000.00	1,053,000.00	1,053,000.00	
合计								1,053,000.00	1,053,000.00	1,053,000.00	

单据日期	单据类型	单据编号	到期日	供应商	币种	原币金额	原币余额	可享受折扣	本次折扣	本次结算	订单号	凭证号
2017-03-31	采购专...	0000000002	2017-03-31	大运公司	人民币	1,053,000.00	1,053,000.00	0.00	0.00	1,053,000.00		
合计						1,053,000.00	1,053,000.00	0.00		1,053,000.00		

图 6-23　核销窗口

6. 业务拓展

1) 票据的修改和删除

在对票据进行保存后，若没有进行任何操作，则可以对票据直接进行修改和删除；若已对因票据生成的付款单进行审核，或对票据进行结算、转出、生成凭证等操作，则对票据不可直接进行修改，如需修改，则需先取消上述相应操作。

操作步骤：

选中需要删除的票据之后，单击工具栏上的“删除”按钮，即可将其删除；单击工具栏上的“修改”按钮，即可对票据进行修改。

2) 票据结算

票据结算即支付票据款项。4 月 29 日，北京亮康眼镜公司资金充足，支付 4 月 25 日开出的商业承兑汇票款 1 053 000 元。

操作步骤：

(1) 打开票票管理窗口。单击“票据管理”菜单，弹出“票据查询”对话框，输入各种条件后，单击“确认”按钮进入票据管理主界面。

(2) 进行结算处理。选中一张票据，然后单击工具栏中的“结算”按钮，就可以对当前的票据进行结算处理。

(3) 完成结算。输入结算金额等栏后，单击“确认”按钮，结算完成，票据在未全额结算情况下，还可进行其他处理。

7. 票据转出

由于某种原因导致票据迟迟没有结算，则需要重新恢复应付账款。

操作步骤：

视频地址：http://mdwx.mdmuke.com/mod/page/view.php?id=4709

选中一张票据之后，单击工具栏中的“转出”按钮，打开“票据转出”对话框，即可对当前的票据进行转出处理。在输入完毕之后，单击“确定”按钮即可。

6.2.5 转账处理

针对不同的业务类型进行调整，分为应付冲应付、预付冲应付、红票对冲等调整业务。

1. 应付冲应付

应付冲应付指将一家供应商的应付款转到另一家供应商中；一个部门的应付款转到另一个部门中；一个业务员的应付款转到另一个业务员中。

操作步骤：

视频地址：http://mdwx.mdmuke.com/mod/page/view.php?id=4710

(1) 打开“应付冲应付”窗口。选择“应付款管理”/“转账”/“应付冲应付”选项，即可打开“应付冲应付”对话框。

(2) 过滤单据。设置操作日期并选择需要处理的单据之后，单击“过滤”按钮，即可将该转出户所有满足条件的单据全部列出。

(3) 进行冲销。在票据记录的“并账金额”栏中输入并账金额，也可单击“全选”按钮，将所列票据的全部金额转移到“并账金额”栏中。

(4) 完成冲销。在设置好并账金额之后，单击“确定”按钮，即可自动进行转出/转入处理。

2. 预付冲应付

可将预付供应商款项和所欠供应商的货款进行转账核销处理。

操作步骤：

视频地址：http://mdwx.mdmuke.com/mod/page/view.php?id=4711

(1) 打开“预付冲应付”窗口。选择“应付款管理”/“转账”/“预付冲应付”选项，即可打开“预付冲应付”对话框。

(2) 过滤单据。在“预付款”选项卡中输入供应商编码范围、部门编码范围、业务员编码范围等选项之后，单击“过滤”按钮，在所列票据记录的“转账金额”栏中输入转账金额。

(3) 进行冲销。在“应付款”选项卡中输入部门编码范围、业务员编码范围等选项之后，单击“过滤”按钮，在所列票据记录的“转账金额”栏中输入转账金额。如果在“转账金额”文本框中输入本次转账的总金额，单击“分摊”按钮，即可自动分摊该转账总金额到具体单据上，且分摊的各单据转账金额允许修改。

(4) 完成冲销。在设置好转账金额之后，单击“确定”按钮，即可自动将两者对冲。

3. 应付冲应收

用某供应商的应付账款，冲抵某客户的应收款项。

操作步骤：

视频地址：http://mdwx.mdmuke.com/mod/page/view.php?id=4712

(1) 打开“应付冲应收”窗口。选择“应付款管理”/“转账”/“应付冲应收”选项，即可打开“应付冲应收”对话框，设置转账日期。

(2) 选择操作类型。如果需要用应付款冲抵应收款，则选择“应付冲应收”单选按钮；如果需要用预付款冲抵预收款，则选择“预付冲预收”单选按钮。

(3) 过滤单据。在“应付”选项卡中输入转账的供应商、币种、部门、业务员等选项之后，单击“过滤”按钮，在显示票据的“转账金额”栏中输入需要转账的金额；在“应收”选项卡中输入转入金额的客户、币种、部门、业务员等选项之后，单击“过滤”按钮，在显示票据的“转账金额”栏中输入需要转账的金额。

(4) 完成冲销。在设置好所有选项之后，单击“确定”按钮，即可自动将两者对冲。

4. 红票对冲

视频地址：http://mdwx.mdmuke.com/mod/page/view.php?id=4713

红票对冲则是指同一供应商的红票和其蓝字发票进行冲销。应付款管理系统同样提供系统自动冲销和手工冲销两种红票对冲处理方式。其操作方法与应收款管理系统中的红票对冲类似。

5. 制单处理

应付款管理系统制单即生成凭证，并将凭证传递至总账系统记账。

4 月 30 日，将本月所有未制单的单据全部生成凭证。

操作步骤：

视频地址：http://mdwx.mdmuke.com/mod/page/view.php?id=4714

(1) 打开制单查询界面。选择“应付款管理”/“制单处理”选项，即可打开“制单查询”对话框，在输入查询条件之后，如图 6-24 所示，单击“确定”按钮，即可列出所有符合条件的记录。

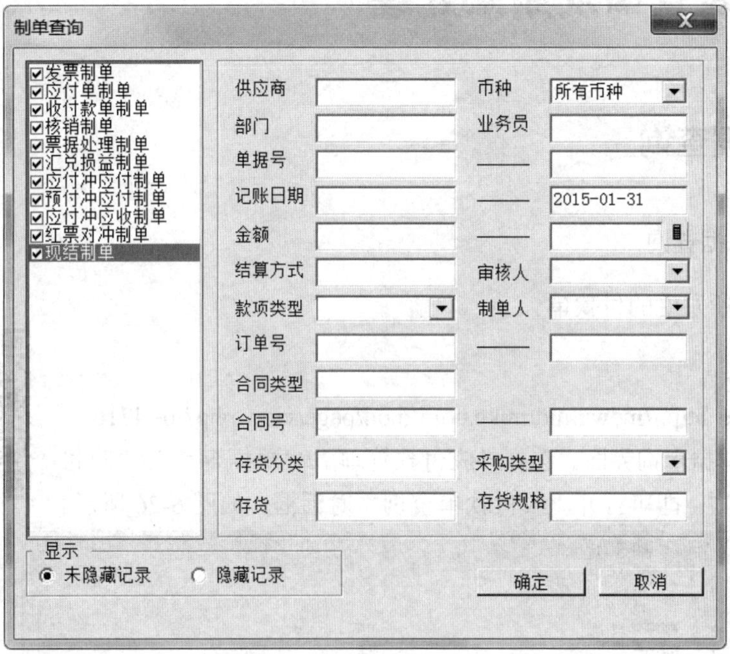

图 6-24　“制单查询”对话框

视频地址：http://mdwx.mdmuke.com/mod/page/view.php?id=4715

(2) 摘要设置。若希望在生成凭证的过程中自动形成凭证的摘要内容，则单击“摘要”按钮，即可打开“摘要设置”窗口，如图 6-25 所示，在其中可以对摘要情况进行设置。

(3) 进行制单。选择要制单的单据后，单击“制单”按钮，即可打开凭证窗口。

(4) 保存凭证。在检查无误后，单击“保存”按钮，则该张凭证将会出现“已生成”字样，并直接传递到总账系统中。

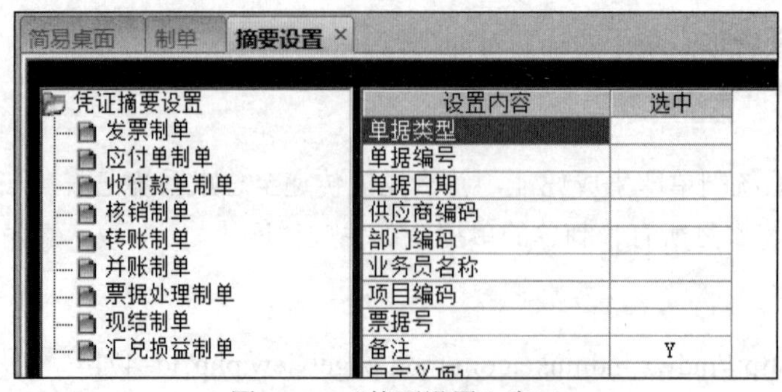

图 6-25 “摘要设置”窗口

6.3 账表查询及期末处理

6.3.1 单据查询

1. 付款单据查询

查询本期所发生的付款单。

操作步骤：

视频地址： http://mdwx.mdmuke.com/mod/page/view.php?id=4716

(1) 打开单据查询界面。选择“应付款管理”/“单据查询”/“收付款单查询”选项，即可打开“收付款单查询”对话框，如图 6-26 所示。

图 6-26 “收付款单查询”对话框

(2) 过滤单据。在输入相应的查询条件之后，单击“确定”按钮，即可打开“单据查询结果列表”窗口，在其中列出所有符合条件的记录，如图 6-27 所示。

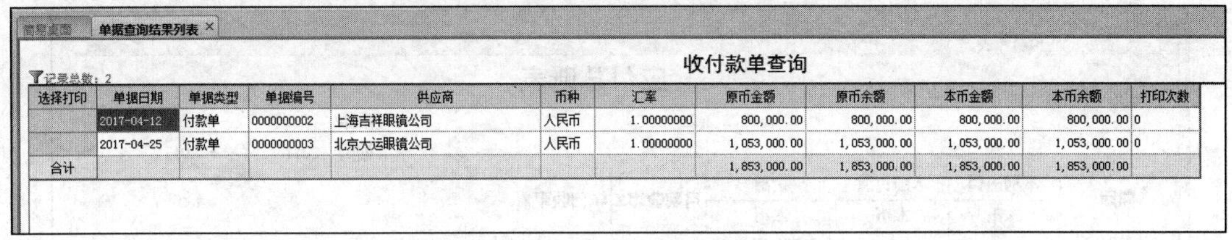

简易桌面 单据查询结果列表

收付款单查询

记录总数：2

选择打印	单据日期	单据类型	单据编号	供应商	币种	汇率	原币金额	原币余额	本币金额	本币余额	打印次数
	2017-04-12	付款单	0000000002	上海吉祥眼镜公司	人民币	1.00000000	800,000.00	800,000.00	800,000.00	800,000.00	0
	2017-04-25	付款单	0000000003	北京大运眼镜公司	人民币	1.00000000	1,053,000.00	1,053,000.00	1,053,000.00	1,053,000.00	0
合计							1,853,000.00	1,853,000.00	1,853,000.00	1,853,000.00	

图 6-27　收付款单查询结果

(3) 详细情况查询。在选择其中的一条记录之后，单击“单据”按钮，即可查看当前的付款单。单击“详细”按钮，即可查看当前付款单的详细结算情况。

2. 其他单据查询

采用同样的操作方法，可以进行其他单据查询。

6.3.2　账表管理

1. 业务账表查询

操作步骤：

视频地址：http://mdwx.mdmuke.com/mod/page/view.php?id=4717

(1) 打开“过滤条件选择”窗口。选择“账表管理”/“业务账表”/“业务总账”选项，即可打开“过滤条件选择”对话框，如图 6-28 所示。

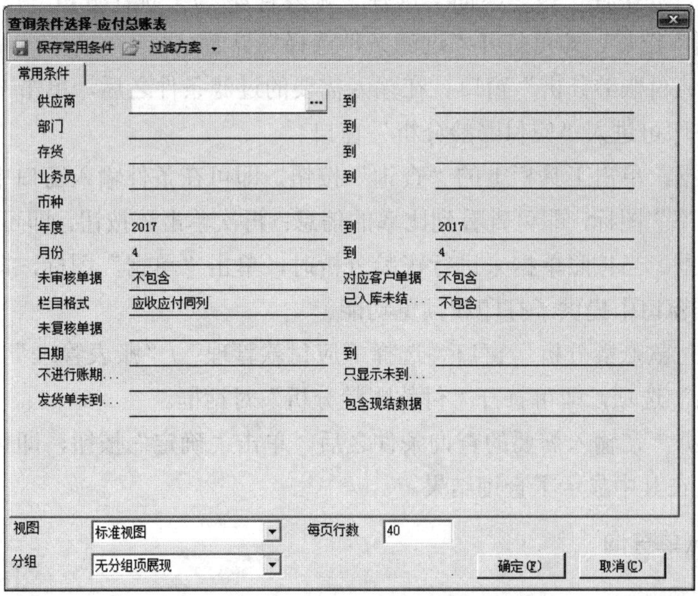

图 6-28　“过滤条件选择”对话框

(2) 过滤数据。在输入相应的查询条件之后，单击“过滤”按钮，即可打开“应付总账表”窗口，如图 6-29 所示。其中列示出所有符合条件的记录。

简易桌面 | 应付总账表

应付总账表

币种:

期间: 2017 . 4 - 2017 . 4

期间	本期应付	本期付款	余额	月回收率%	年回收率%
	本币	本币	本币		
期初余额			2,691,000.00		
201704	10,530.00	3,491,000···	-789,470.00	33152.90	129.22
总计	10,530.00	3,491,000···	-789,470.00		

图 6-29 “应付总账表”窗口

(3) 重新设置过滤条件。单击“查询”按钮，即可重新打开“过滤条件选择”对话框，重新设置过滤条件。单击“格式”按钮，即可打开“报表格式定义”窗口，从中重新调整报表的显示和打印格式。

2. 账龄分析

通过账龄分析功能可以分析供应商、存货、业务员、部门或单据应付款余额的账龄区间分布，还可以同时设置不同的账龄区间进行分析，既可以进行应付款的账龄分析，也可以进行预付款的账龄分析。

操作步骤：

视频地址：http://mdwx.mdmuke.com/mod/page/view.php?id=4718

(1) 打开“过滤条件选择”界面。选择“账表管理”/“统计分析”/“应付账龄分析”选项，即可打开“过滤条件选择”界面。

(2) 打开“应付账龄分析”窗口。在输入需要的过滤条件之后，单击“过滤”按钮，即可进入“应付账龄分析”窗口。

(3) 查询数据。单击工具栏上的“查询”按钮，即可在条件输入窗口中重新输入查询条件。单击“比率”图标，即可查看到比率的信息；再次单击该按钮，即可隐去比率信息。

(4) 联查单据。当按照单据来进行账龄分析时，单击“单据”图标，即可联查到当前单据。原始单据窗口中提供了打印和预览功能。

(5) 打开“付款账龄分析”窗口。选择“应付款管理”/“账表管理”/“统计分析”/“付款账龄分析”选项，即可打开“付款账龄分析”对话框。

(6) 查询数据。在输入需要的查询条件之后，单击“确定”按钮，即可打开“应付账龄分析”窗口，在其中显示了查询结果。

3. 应付对账单查询

操作步骤：

(1) 打开“过滤条件选择”对话框。选择“应付款管理”/“账表管理”/“业务账表”/

“对账单”选项，即可打开“过滤条件选择”对话框。

(2) 过滤数据。在输入需要的查询条件后，单击“过滤”按钮，即可进入“应付对账单”窗口。

(3) 其他查询。通过单击“其他”下拉按钮，可选择联查余额表、联查单据、联查凭证、联查合同。通过单击“格式”按钮，可以设置业务对账单的显示和打印格式。单击“保存”按钮，即可保存设置的报表格式。

4. 科目账表查询

操作步骤：

(1) 打开“供应商往来科目明细账”对话框。选择“应付款管理”/“账表管理”/“科目账查询”/“科目明细账”选项，即可打开“供应商往来科目明细账”对话框。

(2) 生成明细账表。在输入所需的查询条件之后，单击“确定”按钮，即可生成所选的明细账表。

(3) 设置查询条件。单击工具栏上的“查询”按钮，即可调出条件输入窗口，重新输入查询条件。单击工具栏上的“总账”按钮，即可联查到当前科目、当前月份范围的总账。

(4) 选择账簿的格式。在“科目明细账”窗口的右上角，可以用下拉框选择账簿的格式。系统提供了金额式、外币金额式、数量金额式、数量外币式4种账簿格式。

(5) 重新查询。在“科目明细账”窗口左上角的下拉框选择不同科目之后，系统将重新进行查询。

6.3.3 期末结账处理

4月30日对应付款管理系统进行期末结账。

操作步骤：

视频地址： http://mdwx.mdmuke.com/mod/page/view.php?id=4719

(1) 打开“月末处理”对话框。选择“应付款管理”/“期末处理”/“月末结账”选项，即可打开“月末处理”对话框，如图6-30所示。

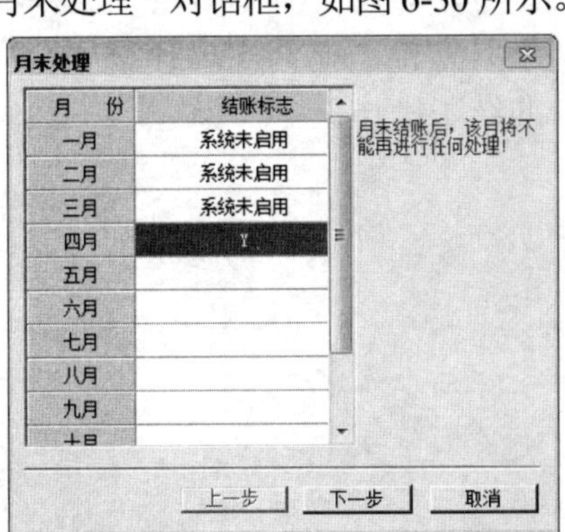

图6-30 “月末处理”对话框

(2) 查看处理情况。单击“下一步”按钮，即可显示月末处理情况，系统将月末结账的检查结果列示，如图 6-31 所示。若要查看处理类型的详细情况，则双击要查看的类型，即可打开“月末处理详细”对话框。

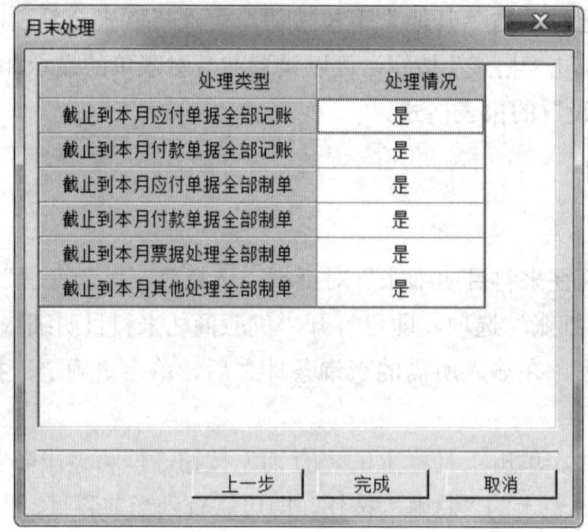

图 6-31　查看处理情况

(3) 月末结账操作。单击“取消”按钮，取消此次结账操作。单击“完成”按钮，系统即可开始结账，完成后将给出提示。单击“确定”按钮，即可结束月末结账操作，如图 6-32 所示。

图 6-32　提示信息

(4) 取消月结。如果想对当月进行反结账操作，则选择“期末处理”/“取消月结”选项，即可打开“取消月结”对话框。在其中选择最后一个已结账的月份，单击“确定”按钮，即可取消该月份的结账操作。

第7章

应收款管理系统

应收款管理系统是在“企业应用平台”中进行操作的。“企业应用平台”是用友ERP-U8系统的集成应用平台，它是进行企业账套管理的唯一入口，可以实现企业应收款管理系统的基础设置和业务处理，以及相关的账表查询等。

本章的主要内容是对企业的应收款及客户进行管理。

通过本章学习完成应收款管理初始化设置及期初余额录入；应收单据处理、收款单据处理、核销处理、票据管理、转账处理、坏账处理、制单处理、单据查询、账表管理、其他处理等日常业务处理；应收款管理的期末处理。

(1) 应收款管理系统的期初设置。在运行应收款管理系统前，应先设置运行所需要的账套参数，以便系统按设定的选项进行相应的处理。主要包括应收款管理系统参数设置、应收款管理系统初始设置、应收期初数据录入等。

(2) 应收款管理系统的日常业务处理。对企业发生的与客户及应收款相关的业务进行处理，主要包括应收单据处理、收款单据处理、核销处理、票据管理、转账处理、坏账处理、制单处理、单据查询、账表管理。

(3) 应收款管理系统账表查询。是对企业的客户的应收单、业务账表进行查询，并对其账龄进行分析，包括对业务总账、业务余额表、业务明细账、科目明细账、科目余额表等账表进行查询，并对应收账龄、收款账龄进行分析。

本章的操作是在第2章的操作基础上，由会计“张兰”登录到“企业应用平台”，登录时需要修改“操作日期”(即业务时间)为2017年4月1日；如果业务日期与账套建账时间之间的跨度超过3个月，则该账套在演示版状态下不能执行任何操作。

如果没有完成第2章的建账和设置权限的任务，可以到百度网盘空间(网盘地址：http://pan.baidu.com/s/1ctoTCa，密码：wiea)的“实验账套数据”文件夹中，将“02基础档案.rar”下载到实验用机上，然后引入(操作步骤详见第1章1.3.5节)ERP-U8系统中。此外，本章完成的账套其输出压缩的文件名为“07应收款管理系统.rar”。

需要说明的是：

(1) 因网盘中的账套备份文件均为压缩文件，所以在下载完成后引入之前，需要用解压缩工具进行解压(建议用WinRAR 3.42或以上版本)，得到相应可以引入的账套数据文件。

(2) 本教程的所有业务实验操作都有配套的微视频，可以通过扫描二维码，或者到指定的网页去观看。

7.1 期初设置

7.1.1 参数设置

在运行应收款管理系统前，应先设置运行所需要的账套参数，以便系统按设定的选项进行相应的处理。本案例企业，除系统默认设置之外，还需进行如下参数设置。

- 常规：“坏账处理方式”选择“应收余额百分比”，勾选“自动计算现金折扣”。
- 凭证：“受控科目制单方式”为“明细到单据”，“销售科目依据”是“按存货”。

操作步骤：

视频地址：http://mdwx.mdmuke.com/mod/page/view.php?id=4720

(1) 打开“账套参数设置”对话框。在“企业应用平台”的“业务工作”页签中，依次单击“财务会计”/“应收款管理”/“设置”/“选项”菜单项，打开“账套参数设置”对话框。

(2) 改变状态。单击“编辑”按钮，使所有参数处于可修改状态。

(3) 常规参数设置。在“常规”选项卡中，选择“坏账处理方式”为“应收余额百分比法”，勾选“自动计算现金折扣”，其他选项按系统默认设置(其中“应收账款核算模型”默认为“详细核算”)，结果如图 7-1 所示。

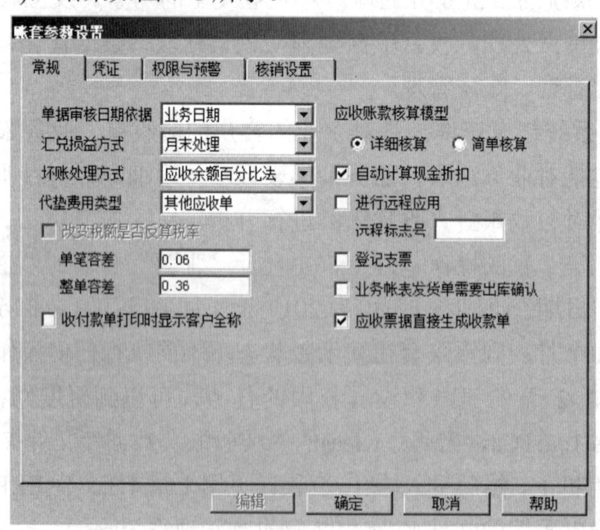

图 7-1　应收款管理系统的“常规”参数设置

(4) 凭证参数设置。在“凭证”选项卡中，“受控科目制单方式”选择“明细到单据”，“销售科目依据”为“按存货”，其他选项按系统默认设置，结果如图 7-2 所示。

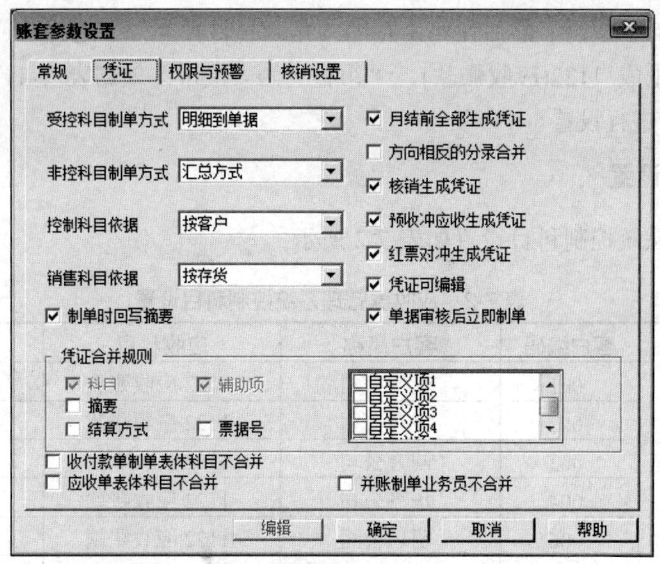

图 7-2　应收款管理系统的“凭证”参数设置

(5) 退出。单击“确定”按钮，保存系统参数的设置，关闭“账套参数设置”对话框。

7.1.2　科目设置

由于应收款管理系统的业务类型较固定，生成的凭证类型也较固定，因此为了简化凭证生成操作，可以在此将各业务类型凭证中的常用科目预先设置好。

1. 基本科目设置

应收款管理系统基本科目设置如表 7-1 所示。

表 7-1　应收款管理系统基本科目设置

科目类别	设置方式
基本科目设置	应收科目(人民币)：1122 应收账款
	预收科目(人民币)：2203 预收账款
	销售收入科目(人民币)：6001 主营业务收入
	销售退回科目(人民币)：6001 主营业务收入
	代垫费用科目(人民币)：1001 库存现金
	现金折扣科目(人民币)：6603 财务费用
	税金科目(人民币)：22210103 销项税额

操作步骤：

视频地址：http://mdwx.mdmuke.com/mod/page/view.php?id=4721

(1) 打开应收的“初始设置”窗口。在“应收款管理”子系统，依次单击“设置”/“初始设置”菜单项，打开应收的“初始设置”窗口。

(2) 基本科目设置。在左侧设置科目中选中“基本科目设置”，单击工具栏中的“增加”按钮，然后在第 1 行的“基础科目种类”中选择“应收科目”，“科目”录入或参照生成 1122(应收账款)，“币种”为人民币；依据表 7-1，在“基本科目设置”的第 2～7 行进行设置。

2. 控制科目设置

应收款管理系统控制科目设置如表 7-2 所示。

表 7-2 应收款管理系统控制科目设置

科目类别	客户编码	客户简称	应收科目	预收科目
控制科目设置	001	光明公司	1122 应收账款	2203 预收账款
	002	雪亮公司	1122 应收账款	2203 预收账款
	003	同方公司	1122 应收账款	2203 预收账款
	004	华飞公司	1122 应收账款	2203 预收账款
	006	明乐公司	1122 应收账款	2203 预收账款
	900	零散客户	1122 应收账款	2203 预收账款

操作步骤：

(1) 控制科目设置。在“业务工作”列表中，选择“应收款管理”/“设置”/“初始设置”选项，进入“初始设置”窗口，在“设置科目”选项下单击“控制科目设置”选项。

(2) 所有客户的控制科目均相同，即应收科目：1122；预收科目：2203。

3. 产品科目设置

应收款管理系统产品科目设置如表 7-3 所示。

表 7-3 应收款管理系统产品科目设置

科目类别	产品编码	产品名称	销售收入科目	应交增值税科目
产品科目设置	001	光明公司	600101	22210102
	002	雪亮公司	600101	22210102
	003	同方公司	600101	22210102
	004	华飞公司	600101	22210102
	006	明乐公司	600101	22210102
	900	零散客户	600101	22210102

操作步骤：

(1) 产品科目设置。单击“产品科目设置”菜单项，在其中可进行产品科目的设置。

(2) 在“销售收入科目”“应交增值税科目”“销售退回科目”和“税率”栏中输入相应的科目。

4. 结算方式科目设置

应收款管理系统结算方式科目设置如表 7-4 所示。

表 7-4　应收款管理系统结算方式科目设置

科目类别	结算方式	币种	科目名称
结算方式科目设置	现金	人民币	1001 库存现金
	现金支票	人民币	100201 工行存款
	转账支票	人民币	100201 工行存款
	银行承兑汇票	人民币	112101 银行承兑汇票
	商业承兑汇票	人民币	112102 商业承兑汇票
	电汇	人民币	100201 工行存款
	委托收款	人民币	100201 工行存款
	其他	人民币	100201 工行存款

操作步骤：

(1) 结算方式科目设置。单击“设置科目”中的“结算方式科目设置”，在第 1 行的“结算方式”中选择“现金”，“科目”录入或参照生成 1001(库存现金)，然后依据表 7-4，在“结算方式科目设置”进行其他结算方式的设置。

(2) 退出。单击该窗口中的“关闭”按钮，关闭并退出该窗口。

7.1.3　账龄区间与逾期账龄区间设置

为了对应收账款进行账龄内和逾期的账龄分析，应首先设置账期内账龄区间和逾期账龄区间。表 7-5 列示的是本案例企业的应收款账龄区间和逾期账龄区间，本任务是按照表 7-5，完成案例企业的应收款账龄区间和逾期账龄区间的设置。

表 7-5　账龄区间与逾期账龄区间设置

账龄区间			逾期账龄区间		
序号	起止天数	总天数	序号	起止天数	总天数
01	0～30	30	01	1～30	30
02	31～60	60	02	31～60	60
03	61～90	90	03	61～90	90
04	91～120	120	04	91～120	120
05	121 以上		05	121 以上	

操作步骤：

视频地址：http://mdwx.mdmuke.com/mod/page/view.php?id=4722

(1) 打开应收的“初始设置”窗口。

(2) 账期内账龄区间设置。单击“账期内账龄区间设置”选项，然后根据表 7-5 左侧中的内容，在“总天数”栏录入相应的天数，完成对应收款管理账龄区间的设置。

(3) 逾期账龄区间设置。单击“逾期账龄区间设置”选项，然后根据表 7-5 右侧中的内容，在“总天数”栏录入相应的天数，完成对应收款管理逾期账龄区间的设置。

(4) 退出。单击该窗口中的“关闭”按钮，关闭并退出该窗口。

操作说明：

- 序号：序号由系统生成，从 01 开始，不能修改。序号为 01 的区间由系统自动生成，不能修改、删除。
- 总天数：直接输入该区间的截止天数。
- 起止天数：系统会根据您输入的天数自动生成相应的区间。

7.1.4 坏账准备设置

坏账初始设置可设置计提坏账准备比率和坏账准备的期初余额，它的作用是系统根据用户的应收账款进行计提坏账准备。

企业应于期末针对不包含应收票据的应收款项计提坏账准备，其基本方法是销售收入百分比法、应收余额百分比法、账龄分析法等。

- 销售收入百分比法：用户录入坏账准备期初余额和坏账计提比率。系统根据历史数据确定的坏账损失占赊销总额的百分比，估计当期由于赊销可能发生的坏账损失。
- 应收余额百分比法：用户录入坏账准备期初余额和坏账计提比率。系统以应收账款余额为基础，估计可能发生的坏账损失。
- 账龄分析法：用户录入坏账准备期初余额、选择账龄区间方案、针对账龄区间方案录入相应账龄区间的坏账计提比率。

在设置应收款管理系统参数时，本案例企业设置了坏账准备金的计提方法为“应收余额百分比法”。表 7-6 列示的是本案例企业的坏账准备控制参数和期初余额。本任务是按照表 7-6，完成案例企业的坏账准备设置。

表 7-6　坏账准备参数

控制参数	参数设置
提取比例	0.5%
坏账准备期初余额	5852.58
坏账准备科目	1231 坏账准备
对方科目	6701(资产减值损失)

操作步骤：

视频地址：http://mdwx.mdmuke.com/mod/page/view.php?id=4723

(1) 打开应收的“初始设置”窗口。

(2) 坏账准备设置。单击“坏账准备设置”选项，然后依据表 7-6 的内容填制完成(例如在“提取比例”栏输入 0.5%)，然后单击窗口右上部分的“确定”按钮，完成设置。

(3) 退出。单击该窗口中的“关闭”按钮，关闭并退出该窗口。

操作说明：

如果在选项中坏账处理方式选择了直接转销法，则在初始设置中没有坏账初始设置功能。

7.1.5 报警级别设置

可以通过对报警级别的设置，将客户按照客户欠款余额与其授信额度的比例分为不同的类型，以便于掌握各个客户的信用情况。表7-7列示的是本案例企业的应收款报警级别。本任务是按照表7-7完成案例企业的应收款报警级别设置。

表7-7 报警级别

级别	A	B	C	D	E	F
总比率(客户欠款余额占其信用额度的比例)	10%	20%	30%	40%	50%	
起止比率	0～10%	10%～20%	20%～30%	30%～40%	40%～50%	50%以上

操作步骤：

视频地址： http://mdwx.mdmuke.com/mod/page/view.php?id=4724

(1) 打开应收的“初始设置”窗口。

(2) 报警级别设置。单击“报警级别设置”选项，然后依据表7-7的内容，在其右窗格第1行的“总比率”栏录入10、“级别名称”栏录入A，依此方法在第2～6行中录入相应的级别。

(3) 退出。单击该窗口中的“关闭”按钮，关闭并退出该窗口。

7.1.6 单据类型设置

系统提供了发票和应收单两大类型的单据。本案例选用系统默认的单据，如果企业根据需要可以增加和删除单据。

操作步骤：

视频地址： http://mdwx.mdmuke.com/mod/page/view.php?id=4725

(1) 单击“单据类型设置”选项，即可打开“单据类型设置”窗口，如图7-3所示。

(2) 单击工具栏中的“增加”按钮，即可增加一个新的单据类型。

(3) 单击工具栏中的“删除”按钮，即可删除当前的单据类型。

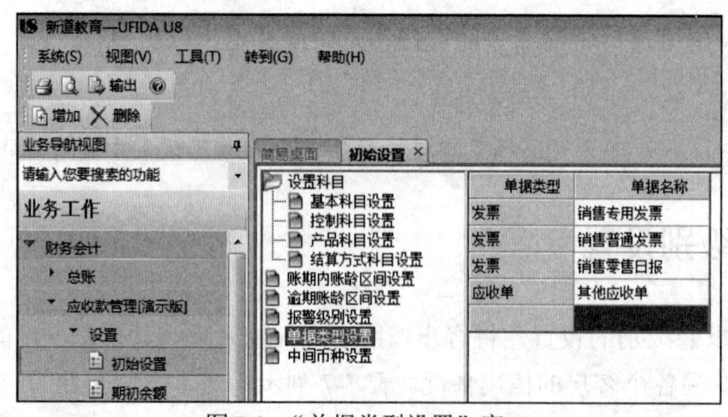

图 7-3 “单据类型设置”窗口

操作说明：

- 如果同时使用销售系统，则发票的类型包括增值税专用发票、普通发票、销售调拨单和销售日报。如果单独使用应收系统，则发票的类型不包括后两种。发票是系统默认类型，不能修改删除。
- 应收单记录销售业务之外的应收款情况。例如，可以将应收单分为应收代垫费用款、应收利息款、应收罚款、其他应收款等。
- 只能增加应收单的类型，应收单中的其他应收单为系统默认类型，不能删除、修改。发票的类型是固定的，不能修改和删除。
- 不能删除已经使用过的单据类型。

7.1.7 应收期初数据录入与对账

通过期初余额功能，可将正式启用账套前的所有应收业务数据录入系统中作为期初建账的数据。这样既保证了数据的连续性，又保证了数据的完整性。当初次使用应收款管理系统时，要将上期未处理完全的单据都录入本系统，以便于以后的处理。当进入第二年度处理时，系统自动将上年度未处理完全的单据转成为下一年度的期初余额。在下一年度的第一个会计期间里，可以进行期初余额的调整。

本节的任务是录入应收账款期初余额并对账，表 7-8 是上月末企业未收的应收款项。

表 7-8 应收账款期初余额表

单据日期	发票号	客户名称	存货名称	数量	无税单价	价税合计	税率/%
2017-03-25	81090301	光明公司	男士高端太阳镜	4000	420	1965600	17
2017-03-26	81320302	雪亮公司	女士高端太阳镜	3000	360	1263600	17
2017-03-28	81890303	华飞公司	女士普通太阳镜	4000	96	449280	17
2017-03-28	81790304	明乐公司	女士普通太阳镜	400	96	44928	17

操作步骤：

视频地址：http://mdwx.mdmuke.com/mod/page/view.php?id=4726

(1) 打开“期初余额-查询”对话框。在“应收款管理”子系统中，依次单击“设置”/“期初余额”菜单项，打开“期初余额-查询”对话框。

(2) 打开“期初余额”窗口。在“期初余额-查询”对话框中，直接单击“确定”按钮，系统打开“期初余额”窗口。

(3) 打开“期初销售发票”窗口。单击“增加”按钮，系统弹出“单据类别”对话框，系统默认“单据名称”为“销售发票”，“单据类型”为“销售专用发票”，直接单击其“确定”按钮，系统打开“期初销售发票”窗口。

(4) 编辑一张期初销售发票。单击“增加”按钮后，在新增的发票单据上，修改表头的开票日期为“2017-03-25”、“发票号”为 81090301、“客户名称”为“光明公司”、“销售部门”为“批发部”、“业务员”为“夏于”；在表体的第 1 行“货物编号”栏参照生成 00001(男士高端太阳镜)，在“数量”栏输入 4000，“无税单价”为 420，其他栏系统自动计算填充；单击“保存”按钮，完成第 1 张期初销售专用发票的录入。

(5) 完成期初销售发票的编辑。重复步骤(4)，依据表 7-8 完成第 2～4 笔的期初应收业务的录入。

(6) 返回“期初余额”窗口。单击“期初销售发票”窗口中的“关闭”按钮，关闭该窗口，系统返回“期初余额”窗口，然后单击工具栏中的“刷新”按钮，系统将本操作中录入的 4 张发票信息列表显示在“期初余额”窗口中。

(7) 对账。单击工具栏中的“对账”按钮，应收款管理系统与总账系统根据受控科目进行一一对账，然后系统打开“期初对账”窗口，此时显示“差额”不为零，表示对账不成功，所以需要在总账系统中进行“引入”。

(8) 退出。单击“期初对账”窗口和“期初余额”窗口中的“关闭”按钮，关闭并退出相应的窗口。

7.2 日常业务处理

7.2.1 普通应收款业务

1. 业务概述与分析

4 月 11 日，销售批发部夏于向雪亮公司签订销售女士高端太阳眼镜 900 副，无税单价 360 元，增值税 17%。开具全额增值税发票(数量 900，票号为 81306401，原始单据可参见图 7-4)，价税合计 379 080 元；款项未收。

1100163320　　北京增值税专用发票　　No81306401

此联不作报销、扣税凭证使用　开票日期：2017 年 4 月 11 日

购买方	名　　称：上海雪亮眼镜公司 纳税人识别号：310104712121774 地 址、电 话：上海徐汇天平路 8 号 开户行及账号：中国工商银行上海市徐汇支行 1102020526782987158				密码区	略	
货物或应税劳务名称	规格型号	单位	数量	单价	金额	税 率	税额
女士高端太阳镜		副	900	360.00	324 000.00	17%	55 080.00
合　计					¥324 000.00		¥55 080.00
价税合计(大写)	⊗叁拾柒万玖仟零捌拾元整				(小写)¥379 080.00		
销售方	名　　称：北京亮康眼镜有限公司 纳税人识别号：1101082121202 地 址、电 话：北京市昌平区昌平路 78 号，电话：010-60228226 开户行及账号：中国工商银行北京市昌平支行 1102020526782987908				备注	北京亮康眼镜有限公司 1101082121202 发票专用章	

收款人：(略)　　复核：(略)　　开票人：(略)　　销售方：(章)

税总函〔2016〕362号北京市印钞有限公司

第一联：记账联　销货方记账凭证

图 7-4　原始单据

2. 相关知识

销售业务的相关知识。

3. 虚拟业务场景

人物：曾志伟——财务部主管

张兰——财务部会计

罗迪——财务部出纳

场景一：财务主管分配会计填制应收单

曾志伟：张会计，今天发生了一笔销售，但对方公司未付款，这是销售发票，你做一下应收。

张兰：好。我马上录入。(张兰拿到上海雪亮眼镜公司的销售发票，在应收款管理系统中填制应收单)

场景二：财务主管对应收单进行审核

张兰：曾主管，应收单已录入，请审核。

曾志伟：好。(对应收单进行审核)

场景三：会计对已审核的应收单进行制单。

曾志伟：张会计，应收单我已审核，请制单。

张兰：好，我马上进行制单。(对应收单进行制单处理)

场景四：会计张兰申请对凭证的出纳签字、主管签字与审核，并记账

张兰：罗出纳，请你对该张凭证进行出纳签字。

罗迪：好，我将对凭证进行出纳签字。(对这张记账凭证进行出纳签字)

张兰：曾总，收款业务的记账凭证已经做好了，出纳已签字，请您签字审核后我将进行记账。

曾志伟：辛苦你了，我看一下。(凭证的主管签字和审核)

(张兰对记账凭证进行记账处理)

4. 操作指导

操作流程如图7-5所示。

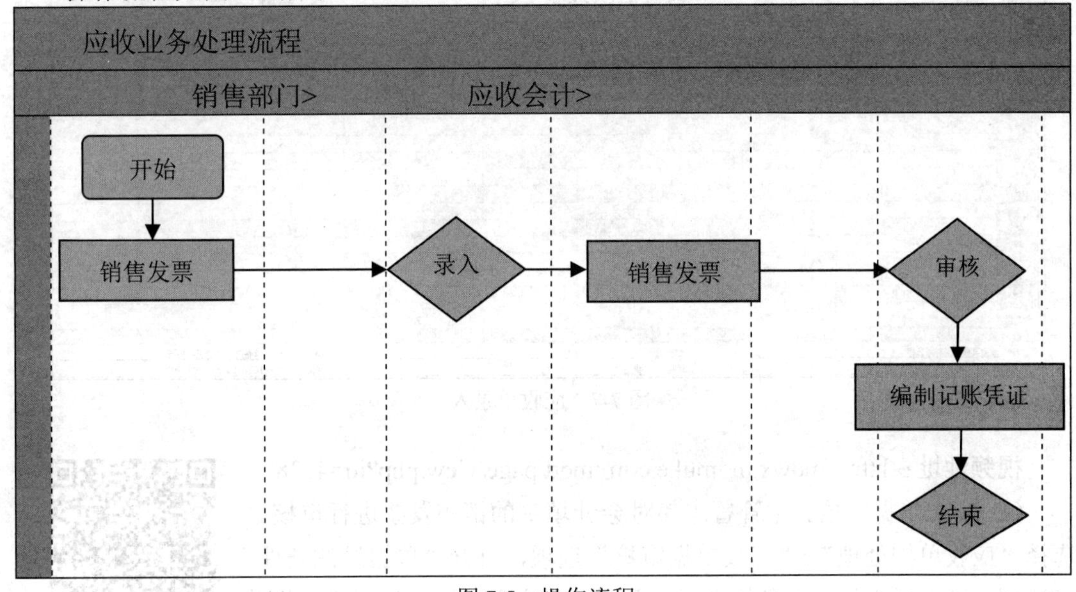

图7-5 操作流程

5. 操作步骤

视频地址：http://mdwx.mdmuke.com/mod/page/view.php?id=4727

(1) 销售发票录入。财务会计张兰在应收款管理系统中录入销售发票。选择“应收单据处理”/“应收单据录入”选项，选择单据名称“销售发票”和单据类型“销售专用发票”、方向“正向”，如图7-6所示，进入销售专用发票界面，单击“增加”按钮后，录入销售专用发票的相关信息，如图7-7所示。

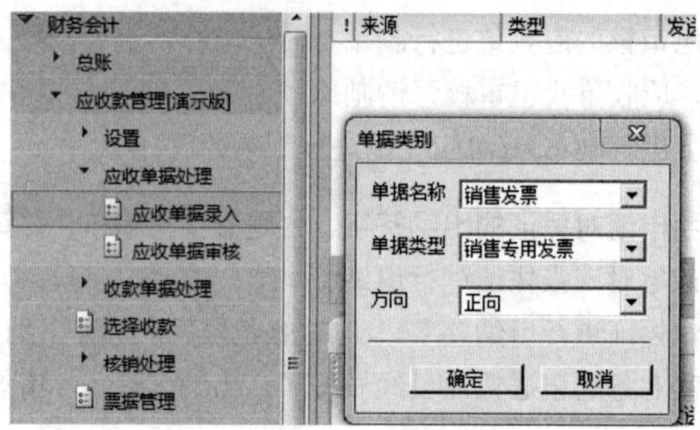

图 7-6　应收单录入—“单据类别”对话框

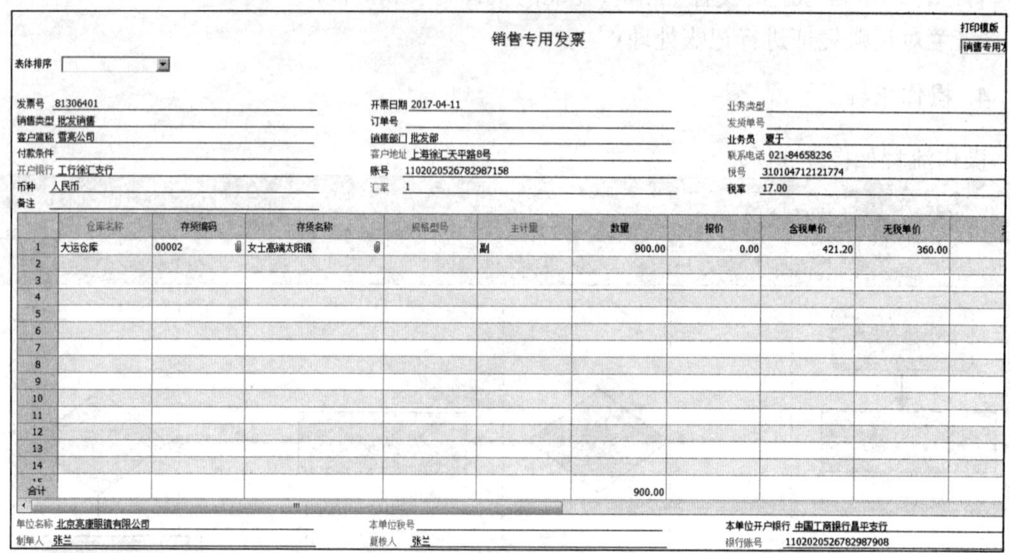

图 7-7　应收单录入

视频地址：http://mdwx.mdmuke.com/mod/page/view.php?id=4728

(2) 应收单据审核。主管曾志伟对会计填制的销售发票进行审核。选择“应收单据处理”/“应收单据审核”选项，打开“单据过滤条件”对话框。输入适当的查询条件之后，单击“确定”按钮，打开“应收单据列表”窗口，如图 7-8 所示，对所选择的应收单进行审核。

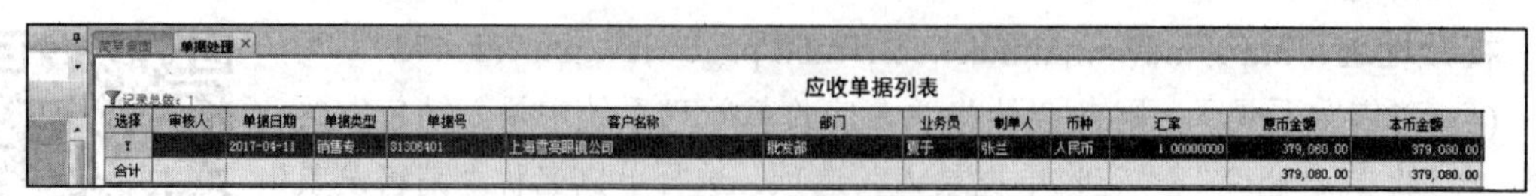

图 7-8　“单据处理”对话框

(3) 应收单制单。会计张兰对已审核的应收单进行制单。选择“应收款管理”/“制单处理”命令，选择“发票制单”，单击“确定”按钮，凭证类别选中“记账凭证”，单击“制单”，系统生成相关凭证，单击“保存”按钮，如图 7-9 和图 7-10 所示。

图 7-9 “制单查询”对话框

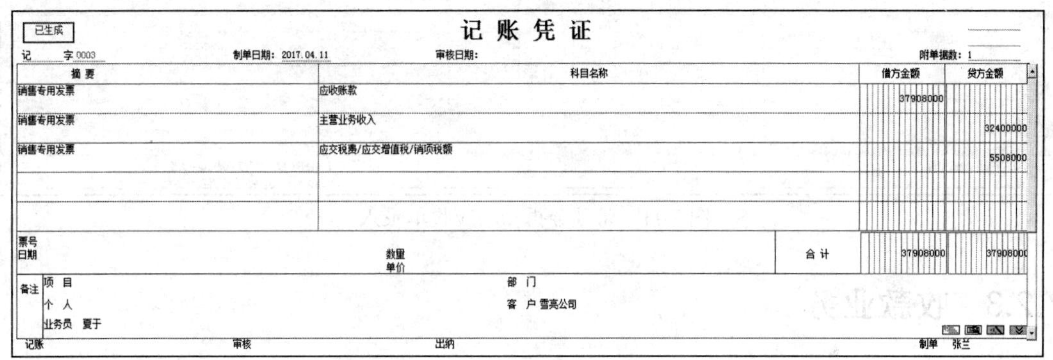

图 7-10 应收单生成凭证

提示:

- 销售发票和应收单据都是应收款日常核算的原始单据，如果启用了销售管理系统，则销售发票只能在销售管理系统中填制，然后传递至应收款管理系统。在应收款管理系统中只能增加应收单，而不能增加销售发票，但可对销售发票进行查询、核销和制单等操作。
- 对于已经审核的单据，在生成凭证前，如果想要取消审核，则可以在需要取消审核的单据窗口中单击“弃审”按钮。
- 在批审完成之后，系统提交单据批审报告，自动批审报告显示成功的张数以及明细审核单据。

7.2.2 带现金折扣的应收款业务

4 月 12 日，雪亮公司以 200 元的单价向我公司购买亮康眼镜 5000 副，付款条件(即现金折扣)为 4/10,2/20,n/30(折扣基数为不含税款)。本公司开具增值税发票(票号 81306603)，价税合计 1 170 000 元。

带有现金折扣的销售业务与普通的销售业务基本相同，唯一不同的地方是：带现金折扣的业务在录入销售发票时要在发票中录入付款条件，如图 7-11 所示，在此不再重述。

图 7-11　带现金折扣的应收单录入

7.2.3　收款业务

1. 业务概述与分析

4 月 13 日，以转账支票方式收到光明公司上月欠款 1 200 000 元。

2. 相关知识

应收款管理系统的收款单用来记录企业所收到的客户款项，款项性质包括应收款、预收款和其他费用等。其中，应收款、预收款性质的收款单要与发票、应收单和付款单进行核销勾对。

应收款管理系统中的付款单用来记录发生销售退货时，企业开具的退付给客户的款项。该付款单可与应收、预收性质的收款单、红字应收单和红字发票进行核销。

核销包括手工核销与自动核销，如需进行有特殊要求的核销就应进行手工核销(如一对多或多对多的核销、有现金折扣的核销等)，无特殊要求的可进行自动核销。

3. 虚拟业务场景

人物：曾志伟——财务部主管

张兰——财务部会计

罗迪——财务部出纳

场景一：出纳填制收款单

张兰：今天收到一张光明公司的支票，罗出纳您做一下收款。

罗迪：好。(罗迪收到光明公司的转账支票，支票上的用途是支付前欠货款，罗迪根据支票在应收款管理系统中填制收款单)

场景二：审核已填制的收款单并核销

罗迪：曾主管，收款单已填好，您审核一下。

曾志伟：好，我将对收款单进行审核(对收款单进行审核)。张会计，我已将收款单进行审核，请制单并核销。

张兰：好，我马上对收款单进行制单并核销。(对传递过来的收款单在应收款管理系统中进行制单并核销)

场景三：会计张兰申请对凭证的出纳签字、主管签字与审核，并记账

张兰：罗出纳，请你对该张凭证进行出纳签字。

罗迪：好，我将对凭证进行出纳签字。(对这张记账凭证进行出纳签字)

张兰：曾总，收款业务的记账凭证已经做好了，出纳已签字，请您签字审核后我将进行记账。

曾志伟：辛苦你了，我看一下。(凭证的主管签字和审核)

(张兰对记账凭证进行记账处理)

4. 操作流程

操作流程如图7-12所示。

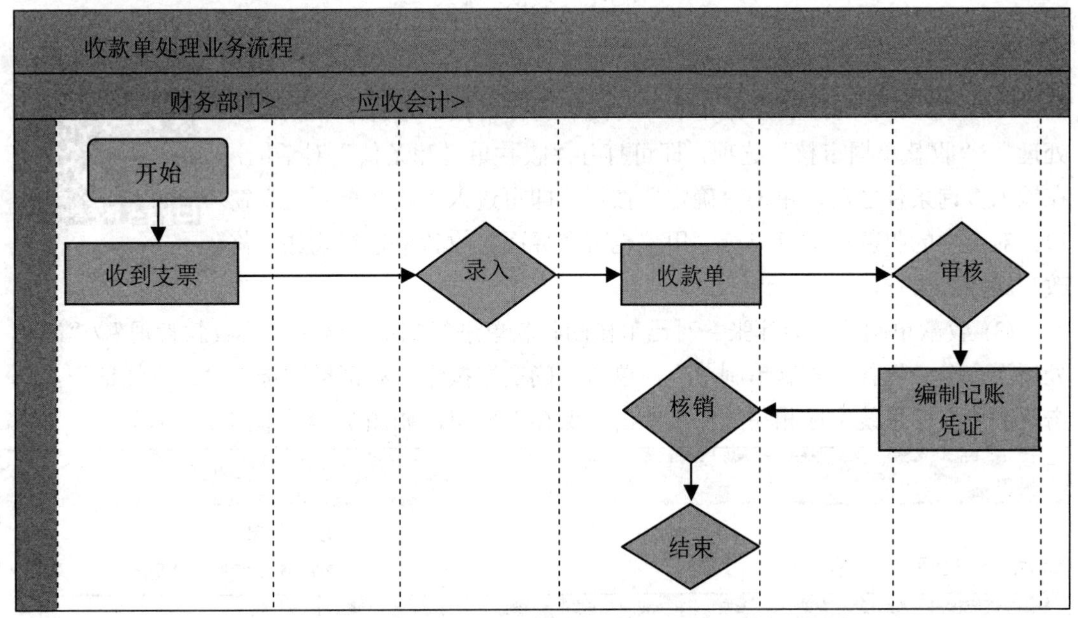

图7-12 操作流程

5. 操作步骤

视频地址：http://mdwx.mdmuke.com/mod/page/view.php?id=4730

(1) 填制收款单。出纳罗迪选择“财务会计”/“应收款管理”/“收款单据处理”/“收款单据录入”选项，即可打开“收付款单录入”窗口。单击“增加”按钮，即可设置单据日期、结算方式、结算科目、币种，输入金额、客户、银行账号、摘要、部门、业务员等选项，如图 7-13 所示；输入完毕之后，单击“保存”按钮，即可将该收款单保存到系统中。如退货则要开具付款单，则此时单击状态栏上的“切换”按钮即可。

收款单

单据编号 0000000002　日期 2017-04-13　客户 光明公司
结算方式 转账支票　结算科目 100201　币种 人民币
汇率 1　金额 1200000.00　本币金额 1200000.00
客户银行 工行海淀支行　客户账号 6227000526782987908

	款项类型	客户	部门	业务员	金额	本币金额	科目	项目
1	应收款	光明公司			1200000.00	1200000.00	1122	
合计					1200000.00	1200000.00		

录入人 罗迪　审核人　核销人

图 7-13　收款单录入

视频地址：http://mdwx.mdmuke.com/mod/page/view.php?id=4731

(2) 收款单审核。主管曾志伟对收款单进行审核。选择“收款单据处理”/“收款单据审核”选项，即可打开“收款单过滤条件”对话框，在输入查询条件之后，单击“确定”按钮，即可进入“收款单列表”窗口，对选中的收款单进行审核。用户也可在界面对收款单进行增加、修改、删除等操作。

(3) 收款单制单。会计张兰对已审核的收款单进行制单。选择“应收款管理”/“制单处理”命令，选择“收款单制单”，单击“确定”按钮，凭证类别选中“记账凭证”，单击“制单”，系统生成相关凭证，单击“保存”按钮，如图 7-14 和图 7-15 所示。

应收制单

凭证类别 记账凭证　制单日期 2017-04-13

选择标志	凭证类别	单据类型	单据号	日期	客户编码	客户名称	部门	业务员	金额
1	记账凭证	收款单	0000000002	2017/4/13	001	北京光...			1,200,0...

图 7-14　“收款单制单”窗口

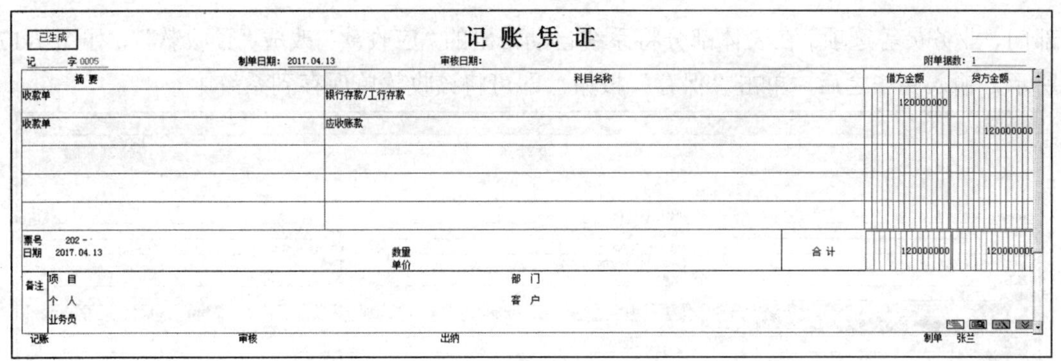
已生成
记账凭证
记 字 0005 制单日期：2017.04.13 审核日期： 附单据数：1

摘要	科目名称	借方金额	贷方金额
收款单	银行存款/工行存款	120000000	
收款单	应收账款		120000000
票号 202 - 日期 2017.04.13	数量 单价	合计 120000000	120000000

备注 项目 部门
个人 客户
业务员
记账 审核 出纳 制单 张兰

图 7-15　收款单生成凭证

视频地址：http://mdwx.mdmuke.com/mod/page/view.php?id=4732

(4) 核销。会计张兰进行核销处理，选择“应收款管理”/“核销处理”/“手工核销”选项，打开“核销条件”对话框。录入应核销的客户“北京光明眼镜公司”。进入核销窗口，分别在“本次结算金额”和“本次结算”栏中输入相应的金额，且使上下列表中的结算金额合计必须保持一致，单击“保存”按钮，即可完成本次核销操作。也可在手工输入本次结算金额后，单击“分摊”按钮，将当前收付款单列表中本次结算金额合计自动分摊到被核销单据列表的本次结算栏中。单击“保存”按钮，即可自动保存该收付款单核销信息。单击“退出”按钮，即可退出单据核销功能，如图 7-16 所示。

简易桌面　单据核销

单据日期	单据类型	单据编号	客户	款项类型	结算方式	币种	汇率	原币金额	原币余额	本次结算金额	订单号
2017-04-13	收款单	0000000002	光明公司	应收款	转账支票	人民币	1.00000000	1,200,000.00	1,200,000.00	1,200,000.00	
合计								1,200,000.00	1,200,000.00	1,200,000.00	

单据日期	单据类型	单据编号	到期日	客户	币种	原币金额	原币余额	可享受折扣	本次折扣	本次结算	订单号	凭证号
2017-03-25	销售专...	81090301	2017-03-25	光明公司	人民币	1,965,600.00	1,965,600.00	0.00	0.00	1,200,000.00		
合计						1,965,600.00	1,965,600.00	0.00	0.00	1,200,000.00		

图 7-16　“单据核销”窗口

7.2.4　预收款业务

1. 业务概述与分析

4 月 14 日收到同方公司的预收款 46 800 元。

2. 操作步骤

视频地址：http://mdwx.mdmuke.com/mod/page/view.php?id=4733

(1) 填制收款单。收款单由出纳罗迪在应收款管理系统中录入，选择“财务会计”/“应收款管理”/“收款单据处理”/“收款单据录入”选项，即可打开“收付款单录入”窗口。单击“增加”按钮，即可在表头填制单据日期、结算方式、结算科目、币种，输入金额、客户、银行账号、摘要、部门、业务员等选项。在表体部分将系统自动带出的“应收款”改成“预收款”，如图 7-17 所示，输入完毕之后，单击“保存”按钮，即可将该收款单保存到系统中。

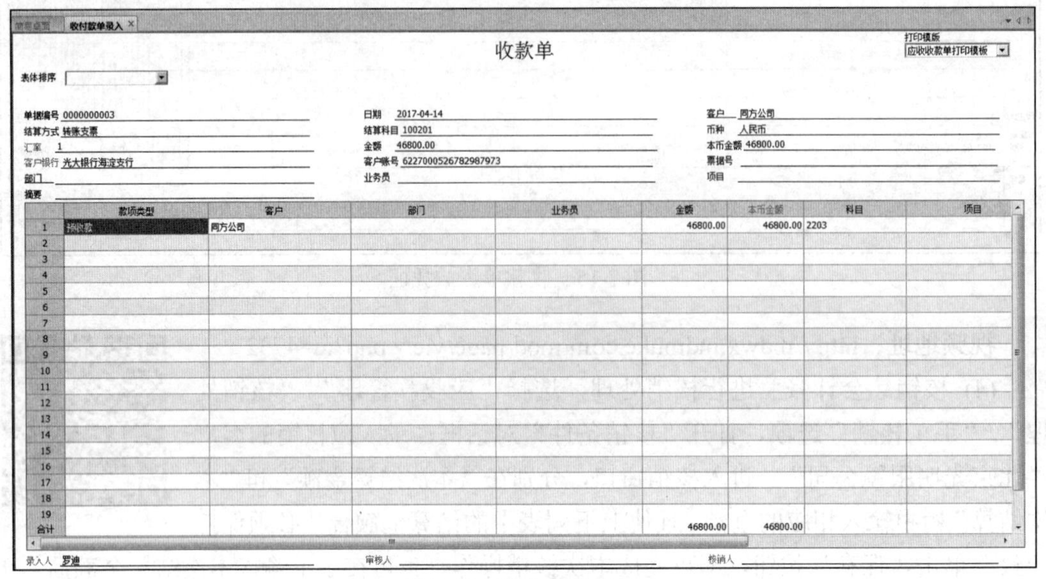

图 7-17　预收款单录入

视频地址：http://mdwx.mdmuke.com/mod/page/view.php?id=4734

(2) 收款单审核并制单。会计张兰对收款单进行审核并制单，操作步骤与付款单一致，在此不再重复讲解。生成的凭证如图 7-18 所示。由于只是收款，同方公司并未欠款，在此不需核销。

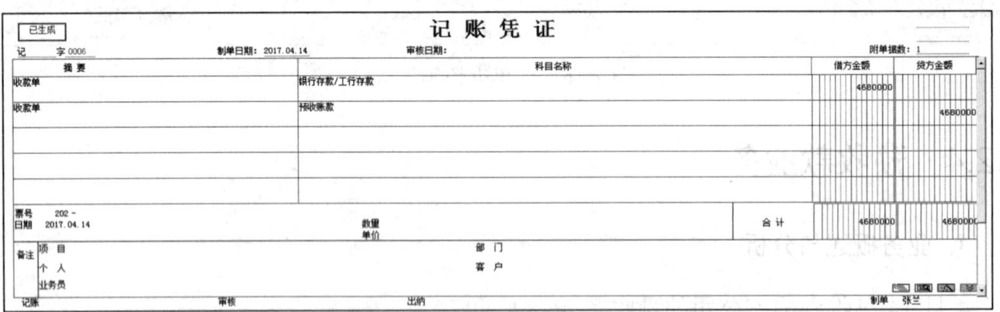

图 7-18　预收款单生成凭证

7.2.5　取消操作

1. 业务概述与分析

将 4 月 13 日光明公司已核销的 1 200 000 元的收款进行取消核销操作。

2. 相关业务知识

应收款管理系统中如果在核销、选择收款、坏账处理、汇兑损益、票据处理、应收冲应收、预收冲应收、应收冲应付、红票对冲的业务操作中出现失误，可进行取消操作处理即将其恢复到操作前的状态，以便进行修改。

对于应收款和收款单进行取消审核时，不在此进行操作，而是在收款单和应收款单审核模块进行取消。

3. 操作步骤

视频地址：http://mdwx.mdmuke.com/mod/page/view.php?id=4736

(1) 选择取消类型。选择“应收款管理”/“其他处理”/“取消操作”选项，即可打开“取消操作条件”对话框，如图 7-19 所示。

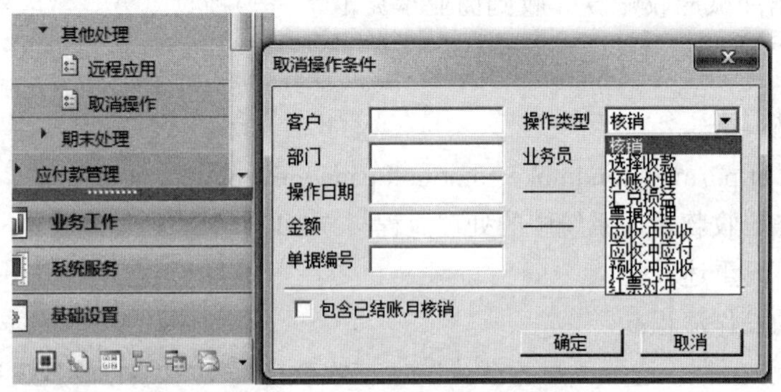

图 7-19 “取消操作条件”对话框

(2) 取消操作。选择“操作类型”为“核销”之后，系统将列出符合条件的单据，即所有已经核算的单据，选择需要取消操作的单据并单击“确定”按钮，即可完成操作，如图 7-20 所示。

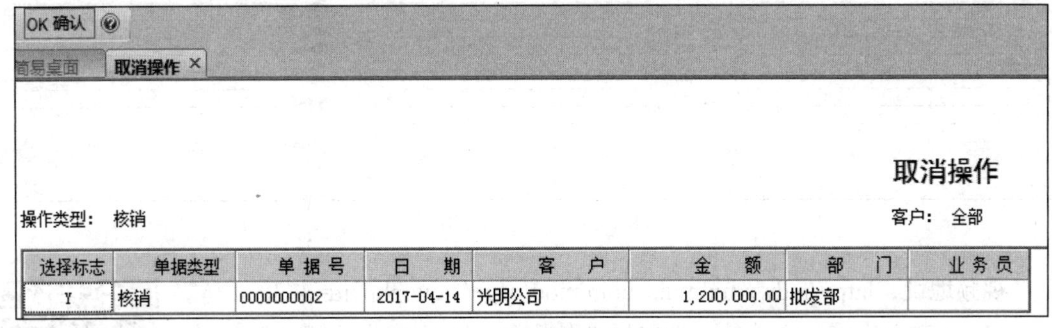

图 7-20 “取消操作”选择

还可以对“选择收款”“坏账处理”“汇兑损益”“票据处理”“应收冲应收”“应收冲应付”“预收冲应收”“红票对冲”等业务进行取消操作，操作步骤参照取消核销来进行处理。

7.2.6 票据管理

1. 收到票据

1) 业务概述与分析

4 月 14 日，销售批发部夏于向光明公司出售男士普通太阳镜 4000 副，无税单价 108 元，增值税为 17%。合同签订当日，光明公司开出票号为 22416505，票面利率为 6%，期限为 20 天的商业承兑汇票。

该笔业务应将销售业务和收到票据业务分开进行处理，首先在应收款管理系统中做一笔普通的赊销业务，然后再做票据的增加。收到商业汇票相当于一种收款方式，系统会自动在应收款管理系统中生成一张收款单，对该张收款单进行审核，生成相关凭证，凭证的内容为应收票据冲减应收账款。收到商业承兑汇票是一种收款方式，应对应收账款进行核销。

2) 操作步骤

视频地址：http://mdwx.mdmuke.com/mod/page/view.php?id=4737

销售业务在应收款管理系统中的处理流程与 7.2.1 节中的处理流程是一样的，这里不再重述。

票据处理的操作流程：

(1) 增加一张票据。选择“财务会计”/“应收款管理”/“票据管理”选项，即可打开“过滤条件选择”对话框。直接单击“确定”按钮即可打开“票据管理”窗口，单击状态栏上的“增加”按钮，即在票据窗口中填写相关内容，如图 7-21 所示。

商业汇票

银行名称		票据类型 商业承兑汇票
方向 收款	票据编号 22416505	结算方式 商业承兑汇票
收到日期 2017-04-14	出票日期 2017-04-14	到期日 2017-04-30
出票人 北京光明眼镜公司	出票人账号 6227000526782987908	付款人银行 工行海淀支行
收款人 北京亮康眼镜有限公司	收款人账号	收款人开户银行
币种 人民币	金额 505440.00	票面利率 0.00000000
汇率 1.000000	付款行行号	付款行地址
背书人	背书金额	备注
业务员	部门	票据摘要
交易合同号码	制单人 张兰	

	处理方式	处理日期	贴现银行	被背书人	贴现率	利息	费用	处理金额	汇
1									
2									

图 7-21　商业汇票填写

视频地址：http://mdwx.mdmuke.com/mod/page/view.php?id=4738

(2) 收款单审核。主管曾志伟选择“财务会计”/“应收款管理”/“收款单据处理”选项查询到系统生成的收款单，对其进行审核。

(3) 收款单制单。会计张兰选择“财务会计”/“应收款管理”/“制单处理”选项，再勾选“收付款单制单”，单击“确定”按钮。打开制单的窗口，在该窗口选择要制单的单据，单击状态栏上的“制单”，生成凭证如图 7-22 所示。

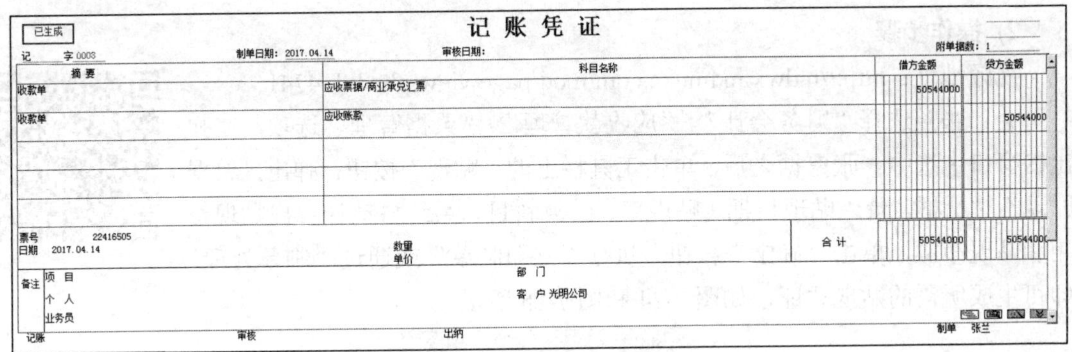

已生成

记账凭证

记 字 0003 制单日期：2017.04.14 审核日期： 附单据数：1

摘要	科目名称	借方金额	贷方金额
收款单	应收票据/商业承兑汇票	50544000	
收款单	应收账款		50544000
票号 22416505 日期 2017.04.14	数量 单价 合计	50544000	50544000

备注 项目 部门
个人 客户 光明公司
业务员

记账 审核 出纳 制单 张兰

图 7-22 收到票据生成凭证

视频地址：http://mdwx.mdmuke.com/mod/page/view.php?id=4739

(4) 核销。会计张兰选择“财务会计”/“应收款管理”/“核销处理”/“手工核销”选项(因为是一对一的核销，此处必须进行手工核销)，打开“手工核销”窗口，选择客户为“光明公司”，单击“确定”按钮。打开“单据核销”窗口，输入本次结算金额 505 440，单击“保存”按钮，如图 7-23 所示。

简易桌面 单据核销

单据日期	单据类型	单据编号	客户	款项类型	结算方式	币种	汇率	原币金额	原币余额	本次结算金额	订单号
2017-04-14	收款单	0000000004	光明公司	应收款	商业承...	人民币	1.00000000	505, 440. 00	505, 440. 00	505, 440. 00	
合计								505, 440. 00	505, 440. 00	505, 440. 00	

单据日期	单据类型	单据编号	到期日	客户	币种	原币金额	原币余额	可享受折扣	本次折扣	本次结算	订单号	凭证号
2017-04-14	销售专...	22416505	2017-04-14	光明公司	人民币	505, 440. 00	505, 440. 00	0. 00	0. 00	505, 440. 00		记-0007
2017-03-25	销售专...	81090301	2017-03-25	光明公司	人民币	1, 965, 600. 00	765, 600. 00	0. 00				
合计						2, 471, 040. 00	1, 271, 040. 00	0. 00		505, 440. 00		

图 7-23 “单据核销”窗口

2. 票据的修改和删除

在对票据进行保存后，若没有进行任何操作，即可以对票据直接进行修改和删除；若已对因票据生成收款单进行审核，或票据进行“贴现”“背书”“转出”“结算”“计息”生成凭证等操作，则对票据不可直接进行修改，如需修改，则需先取消上述相应操作。

视频地址：http://mdwx.mdmuke.com/mod/page/view.php?id=4740

操作步骤：选中需要删除的票据之后，单击工具栏上的“删除”按钮，即可将其删除；单击工具栏上的“修改”按钮，即可对票据进行修改。

3. 票据贴现

1) 业务概述与分析

4 月 20 日，亮康眼镜公司因急需资金，将 4 月 14 日收到的商业承兑汇票向银行进行贴现，贴现率为 6%。

2) 操作步骤

视频地址：http://mdwx.mdmuke.com/mod/page/view.php?id=4741

会计张兰选择“财务会计”/“应收款管理”/“票据管理”选项，在弹出的窗口中选中一张票据之后，单击工具栏上的“贴现”按钮，弹出“票据贴现”对话框，录入贴现日期、贴现率、结算科目，系统自动计算出贴现费用和贴现净额，单击“确定”按钮。执行“立即制单”或通过“制单处理”即可生成所需的贴现凭证，如图 7-24 和图 7-25 所示。

票据贴现

贴现方式：◉ 同城　○ 异地　3

贴现银行	中国工商银行昌平支行
贴现日期	2017-04-20
贴现率	6 %
贴现净额	504,597.60
利息	0.00
费用	842.40
结算科目	100201
汇率	1

确定　取消

图 7-24　“票据贴现”对话框

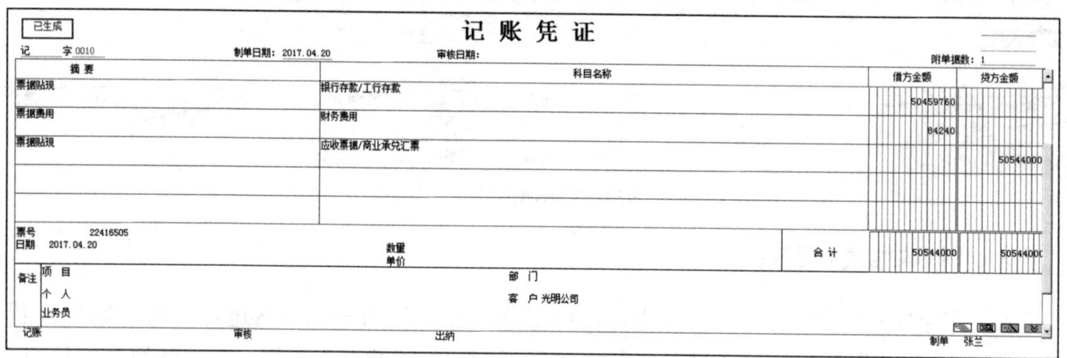

已生成

记账凭证

记 字 0010　制单日期：2017.04.20　审核日期：　附单据数：1

摘要	科目名称	借方金额	贷方金额
票据贴现	银行存款/工行存款	50459760	
票据费用	财务费用	84240	
票据贴现	应收票据/商业承兑汇票		50544000
票号 22416505 日期 2017.04.20	数量 单价 合计	50544000	50544000

备注　项目　部门
个人　客户 光明公司
业务员

记账　审核　出纳　制单 张兰

图 7-25　“票据贴现”生成凭证

4. 删除凭证并取消贴现

视频地址：http://mdwx.mdmuke.com/mod/page/view.php?id=4742

1) 删除凭证

删除上述票据贴现生成的凭证并对贴现进行取消操作，再将上述票据进行背书处理。操作如下：

会计张兰选择“财务会计”/“应收款管理”/“单据查询”/“凭证查询”选项，弹出“凭证查询”对话框，选中所要删除的凭证，单击任务栏上的“删除”按钮即可，如图 7-26 所示。

图 7-26 “凭证查询”窗口

2) 取消贴现

(1) 选择取消类型。选择“应收款管理”/“其他处理”/“取消操作”选项，即可打开“取消操作条件”对话框。

(2) 取消贴现。选择“操作类型”为“票据处理”后，系统将列出符合条件的单据，即所有已经处理过的各种票据，选择需要取消操作的单据并单击“确定”按钮，即可完成操作，如图 7-27 所示。

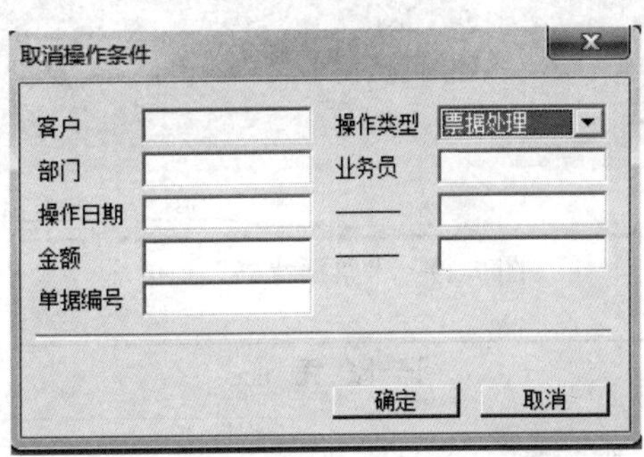

图 7-27 “取消操作条件”对话框

5. 背书转让

1) 业务概述与分析

4 月 21 日，公司将 4 月 14 日收到的商业承兑汇票无息背书转让给北京大运眼镜公司，以冲销应付账款。

2) 操作步骤

视频地址：http://mdwx.mdmuke.com/mod/page/view.php?id=4743

会计张兰选择“财务会计”/“应收款管理”/“票据管理”选项，在系统弹出的窗口中选中一张票据之后，单击工具栏上的“背书”按钮，弹出“票据背书”对话框，录入背书日期，选择被背书人名称，单击“确定”按钮，如图 7-28 所示。执行“立即制单”或通过“制单处理”即可生成所需的背书转让凭证，如图 7-29 和图 7-30 所示。

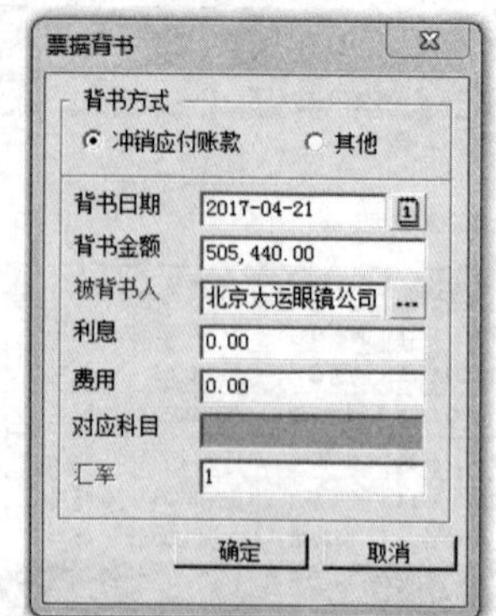

图 7-28 “票据背书”对话框

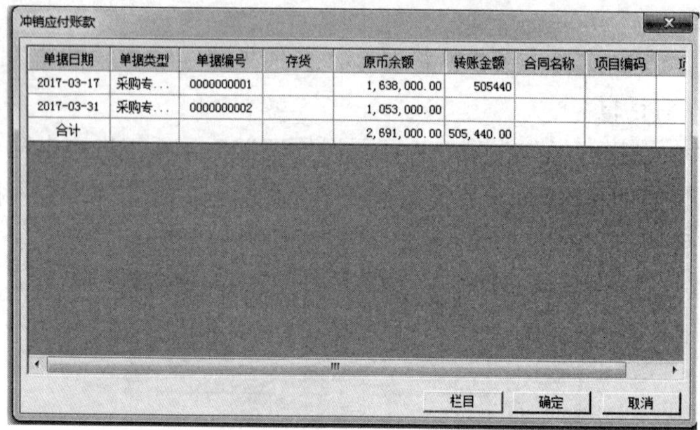

图 7-29 “票据背书”制单

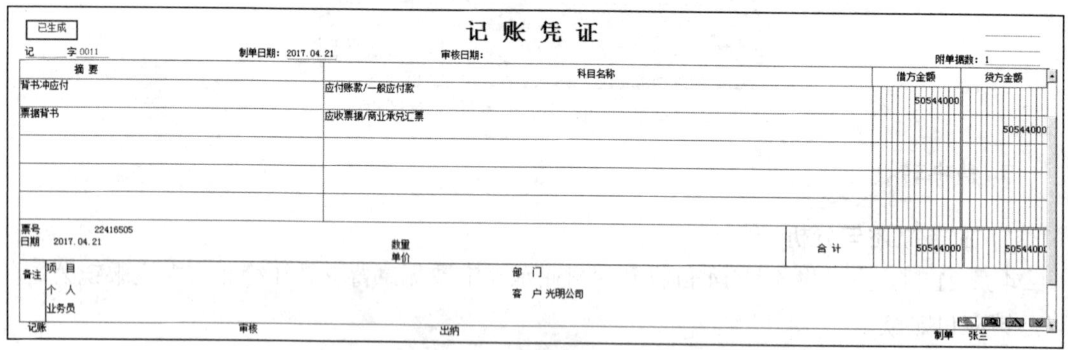

图 7-30 “票据背书”生成凭证

提示：

如果是带息票据，系统自动计算出利息，如果此次背书有费用，则在票据背书界面还应录入相关的费用。

知识拓展：

票据分为带息票据和不带息票据。带息票据指汇票到期时，承兑人按票据面额及应计利息之和向收款人付款的商业汇票。计算规则为"利息 = 票据计息金额×年利率/360"，用户可以修改自动计算出来的利息，最后根据修改后的利息记账。

操作步骤：

选中一张票据之后，单击工具栏上的"计息"按钮，即可对当前的票据进行计息处理。在输入完毕之后，单击"确定"按钮，即可自动把结果保存在票据中，并生成相关凭证。

6. 票据结算

删除上述票据背书生成的凭证并对背书进行取消操作，再将上述票据进行结算处理。

1) 业务概述与分析

4 月 29 日，公司收到北京光明眼镜公司转来的到期的商业承兑汇票款 505 440 元。

2) 操作步骤

视频地址：http://mdwx.mdmuke.com/mod/page/view.php?id=4744

(1) 单击"票据管理"菜单，弹出票据查询对话框，输入各种条件后，单击"确定"按钮进入票据管理主界面。

(2) 选中一张票据，然后单击工具栏上的"结算"按钮，就可以对当前的票据进行结算处理。

(3) 输入结算金额等选项后，单击"确定"按钮，结算完成，票据在未全额结算情况下，还可进行其他处理，如图 7-31 和图 7-32 所示。

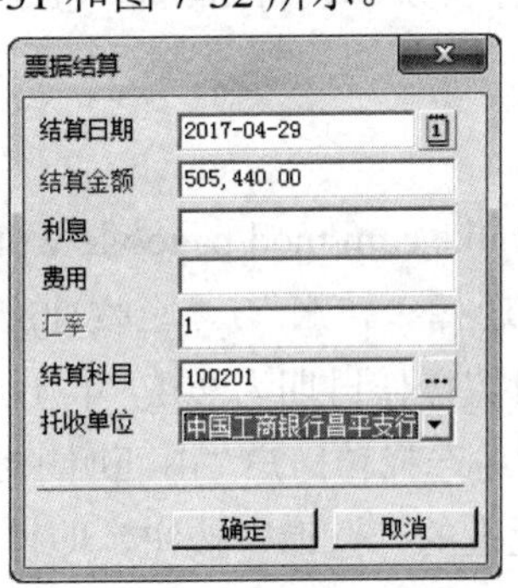

图 7-31 "票据结算"对话框

记 账 凭 证

记　字　　　制单日期：2017.04.29　　　审核日期：　　　附单据数：1

摘要	科目名称	借方金额	贷方金额
票据结算	银行存款/工行存款	50544000	
票据结算	应收票据/商业承兑汇票		50544000
票号 22416505 日期 2017.04.29	数量 单价	合计 50544000	50544000

备注　项　目　　　部　门
　　　个　人　　　客　户 光明公司
　　　业务员

记账　　审核　　出纳　　制单 张兰

图 7-32 票据结算生成凭证

7. 票据转出

由于某种原因导致票据到期不能结算，需要将应收票据的金额转入应收账款中。

操作步骤：

视频地址：http://mdwx.mdmuke.com/mod/page/view.php?id=4745

选中一张票据之后，单击工具栏上的“转出”按钮，打开“票据转出”对话框，即可对当前的票据进行转出处理。在输入完毕之后，单击“确定”按钮即可。

7.2.7 转账处理

1. 应收冲应收

应收冲应收，指将客户、部门、业务员、项目和合同的应收款转到另一个中去。通过应收冲应收功能将应收账款在客户、部门、业务员、项目和合同之间进行转入、转出，实现应收业务的调整，解决应收款业务在不同客户、部门、业务员、项目和合同间入错户或合并户问题。例如：将一家客户的应收款转到另一家客户中；一个部门的应收款转到另一个部门中；一个业务员的应收款转到另一个业务员中。

1) 业务概述与分析

4 月 29 日，发现因上月操作失误，误将山西华飞眼镜公司的货款 44 928 元误记入山西明乐贸易公司。

2) 操作步骤

视频地址：http://mdwx.mdmuke.com/mod/page/view.php?id=4746

(1) 选择转账客户和单据。选择“转账”/“应收冲应收”选项，即可打开“应收冲应收”对话框。设置操作日期为 2017 年 4 月 29 日，选择需要处理的单据类型，并在窗口左边选择转出户“山西明乐贸易公司”，在转入户中选择“山西华飞眼镜公司”，单击任务栏上的“查询”按钮，即可将该转出户所有满足条件的单据全部列出，如图 7-33 所示。

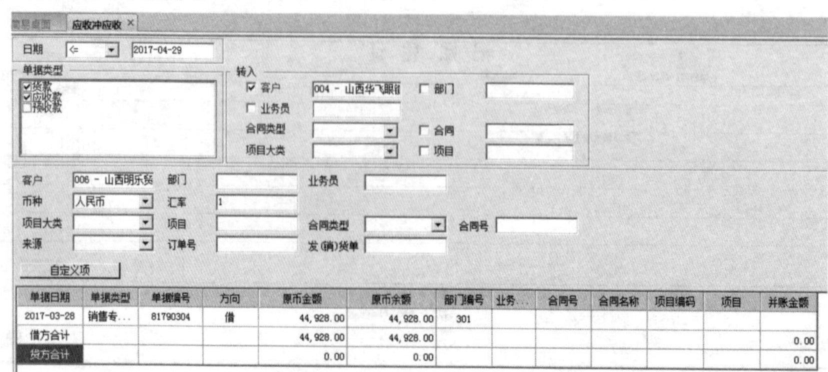

图 7-33 “应收冲应收”对话框

(2) 转账。在符合条件的单据下录入“并账金额”44 928 元。单击“保存”按钮，系统提示是否立即制单。

(3) 制单。单击“是”按钮，系统自动生成凭证，如图 7-34 所示。

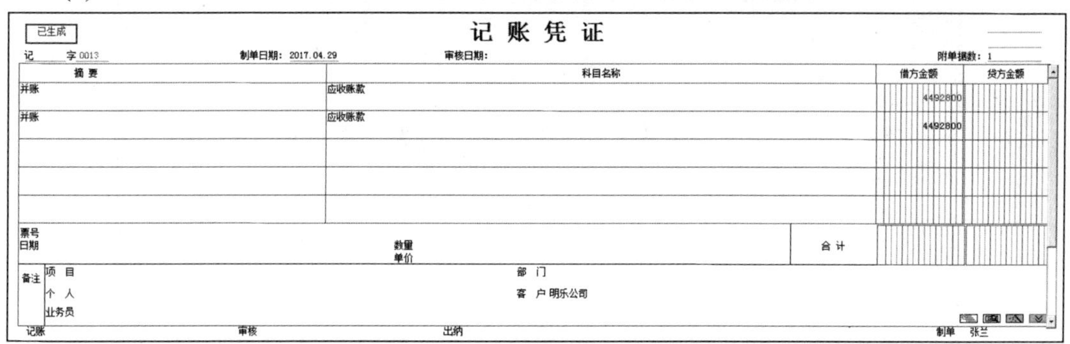

已生成

记账凭证

记 字 0013 制单日期：2017.04.29 审核日期： 附单据数：1

摘要	科目名称	借方金额	贷方金额
并账	应收账款		4492800
并账	应收账款	4492800	

票号 日期 数量 单价 合计

备注 项目 部门

个人 客户 明乐公司

业务员

记账 审核 出纳 制单 张兰

图 7-34 “应收冲应收”生成凭证

知识拓展：

- 每一笔应收款的转账金额不能大于其余额。
- 每次只能选择一个转入单位。
- 可同时选择按客户 + 部门 + 业务员进行并账。

2. 预收冲应收

预收冲应收：处理客户的预收账款和客户的应收款的转账核销业务。

1) 业务概述与分析

4 月 22 日，向北方同方眼镜公司出售亮康眼镜 200 副，无税单价为 200 元，税率 17%，价税合计 46 800 元。该款项已预收。

2) 操作步骤

视频地址：http://mdwx.mdmuke.com/mod/page/view.php?id=4747

(1) 自动转账。选择“转账”/“预收冲应收”选项，即可打开“预收冲应收”对话框。单击“自动转账”按钮，即可将系统中所有客户的预收款与应收款自动进行成批相对应的冲减。不同客户之间不能进行预收冲应收，如图 7-35 所示。

(2) 手动转账。

① 过滤预收款。在“预收款”选项卡中输入客户编码范围、部门编码范围、业务员编码范围等选项之后，单击“过滤”按钮，即可在过滤出的票据记录的“转账金额”栏中输入转账金额。

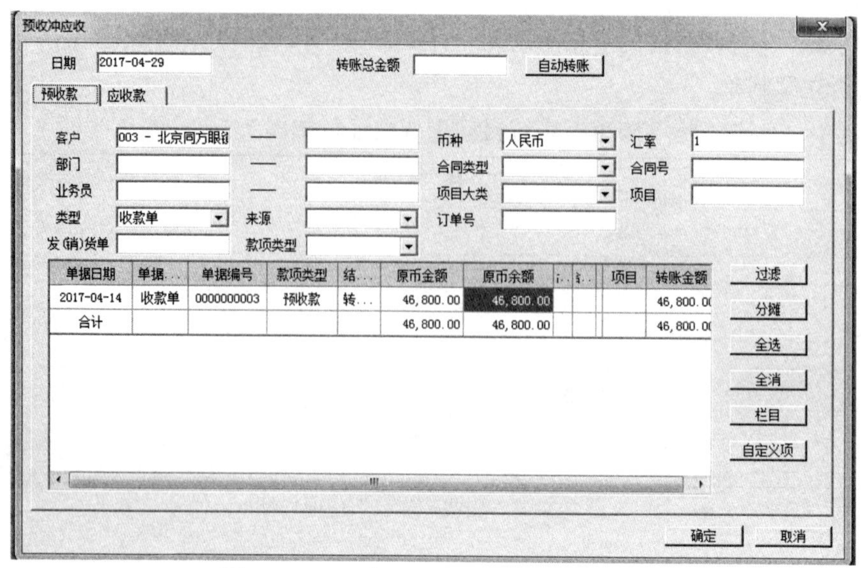

图 7-35 “预收冲应收”自动转账对话框

② 过滤应收款。在“应收款”选项卡中输入客户编码范围、部门编码范围、业务员编码范围等选项之后，单击“过滤”按钮，在所列票据记录的“转账金额”栏中输入转账金额。如果在过滤出的预收单和应收单中未录入转账金额，则可在窗口上“转账总金额”文本框中输入本次转账的总金额，单击“分摊”按钮，将自动分摊该转账总金额到具体单据上，且分摊好的各单据转账金额允许修改，如图 7-36 所示。

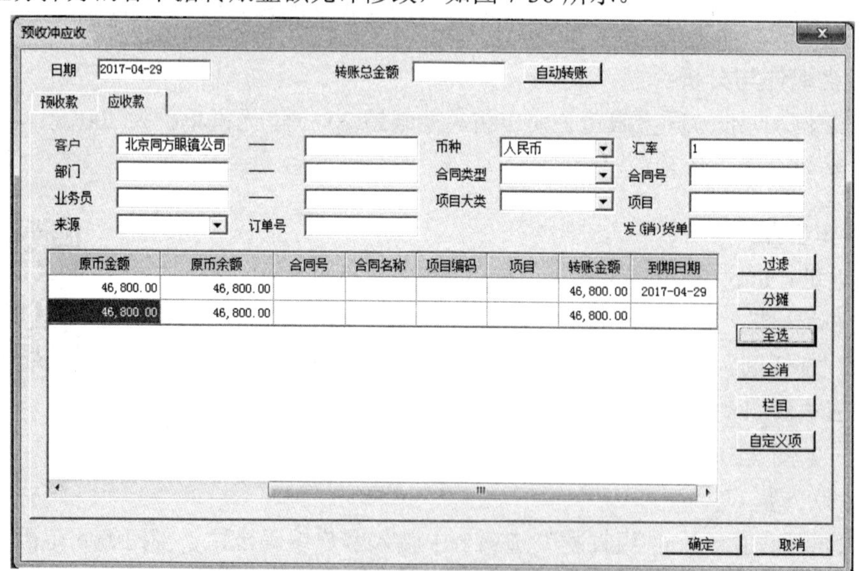

图 7-36 “预收冲应收”手动转账对话框

③ 预收冲应收。在设置好转账金额之后，单击“确定”按钮，即可自动将两者对冲。

④ 制单。在是否立即制单窗口，单击“是”按钮，即可生成凭证，如图 7-37 所示。

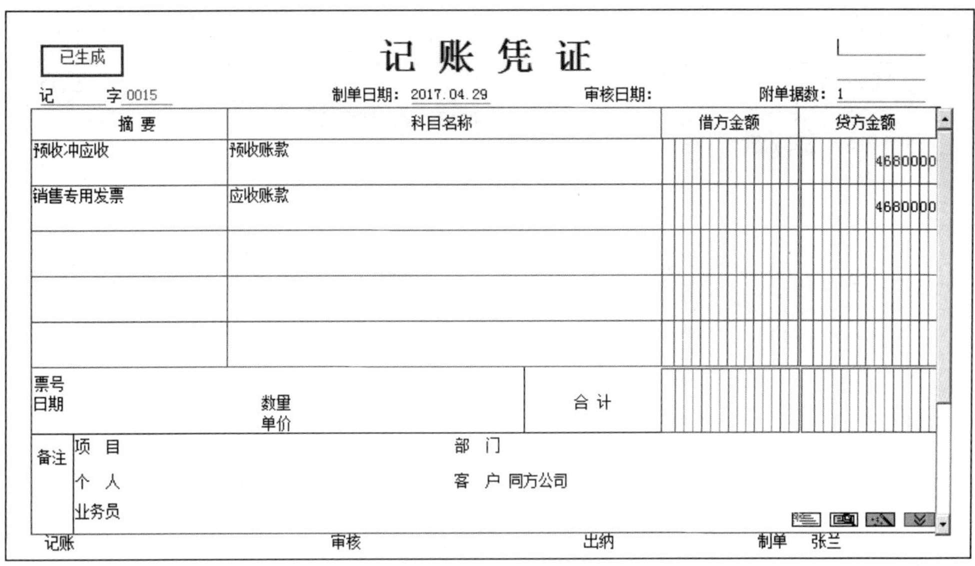

图 7-37　“预收冲应收”生成凭证

3. 应收冲应付

应收冲应付，指用某客户的应收账款，冲抵某供应商的应付款项。

1) 业务概述与分析

经三方协商将光明公司的应收款 100 000 元冲减大运公司的应付款 100 000 元。

2) 操作步骤

视频地址：http://mdwx.mdmuke.com/mod/page/view.php?id=4748

(1) 打开窗口。选择“应收款系统”/“转账”/“应收冲应付”选项，即可打开“应收冲应付”对话框，如图 7-38 所示。

图 7-38　“应收冲应付”对话框

(2) 选择客户和供应商。单击“应收”选项卡并在客户栏选择“北京光明眼镜公司”，单击“应付”选项卡并在供应商栏选择“北京大运眼镜公司”，单击“确定”按钮，即可将该客户所有满足条件的应收款的单据类型、单据编号、日期、金额等项目全部列出，如

图 7-39 所示。

转账总金额 100000.00

单据日期	单据类型	单据编号	原币余额	合同号	合同名称	项目编码	项目	转账金额
2017-03-25	销售专...	81090301	765,600.00					100,000.00
合计			765,600.00					100,000.00

单据日期	单据类型	单据编号	原币余额	合同号	合同名称	项目编码	项目	转账金额
2017-03-17	采购专...	0000000001	1,638,000.00					100,000.00
2017-03-31	采购专...	0000000002	1,053,000.00					
合计			2,691,000.00					100,000.00

图 7-39 “应收冲应付”金额录入

(3) 转账。在相应的单据中录入要转入转出的金额，单击任务栏上的“保存”按钮。如果在转账总金额中输入了数据，则可以通过单击“分摊”按钮，自动将转账总金额按照列表上单据的先后顺序进行分摊处理。

(4) 制单。在是否立即制单窗口，单击“是”按钮，即可生成凭证，如图 7-40 所示。

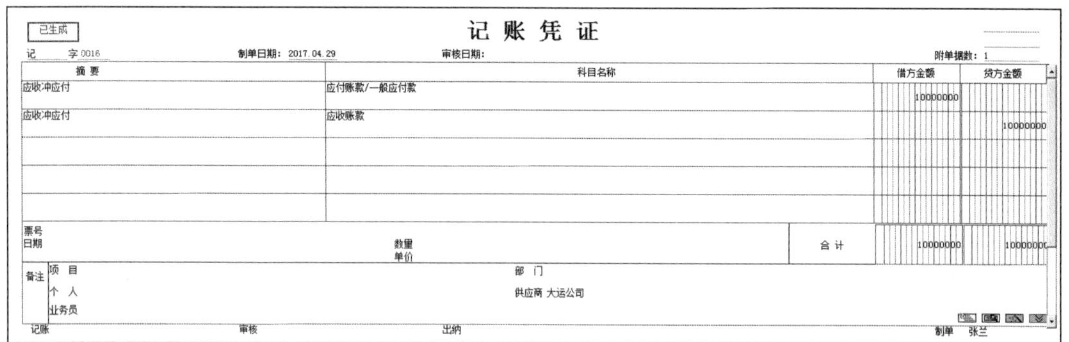

已生成

记账凭证

记 字 0016　　制单日期：2017.04.29　　审核日期：　　附单据数：1

摘要	科目名称	借方金额	贷方金额
应收冲应付	应付账款/一般应付款	10000000	
应收冲应付	应收账款		10000000
票号 日期	数量 单价	合计 10000000	10000000

备注　项目　　部门

个人　　供应商 大运公司

业务员

记账　　审核　　出纳　　制单 张兰

图 7-40 “应收冲应付”生成凭证

提示：

- 如需用应收款冲抵应付款，则选择“应收冲应付”选项。如需要用预收款冲抵预付款，则选择“预收冲预付”选项。如需红字应收单冲销红字应付单，则可勾选“负单据”复选框。
- 应收款的转账金额合计应该等于应付款的转账金额合计。
- 应收冲应付功能可以进行不等额对冲。如果应收金额大于应付金额，即将多余金额生成一条该供应商的预付款分录。如果应付款金额大于应收款金额，即将多余金额生成一条该客户的预收款分录。

4. 红票对冲

红票对冲，指用某客户的红字发票与其蓝字发票进行冲抵。

1) 业务概述与分析

4月29日，光明公司因产品质量问题要求退货，退回依据合同XS002购买的男士普通太阳镜50副，本公司同意退货和退款。当日收到退回的眼镜(入大运公司仓库)并取得税务局的“开具红字增值税专用发票通知单”(原始单据从略)，相应的红字专用发票票号为81306807，同时办理退款手续(按无税单价108元、税率17%退款，价税合计6318元，用转账支票支付)。

2) 操作步骤

视频地址：http://mdwx.mdmuke.com/mod/page/view.php?id=4749

(1) 手工对冲。

① 选择“转账”/“红票对冲”/“手工对冲”选项，即可打开“红票对冲条件”对话框，如图7-41所示。

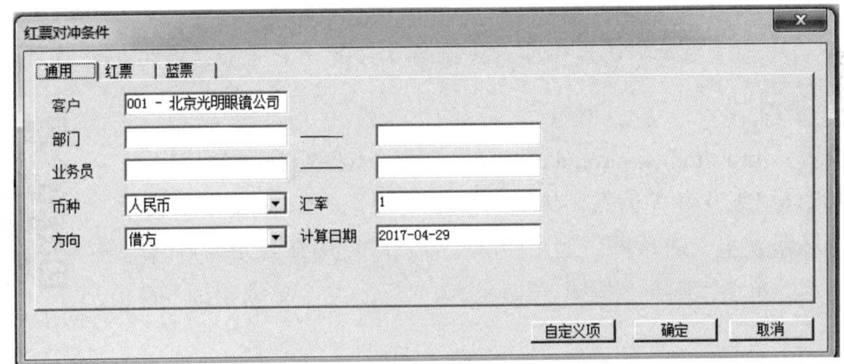

图7-41 “红票对冲条件”对话框

② 在“通用”选项卡中输入客户选项之后，在“红票”选项卡和“蓝票”选项卡中分别设置其相应的选项，单击“确定”按钮，即可进入“红票对冲”窗口，如图7-42所示。

简易桌面 红票对冲 ×

单据日期	单据类型	单据编号	客户	币种	原币金额	原币余额	对冲金额	部门	业务员	合同名称
2017-04-29	销售专...	1212112	光明公司	人民币	6,318.00	6,318.00	6,318.00	批发部		
合计					6,318.00	6,318.00	6,318.00			

单据日期	单据类型	单据编号	客户	币种	原币金额	原币余额	对冲金额	部门	业务员	合同名称
2017-03-25	销售专...	81090301	光明公司	人民币	1,965,600.00	665,600.00	6,318.00	批发部		
合计					1,965,600.00	665,600.00	6,318.00			

图7-42 “红票对冲”窗口

③ 系统自动将红票原币余额带入红票的对冲金额中，用户可修改，但对冲金额不能大于原币余额。在冲销单据中输入对冲金额之后，单击“保存”按钮，即可保存对冲操作。也可单击“分摊”按钮，将红票金额依据蓝字单据顺序分摊到对冲金额中。

(2) 自动对冲。

① 选择“转账”/“红票对冲”/“自动对冲”选项，即可打开“红票对冲条件”对话框。

② 在“通用”选项卡中输入进行红票对冲的过滤条件，如日期、客户、币种等之后，

在“红票”和“蓝票”选项卡中分别设置其相应选项。

③ 单击“确定”按钮，即可进行自动对冲。

④ 单击“确定”按钮即可将其保存，单击“取消”按钮则取消本次操作。

知识拓展：

- 对冲金额合计不能大于红票金额。
- 红票对冲需遵循核销规则。

7.2.8 坏账处理

1. 坏账发生

1) 业务概述与分析

4 月 19 日，上海雪亮眼镜公司所欠货税款 33 600 元已确认无法收回，作坏账处理。

2) 操作步骤

视频地址：http://mdwx.mdmuke.com/mod/page/view.php?id=4750

(1) 录入坏账发生相关信息。选择“坏账处理”/“坏账发生”选项，即可打开“坏账发生”对话框。如图 7-43 所示，在选择录入客户名称等相关信息之后，单击“确定”按钮，即可进入“坏账发生单据明细”窗口，如图 7-44 所示。

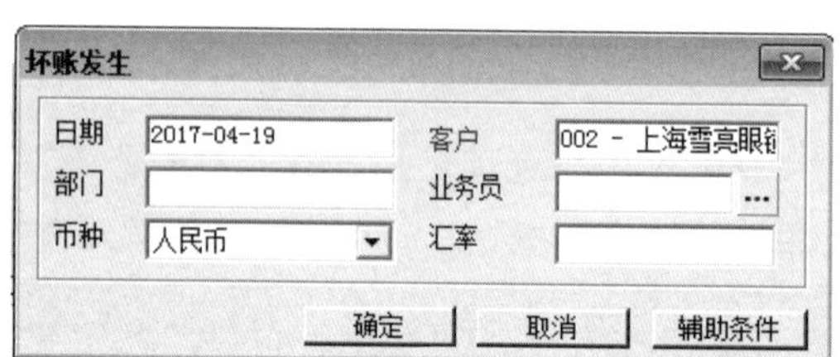

图 7-43 “坏账发生”对话框

简易桌面 发生坏账损失

坏账发生单据明细

单据类型	单据编号	单据日期	合同号	合同名称	到期日	余额	部门	业务员	本次发生坏账金额
销售专用发票	81306401	2017-04-11			2017-04-11	37,908.00	批发部	夏于	
销售专用发票	81306603	2017-04-12			2017-05-12	1,170,000.00	批发部	夏于	
销售专用发票	81320302	2017-03-26			2017-03-26	1,263,600.00	批发部		33600
合计						2,471,508.00			33,600.00

图 7-44 “坏账发生单据明细”窗口

(2) 录入坏账发生金额。在“本次发生坏账金额”列表框中输入坏账发生的金额之后，单击“确认”按钮，即可弹出一个信息提示框，询问用户是否立即制单。单击“是”按钮，即可立即开始制单，单击“否”按钮，即可暂时放弃制单。

(3) 制单。在是否立即制单窗口，单击“是”按钮，即可生成凭证，如图 7-45 所示。

简易桌面 | 发生坏账损失 | 填制凭证

记 账 凭 证

记 字　　制单日期：2017.04.19　　审核日期：　　附单据数：1

摘要	科目名称	借方金额	贷方金额
坏账发生	坏账准备	3360000	
坏账发生	应收账款		3360000
票号 日期	数量 单价 合计	3360000	3360000

备注 项目　部门　个人　客户　业务员

记账　审核　出纳　制单 曾志伟

图 7-45 “坏账发生”制单

2. 坏账收回

1) 业务概述与分析

4 月 29 日，收到上月山西明乐贸易公司已确认坏账处理的货税款 5000 元。

2) 操作步骤

视频地址：http://mdwx.mdmuke.com/mod/page/view.php?id=4751

(1) 填制收款单。当收回一笔坏账时，应先在“收款单据录入”功能中录入一张收款单，该收款单的金额即为收回的坏账的金额，但不能审核制单，如图 7-46 所示。

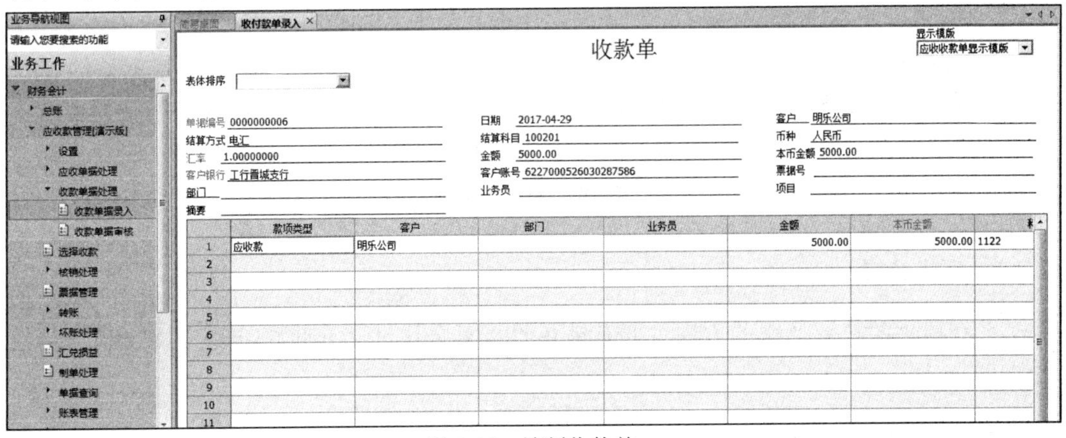

业务导航视图 | 简易桌面 | 收付款单录入

收款单　　显示模版：应收收款单显示模版

表体排序

单据编号 0000000006　日期 2017-04-29　客户 明乐公司
结算方式 电汇　结算科目 100201　币种 人民币
汇率 1.00000000　金额 5000.00　本币金额 5000.00
客户银行 工行晋城支行　客户账号 6227000526030287586　票据号
部门　业务员　项目
摘要

	款项类型	客户	部门	业务员	金额	本币金额	科
1	应收款	明乐公司			5000.00	5000.00	1122
2							
3							
4							
5							
6							
7							
8							
9							
10							
11							

业务工作：财务会计 / 总账 / 应收款管理[演示版] / 设置 / 应收单据处理 / 收款单据处理 / 收款单据录入 / 收款单据审核 / 选择收款 / 核销处理 / 票据管理 / 转账 / 坏账处理 / 汇兑损益 / 制单处理 / 单据查询 / 账表管理

图 7-46 填制收款单

(2) 坏账收回。选择“坏账处理”/“坏账收回”选项，即可弹出“坏账收回”对话框，如图 7-47 所示。在其中输入坏账收回的客户名称、金额、结算单号等条件之后，单击“确定”按钮。同时结算单号为 0000000006 的收款单自动进行审核。

图 7-47　“坏账收回”对话框

(3) 制单。在是否立即制单窗口，单击“是”按钮，即可生成凭证，如图 7-48 所示。

简易桌面　填制凭证

记 账 凭 证

记　字　　制单日期：2017.04.29　　审核日期：　　附单据数：1

摘 要	科目名称	借方金额	贷方金额
坏账收回(结算)	银行存款/工行存款	500000	
坏账收回	应收账款	500000	
坏账收回	应收账款		500000
坏账收回	坏账准备		500000
票号 4 - 日期 2017.04.29	数量 单价 合 计	1000000	1000000

备注　项 目　　部 门
个 人　　客 户
业务员

记账　审核　出纳　制单 曾志伟

图 7-48　“坏账收回”制单

知识拓展：

在录入一笔坏账收回的款项时，应该注意不要把该客户的其他收款业务与该笔坏账收回业务录入同一张收款单中。例如，7 月 4 日，客户付给了一笔货款，同时还付了一笔以前的坏账款项，这时，应录入两张收款单，分别记录收到的货款和收到的坏账款项。

3. 坏账计提

系统提供的计提坏账的方法主要有销售收入百分比法、应收账款百分比法和账龄分析法。

1) 业务概述与分析

4 月 30 日，坏账准备余额 5852.58 元，计提比例为 5%，采用销售收入百分比法计提公司的坏账准备金。

2) 操作步骤

视频地址：http://mdwx.mdmuke.com/mod/page/view.php?id=4752

(1) 计提坏账。选择“财务会计”/“应收款管理”/“坏账处理”/“计提坏账准备”选项，即可打开“应收账款百分比法”窗口，如图7-49所示。

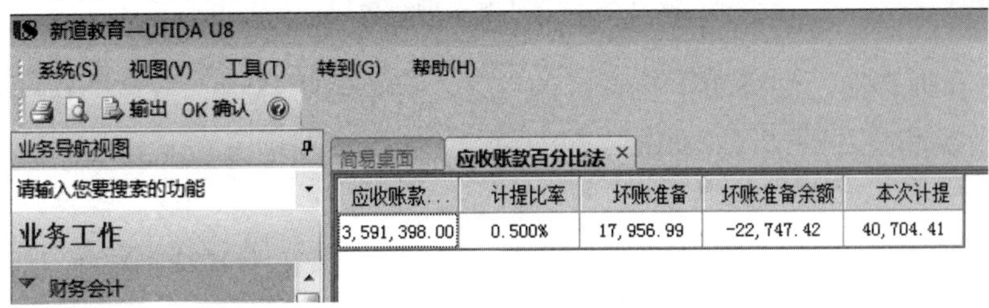

图7-49 “应收账款百分比法”计提坏账窗口

(2) 制单。单击“确认”按钮，即可弹出制单的信息提示框，单击“是”按钮，则可立即开始制单，如图7-50所示，单击“否”按钮，则可暂时放弃制单操作，可以在“制单处理”中再进行制单。

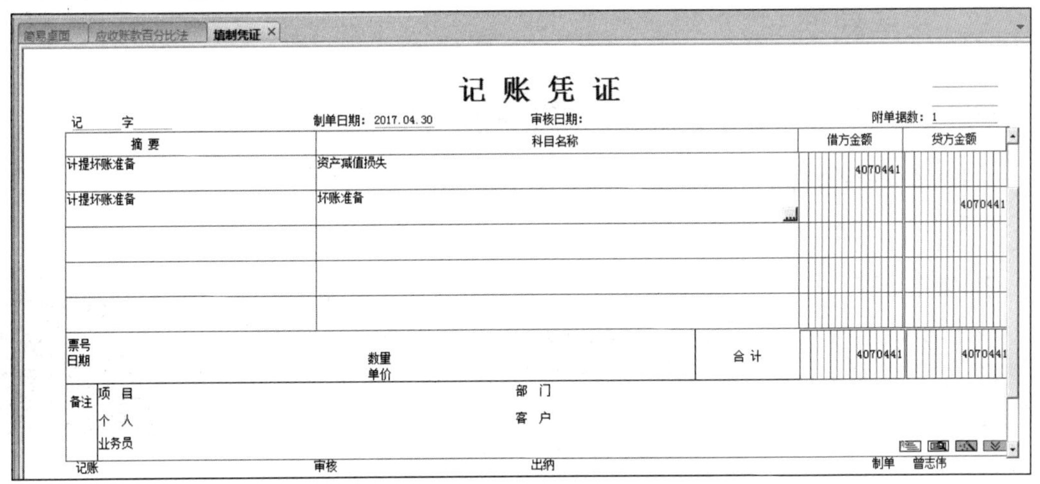

图7-50 “计提坏账准备”制单

4. 坏账查询

1) 业务概述与分析

查询一定期间内发生的应收坏账业务处理情况及处理结果。

2) 操作步骤

视频地址：http://mdwx.mdmuke.com/mod/page/view.php?id=4753

(1) 坏账综合查询。选择“坏账处理”/“坏账查询”选项，屏幕会显示坏账的发生和坏账的收回综合情况，如图7-51所示。

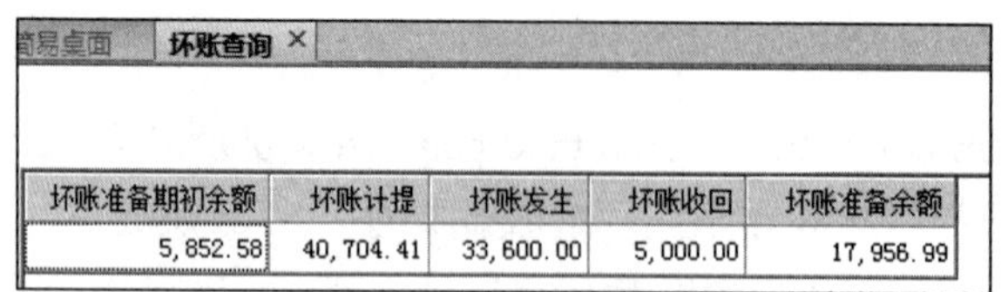

简易桌面 | 坏账查询

坏账准备期初余额	坏账计提	坏账发生	坏账收回	坏账准备余额
5,852.58	40,704.41	33,600.00	5,000.00	17,956.99

图 7-51　“坏账查询”窗口

(2) 坏账详细查询。如果想了解详细的信息，可单击“详细”按钮，详细查看每一笔坏账发生的情况和收回的情况，如图 7-52 所示。

简易桌面 | 坏账查询 | 坏账详细查询

坏账详细查询

日　期	客户名称	类　型	原币金额	本币金额
2017-04-19	上海雪亮眼镜公司	坏账发生	33,600.00	33,600.00
2017-04-29	山西明乐贸易公司	坏账收回	5,000.00	5,000.00

图 7-52　“坏账详细查询”窗口

7.2.9　制单处理

应收款管理系统制单即生成凭证，并将凭证传递至总账系统记账。

1) 业务概述与分析

对没有制单的发票制单。

2) 操作步骤

视频地址：http://mdwx.mdmuke.com/mod/page/view.php?id=4754

(1) 打开“制单查询”对话框。选择“应收款系统”/“制单处理”选项，即可打开“制单查询”对话框，如图 7-53 所示。

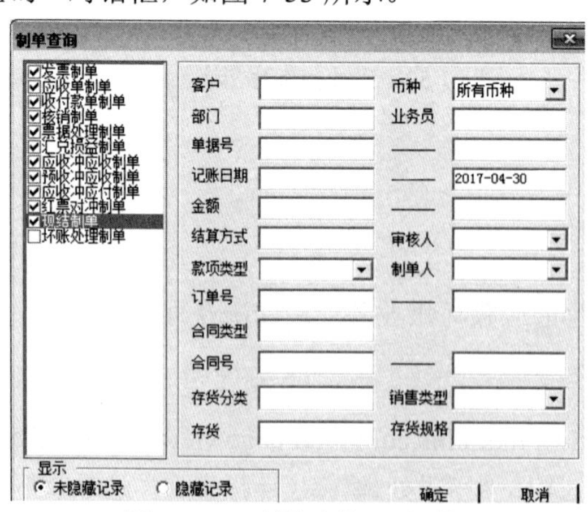

图 7-53　“制单查询”对话框

(2) 选择未制单的单据。在左边的列表框中勾选制单类型并设置客户、部门、业务员、币种、记账日期、金额、结算方式、审核人、制单人、销售类型等选项之后，选取“未隐藏记录”或“隐藏记录”单选按钮，单击“确定”按钮，即可显示所有符合查询条件的记录。

(3) 选择制单记录。在输入“制单日期”并在“凭证类别”栏目处用下拉框为每一个制单类型设置一个默认的凭证类别之后，选中一条记录并单击“单据”按钮，即可显示该条记录所对应的单据卡片形式。如图 7-54 所示显示查询结果。

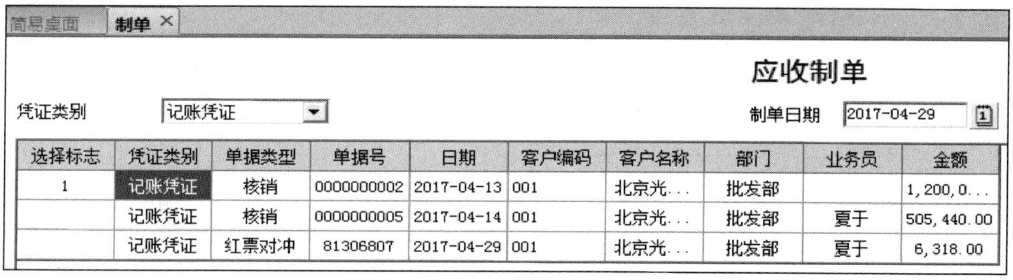

简易桌面 制单

应收制单

凭证类别 记账凭证　　制单日期 2017-04-29

选择标志	凭证类别	单据类型	单据号	日期	客户编码	客户名称	部门	业务员	金额
1	记账凭证	核销	0000000002	2017-04-13	001	北京光...	批发部		1,200,0...
	记账凭证	核销	0000000005	2017-04-14	001	北京光...	批发部	夏于	505,440.00
	记账凭证	红票对冲	81306807	2017-04-29	001	北京光...	批发部	夏于	6,318.00

图 7-54　未制单记录显示窗口

(4) 生成相关凭证。在选择完所有的条件之后，单击“制单”按钮，即可进入凭证窗口，录入凭证所有项目，如凭证类型、制单日期、附件单据数、摘要、科目名称、金额等，操作完毕之后，单击“保存”按钮，即可将当前凭证传递到总账系统。

7.3　账表查询及期末处理

7.3.1　单据查询

1. 收款单据查询

查询本期发生的收款单。

操作步骤：

视频地址：http://mdwx.mdmuke.com/mod/page/view.php?id=4755

(1) 选择查询条件。选择“应收款管理”/“单据查询”/“收付款单查询”选项，即可打开“收付款单查询”对话框。选择需要查询的条件，如图 7-55 所示。

(2) 生成相关记录。在输入相应的查询条件之后，单击“确定”按钮，即可打开“单据查询结果列表”窗口，在其中列出所有符合条件的记录，如图 7-56 所示。

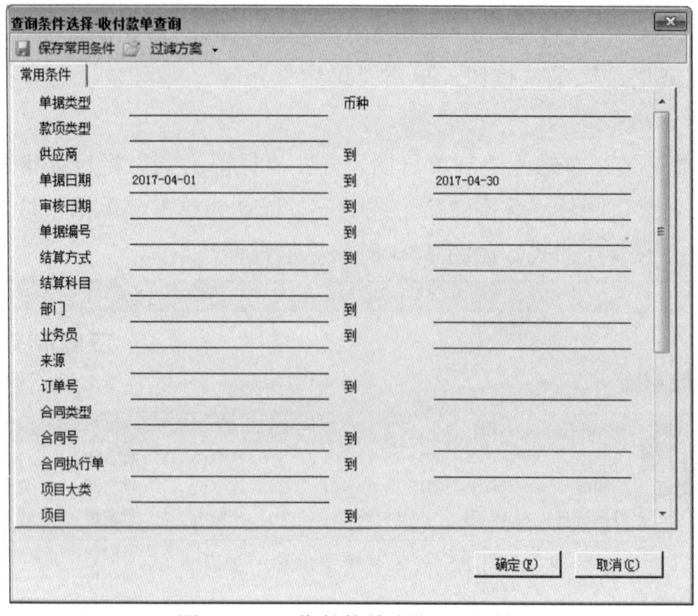

图 7-55 “收付款单查询”对话框

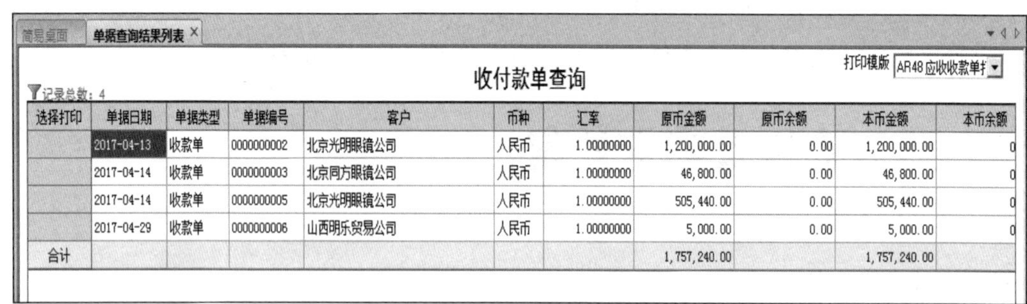

收付款单查询

选择打印	单据日期	单据类型	单据编号	客户	币种	汇率	原币金额	原币余额	本币金额	本币余额
	2017-04-13	收款单	0000000002	北京光明眼镜公司	人民币	1.00000000	1,200,000.00	0.00	1,200,000.00	0
	2017-04-14	收款单	0000000003	北京同方眼镜公司	人民币	1.00000000	46,800.00	0.00	46,800.00	0
	2017-04-14	收款单	0000000005	北京光明眼镜公司	人民币	1.00000000	505,440.00	0.00	505,440.00	0
	2017-04-29	收款单	0000000006	山西明乐贸易公司	人民币	1.00000000	5,000.00	0.00	5,000.00	0
合计							1,757,240.00		1,757,240.00	

图 7-56 收付款单查询结果

(3) 查看详细情况。在选择其中的一条记录之后，单击“单据”按钮，即可查看当前的收付款单。单击“详细”按钮，即可查看当前收付款单的详细结算情况。

2. 其他单据查询

采用同样的操作方法，可以进行其他单据查询。

7.3.2 账表管理

1. 业务账表查询

操作步骤：

视频地址：http://mdwx.mdmuke.com/mod/page/view.php?id=4756

(1) 打开“查询条件”对话框。选择“账表管理”/“业务账表”/“业务总账”选项，即可打开“查询条件选择-应付总账表”对话框，如图 7-57

所示。

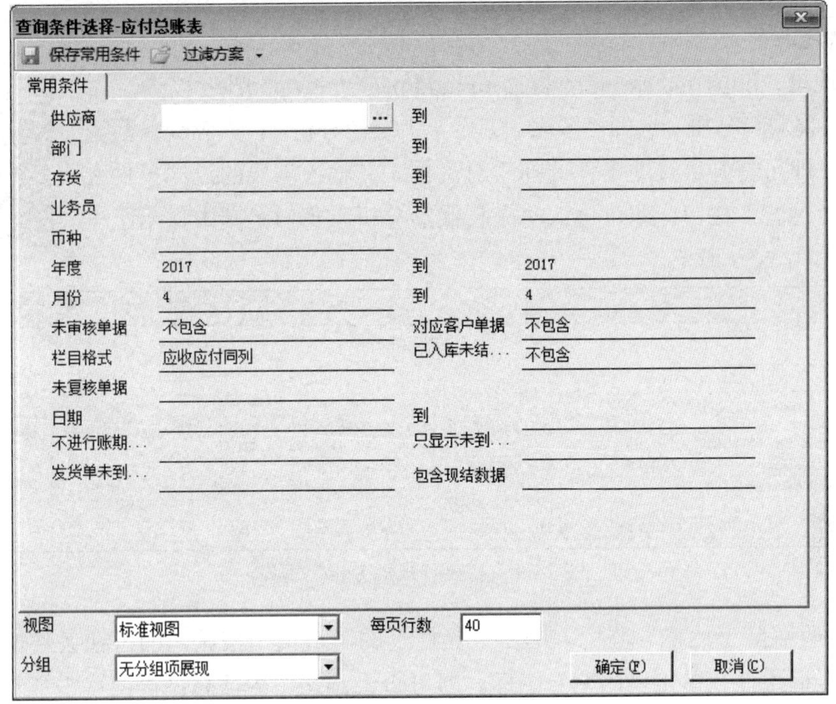

图 7-57 “查询条件选择-应付总账表”对话框

(2) 查询记录。在输入相应的查询条件之后，单击“过滤”按钮，即可打开“应收总账表”窗口，其中列示出所有符合条件的记录，如图 7-58 所示。

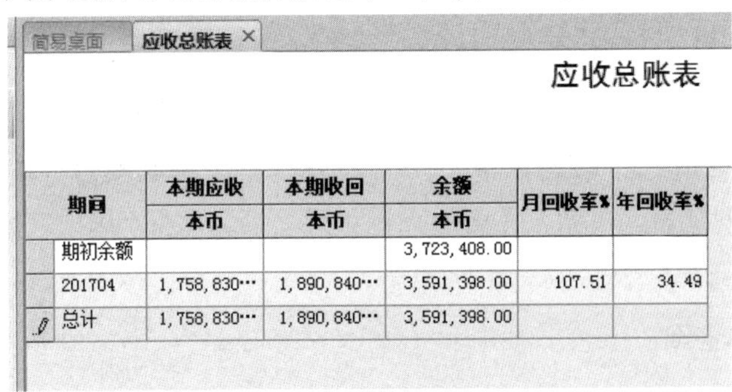
简易桌面 应收总账表

应收总账表

期间	本期应收	本期收回	余额	月回收率%	年回收率%
	本币	本币	本币		
期初余额			3,723,408.00		
201704	1,758,830…	1,890,840…	3,591,398.00	107.51	34.49
总计	1,758,830…	1,890,840…	3,591,398.00		

图 7-58 “应收总账表”窗口

2. 账龄分析

通过账龄分析功能可以分析客户、存货、业务员、部门或单据应收款余额的账龄区间分布，还可以同时设置不同的账龄区间进行分析，既可以进行应收款的账龄分析，也可以进行预收款的账龄分析。

1) 应收账龄分析

操作步骤：

视频地址：http://mdwx.mdmuke.com/mod/page/view.php?id=4757

(1) 应收账龄分析。选择“账表管理”/“统计分析”/“应收账龄分析”选项，即可打开“过滤条件选择”对话框。在输入需要的过滤条件之后，单击“过滤”按钮，即可进入“应收账龄分析”窗口，其中显示了查询结果，如图 7-59 所示。

简易桌面 | 应收账龄分析

应收账龄分析

客户 全部　　金额式　币种：全部　截止日期：2017-04-30

客户		本币余额	账期内		1-30		31-60		61-90		91-120	
编号	名称		本币金额	%	本币金额	%	本币金额	%	本币金额	%	本币金额	%
001	北京光明眼镜	659,282.00					659,282.00	100.00				
002	上海雪亮眼镜	2,437,908.00	1,170,000.00	47.99	37,908.00	1.55	1,230,000.00	50.45				
004	山西华飞眼镜	494,208.00					494,208.00	100.00				
数量			1		1		3					
金额		3,591,398.00	1,170,000.00	32.58	37,908.00	1.06	2,383,490.00	66.37				

图 7-59　“应收账龄分析”窗口

(2) 应收账龄“比率”分析。单击工具栏上的“查询”按钮，即可在条件输入窗口中重新输入查询条件。单击“比率”图标，即可查看到比率的信息；再次单击该按钮，即可隐去比率信息。

(3) 应收账龄“单据”分析。当按照单据来进行账龄分析时，单击“单据”图标，即可联查到当前单据。原始单据窗口中提供了打印和预览功能。

2) 收款账龄分析

操作步骤：

选择“应收款管理”/“账表管理”/“统计分析”/“收款账龄分析”选项，即可打开“收款账龄分析”对话框。在输入需要的查询条件之后，单击“确定”按钮，即可打开“应收账龄分析”窗口，在其中显示了查询结果。

3. 应收对账单查询

操作步骤：

视频地址：http://mdwx.mdmuke.com/mod/page/view.php?id=4758

(1) 应收对账单查询。选择“应收款管理”/“账表管理”/“业务账表”/“对账单”选项，即可打开“过滤条件选择”对话框。在输入需要的查询条件后，单击“过滤”按钮，即可进入“应收对账单”窗口。

(2) 联查其他信息。通过单击“其他”下拉按钮，可选择联查余额表、联查单据、联查凭证、联查合同。

(3) 设置对账单格式。通过单击“格式”按钮，可以设置业务对账单的显示和打印格式。单击“保存”按钮，即可保存设置的报表格式。

4. 科目账表查询

操作步骤：

视频地址： http://mdwx.mdmuke.com/mod/page/view.php?id=4759

(1) 客户往来科目明细账查询。选择“应收款管理”/“账表管理”/“科目账查询”/“科目明细账”选项，即可打开“客户往来科目明细账”对话框。在输入所需的查询条件之后，单击“确定”按钮，即可生成所选的明细账表。

(2) 联查客户往来总账。单击工具栏上的“查询”按钮，即可调出条件输入窗口，重新输入查询条件。单击工具栏上的“总账”按钮，即可联查到当前科目、当前月份范围的总账。

(3) 设置明细账格式。在“科目明细账”窗口的右上角，可以用下拉框选择账簿的格式。系统提供了金额式 、外币金额式 、数量金额式、数量外币式 4 种账簿格式。

(4) 不同科目查询。在“科目明细账”窗口左上角的下拉框选择不同科目之后，系统将重新进行查询。

7.3.3 期末结账处理

4 月 30 日对应收款管理系统进行期末结账。

操作步骤：

视频地址： http://mdwx.mdmuke.com/mod/page/view.php?id=4760

(1) 打开“月末处理”对话框。选择“应收款管理”/“期末处理”/“月末结账”选项，即可打开“月末处理”对话框，如图 7-60 所示。

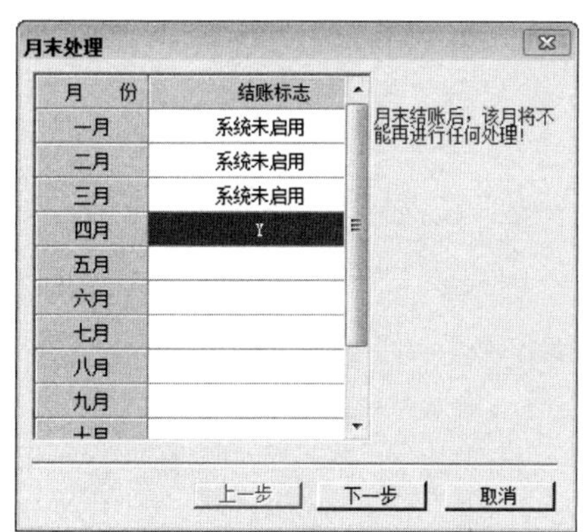

图 7-60 “月末处理”对话框

(2) 月末结账。单击“下一步”按钮，即可显示月末处理情况，系统将月末结账的检查结果列示，如图 7-61 所示。若要查看处理类型的详细情况，则双击要查看的类型，即可打开“月末处理详细”对话框。

图 7-61　查看处理情况

(3) 结账成功。单击“取消”按钮，取消此次结账操作。单击“完成”按钮，系统即可开始结账，完成后将给出提示。单击“确定”按钮，即可结束月末结账操作，如图 7-62 所示。

图 7-62　提示信息

(4) 取消月结。如果想对当月进行反结账操作，则选择“期末处理”/“取消月结”选项，即可打开“取消月结”对话框。在其中选择最后一个已结账的月份，单击“确定”按钮，即可取消该月份的结账操作。